兒童遊戲與發展

〔第三版〕

Play and Child Development

吳幸玲◎著

國家圖書館出版品預行編目（CIP）資料

兒童遊戲與發展 / 吳幸玲著. -- 第三版. --
新北市：揚智文化, 2018.1
面；　公分. --（幼教叢書）

ISBN 978-986-298-311-9(平裝)

1.兒童遊戲　2.兒童發展

523.13　　　　　　　　　　　107020592

幼教叢書

兒童遊戲與發展

作　　　者／吳幸玲
出　版　者／揚智文化事業股份有限公司
發　行　人／葉忠賢
總　編　輯／閻富萍
特約執編／鄭美珠
地　　　址／新北市深坑區北深路三段 260 號 8 樓
電　　　話／02-8662-6826
傳　　　真／02-2664-7633
網　　　址／http://www.ycrc.com.tw
E-mail　／service@ycrc.com.tw
I S B N　／978-986-298-311-9
初版一刷／2003 年 10 月
二版一刷／2011 年 10 月
三版一刷／2018 年 12 月
定　　　價／新台幣 520 元

三版序

　　遊戲是兒童所喜愛的，也是兒童的天性，兒童會主動及自發地參與各種遊戲，並從中獲得樂趣。對於兒童而言，遊戲是一種學習、活動、適應、生活或工作，兒童能藉由遊戲這個媒介自由地、無拘無束地徜徉在他們營造的世界裡，享受與人、玩物之間的互動，它所帶來的樂趣，能促使兒童在各方面有更正面及積極的發展。

　　此外，本書綜合了很多的研究及觀點發現，透過遊戲兒童不僅能獲得大小肌肉的發展、語言的發展、思考、想像、解決問題能力的提升，更能幫助兒童瞭解個人與環境之間的關係、淨化負向情緒、促進社會行為的發展，而兒童豐富的想像力及創意，更是藉由遊戲發揮得淋漓盡致。

　　本書在遊戲、兒童發展及幼兒教育三個層面提到很多學者的相關理論，為了便於對國內相關領域的驗證，吾人也加上一些歷年來對遊戲的一些看法，更從研究、理論及實務三方面來提供父母及老師在教育兒童時一些實際的參考。內容包括：遊戲的概念、遊戲與兒童發展、兒童遊戲發展、遊戲的個別差異、遊戲的成人角色、兒童遊戲觀察、室內遊戲環境之布置、戶外遊戲場之規劃、遊戲安全與規則、遊戲與玩物、兒童遊戲輔導與治療、遊戲與幼教課程，以及許多實際觀察的相關量表。本書的另一個特色是提供相關遊戲名詞解釋與舉例，讓入門的學生參閱本書及具有應用於實務上的參考價值。

　　書中每一章節都有其個別的重要性且有相互的關聯性，相關之主題內容不但涉及理論及研究的發現，也提供許多實務上的建議，對象更涉及一般幼兒及學齡兒童，也包括特殊需求的兒童。三版時對內容予以補增較新的資料及研究發現，以有助讀者更進一步理解兒童遊戲與發展。

　　希望本書能提供國內的學生、幼教老師以及父母一些實際的幫助。而且本書易讀、容易瞭解。最重要的，筆者在每一章節中皆不忘探討成人在兒童遊戲中的角色，並提出具體而實用的建議，希望藉由這些經驗的傳

承及相關研究成果的分享，來說明兒童與遊戲之間的重要關係，期望能達到父母及老師共同的參與及有助教育經驗共享，提升兒童正向學習效果的目的。

本書在揚智文化事業股份有限公司葉總經理忠賢先生的熱心支持下，才得以順利出版，在此特申謝意。期望本書的出版，能陪著兒童、父母及老師共同來耕耘兒童遊戲的這塊園地，讓每位兒童都能在最佳的環境下生長得更好！惟本人才疏學淺，恐有疏誤之處，尚祈先進不吝指正。

吳幸玲 謹識

2018年深秋 於華岡

目　錄

兒童遊戲與發展

目 錄

兒童遊戲與發展

第一章

遊戲的概念

- 遊戲的定義
- 遊戲理論
- 遊戲與探索行為
- 各式各樣的遊戲
- 現代遊戲理論的應用
- 老師如何應用現代遊戲理論
- 遊戲的功能
- 遊戲的教育觀
- 結語

　　心理與教育學者一直想瞭解遊戲的本質究竟是什麼，然而綜觀許多研究文獻，卻很難有什麼定論。遊戲的定義之所以很難被釐清，是因為我們在界定「遊戲」的時候，不能只顧及一般的外顯行為，如身體的遊戲、建構的遊戲、社會遊戲等。從內在性格來看，遊戲應具備幽默感、歡笑、自發性。這樣看來，遊戲就不只是別人所期望的外顯行為而已，而更反映出個人內在的動機與需求，當然，遊戲的本身一定是充滿歡笑的（joyfulness）。

　　「遊戲生活化」、「生活遊戲化」、「做中學」、「遊戲中學習」一直是幼兒生活的影子。從上列口號中，我們可看出許多熱心提倡遊戲的人士，將遊戲當作解決兒童問題的萬靈丹或當達到某種教育的目的（如Fröbel、Montessori）的教學模式。但相反地，也有人（如Piaget）卻把遊戲視為從兒童到成人式工作的過渡行為。到底何謂「遊戲」（play），這個問題困惑了許多學者，甚至在許多研究中，都無法賦予「遊戲」這個名詞一個清楚的定義或是試用實證數據來驗證遊戲理論。因此，遊戲的定義至今仍是眾說紛紜。不過還是有許多兒童心理學家努力在分辨什麼是遊戲行為，並區分出某些遊戲行為型態（如伴裝遊戲、建構遊戲或合作遊戲）與兒童的發展（尤其是認知與社會發展）具有密切的關係。隨著孩子年齡的增長，遊戲的行為型態及名稱會有巨大的改變，在嬰幼兒時期所稱的遊戲，到了成人社會就變成休閒或工作，例如嬰兒玩棒球是一種身體遊戲，到了成人打棒球就變成休閒活動，但若成為職棒選手，打棒球又變成工作了。不過，在任何的遊戲活動中，都可以掌握到一些共同的特徵及目的。

　　今日的臺灣教育由於太注重成人權威及考試取向，以升學及成績作為唯一的成就取向，導致教學內容僵化，一昧注重填鴨知識，無法吸引學生的興趣與好奇，教材偏離生活化，加上教學偏重記憶與背誦，忽略操作實驗與探索的重要性。即使是遊戲，也是老師加以控制並要達到教育的目的，凡此種種，造成教育與遊戲的功能已有相左，也導致了一些臺灣的教育問題。

　　本章先介紹遊戲的定義，再區辨遊戲與探索行為的異同，進而為各種遊戲下定義，接著將探討遊戲理論及老師要如何應用這些理論，最後再從遊戲的功能及教育觀來探討遊戲的概念。

第一節　遊戲的定義

　　誠如以上所言，遊戲很難以外顯行爲來下定義，心理學者常想把遊戲變成一種結構式的、可測量的行爲。但在實證研究中卻往往吃足了苦頭，其中有位著名的遊戲學者Garvey，她也難以釐清何謂遊戲。有一天，她問她的兒子，何謂遊戲？她兒子回答：「媽媽，這個問題這麼簡單，妳怎麼不知道？遊戲就是好玩的東西；遊戲就是我喜歡及所選擇的事情；遊戲就是我所做的事。」所以從他對遊戲的定義來看，遊戲是歡樂的、自由意志選擇的、不具強制性的、內在動機取向的。發展心理學家將遊戲（play）定義爲：歡樂的活動、自願及主動參與、具內在動機，並且包含一些非語言的要素（Hughes, 1999）。簡言之，遊戲是兒童（八歲以下）因爲好玩而選擇所做的事情。本質上，他們是爲了享受遊戲本身的樂趣，不是爲了外在酬賞或回應外界壓力所做的事情。

　　與遊戲相關的理論或研究，大都是來自人類學和心理學領域（Rubin, Fein & Vandenberg, 1983; Schwartzman, 1978）。人類學觀的研究著重其人類的本質，認爲遊戲是人類從兒童成長爲大人的過程，是極其自然的事。從文獻中討論的各國文化看來，各文化的遊戲方式、遊戲器具，均具備了「自然」的條件，符合各自的民族文化，這也反映出遊戲是兒童成長的自然傾向和需要。另外，如果從文化人類學的角度來看，那麼兒童的遊戲，其實是一種學習活動，用以進行文化的傳承，如Fortes（1970）對Taleland（位於西非洲的部落民族）的遊戲觀察就是很好的例子。Taleland民族屬於傳統部落社會，設有正式的學校組織，兒童在日常生活中，透過遊戲的方式，學習大人各種打獵、耕種、祭祀、婚姻活動，很自然地將部落延續種族的能力、技巧、興趣、性別角色、生活的職責、社會生活與宗教儀式等，傳遞給下一代。

　　傳統的人類學家將兒童遊戲視爲對大人生活的模仿和適應社會情境的準備活動，如果從心理學的角度來看，這是一種社會學習；但是Fortes（1970）的研究則認爲，兒童遊戲並非一成不變的模仿，或是對成人行爲

的複製，而是在遊戲中融入了兒童個人的想法，再透過想像與創造，並運用日常生活的自然物體與玩物，重新建構起他們所觀察到的成人生活，兒童並會重新設定成人生活的主題與功能，以符合特殊的遊戲邏輯與情感。

如果從教育學習的觀點來看，兒童遊戲具有學習的功能，柏拉圖（Plato）和亞里士多德（Aristotle）都著重遊戲的實用意義，視兒童遊戲為一種學習活動（如算術、建構技巧），柏拉圖並且認為，兒童遊戲乃實現成人所期望的角色。

此外，早期的教育學者如John Amos Comenius（1592-1670）、盧梭（Jean-Jacques Rousseau, 1712-1778）、Johann Pestalozzi（1782-1827）、Friedrich Fröbel（1782-1852），都反對用嚴格的紀律訓練或背誦方式來教育兒童，反之，他們強調遊戲對兒童的重要性，認為遊戲就是兒童的工作，也是學習的樞紐；Fröbel更直接把遊戲視為一種兒童的學習工具。

詹棟樑（1979）參照人類學家Martinus Jan Langeveld的論述提出：兒童的世界就是學習的世界，兒童的學習具有三種涵義：(1)開放的意義：公開的共同生活、工作；(2)無拘無束的意義：兒童在遊戲中自由自在地嘗試心中各種的想法；(3)創造的意義：兒童如同藝術家，透過遊戲來創造遊戲。從這一觀點出發，幼兒的生活應該延續人類成長的自然方式，讓孩子無拘無束遊玩以獲得具體的學習經驗。其實兒童在遊戲中，應是沒有顧忌、自由地、無拘無束地徜徉在自己營造出的世界裡，享受和人以及玩物之間的互動，並從中獲得玩性（playfulness）的最大滿足。

在亞里士多德及柏拉圖等教育及哲學學者嘗試對兒童遊戲加以定義之後，心理學者也提出了對遊戲理論的論述、遊戲行為的定義、分辨遊戲的特徵、遊戲的發展階段，以及遊戲與兒童發展的關係。

心理學的研究變項，如智力、自我概念、動機、壓力等，是屬於抽象性的構念（abstract constructs），但遊戲不同於這些構念，可以直接被觀察及測量，因此，許多人便直接藉由對兒童遊戲的觀察，導引出兒童遊戲的定義，而這也造成了遊戲的定義眾說紛紜。我們可以從傳統和現代的遊戲理論，來進行瞭解。

第二節 遊戲理論

關於解釋兒童遊戲原因的理論，基本上可以分成兩大類：傳統兒童遊戲理論、現代兒童遊戲理論。

一、傳統兒童遊戲理論

傳統的兒童遊戲理論起源於20世紀初期，約在第一次世界大戰以前，又可稱為古典遊戲理論，一共有四種：能量過剩論；休養、鬆弛論；重演論；本能－演練論。這四種理論的提出者及對遊戲的解釋如**表1-1**所示。此外，這四種傳統的遊戲理論，其實又可以分為兩種：(1)能量過剩論與休養、鬆弛論將遊戲視為能量的調節；(2)重演論與本能－演練論把遊戲視為人類的本能。

這些傳統的主要目的並非清楚解釋遊戲的定義，而是解釋遊戲存在的目的。此外，這些傳統理論也較不注重實驗結果，而是重視哲學思想，然而，這些傳統理論仍是現代遊戲理論的重要基石，茲分析如下：

(一)能量過剩論

能量過剩論將遊戲視為一種能量的調節，在能量過多時尤其重要，例如，個體在工作之餘仍有過多的精力可資運用時，就產生了遊戲活動。Spencer解釋，個體的能量是消耗在具有目標導向的活動（工作）與沒有目標導向的活動（遊戲）中。這種理論的缺點是無法解釋為何兒童在精疲力竭時，仍然還想要玩遊戲。

表1-1 遊戲的古典理論

理論	倡導者	遊戲目的
能量過剩論	Schiller/Spencer	消耗過剩的精力
休養、鬆弛論	Lazarus/Patrick	回復在工作中消耗的精力
重演論	Hall/Gulick	原始本能
本能—演練論	Groos/McDougall	為日後成人生活所需準備

資料來源：吳幸玲、郭靜晃（2003），頁11。

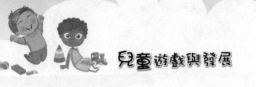

(二)休養、鬆弛論

休養、鬆弛論爲Lazarus所倡導。相對於能量過剩論，Lazarus認爲單調工作做太久之後，須要用遊戲來調劑。此外，Lazarus也認爲由於工作會消耗能量而使能量不足，因此可以用睡眠或遊戲來補充。在Lazarus眼中，遊戲與工作不同，是一種儲存能量的理想方式。另外，Patrick（1916）認爲遊戲可以幫助個體讓疲乏的心理得到鬆弛。Patrick解釋，現代人在工作時需要注意力的高度集中，也需要抽象思考能力及精細的動作能力，因此較容易引起工作壓力及神經失調症。這種症狀在古代社會較少發生，與今日不同，古代的工作環境需要大量的肌肉活動，如跳、跑、丟擲等，而這些動作卻被現代人用來作爲運動及休閒之用。

(三)重演論

重演論源於個體胚胎學，認爲個體的發展過程就反映了種族的演化，而遊戲就是人類進化的複製或重演，相當於從低等動物演化成高等動物的過程。此理論是由G. Stanley Hall所提出，他認爲遊戲承襲自老祖宗的本能，而兒童遊戲的階段性則遵循著人類歷史的演進，並且是在演化中沒被淘汰而保留下來的。這種想法源自於達爾文（Charles Darwin）的物競天擇（the origin of the species）。依據這一派理論的解釋，兒童玩水就如同原始祖先在海邊的活動；爬樹則宛如更古老的祖先——猿猴；至於同儕遊戲，也和原始部落民族的生活相仿。此派理論認爲遊戲的目的就是讓不應出現在現代生活的原始本能得以充分展現。此派理論的缺失則在於：它並不能解釋現代兒童玩太空船、坦克、雷射槍、超人、金剛模型等玩具的原因，畢竟這些玩物並沒有在古代人的生活中出現。

(四)本能—演練論

本能—演練論學派的觀點認爲，遊戲是個體用以練習和準備未來成年生活所需技能的方式，例如，幼兒扮家家酒，就是在練習未來爲人父母時應具備的技能。Groos在1898年所出版的《動物的遊戲》（*The Play of Animals*）及1901年所出版的《人類的遊戲》（*The Play of Man*）兩本書中，認爲遊戲不單只是爲了消除原始本能，而是幫助兒童加強日後所需的

本能。贊成此一學派的學者認為遊戲是由本能需求所衍生的活動，兒童藉由一種安全的方法來製造練習的機會，使這些本能更臻完善，以利日後成人生活所使用。

二、現代兒童遊戲理論

　　現代遊戲理論不只是在解釋人為什麼要遊戲，而且嘗試為遊戲在兒童發展中所扮演的角色下定義。此外，現代遊戲理論也指出遊戲在某些狀況下的前因後果。這些理論大約在1920年代之後才陸續被發展出來，主要包括：心理分析論、認知論及其他一些特定的理論。**表1-2**就是這些理論以及它們在兒童發展上所扮演的角色。

(一)心理分析論

　　心理分析論最早是由佛洛依德（Sigmund Freud）所倡導，認為遊戲是兒童人格型態與內在欲望的展現；遊戲可以平撫兒童的受創情緒，發洩個體的心理焦慮，滿足情緒上的需求，忘卻不愉快的事件；遊戲可以讓兒童拋開現實情境，從一被動、不舒適的角色中轉移出來；遊戲可以讓兒童透過複述和處理不愉快的經驗淨化情緒，具有心理治療的功能。此外，佛洛依德也解釋，兒童的遊戲主要是受唯樂原則所控制，兒童可以在遊戲中完成自己的願望。例如，兒童玩太空人、賽車選手、護士或母親，乃是在遊戲中表達需求並且藉此獲得滿足。Erikson延伸佛洛依德的心理分析論，

表1-2　現代兒童遊戲理論

理論	代表人物	遊戲在兒童發展的角色
心理分析論	佛洛依德（Freud）	調節受挫經驗、釋放緊張的管道
	Erikson	接觸內在的自我，以發展自我能力
認知論	Jean Piaget	熟練並鞏固所學的技巧
	L. S. Vygotsky	由區別意義與實物來提增想像思考
	Bruner/Sutton-Smith	在思考及行為上產生變通能力
其他特定理論	Berlyne的警覺理論	增加刺激使個體保持最佳警覺程度
	Bateson的系統理論	提升瞭解各層面意義的溝通能力

資料來源：吳幸玲、郭靜晃譯（2003），頁15。

認為遊戲具有自我探索的功能，個體可以在遊戲情境中接觸內在的自我，並藉以發現自己的能力。所以說，遊戲是個體求生存的方法，並可展現其人格、個性與自我能力的媒介。Erikson將兒童的遊戲分為三個階段（Erikson, 1950: 194）：

1. 自我觀（autocosmic）：自我的遊戲從出生之後即開始，主要是嬰幼兒的身體遊戲，包括重複探索個體的感覺與知覺，以及嘗試發出聲音等。之後，嬰幼兒會對其他的屬性（如玩物）產生興趣。
2. 微視觀（microcosmic）：主要在於藉由更精細的玩物及玩具來舒展個體的自我需求。假如兒童在此階段無法擁有這樣的能力，可能會出現咬手指頭、做白日夢或自慰等行為。
3. 巨視觀（macrocosmic）：大約是幼兒上幼稚園，可以和其他同儕一起玩的時候。兒童會在社會遊戲的參與和個體單獨遊戲中進行學習。

(二)認知論

認知論主要由瑞士心理學家Jean Piaget和蘇俄心理學家L. S. Vygotsky所提出。自1960年代末期開始，Piaget關於設計學習環境，以幫助兒童在認知、生涯、社會和情緒方面獲得最大發展的理論，在美、加吸引了許多追隨者，並發展成為認知學派（Shipley, 1998）。這個學派不僅是80年代美國的學術主流，甚至影響了在60年代中期，專為弱勢兒童設計的「啟蒙計畫」（Head Start），促使這個計畫轉而採取遊戲導向的教育哲學。認知學派認為遊戲可以促進兒童的認知發展，依照Piaget的看法，遊戲是個體對環境刺激的同化（assimilation），是使現實符合自己原有認知基模（cognitive schema）的方式。換言之，遊戲的發生條件，是個體在一個不平衡的狀態，而且在遊戲中，將同化作用大於調適作用（accommodation，是指調整個體的內在認知基模，以順應外在的環境）。因為遊戲不需要遊戲者改造自己、適應（adaptation）環境，所以兒童在遊戲中也不用刻意學習新的技巧；然而他們卻可以透過遊戲反覆練習新的技巧，進而達到熟練的程度。此外，Piaget也認為，由小孩的遊戲型態也可看出他們在認知能力上的發展。例如，兩歲的幼兒只能玩熟練性

的功能遊戲（重複身體的動作），他們較少呈現想像、假裝、虛構或戲劇性的遊戲。至於Piaget的認知發展階段與兒童的遊戲呈現型態，我們可參考**表1-3**。

除了Piaget外，還有其他的認知論者對遊戲提出不同的解釋，以下就分別描述不同學者的論點：Vygotsky認為，遊戲可以直接促進兒童的認知發展。Vygotsky（1976）強調，幼兒可以在遊戲中實現現實生活中所無法完成的願望，對他們來說，遊戲正是想像力發展的起點。他認為幼童無法進行抽象的思考，因此對他們而言，意義和實體無法截然區分，兒童如果沒有看到具體的事物，便不會瞭解事物的意義。例如，幼兒沒有看過老虎，就不會知道什麼是老虎。這情形一直要到幼兒三至四歲進入想像遊戲期才會有所改變，此時他們開始利用物品（如木棍）來代替某些東西（如馬），意義開始與實體分離。此時的代替物（木棍）就像樞軸能讓意義由實物中被區分出來。如此一來，兒童才能具有象徵想像的能力，以區別意義與實體。由此看來，幼兒遊戲是發展未來抽象思考能力的必經過程，遊戲可以創造新的思想，也是奠定兒童未來創造力與應變能力的基石。

表1-3　Piaget的認知發展階段

階段	大概的發展時距	遊戲型態
知覺動作期		感覺動作／熟練性遊戲
1.練習與生俱來的知覺動作基模	0～1月	
2.初級循環反應	1～4月	
3.次級循環反應	4～8月	
4.次級循環反應基模的統整	8～12月	
5.三級循環反應	12～18月	
6.透過心理組合以創造新方法	18～24月	
具體操作期		
1.前操作的次階段	2～7歲	想像性／裝扮遊戲
2.具體操作的次階段	7～11歲	有規則的遊戲
3.形式操作期	11～15歲	有規則的遊戲

資料來源：郭靜晃譯（2000），頁57。

　　另一位學者，Bruner則根據認知的適應架構提出不同看法。他提出：遊戲是行為變化的來源（Rubin, Fein & Vandenberg, 1983）。他甚至認為，遊戲的方法及過程比遊戲結果更重要。在遊戲中，孩子不用擔心目標是否能夠達成，這使他們可以用新奇而不尋常的方式來進行遊戲，例如，孩子一旦學會溜滑梯，就會嘗試以各種不同姿勢滑下來；相較於此，如果有既定的目標必須達成，那他們便會感覺到壓力而不玩遊戲了。在遊戲中，兒童可以嘗試很多新的行為和玩法，以便日後應用在實際生活情境中，進而解決生活上的問題。換言之，遊戲有助於增加兒童行為的自由度並且培養出更好的應變能力。

　　Sutton-Smith則把「假裝是……」（as if it were......）遊戲視為一種象徵性的轉換，可以幫助兒童打破傳統的心理聯想而增加新想法，鼓勵幼兒利用新奇、有創意的方法來遊戲，幫助他們在未來更加能夠適應成人的生活。

三、其他兒童遊戲理論

　　D. E. Berlyne從生物觀點出發，根據行為的學習理論提出遊戲的警覺理論（arousal modulation theory）。他以系統性的觀點來探討遊戲、好奇與創新；根據Berlyne的警覺理論，個體的中樞神經系統經常需要適當的刺激，如果刺激過多（如接觸到過多新奇事物），則必須要減少刺激的活動，以達到恆定（homeostasis）。遊戲即是一種尋求刺激的行為，當刺激不夠，警覺程度提高，遊戲便開始；反之，一旦個體增加了刺激，並降低警覺程度，遊戲就隨之停止。

　　Bateson的遊戲理論所強調的是遊戲的溝通系統。兒童在遊戲的互動過程中，須維持著「這是遊戲」的溝通訊息，並且交替協調其角色、物體和活動在遊戲中的意義，以及在真實生活中的意義。因此，遊戲是矛盾的，遊戲中所有的活動並不代表真實生活的行為，所以遊戲中孩子的打架行為與現實生活的打架行為並不相同。不過在遊戲進行之前，兒童必須瞭解遊戲的組織或脈絡關係（contexts），才能明確掌握在遊戲中可能會發生的情況，並且知道這都是假裝而不是真實的。所以兒童在玩狂野嬉鬧的

遊戲（rough-and-tumble play）時，常常是在大笑或微笑的情形下進行。
如果這種組織或脈絡關係沒有建立，那麼兒童便會把遊戲行為（如嘲笑、
打架）誤解成真實生活中的攻擊行為。當孩子遊戲時，必須同時操作兩
種層面：(1)遊戲中的意義：兒童融入所扮演的角色並著重於假裝的活動
和物體；(2)真實生活中的意義：兒童同時要知道自己的角色、真實的身
分，及他人的角色及身分，還有遊戲所使用的物品及活動物體在真實生活
中究竟具有何種意義。

　　Bateson的理論促使後繼的研究者更加重視兒童遊戲中的溝通訊息。
如Garvey就研究兒童所用來建立、維持及傳輸的訊息，並對兒童遊戲中所
使用的對話加以研究，特別是兒童參與戲劇遊戲的主題（text/context）。
此外，Fein及其同事則調查兒童在虛構遊戲中對於象徵符號的轉換情形。

　　以上所介紹的遊戲理論可藉由理論的說明、可信度及實徵研究獲得
支持，幫助我們更瞭解遊戲。事實上，遊戲容易觀察及測量，我們也都清
楚如何來玩遊戲，卻不易給予定義，甚至有學者認為遊戲太難下定義，因
此不值得研究。幸而，仍有人繼續不斷地研究，使我們除了瞭解遊戲之
外，還能進一步分析遊戲的特徵。如Lieberman（1977）將遊戲視為內人
格特質的向度之一，將遊戲定義為「玩性」，並視身體自發性、社會自發
性、認知自發性、表現歡樂及幽默感等五種構念，為兒童藉以表現遊戲行
為的人格層面，亦為遊戲的特徵（**表1-4**）。

　　隨著兒童發展與兒童教育日漸獲得重視，遊戲的定義有了更豐富的
內涵，在1970年代之後，有關兒童遊戲的研究急遽增加，在上述這些遊戲
理論的探討下，我們可以綜合各種心理學的文獻，對於遊戲行為加以定

表1-4　Lieberman玩性構念的五種層面

特徵	表現
表現歡樂	笑聲、表現快樂和享受
幽默感	欣賞喜劇事件；對於有趣情況、不過分的揶揄了然於心
身體自發性	充滿活力，全身的或身體各部分的動作協調
認知自發性	想像力、創造力及思考的彈性
社會自發性	與他人相處和睦及具自在進出團體的能力

資料來源：Lieberman (1977).

義，茲分述如下：

1. 遊戲是一種不經言傳（nonliteral）的行為，無固定模式，亦不能由外在行為或定義來區分：在兒童的遊戲架構中，內在的現實超越了外在的現實，如好像、假裝（as if）遊戲，可讓幼童脫離時地的限制。例如，手上的杯子，如果我在遊戲中把它當成太空船，那它就是太空船。

2. 遊戲出自內在動機（intrinsic motivation）：遊戲並不受外在驅力如飢餓所控制，也不會被權力及財富等目標所激發。遊戲本質上是自動自發、自我產生的，並沒有外在的目的及行為。

3. 遊戲重過程與方式，輕目的和結果（process over product）：遊戲的方式、情境和玩物可隨時改變，目的也不是一成不變。例如，小朋友玩溜滑梯的方式就可以有很多種。

4. 遊戲是自由選擇的（free choices），不是被分派或指定的：King（1979）發現幼稚園兒童認為，玩積木時如果是出於自己的選擇，那就是玩遊戲；如果是老師分派或指定的，那就變成工作。因為父母或老師覺得好玩的，小朋友不一定覺得好玩（相關遊戲與工作之區分請參閱**專欄1-1**）。

5. 遊戲具有正向的情感（positive affects）：遊戲通常被認為代表了歡笑、愉悅及快樂。即便並非如此，幼兒仍然認為遊戲相當好而格外重視（Garvey, 1977）。有時候，遊戲會伴隨著憂慮、緊張、不安或是一些恐懼，如坐雲霄飛車，或從陡峻的滑梯溜下來，但孩子還是

會一遍又一遍地玩這些遊戲（Rubin, Fein & Vandenberg, 1983）。

6.遊戲是主動的參與，而且是動態的（active & dynamic participation）：被動的或消極的旁觀行為或無所事事的行為都不算是遊戲。因此看電視或觀看運動比賽不算是遊戲，唯有主動參與的活動才是遊戲（張欣戊等，1989）。

7.遊戲著重自我，目的在創造刺激（stimulus creation），而不同於探索行為的目的在獲得訊息：兒童在遊戲中重視的是「我可以用這物體來做什麼」，而探索行為則強調「這物體是做什麼用的」（Hutt, 1971: 246）。一般而言，兒童會先以探索行為來瞭解陌生的物品，等到熟悉了這些物品之後，就會開始遊戲。

綜合上述心理學者對遊戲的定義，遊戲強調內在動機、自發性、自由選擇、具有正向的情感、能創造刺激、主動參與，同時屬於內人格特質的向度。簡言之，遊戲是兒童因為滿足內在需求，好玩而選擇去做的事。他們僅為了享受遊戲所帶來的歡樂，而不是為了外在的獎勵或回應外在的壓力，最重要的是兒童本身的自我選擇。

教育的功能及目標在於造成行為的改變，而改變行為的過程及方式，可以選擇有壓力的工作，也可以選擇沒有壓力的遊戲。如果想達成教育遊戲化、遊戲教育化的目標，我們就得先瞭解遊戲的定義、功能及外在環境（家庭、學校、社會）應該給予的配合措施，並能迎合孩子的需求及發展層次，掌握實驗主義中老師的角色與知識建構的原則，如此我們的教育才可以既達成行為的正向改變，又讓孩子從中獲得最大的玩性滿足。達成這個目標，我們的教育才會好玩，同時也讓孩子獲得很好的學習效果。

看完本節的介紹，大家應該都很清楚什麼是遊戲，但卻很難為它下定義。大部分的成人都不難看出幼兒是否在遊戲，Ellis（1973）指出，我們甚至也能判斷其他動物（如狗或猩猩）是否正在玩遊戲，但是要為遊戲下定義或解釋「何謂遊戲」卻是很難的事，甚至有些學者認為遊戲太難下定義，因此也就不值得研究（Schlosberg, 1947）。Hughes（1999）對遊戲的定義為：「歡樂的活動，是兒童自願地主動參與，具內在動機，所做的行為包含有語言與非語言的要素。」

很幸運地，近來有關遊戲的研究已經逐漸增加，對遊戲一詞的定義也有些進展。下節將討論並區分遊戲與探索行為的差別，以幫助我們瞭解遊戲的特徵。在本章的最後，筆者將介紹各種有關遊戲的不同定義並且舉例說明。

專欄1-1　兒童對遊戲與工作的觀點

在幼兒教育及家庭生活中最常遇到的爭議是：到底幼兒需要多少時間執行成人所規定的事物與活動？這些活動被規定要嚴格執行，並且帶有義務的成分，可稱之為工作，當然，在執行這種叫工作的活動時，是不允許玩鬧或嬉戲的。這種爭議將工作與遊戲視為截然不同的兩件事。那麼，這兩件事（工作與遊戲）（參考表1-5）是否可能指涉同一活動，並且在同一時間發生呢？如今已有研究對這個問題加以澄清，並且區分工作與遊戲的差別。如雖然傳統式的幼教學園可能較鼓勵幼兒接受「遊戲即工作」的觀點，較學院派的幼教學園甚至可能直接告訴幼兒：工作即遊戲，但是其他奉自我建構主義（constructivism）為教育哲學的幼教學園，則會教導孩子工作與遊戲是截然不同的活動。

表1-5　遊戲／工作之區分

遊戲／工作　　學者	遊戲的本質	工作的本質
Piaget	同化 遊戲即目的及功能	調適 外在目標
Garvey	自發性 愉快的 不拘泥於組織結構 無鬥爭性	強迫性的 功利主義的 有秩序的 鬥爭的
Vygotsky	充滿想像 隨著年齡、階段改變、性質與內容改變	強調真實性 遊戲與工作是一發展數線
Cziksemtmilaly	內在動機 高峰經驗	強調工作本質與目的 遊戲即認知

有某一大學學院派的幼教學園，採取義大利的Roggio方案教學模式（Roggio projects approach）（Katz & Chard, 1993），在這種方案教學模式中，幼兒與老師共同決定什麼是方案，什麼是遊戲。幼兒分別和老師晤談：當他們正進行不同的課堂活動時，幼兒們被問及：他們是在遊戲，還是在工作？結果發現兒童會針對他們的課後活動給予不同的答案：(1)遊戲與工作是可轉換的，遊戲前需要「做」一些事（工作），如在沙箱做一些像餅狀的派，然後再玩「麵包店」賣麵包的遊戲；(2)當幼兒拒絕為他們的活動貼上任何標籤，那就變成不是工作，而是遊戲（如我在用積木蓋東西啊）；(3)好玩的工作（如當孩子主動要求掃把，並堅持在收拾的時間中打掃十五分鐘，直到老師叫停他們才停止打掃）；(4)同時是工作也是遊戲（如老師要我們做，而我們本身也想做的好玩的事）。看來，要用遊戲與工作來區分孩子的活動似乎不太可行。

我們需要更多的研究來區分不同模式幼教學園中孩子的遊戲與工作。至於幼兒是否能瞭解教育性遊戲與休閒性遊戲的不同？以及什麼時候他們可以明確說出這種區分？對這些問題目前仍然無法回答，有待未來的研究找出答案。

資料來源：整理自Paley, V. (1997). *The Girl with the Brown Crayon*. Cambridge MA: Harvard University Press.

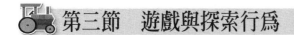

第三節　遊戲與探索行為

Hutt（1971）、Weisler及McCall（1976）及其他學者認為遊戲與探索行為（exploration）頗為相似，因為遊戲與探索行為都是自動自發，沒有外在的引發動機，Weisler及McCall甚至認為兩者根本無法明確區分。雖然如此，Hutt、Tyler、Hutt與Christopherson（1989）卻指出，其實遊戲與探索行為有一些重要的差別。探索行為經由外界的刺激而產生，目的是要獲得物體的相關訊息，因此受到所欲探索物體的控制。相對於此，遊戲是由有機體所引發的行為，但目的不是要獲得物體的相關訊息，而是因個體的需求及欲望才去遊戲。Hutt（1971: 246）解釋：「在遊戲中，幼兒從強調『那物體是做什麼用的』轉變成『我可以用這物體來做什麼』。」當幼

兒遊戲時，幼兒根本不管物體應被用來做什麼，而是隨心所欲地使用這個物體，**表1-6**摘列了遊戲與探索行為的主要區別。

Hutt（1971）曾觀察幼兒在實驗室中面對新奇東西時的反應。他發現幼兒對新奇物件的行為可分為兩階段，如**圖1-1**表示，玩弄（遊戲永遠出現在探索之後），而且遊戲在行為上較複雜、不規則；探索行為則呈現典型的刻板化，只有觀察及操弄（包括觸摸）兩種行為。

表1-6　遊戲與探索行為

	探索行為	遊戲
時間	發生在前	發生在探索行為之後
內容	陌生物體	熟悉物體
目的	獲得訊息	創造刺激
注意焦點	外在的現實	內在的現實
行為	固定、刻板化	富有變化
心情	嚴肅	高興、興奮
心跳	低沉、不具變化	高亢、具變化

資料來源：源自Hutt（1971）、Hughes與Hutt（1979）及Weisler與McCall（1976）等人之研究。

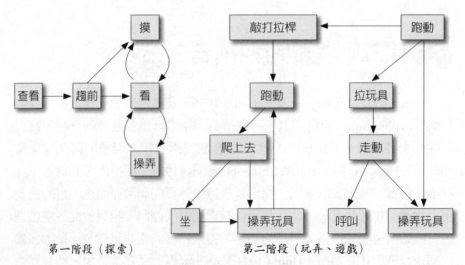

第一階段（探索）　　　　　　第二階段（玩弄、遊戲）

圖1-1　幼兒玩新奇玩具所表現的行為

資料來源：摘自Hutt（1971）。

　　探索的功能是為了瞭解新奇的物件，而遊戲的功能與特徵又是什麼呢？誠如**表1-6**所顯示，遊戲發生在探索之後，可以進一步熟悉物件、操弄物件以獲取新知進而創造訊息（Ellis, 1973）。這也許是遊戲行為在演化過程中，仍然能被保留下來的原因。而在瞭解遊戲行為之前，必須先弄清楚遊戲的特徵。事實上，遊戲能讓兒童去探索真實世界以外的東西，藉由想像力、幻想和創造力，兒童將現實世界的人、事、物轉換成符合遊戲的目的和角色。

第四節　各式各樣的遊戲

　　本書將採用廣義的遊戲定義，只要合乎遊戲特色（如遊戲是出自內在動機、重過程輕結果、是一種自由選擇、具正向情感等）都可以視為遊戲（亦是一種輕鬆氣氛下的活動）。此外，傳統的遊戲分類如練習、建構、戲劇、規則遊戲，以及具有自發性、無固定模式的轉換行為、自由選擇或具正向影響的藝術及音樂活動，也都算是遊戲。這些活動均具有自發性（內在動機），不溢於言表，過程取向、自由選擇及歡樂的要素。此外，我們也關心教育性遊戲（educational play）及休閒性遊戲（recreational play）。教育性遊戲大多是在成人所監控下（如課室活動或情境設計）的自由遊戲活動；休閒性遊戲則完全不受大人所監控（如在遊戲場休息時間進行的活動）。Nancy King（1986）進一步指出，學校遊戲包括這兩種遊戲：一為工具性遊戲（instrumental play），另一種為真正的遊戲（real play）。不管是工具性遊戲或真正遊戲都應提醒，與兒童在一起的成人要多給予關心與注意。除此之外，當孩子漸漸成長，遊戲（play）也會逐漸轉變成較競爭性且重視規則的遊戲（games），如打電動、下棋或玩球類運動。兩者

的區別在於是否具有規則。然而，在另一方面，King也指出學校遊戲的第三種形式——惡劣的遊戲（illicit play）（如拋炫風球、笑得很瘋狂、幼稚），這種遊戲很明顯地與其他遊戲有所區隔，並且常被成人（父母或老師）所禁止，與工具性及真正的遊戲有著很大的不同，但是在本書中，將不會對這種遊戲的形式進行深入討論，而是著重教育及休閒遊戲的理論，以及在研究上的應用。

　　遊戲的定義在《韋氏字典》中至少有五百種的解釋，**專欄1-2**提供一些幼兒教育實務中常用的一些定義及其實例說明。

專欄1-2　相關遊戲名詞的解釋與舉例說明

Functional Play　功能性遊戲

　　Smilansky（1968）將遊戲分成「功能性」、「建構性」兩種，所謂功能性遊戲係指操作性遊戲、有或沒有玩物的動作遊戲，或利用刻板化模式來操弄玩物；約在出生至兩歲期間出現，幼兒會經常以身體重複性肌肉活動來滿足其感官的刺激與愉悅，之後，功能性遊戲遞減，取而代之是建構遊戲。

　　舉例：幼兒反覆用手掌抓握玩物、收拾或倒出東西等；幼兒來回沒目的地走動、逃、跑等動作。

Repetitive Play　重複性遊戲

　　指內容不斷重複的遊戲行為，幼兒可從機械式的重複動作中獲得愉悅和滿足，或處理淨化先前不愉快的情緒。這是歐洲學者常用的名詞，相對於美國所用的功能遊戲。

　　舉例：幼兒手握鈴鼓不斷地搖晃；幼兒以手不斷拍打玩物以獲得個體對物體的期望。

Practice Play　練習性遊戲

　　指幼兒在出生至二歲期間，為了愉悅自己而利用已有的知覺基模對外在事物進

行探索，故而做出因不斷練習而十分熟悉的感官上或動作上的連續活動（尤以一歲以前幼兒的活動多屬此）。此階段係屬Piaget所謂的感覺動作期。

舉例：幼兒來回的爬行、將玩物丟在地板上等；幼兒做塗鴉。

Pretend Play　假裝遊戲

假裝遊戲通常在幼兒十二或十三個月大時出現，特徵是其發展是一系列逐漸複雜、循序漸進的等級；假裝行為的難度會因玩物轉移的形式、轉接的層次和遊戲的內容而作不同呈現；以自我為行動者、拿與實際物相同的玩具所做的假裝行為是最簡單的形式，兩歲以後才較能進行需透過轉換的、複雜的假裝遊戲。發展假裝遊戲的基本要素有三，即「去除自我中心」（decentration）（如加入虛擬角色於假想活動情節中）、「去除脈絡化」（decontextualization）（如利用一物體去替代另一物體）、「整合」（integration）（指孩童的遊戲經過協調和系統化的組合逐漸變得有體系）。

舉例：幼兒拿起玩具香蕉模型假裝在打電話。

Symbolic Play　表徵遊戲

指幼兒在一至二歲期間，透過語言及符號的使用，開始出現對自己說明事實、並以一物表徵另一物的佯裝能力，此能力會一直發展到幼兒園階段。表徵遊戲的過程，不僅可幫助幼兒克服現實中的恐懼，更可激發其創造力，有助其表達許多複雜的意念、動機和情緒。

Piaget（1962）認為表徵遊戲分為三種：第一種是對新的玩物作表徵基模的應用；第二種是利用他物來取代玩物，或假裝成別人或他物；第三種是將表徵基模和一系列或某種模式的行為做有計畫的連結。Wolf和Grollman（1982）則將表徵遊戲分為「獨立型的想像遊戲」及「賴物型的轉換遊戲」兩種，前者係指在遊戲中，幼兒藉由不存在的事件、角色和物品來創造想像世界；後者則指在遊戲中，幼兒藉著轉換現實物品和安排環境來創造出想像中的世界。

舉例：幼兒抱著洋娃娃在遊戲間走路，一邊假裝餵食洋娃娃、一邊告訴洋娃娃馬路上有很多車、要小心；幼兒拿呼拉圈假裝在游泳池游泳。

Make-Believe Play　佯裝遊戲

幼兒約自二歲開始出現「幻想—假裝」的能力，三至六歲則被視為此類遊戲的黃金時期，此後隨著現實生活的體驗而漸次減少。「幻想—假裝」能力較高的兒童展現較高層次的想像虛構力，會模仿曾經看到的周邊事物或活動，並藉由虛構以進行某種想像遊戲。

舉例：孩子們在玩假想的叢林遊戲時，假裝必須游過一條假想的河流、翻越一座假想的小山，以繼續追逐逃入林中的壞人。

Dramatic Play　戲劇性遊戲

約在二至七歲期間，兒童處於認知發展的運思前期，兒童表徵能力逐漸呈現，開始從事假裝的想像遊戲；兒童彼此間透過對話和行動，共同設計情節，並相互協調參與各種角色的情境，進而達成有主題的社會戲劇遊戲。三歲以前，幼兒多獨自進行遊戲；三歲以後，透過角色扮演及（或）想像轉換，則逐漸參與二人以上的團體社會戲劇遊戲。

舉例：兒童參加學校舉辦的兒童劇團，共同設計改編，並分配角色來擔綱演出現代版的白雪公主戲劇；幼兒在學校扮演醫生幫娃娃打針。

Fantasy Play　幻想遊戲

兒童在學齡前的假裝遊戲中，可能以語言和內心形象空想出一個或數個實物（假裝性實務轉換），以使遊戲情節能繼續進行；男女童於此方面的能力，在所使用的道具、扮演的角色，以及遊戲主題上，會因對遊戲材料的熟悉度而有所差異。兒童的性別、發育狀況，則是預測此類遊戲程度和品質的重要標準。

舉例：幼兒為玩家家酒，而以手邊的樂高積木來充當廚房及客廳的場景及設備，並虛構出全家在晚餐前的活動情景；幼兒幻想成太空戰士，駕駛太空船，做星際之旅。

Theme Play　主題遊戲

指幼兒所從事的遊戲行為中蘊涵某種主題；亦即運用故事、寓言或生活經驗等作為素材，在假裝遊戲中來設計蘊涵某種主題的遊戲。

舉例：男孩選擇冒險主題並扮演王子角色、女孩選擇家庭角色並扮演灰姑娘，

透過角色扮演開始進行另類灰姑娘的戲劇遊戲；小朋友進行三隻小豬的主題幻想遊戲，其中有分配角色、設計情節之扮演遊戲。

Constructive Play　建構遊戲

指一種有組織之目標導引的遊戲。約從一至二歲，當幼兒對物體的基模愈趨精緻與複雜時，他們可以使用玩物作簡單的建構；此建構遊戲是四歲幼兒最主要的遊戲方式，一直可持續至六歲，隨年齡增長愈趨複雜及創意。

舉例：幼兒玩樂高積木或益智七巧板等。

Games With Rules　規則遊戲／有規則的遊戲

指處於七至十一歲期間（即Piaget所謂的具體運思期）的兒童，遵循一些可被瞭解、認同及接受的規則來進行遊戲。此遊戲在本質上可以是感覺動作的，如玩打彈珠或拋接球遊戲，也可以是各種類型的智力遊戲，如玩跳棋、圍棋、西洋棋、撲克牌或大富翁等；並均具備兩個特點：一是此遊戲須在兩人或多人間進行競賽；二是遊戲過程中大家必須遵守事先同意的遊戲規則、不可任意更改。

舉例：一群幼兒在玩足球競賽或玩大富翁、下棋的遊戲。

Onlooker Behavior　旁觀的行為

此行為約在二歲以前發生，意指當其他孩子在玩時，他只在一旁觀看，偶爾向正在玩的孩子提供意見或交談，但自己不參與遊戲。舉例：幼兒可能因個性內向、年紀太小或對團體不熟悉，在新加入一個團體時，對自己不瞭解的遊戲先在旁觀看而選擇暫不加入。

舉例：某一幼兒在一旁觀看一群小朋友在玩積木建構遊戲。

Unoccupied Behavior　無所事事的行為

意指約二歲以前的幼兒，到處走動、東張西望或靜坐一旁，沒做什麼特定事情的情況。

舉例：二歲幼兒在托兒所教室內東張西望，有時撥弄鈕釦、玩玩頭髮，偶爾跟隨老師背後走動，卻不拿玩具玩。

Solitary Play　單獨遊戲

　　單獨遊戲是二歲至二歲半幼兒典型的玩法，也是最低層次、最根本的社會遊戲。兒童在活動中身體和心理都是獨立的、都在自己的世界中玩耍，與身旁他人沒有交談等任何社會互動。

　　舉例：二歲幼兒在托兒所教室內各自畫心目中自己的媽媽長相而沒有交談；幼兒們相隔在三呎以外相互玩各自的遊戲。

Parallel Play　平行遊戲

　　平行遊戲是二歲半至三歲半幼兒的玩法，意指兩個孩子在相同時間、相同地點玩同樣的活動時（或成人為儘量接近兒童而與其玩同種玩物時），彼此各自遊戲、互不干優、沒有互動（指沒有目光接觸及任何社會行為）而言；即Parten所説的典型的平行遊戲。平行遊戲似乎是介於社交不成熟的單獨遊戲及社交成熟的合作遊戲之間的一個轉換點，故常能吸引孩子加入合作的活動。

　　舉例：兩個兒童各自聚精會神地在建構積木，無視對方的存在或彼此沒有語言互動。

Associate Play　協同遊戲

　　協同遊戲是合作遊戲的一種形式，通常是三歲半至四歲半（特別是四歲時）小孩間之玩法，與平行遊戲類似，即每一兒童雖與其他孩子在一起玩，但彼此之間沒有共同的目標或相互的協助，仍以個人的興趣為主，從事個別的活動；惟其間仍有相當程度的分享、借用、輪流，加入同伴的活動和廣泛的語言交流。

　　舉例：兩個兒童共同使用一盒蠟筆，在毗連的畫板上各自畫出自己心中最喜愛的一個人，並在畫前對創作主題進行討論，彼此沒有語言的互動，但有共同的主題，一個為主，另一個為輔的活動。

Cooperative Play　合作遊戲

　　合作遊戲是一種社會遊戲的形式，當兩個以上、四歲半以後的兒童有共同的目標，且所有的參與者均能扮演各自的角色、彼此有分工及協助時，即會產生此類型玩法。

　　舉例：一群玩組合樂高積木的小孩，如欲建立一座城市，會決定由何人造橋、何

人造路、何人蓋房子等，彼此有共同主題、語言互動、相互協調的共同主題活動。

Rough-And-Tumble Play　粗野嬉鬧遊戲

粗野嬉鬧遊戲指遊戲中含有拳打腳踢、互相扭打或追逐等搏鬥場面而言，通常在玩假裝虛構人物時出現，男孩喜歡玩的頻率遠超過女孩；此與真正的攻擊行為不同，是一種模擬的攻擊性社會活動，遊戲中充滿笑聲，並不涉及對空間或器材等資源的爭奪。

舉例：一群兒童在玩官兵捉強盜的遊戲，他們有追逐、虛擬打架的情形。

Work　工作

遊戲在許多方面都與工作有所差別，最主要的差別是在「動機」上：工作的動機並非自發的，而是外在動機導向，它有一個目標，如賺錢或成功；而遊戲的本質則是內在動機導向，它是自發的、沒有設定一定目標。惟若以孩子的觀點來看待「工作」與「遊戲」兩者，其間之關係究竟如何？有研究指出可能是將此兩者於同一時間內視為一件事或相同的事；有主張工作就是遊戲；亦有主張工作與遊戲係不同之兩件事；有認為區分工作與遊戲對孩子而言是不適當的，但教育性遊戲與休閒性遊戲確有不同，眾說紛紜，尚待進一步研究。

舉例：一群幼兒在做老師所規定的拼圖活動。

Exploration　探索行為

探索行為與遊戲相似，皆屬自動自發的行為；惟探索行為是一種為獲取物體的相關訊息、受欲探索物體之特徵所導引的行為，呈現典型的刻板化，包含觀察與操弄兩種行為；然而遊戲則是受有機體所導引、受個體需求與欲望而為，且發生在探索之後，以進一步操弄物件俾瞭解新知、熟悉物件暨創造訊息。

舉例：幼兒面對一新奇玩具時，所展現的種種探索行為（如趨前查看、好奇觀看、用手觸摸等）。

Non-Play　非遊戲

指必須套入既定模式的一些活動，如學習行為、教師指定的家庭作業等。其他如玩電腦光碟或遊戲、玩教育玩具或塗色，通常亦被視為非遊戲活動。

Playfulness　玩性

根據Lieberman（1977）觀點，「玩性」是一個由身體、社會、認知的自發性、喜怒的控制及幽默感五點所界定出來的人格向度，與發散性思考、心理年齡、實際年齡有相關。例如，較具玩性的學前兒童，其在發散性思考測驗上的得分較高。惟Truhon卻持不同見解，認為創造力和玩性及遊戲的相關度很低，但玩性確是遊戲活動合理的好指標。

Sociodramatic Play　社會戲劇遊戲

社會戲劇遊戲為一種假裝遊戲，經由組織中每一個成員的角色扮演，而形成真正群體間互補的角色扮演。此種遊戲有助幼兒跳脫自我中心、漸漸學會瞭解別人的看法及想法，對其社會發展尤其重要。幼兒上幼稚園時期，喜歡扮家家酒，他們相互討論共同主題，有玩物轉換、共同扮演角色、利用語言互動達成共同主題的伴裝遊戲。

舉例：一群幼兒在玩醫院遊戲，有人當醫生、有人當護士、有人當病人，並模仿醫生替病人看病的情境。

Motor Play　運動遊戲／身體的遊戲

運動遊戲／身體的遊戲為一種大、小肌肉的活動，或遊戲中使用身體的部分稱之。此類遊戲會經常使用到戶內或戶外的遊戲設備，如攀爬架、溜滑梯、跳躍床等；環境中的自然特色也可能被運用，如兒童沿著倒下的樹幹上行走。

舉例：某一幼兒在戶外玩攀爬架。

Meta-Communication Play　後設溝通遊戲

後設溝通遊戲指兒童在參加團體戲劇性遊戲時，暫時打破遊戲架構而對遊戲本身作解釋所使用的一種口語交換；在做這些解釋時，兒童會先回復真實性生活中的身分，並以真實姓名稱呼彼此；這類溝通被用來解決在戲劇化過程中發生的關於角色、規則、物體的假裝身分和故事線等等的衝突。

舉例：三名兒童在扮演一場老師上課的戲，若扮演老師的兒童做出不適當的動作時，扮演家長的兒童或許會指正說：「小華，老師不會做那種事。」

Recreation/Leisure　休養／休閒

根據Lazarus（1991）休養論之觀點，遊戲最大的價值就在休養；遊戲與睡眠的目的相同，都是儲存能量以供工作之消耗；故一個好的遊戲，除本質須好玩、自由、自發與高興外，提供的功能之一就是休閒。

舉例：在兒童上課整天後，安排一個小時的遊戲時間，可以發揮休養與休閒之效；或學齡兒童、青少年喜歡自己選擇看電影、打電腦或看電視當作休閒活動。

Illicit Play　惡劣的遊戲

幼兒玩一些成人所禁忌的遊戲，有時會傷害到別人，這些常常是在成人背後所扮演的惡作劇，主要是取笑別人。

例如偷偷將別人的牛奶藏起來，或趁著其他幼童不注意，冷不防地將椅子抽走，讓幼童坐不著椅子而跌倒，有時此種遊戲會造成兒童的傷害。

受容遊戲

非幼兒主動遊戲，而是被動忍受的活動，例如看圖畫書、聽故事、聽收音機或看電視。一般缺乏遊戲主動參與的特徵。幼兒在一歲以前即有此行為，三歲之後更能接受，之後則更會從中享受樂趣。

資料來源：整理改作自吳幸玲、郭靜晃譯（2000），James E. Johnson等著。《兒童遊戲——遊戲發展的理論與實務》。臺北：揚智文化。

第五節　現代遊戲理論的應用

幼兒教育專家一般探討的問題包括：如何布置幼兒中心或幼兒學校、如何組織遊戲活動、如何使用一些可利用的玩物、如何建立父母的參與、如何與幼兒互動，以及如何配合遊戲活動來延伸課程。至於幼兒遊戲方面在理論上的觀點，對幼教老師來說是否有用呢？在本節我們將為幼教老師一一介紹，並討論四種最新的應用社會戲劇遊戲的理論觀點及實際運用時所須注意的地方。

一、轉換理論

轉換理論（play as transformation）的觀點來自於Piaget，強調幼兒在遊戲中的表徵特性。Smilansky在她著名的社會遊戲研究中（以所謂文化貧乏兒童為樣本），認為遊戲的轉換（transformation）是加深遊戲層次時不可或缺的要素（合作關係、語言行為與遊戲持續力則是其他的重要因素）。在評估轉換行為的品質時，須考慮四個問題：

1.幼兒是假裝成另一個人，而不是自己嗎？
2.幼兒所要假裝的角色與他們自己不同嗎？
3.幼兒想要假裝的物體與真實存在的物體不同嗎？
4.幼兒要假裝的情境與真實的情境不同嗎？

此外，對於轉換型態，還可以從幼兒具體經驗與遊戲經驗的差異大小進行更深入的討論。如孩子是藉縮小的真實道具、替代性物品或假裝性物品來進行物體的轉換？遊戲的主題和內容，跟幼兒的日常生活是相似的還是具有很大的差異？

二、後設溝通理論

後設溝通理論（play as meta-communication）是幼兒遊戲理論的第二重點。玩在一起的幼兒或獨自玩耍的幼兒都會使用人際間的訊息去建立、維持、打斷、恢復和終止一項遊戲。人種學家認為遊戲是指兒童在遊戲的架構、腳本或內容，以及遊戲的前後關係。遊戲不會平白無故產生，也不能從周圍環境中抽離出來。幼兒能夠很容易地進出他們的遊戲世界，同時也知道真實世界的存在。換言之，在遊戲中幼兒能同時意識到真實與虛幻世界的存在。

當幼兒全神貫注投入遊戲時，他們會同時警覺到其他同伴的真實角色——他們是誰以及他們在同儕中的地位——和他們在遊戲中的角色。他們能瞭解遊戲本身及遊戲中所做的溝通反應，或表達出遊戲世界及真實世界中的社會關係。遊戲中所講的話通常並不真實，不過在假裝世界裡，重

要的是玩得逼真，此外遊戲的內容也是眞實世界的顯現，由此可看出遊戲
與現實兩者間的關係非常密切，任何眞實世界中的事件都可以在彼此傳遞
「這是遊戲」的訊息後轉變成遊戲。因此，幼兒和成人都可以經由這種溝
通訊息，不斷組織與再組織他們的行爲和經驗。

三、表現理論

Sutton-Smith（1979）的表現理論（play as performance），認爲遊戲
確實是牽涉到一種四人同時對話的方式。通常一般的對話存在於兩人之
間，不過在遊戲中卻牽涉到四個談話者的位置——遊戲者與同伴、導演、
製作者、觀眾，即使幼兒所玩的是單獨進行的遊戲，他還是會假想出一些
玩伴和觀眾。在社會遊戲中，每一個幼兒會不斷調整、溝通彼此對遊戲的
意見和想法，一直到他們對遊戲的進行方式都滿意爲止。這種四人對話的
理論觀點主要是強調，當遊戲者在想像世界中爲眞實或假想的觀眾表演
時，遊戲就轉變成一個多種因素組成的舞臺事件。

四、腳本理論

故事腳本或情節理論（narrative or script theory）是幼兒遊戲的另一個
新觀點。根據腳本理論（play as script），遊戲的內容會顯示出兒童希望
展現自身經驗的企圖。由於兒童在智能上的發展，他們漸能根據以往的經
驗來組織所有的事件，而遊戲的內容就是幼兒對自身經驗的一種解釋方
式。

從記憶導引出來的知識架構就稱之爲「腳本」（script），它代表所
有可能行動所牽涉的知識網路，或代表許多的「場景」，並由這些場景組
成一較大規模的行爲，如上雜貨店購物或到海邊去玩。腳本表現出文化所
能接受的行爲，而這些行爲對兒童來說都是司空見慣的。腳本的內容包括
場景、附屬活動、角色與關係、場景中的道具、腳本的變化（如到大型超
市或小商店），以及在社交狀況下可以開始或結束腳本的一些情況。

幼兒戲劇或想像遊戲被認爲是一種「腳本」，我們可以對表演中的
組織層次進行評估，並以之作爲幼兒在認知及語言上的發展指標。Wolf及

Grollman（1982）曾提出三個不同的層次：企劃、事件和插曲。當幼兒表現出一個或多個簡短的動作，便代表了一項很小的單一事件（如把洋娃娃放在床上），這是屬於企劃的層次。而在事件腳本的層次上，幼兒會展現出二或三個企劃事件，但其目的則只有一個（如替洋娃娃洗澡，然後把洋娃娃放在床上）。事件層次也可以有四個或更多的企劃事件，但全部事件的目的仍然只有一個（如假裝製作漢堡、煮咖啡、烘烤蛋糕、做沙拉）。至於插曲式事件，則是指當幼兒表現出二或三個具有相同目標的腳本時稱之（如烘烤一個假裝的蛋糕，然後拿去請同伴吃）。插曲事件也可能是二或三個相關事件的組合（如假裝做很多的菜，拿去請許多同伴吃，吃完後再洗盤子）。因此，遊戲即腳本的這種模式讓旁觀的人可以看到、欣賞到以及大略地衡量到遊戲者的人格特質及自我概念，並評估幼兒的智能和語言的成熟度。

第六節　老師如何應用現代遊戲理論

以上所討論的四種理論都是教師可以多加應用的觀點，尤其用於社會戲劇遊戲。遊戲轉換理論是遊戲理論中歷史最久且牽連範圍最廣的理論。老師如果能夠瞭解這種理論，便可以區分假裝遊戲中的各種轉換行為，也能衡量幼兒透過與真實物體相似的道具所顯現的語言、想像力與象徵能力的發展。隨著象徵能力的增強，幼兒使用的道具會愈來愈抽象，到最後，幼兒在假裝遊戲中可以完全不使用道具。因此，老師能夠在兒童遊戲中適時給遊戲中心做些恰當的改變（如移走或添加一些與真實相像的道具）。再者，老師也要能夠敏銳察覺兒童在想像遊戲中所遭遇到的，或在角色上的困難，如幼兒會先選擇扮演日常生活較接近的東西，接著才是幻

想的角色和事件（如超級英雄）。

　　遊戲溝通轉換理論可以讓成人透視整個遊戲的進行，幫助老師瞭解幼兒在遊戲中的幾種溝通層次。幼兒的遊戲不只反應出遊戲主題的情節，從遊戲的內容也可以看出遊戲在社會層面所具有的意義。轉換理論可以讓老師（在符號表現能力的發展上）更瞭解遊戲的「縱向本質」，後設溝通理論則能讓老師更清楚遊戲的「橫向本質」。在遊戲中所進行的社會關係重建，顯示出遊戲外的社會關係，而當老師從（溝通轉換理論的觀點）來觀察整個遊戲時，必須要能察覺課堂上或托兒中心裡的人際關係，如此，才能運用這項理論來評估每個幼兒的同儕地位和社會發展情況，並且解釋幼兒在遊戲中所表現的某些行為。

　　遊戲表現理論則從不同的觀點來看幼兒的遊戲。這種理論至少有兩種作用，第一，跟上述理論一樣，使人瞭解整個遊戲的組織架構及組成元素。對老師而言，不論是自己想要加入遊戲，或是要幫助其他幼兒參與進行中的遊戲，都必須知道遊戲的界限在哪裡，否則將會中斷了正在進行中的遊戲。如果老師控制太嚴，會減弱或分散遊戲者、玩伴、導演、製作者和觀眾之間的協調性。如果老師覺得幼兒需要指導，可以扮演遊戲中的某一角色來引導幼兒。假如幼兒要演出一場發生在商店裡的故事，老師就可以扮演顧客的角色，在扮演中給予幼兒提示和建議。同樣地，幼兒如果無法加入團體和大家一起玩遊戲，老師可以傳授他適當的參與技巧（如從一個小角色開始），而且在從某團體轉移到另一團體時，應該循序漸進，不要操之過急。第二，四人對話的模式表示，幼兒的遊戲並不像乍看之下的單純，幼兒不但是演員，而且還是導演、製作者和觀眾——不論是真實或想像的。老師可從不同的角度來觀察幼兒在各種技巧上的成長。孩子們表現的優劣，是否能對自己的作為感到滿意——要看孩子是否能從遊戲中學習到新的事物，並且願意再從頭玩起；孩子對遊戲的主導能力和處理技巧也可以視為成熟度的發展指標。如此，遊戲行為便成為兒童在智能和語言發展上的另一指標。不過，由於這種技巧的個別差異並不明顯，老師們如果能夠明白這項理論，就能在指導兒童們遊戲的時候，以適當的方式幫助他們增進相關技巧。

　　至於遊戲腳本理論，可以幫助老師瞭解與分析兒童在智力、語言能

力、自我認同與個人人格上的差異，老師如果具備這些察覺能力，便能以新的眼光來看待幼兒，藉由觀察幼兒在遊戲中的行為，評估幼兒的認知程度，瞭解幼兒如何組織自身的經驗，並且將這些經驗表現出來，更能深入瞭解究竟哪些事物是幼兒真正在意的。老師可以根據幼兒的興趣設計課程，如安排參觀旅行或課外活動，這些活動的效果可以在隨後的遊戲中反映出來。舉例來說，老師觀察幼兒進行一場在餐廳中的遊戲，發現幼兒對餐廳人物的角色沒有清楚認知時，便可以安排孩子們到附近的餐廳進行參觀旅行，並介紹遊戲中的相關道具（如菜單），旅行之後再觀察孩子的變化，可以知道這趟旅行是否有助於兒童在概念上的發展。

第七節　遊戲的功能

遊戲的功能為何？最好的解釋是回到相關的遊戲理論來尋找，相關理論包括了古典理論及現代理論，古典理論是指精力、能量的調節，及人類本能的練習；現代理論則論及調節受挫經驗、個人內在特質、思考的變通或是刺激個人的警覺狀態等。個人在綜合歸納這些理論後，認為遊戲的功能有四個：

一、實驗（研究或探索）

兒童遊戲代表觀察、發現、探究、探索、研究等。當兒童專注於某個遊戲時，他是全神貫注的。因此，兒童的遊戲是一種專精的遊戲，兒童必須要用遊戲的方式去瞭解周遭的環境。如此，任何物品都可能是兒童用來探索、觀察、實驗及掌握的對象，所以任何玩物最好都能帶給兒童正面的幫助，尤其是具有教育性的功能。

二、治療

遊戲可治癒孩子的痛苦、壓力及無聊。許多自發性的兒童遊戲都有這種功能。例如，狂野嬉鬧的遊戲就是這一類功能的最佳代表。我們常可

看到有一些孩子（男孩居多）在無聊或有壓力時，會玩一些類似打架的遊戲，但他們不是眞正打架（他們也知道是遊戲）。此時一些動作的展現或笑聲就是抒解壓力的最好方式。另一個例子是，當孩子被大人責罵而產生挫折感，他們可以透過玩家家酒的遊戲來抒解心中的情緒或壓力。

三、生活技能的演練

隨著孩子年齡的成長，與身體運動技能的成熟，孩子們在身體上的自主性也有所增強。孩子需要機會去練習這些能力，而遊戲便是提供這種練習的最佳機會，如果父母予以禁止，將會影響孩子本身體能的發展。遊戲可以使人熟練某些技能（mastery of skills），尤其是日常生活中的必備技巧，我們稱之爲能力（competence）。例如，Montessori 所謂日常生活的工作就是指給予孩子在熟悉環境中所必需的技能，讓孩子能透過不斷練習而獲得掌控的能力。她更提出，遊戲是兒童時期的工作，對於學習與發展十分重要。

四、休閒

休閒的功能最簡單不過了，就是好玩、高興。遊戲是自由的、內在動機的、好玩的。但要依照遊戲者的立場來思考，而這也是我們成人所要反省的。例如，某位媽媽排了好久的隊伍爲兒子報名才藝夏令營，營中準備了許多才藝活動的練習，但這位兒子在參加了一星期之後，覺得還是看電視、打電玩最爲快樂，於是拒絕再去上才藝夏令營，這位媽媽很生氣孩子不聽話，也抱怨爲何孩子不參加這麼好玩的活動。父母都是抱著很緊張的心態來看待孩子的學習，有的媽媽看到孩子不專心學，會敲孩子的頭說：「你知道這一堂課多少錢嗎？爲什麼不好好學呢？」試問這是以誰的立場來考量，是孩子？還是媽媽？

在一個具有自發性的好遊戲中，我們甚少看到孩子繃著臉或不高興。相反地，他們都是情緒高昂、精神百倍而且神情愉快的。

🚂 第八節　遊戲的教育觀

　　「業精於勤，荒於嬉」一直是我們傳統上對於兒童的教育觀念，這種觀念也與基督教教義中的工作倫理精神相符合——人唯有在工作完成之後才能遊戲，遊戲更是我們因工作有所得之後，才允許有的行為。在這種觀點下，自然而然會有大多數人對「遊」、「玩」、「戲」抱持負面的評價，因此一般人對兒童遊戲若非抱著一種不得不忍受的態度，就是想盡辦法排除或壓抑這種活動。

　　在歷史上，給予遊戲正面的評價，大約始於18世紀的盧梭。浪漫傾向的盧梭把遊戲視為原始高貴情操的源頭與表現。他更認為兒童都應盡情發揮這種天性。19世紀末期的幼稚園教育創始人Fröbel及稍後的Montessori則繼承了盧梭對遊戲的肯定，也都大力提倡遊戲。不過在精神上他們對遊戲的觀點還是和盧梭的浪漫主義有所不同。盧梭鼓勵兒童發揮遊戲的天性，而Fröbel與Montessori則是有意藉遊戲達到教育的目的。

　　教育（education）有一古老的定義：「透過外在的操弄而產生對學習者的改變。」（Thorndike, 1913: 1）教育可能擁有許多意義，但其實它就是指改變（change）。因為每一個人在受教育後，必然會產生改變而與過去有所不同；沒有一個人在受教育後仍然和以前一模一樣；所以在此我們要瞭解的是，教育是否和遊戲具有相同的功能。Dewey（1938: 25）描述「教——提供學生有用的知識」與「知識的獲得」之間的關係，他主張「所有真正的教育都是得自於經驗」。但是他也提出警告：「並非所有的經驗皆真正的或同等的具有教育性。」

　　喜愛遊戲是兒童的天性，對兒童來說，遊戲是一種學習、活動、適應、生活或工作。而由於遊戲是兒童基於內在動機的選擇，是兒童主動參與的活動，沒有固定模式的外顯行為，因此，孩子在玩遊戲時總是充滿了笑聲，歡欣溢於言表，更是百玩不厭。

　　我們常常看到兒童一玩起來就十分帶勁，玩再久也不會厭煩，不會喊累，難怪有人說「遊戲是兒童的第二生命」。至於在兒童的眼中，遊戲

到底是一種學習，還是一種工作，他們是不在意的，他們只是自由地、無拘無束地徜徉在他們營造的世界、幻想的世界裡，享受與人、玩物之間的互動，從中獲得玩性（playfulness）的最大滿足（吳幸玲、郭靜晃譯，2003）。

　　從發展的觀點來看，個體會隨著年齡的增長而產生身心（如認知、人格、社會、情緒等）方面的成長與變化。將發展觀點應用到遊戲，兒童會因年齡的成長而逐漸成熟，遊戲行為的結構也會有所改變。從這些改變歷程中，我們可以發現嬰幼兒從身體、動作及知覺的發展，到幼兒語言、邏輯及智能操作的提升，以及學齡兒童在認知具體操作、社會發展、問題解決能力及策略謀略能力上的發展，進一步到青少年時擁有的抽象思考推理、獨立生活技巧，且能適應新科技的發明。所以，成人要幫助兒童從遊戲中獲得最佳益處，我們必須要思考兒童在特定年齡的發展概況，以及發展的下一個步驟為何。最重要的，我們必須瞭解遊戲發展的最重要機轉，幫助孩子超越現有的限制，進而提升遊戲的功能。此外，我們還需要對整個環境有所瞭解，能敏銳察覺不同遊戲行為的影響，才能為孩子提供最佳的環境以提升孩子的遊戲行為，進而達到學習或教育的目標。

　　反觀國內的教育環境，以升學及學業表現作為唯一的成就取向，成績評量又以規格化的考試為主，教學內容僵化、教材一元化而缺乏彈性、教師普遍偏重記憶和背誦，忽略操作與實驗的重要性。我曾被自己小孩的問題問倒，他問我：「冰箱幾度？」我答不出來，他便告訴我正確答案是五度，因為是老師說的、課本講的。其實他只要自己量量看就會知道，但現在的教育總是很快地告訴學生許多他不明白的知識，忽略了自己動手做實驗的重要性。加上整個教學方法不夠新穎，無法引發學生對上課的興趣或對課程的好奇；另外，臺灣目前的學校大都仍採大班制的教學方式，如此老師無法顧及到每個學生的個別發展與需求，學生也缺乏討論與發表意見的機會，大都是老師在講台上做單向式的知識傳輸，缺乏與學生的雙向溝通與互動，形成老師與學生的疏離，相對地減低學生的學習動機。雖然我們的教育強調五育並重，但是在升學的壓力下，教師大多只注重學生的智育成績，對於德育、群育、體育、美育常是擱置一旁，學生只能一昧地埋首書中，而缺乏培養其他興趣與才藝的機會，無法開發潛在的能力，造

成身心失衡、發展受阻。

在教育的單軌制度下，同學與同學之間常因升學的競爭壓力，而只著重於學業成績的追求，缺乏團隊合作的精神與互助分享的機會，使得學生多以自我為中心，自私冷漠、不關心別人、人際關係也受到影響。並且有些學生因為無法獲得以學業為標準的成就感，導致對學習失去興趣。以上種種負面影響，讓上課變成是一種壓力與負擔，學生無法從中感受學習的樂趣，此正是臺灣教育的問題所在。猶記教育部長曾率領一些官員出訪，考察日本小學生學習英語的情形，從電視鏡頭上看日本小學生學英文是快樂的，他們用哆啦A夢造型，由老師透過日常生活的對話與學生互動、遊戲，更重要的是，他們不以考試來衡量其學習成就，所以他們皆可大聲說並用英文來做真實的互動，當然英文可以學得很好，而臺灣仍沉溺於考試取向及記憶背誦的取向，當然小朋友對英文皆退卻三步，而成績當然皆不盡理想。

就上述的討論中，筆者發現遊戲與教育的定義雖有不同，但兩者的功能並不是相對的；相反地，他們也可以相輔相成。教育的本質是為了達到行為的改變，並且主要是透過「外在操作」的媒介達成。教育學習的歷程可以是愉悅、互動、探索的，甚至是消除無聊或壓力的，不僅可以用遊戲的方式來達成，也可以迎合權威的規範（通常是老師）以達到認同（identification）的目的。這種歷程前者稱為遊戲，後者稱為工作。所以教育是否能像遊戲那樣讓人精神愉快、為之嚮往，或讓人從中獲得最大玩性（其要素為表現歡樂、幽默感、身體自發性、認知自發性及社會自發性）的滿足，端看教育的歷程及目標。如果教育的目標是達到成人所認同的規範，而忽略孩子成長的能力及需求；知識獲得是透過大人權威採取記憶背誦的歷程，而不是以實驗、探索操作過程去獲得知識，甚至於成人的角色是知識提供者，孩子是知識的獲得者，而不是以孩子為學習的主宰，成人只是輔助兒童的學習；那麼學習過程就會產生壓力，甚至無法引發自發性的學習動機，因為這樣的學習行為一點也不好玩。

針對上述的問題困境，如何提升目前學校教育的功能以達到寓教於樂的學習過程，筆者認為：

1.教育理念與哲學應拋棄本質主義（essentialism），採取實驗取向（experimental orientation），讓知識的獲得是透過主動的探索、觀察、互動過程達成。

2.掌握學習者的自我建構（self-constructivism），知識的獲得是靠兒童本身，而相關課程設計應配合孩子的發展能力（age-appropriateness），最好能稍微超越孩子的能力，讓孩子感到挑戰並從中獲得成功的經驗。課程設計不能超越孩子的能力太多，否則孩子會太常受到挫折而造成學習的無助感（learned helplessness）；相反地，如果過於簡單，孩子又會很快失去興趣與學習動機。

3.成人宜以輔助孩子學習為圭臬，而不是一昧要求及展現權威的角色，如此一來，孩子較容易有自發性的學習行為。

4.掌握學習中的玩性，遊戲的內在本質是幽默、歡樂及具有自發性，因此學習情境應該是在沒有壓力的狀態（free of stress）。

第九節　結語

　　透過遊戲，兒童將有機會發展肌肉協調性、社交互動技巧、邏輯思考和解決問題的技巧，並且有能力認為所想像的世界是真的（Cook & Cook, 2005）。為何孩子要玩遊戲，從生理－心理－社會模式（bio-psycho-social model）來看，孩子玩遊戲基於生物性需求，如幫助肌肉、骨骼發育，調節體力、促進體內器官的運作；在心理需求是模仿、好奇、愛與被愛、興趣、成就感、情緒的調節；在社會性需求如修正自我行為合乎社會規範、培養群性合作行為、培養利他及互愛的情操。

　　「做中學」、「從遊戲中學習」一直是教育學家的理想，也訴諸於社會運動或倡導中，但實務上的推廣仍有一大段的距離。臺灣的教育一直以來並非訓練科學家思考、好奇、操作、探索、實驗（也就是遊戲的主要功能之一）的能力，而只是一昧地填鴨，力求讓兒童很快地獲得知識，甚至以成績為唯一的考量。這種只重結果而忽略過程的教育方法，正如同David Elkind所稱的揠苗助長式教育（miseducation）：成人只注重知識的

結果，而忽略建構知識的過程；此種教育方法也可說是催促孩子成長的教育（hurried child），忽略孩子的童年，讓孩子學習超越他們能力很多的教材。

第二章

遊戲與兒童發展

遊戲學習化、學習遊戲化一直是推廣學前教育的一種口號，也反映遊戲與兒童學習與發展之間的關係。此外，根據心理學的研究，遊戲是兒童認知及發展智慧的一種媒介。換言之，遊戲是兒童的學習方法之一（李明宗，1993：3）。從1970年代迄今，已有無數的研究調查過遊戲與兒童發展間的關係，研究內容著重於認知、技能和情境三方面，研究方式大都以相關、實驗室及訓練等實徵研究，其內容多針對兒童的成長，包括認知、語言、社會技巧和情緒適應等，此外還有身體大肌肉的發展及自尊等部分。

「兒童經由遊戲而學習」的概念，為許多不同模式的幼教計畫和多向度的方法，提供最佳理論依據，同時也為幼教師提供幼兒環境規劃的最佳佐證。直到1980年代，進步主義（progressivism）的建構觀念成為幼兒教育中心思潮，其認為兒童藉由自由選擇和自我主導對其環境中可改變形式的物體做出反應活動，以達到自我建構知識的觀念。此種觀點很快為美國幼教協會（National Association of Education for Young Children, NAEYC）提倡為適齡發展實務（Developmentally Appropriate Practice, DAP）的理論架構（Bredekamp & Copple, 1997）。適齡發展實務的教育理論鼓勵幼兒教育教師們，以多數兒童發展程序和階段性為基準，著重孩子們的階段、年齡及個別差異性，設計適合個別兒童的發展及學習計畫目標；甚至幼兒教育學者也已發現，經過設計的遊戲、學習環境及課程，對兒童是有幫助的。如果教師評估兒童在遊戲及學習活動中的進展（透過有效的評估策略），將會發現目標、活動、發展及學習結果都是很重要的（Shipley, 1998）。

影響美國社會對研究遊戲的態度可歸因下列因素（Arnaud, 1974: 73）：

1. 動物學家如Goodall-Van Lawick對猩猩的研究、DeVor對狒狒的研究及Harlow對恆河猴的研究皆發現，動物愈聰明，其遊戲行為的量及種類愈多。動物藉由遊戲，可發展生存的技巧且愈能融入與同儕相處。

2. Piaget對智力理論的闡述，認為人的智力是個體與環境互動之結

果。

3.對於傳統幼稚教育學程的不滿意而轉向強調解決問題技巧及學習者自主的學程。

4.個人增加時間、精力及金錢於休閒活動，如運動、娛樂、旅行及藝術的追求。

5.受到蘇聯人造衛星史普尼克（Sputnik）的發射升空成功影響，造成美國進行啓蒙方案作爲和蘇聯做太空發展、自然科學及數學的競賽。

6.美國幼教協會訂定適齡發展實務爲幼兒教育的圭臬，並視遊戲爲兒童的最佳學習方式。

在1990年代，美國對於遊戲及遊戲環境再度感到興趣，其理由如下（Frost, 1992: 26）：

1.美國大學社會科學學院愈來愈重視遊戲的研究。

2.專業組織如美國及國際遊戲權力協會、美國教育協會、人類學協會、美國健康聯盟、體育協會、娛樂及舞蹈協會以及國際幼教協會等對遊戲的重視。

3.父母及教育專業人員對於學科教育的過度重視，給予兒童過多的壓力。

4.電視對兒童健康、體能、道德發展及學業成就之不良影響。

5.社會充滿對遊戲不安全的訴訟。

6.對於美國大多數遊戲場因設計不良及不當維持的失望。

7.對於遊戲場及遊戲設施安全的重視，而設立設施安全之標準及指引。

第一節　蛋生雞？雞生蛋？——遊戲vs.兒童發展

在過去幾十年中，已有很多的研究著手描述遊戲與兒童發展的關聯性，研究內容多針對兒童的情緒、認知、語言、社會技巧、動作發展及人

格發展等不同領域；其實筆者很難能將遊戲與兒童之個別領域之發展的關聯予以分類且加以描述，遊戲對孩子而言，是一種媒介及轉介，孩子藉此做語言的表達、主宰，控制自己的身體，熟練心智能力，也透過遊戲與他人及環境建立關係，更藉此抒發個人的情緒以達到淨化心靈的功能。

在過去的幾十年來，已有很多的研究文獻，探討上述兒童成長的相關領域，基本上，有關遊戲與兒童發展之間的關係可以從下面三方面來分析：

1. 遊戲反映兒童發展：遊戲被視爲兒童發展之窗。
2. 遊戲增長兒童發展：遊戲被視爲是兒童獲得行爲技巧與知覺概念的媒介。
3. 遊戲促進發展的改變：遊戲能促進身體功能與結構組織產生質性改變的工具。

這三種說法並不是各自獨立的，只是在某些程度上是對的。要判斷遊戲對發展的影響就好比雞生蛋或蛋生雞的議題般，尚需更多的訊息與條件；例如我們需要知道是哪種遊戲可以促進何種領域的發展，以及兒童的個別差異和遊戲的脈絡情境。我們不能鄉愿地一昧歌頌遊戲的偉大，因爲有時候，遊戲只是反映兒童某領域的發展，有時則可促進此領域的發展；但是相對地，遊戲有時也會阻礙兒童相關領域發展及傷害兒童福祉。例如，禁忌或黑暗遊戲（dark play）是被兒童之社會群體所唾棄的，或玩很惡劣的遊戲。還有可能導致個人受傷，甚至死亡。Greta Fein（1997）將遊戲比喻爲「飲食行爲」（eating behavior）是很恰當的隱喻。我們不會詢問是否飲食對發展有所助益，但我們將吃進的食物加以分析爲組織的營養物（如卡路里、維他命、礦物質），我們不禁會問到底要「吃什麼」、「怎麼吃」，才能有助於身體的健康；更進一步我們要問不同性別、年齡層的人要吃多少食物？什麼時候吃？在何種情況吃等等。Fein更提醒我們把遊戲作爲飲食的成分來加以分析遊戲與兒童發展之間的關聯會更爲適切。

此外，有關遊戲與相關或因果關係存在時，必須注意不能單由遊戲這個層面來做歸因，尚需考量此現象之外的議題（epiphenomenona issue）；也就是說，遊戲與發展之間尚有困擾變項（confounding variable）存在，也使得在遊戲造成兒童發展、或兒童發展促進遊戲之結論上有研究方法論的缺失。例如，遊戲中的同儕互動或衝突造成不同的遊戲行為，再導致兒童的發展。例如，幼兒在強調讀寫能力的戲劇遊戲方案中，其讀寫能力的提升導致老師與其他幼兒與兒童之互動有所不同，那就不能單指遊戲對幼兒的讀寫能力的提增具有因果關係。但是如果兒童的遊戲不受其他相關脈絡所影響，也就是說兒童可在不同情況下產生相同的效果，那就是遊戲與兒童發展具有相等結論（equifinality）。如前例，幼兒在於強調讀寫能力的社會戲劇遊戲方案中，其日後拼字和寫字能力的提升也可以在老師說故事或直接教導等不同教學方案中獲得相同的功能（吳幸玲、郭靜晃譯，2003）。

因此，如果我們只參考一些沒有結論或有問題之實驗研究來加以評估遊戲在發展的重要性，那恐有低估其關聯的錯估性，所以必須要小心引證研究的結果，以下將闡述遊戲與兒童各發展的關係。

第二節　遊戲與情緒發展

在人的社會化過程中，兒童追求個人自主性的發展與成人要求兒童迎合社會規範所約束的要求是相互衝突的；因此在成長的過程中，兒童承受相當大的壓力，而兒童的因應之道便是遊戲。如果兒童被剝奪這種遊戲經驗，那兒童就難以適應於社會。而如果兒童所成長的家庭與社會不允許，也不能提供足夠空間、時間、玩物以及良好遊戲、休閒的媒介，那孩子很難發展自我及對他人產生健康的態度。

從兒童生命週期（life cycle）來看，嬰兒是從人與玩物的刺激來引發反應以獲得安全的依戀（secured attachment）。到了幼兒時期，遊戲成為表達性情感的媒介，並從遊戲學習有建設性地控制情緒。到了兒童期的發展，最重要是學習語文，例如讀寫能力。當兒童參與休閒活動或遊戲時，可增加自我尊重及情緒的穩定性；遊戲因此可提供兒童發展領導、與人合作、競爭、團隊合作、持續力、彈力、堅毅力、利他品質，而這些品質皆有助於兒童正性的自我概念。

1930至1960年代，遊戲理論大都採用心理分析論來做解釋及探討，例如以遊戲作為兒童情緒診斷的工具，也探討遊戲在情緒發展中所扮演的角色。只是此研究方法以個案研究為主，而且採取非實驗性方式。Axline（1964）根據遊戲理論來解決兒童情緒困擾，國內程小危教授及宋維村教授也做過有關兒童遊戲治療的研究。Rubin、Fein和Vandenberg（1983）曾對此類研究加以批評，他們認為此種方法沒有實驗性的控制，方法論過於薄弱，不能達到科學上的有效控制，而且工具也缺乏信、效度；所以這方面的研究結果不一致，眾說紛紜，而且出現前後矛盾的情況。例如有些研究用玩偶遊戲來驗證「取代作用」（displacement）的防衛機轉假設（當一個人有負向情緒時，個人會尋求一抒解管道或替代品來加以發洩），這假設提出當一個人因被父母嚴厲處罰，心有不甘時，較容易在遊戲中有攻擊行為。但在Levin和Wardell（1971）的研究中，此項假設並沒有獲得支持。

由於過去的研究結果令人不滿意，再加上日後認知理論在遊戲的影響力與日俱增，造成70年代很少人用遊戲觀點去看情緒發展的構念。

日後，Guerney（1984）曾發表以「遊戲」來治療兒童的情緒創傷。Barnett及Storm（1981）也發現遊戲與人類焦慮的發生有關；此外，Roberts及Sutton-Smith（1962）發現，兒童藉由遊戲來抒解因父母嚴厲管教態度所造成的壓力。如用此觀點來建構正向情緒成長或調節，那此類研究仍是十分有前途的（有關遊戲治療可參考第十一章）。

第三節　遊戲與認知發展

1960年代，Piaget和Vygotsky的認知理論興起並刺激日後認知學派的蓬勃發展，探究其原因，主要是由認知發展理論中發現：遊戲除了幫助兒童情緒的調節，並且激發兒童各項智能技巧，如智力、保留概念、問題解決能力、創造力等的發展。

從兒童發展的階段來看，在嬰兒期，嬰兒天生即具有能接近環境中新物體的能力，且對於某些物體有特別的喜好，如鮮明刺激、三度空間、

能發出聲響的物體，尤其是動態的物體。在幼兒期，幼兒由於語言及邏輯分類能力大增，更有助於幼兒類化（generalization）的發展，而這些能力的發展更有助於幼兒形成高層次的抽象能力，例如假設推理、問題解決或創造力。

在兒童期，尤其小學之後，兒童的遊戲活動漸減，取而代之的是邏輯及數學概念的演繹能力活動。這個時期是在Piaget所認為具體操作期。兒童透過具體操作而得到形式思考。這種思考是較不受正式的物體操作而獲得的，而是由最少的暗示而獲得較多的訊息。

1960年代，Piaget和Vygotsky的認知理論興起並蓬勃發展，主要是由認知發展理論中發現，遊戲會在情緒調節中扮演重要的角色，這刺激此派研究者找出遊戲與各項智能技巧的關係。大部分遊戲與認知發展的研究中，都以智力、保留概念、問題解決能力和創造力來探討與遊戲的關係。

遊戲和智力之關係研究結果，大都著重在假裝遊戲。根據Vygotsky的研究，在假裝遊戲中使用象徵性事物可幫助孩子的抽象思考能力；Piaget認為遊戲可幫助兒童熟練新的心智技巧。最近研究顯示學前兒童的社會戲劇遊戲次數與智力和擴散性思考能力呈現正相關（Johnson, Ershler & Lawton, 1982）。但有的研究則顯示，學前兒童的智力分數與其想像遊戲的次數及複雜度並沒有顯著相關。另外還有顯示智力與兒童建構遊戲有顯著正相關，但對戲劇遊戲則沒有相關的研究。而在遊戲訓練的實驗研究則發現，社會戲劇遊戲和主題幻想遊戲訓練（多以幻想遊戲為主）能明顯地增進兒童智力分數（Christie, 1983; Saltz, Dixon & Johnson, 1977; Smith, Dalgleish & Herzmark, 1981）。

此外，Rubin、Fein及Vandenberg（1983）認為孩子在虛構的遊戲中，角色的扮演可使孩子能有保留概念所需的兩種認知操作：(1)去除自我中心（decentration）：瞭解自己及其所扮演角色的意義；(2)可逆性（reversibility）：可從所扮演之角色，回到原來的角色。

　　研究指出這種遊戲可以幫助幼兒角色的逆轉並察覺期間的轉換，使幼兒在保留概念中表現更好（Golomb & Cornelius, 1977）。

　　有關兒童遊戲與問題解決能力關係的研究，大都以認知心理學家庫勒（W. Kohler）早期對猩猩的頓悟學習（insight learning）爲主要之參考。Bruner（1972）認爲遊戲可增加兒童對行爲的選擇而促進其對問題解決的能力，兒童在遊戲中嘗試以不同的玩法，而這些玩法可幫助其日後解決問題的能力。Sylva、Bruner、Genova（1976）及日後Simon和Smith（1983）的研究也支持Bruner的看法：遊戲可增強兒童解決問題的能力。Sylva等人的實驗讓幼兒須將兩根棒子用夾子連接成爲一長棒，才能挑出他們原先拿不到的彈珠或粉筆。Sylva等人將幼兒分爲三組：實驗情境（遊戲）組、觀察組和控制組。每一組幼兒須先觀察研究者示範將夾子夾在棒子中間，然後，讓實驗情境組自由玩十分鐘，觀察組幼兒觀看研究者示範將兩根棒子用夾子連接成延長的棒子，控制組兒童則不觀察也不遊戲。隨後，兒童必須做問題解決的作業，結果發現遊戲組與觀察組的幼兒比控制組的幼兒在達成問題解決的作業來得好。這項研究顯示，讓幼兒自由地玩與成人教他們如何解決問題的效果是一樣的。

　　有關遊戲與創造力之關係研究，因遊戲與創造力兩者具有象徵、想像和新奇的特性，兩者的關係具有最大的連結。例如研究發現，遊戲除了可讓孩子產生較多解決問題的策略及方法外，同時也可直接引導其創造力（Pepler & Ross, 1981）。Lieberman（1977）的研究發現：幼稚園的兒童在遊戲的評分愈高，其在智力測驗的擴散思考（divergent thinking）能力也較好。Smilansky（1968）設計社會戲劇遊戲的課程，透過大人參與兒童的遊戲並示範遊戲品質，結果發現可增進兒童在創造測驗的分數。此外，Dansky及Silverman（1973, 1975）利用實驗證實遊戲與創造力具有因果關係。研究中允許孩子自由玩玩具，隨後發現孩子不會以一定的玩法來使用這些玩具，而是賦予更多創造性的玩法。之後，Dansky（1980a, 1980b）根據遊戲結果來設計課程，以刺激小孩的創造力。

第四節　遊戲與語言發展

　　語言發展如同認知發展一樣，與遊戲是相輔相成的。遊戲本身就是一種語言的方式，因此，兒童透過遊戲能有助於語言的發展，例如，兒童玩假裝或扮演的遊戲。

　　在嬰兒期，發音、發聲（babbling）是嬰兒最早的語言遊戲。嬰兒的發聲是一種重複、無目的及自發性的滿足。成人在此時對嬰兒有所反應，或透過躲貓貓，不但可以增強嬰兒發聲，而且也可以影響其日常生活使用聲音的選擇以及表徵聲音。

　　一歲之後，孩子開始喜歡語言及音調，特別是他們所熟悉的物體或事件的本質。孩子在此時喜歡說一些字詞順序或語言遊戲，可增加孩子語言結構的能力。

　　在幼兒期，孩子為了能在社會遊戲溝通，他們必須使用大量的語言。當兒童的語言能力不足夠時，他們常會使用一些聲音或音調來與人溝通。尤其當孩子上了幼兒園，在同儕和老師的互動下，其語言的發展有快速的成長。而兒童大多是藉由遊戲的過程，來瞭解字形，獲得表達的語意關係以及聲韻的操練來瞭解其周遭的物理與社會環境。

　　在兒童期，孩子雖對語形發展已漸成熟，但他們仍藉著不同的語言遊戲，如相聲、繞口令、脫口秀來瞭解各語文及文字的意義，並且也愈來愈有幽默感。

　　Weir（1962）在觀察兒童遊戲時，發現兒童常玩一些不同形式或規則的語言遊戲，例如兒童常重複一些無意義的音節、語意和語句，這種語言遊戲可使兒童熟悉新的語言技巧，並增加對語音規則的瞭解（Cazden, 1976）。由於兒童在社會扮演遊戲會透過計畫、角色、玩物、規則，而使得遊戲具有練習語言的功能，從中瞭解會話的法則，然後再使用正確語言去溝通，進而計畫遊戲活動的結構，並指出在遊戲中所設定的角色，以及個人如何假裝活動和物品如何被佯裝等等。這顯示出社會戲劇遊戲可促進兒童的語言發展（Garvey, 1977; Smith & Syddall, 1978）。

　　Smilansky（1968）認為兒童在遊戲時，語言具有一些功能：(1)成人語言的模仿；(2)可用於佯裝；(3)用於解釋、要求或討論遊戲；此外，語言也可幫助兒童擴大他們所看到的意義、保持想像的角色、幫助兒童從外在環境聽到自己，以及允許兒童在他們自己與所扮演的角色之間內在對話，還可增加語彙能力。

　　遊戲與語言發展的研究很多，而且大多數研究都發現，遊戲與語言發展呈現正相關（Goodson & Greenfield, 1975; Mueller & Brenner, 1977; Fein, 1979; McClune-Nicolich, 1981）。Levy（1984）檢閱一些遊戲與語言發展的研究，並做了下列的結論：

1. 遊戲刺激了語言的創新（Garvey, 1977; Bruner, 1983）。
2. 遊戲提供並澄清新的語彙和概念（Smilansky, 1968）。
3. 遊戲激勵語言的使用（Vygotsky, 1962; Smilansky, 1968; Garvey & Hogan, 1973; Garvey, 1977; Bruner, 1983）。
4. 遊戲發展後設語言（meta-linguistic）的察覺（Cazden, 1976）。
5. 遊戲鼓勵語言的思考（Vygotsky, 1962）。

　　而後，Levy又增加了下列的結論：語言可促進遊戲的進行，語言的遊戲及遊戲中的自我中心語言，亦可促進遊戲與認知發展（Levy, 1984: 59）。

第五節　遊戲與社會發展

　　兒童最早的社會場所是家庭與學校，其次才是與同儕等非結構式的接觸，社會發展是延續一生而持續發展的，但在兒童期，遊戲的角色才愈明顯。

　　在嬰兒期，最早的社會互動是微笑（smile）。父母一般對嬰兒高興的回應（微笑）更是喚起兒童微笑互動的有效行為。在幼兒期，各人玩各人的遊戲，或兩人或兩人以上可以玩各樣的活動，也就是說他們可以平行地玩遊戲，之後，他們可以一起玩一些扮演的社會戲劇活動或遊戲。幼兒

的社會遊戲，很少由立即環境的特性所引發的，大都是由同儕們共同計畫及勾勒出來的情節，而且分派角色並要有分享、溝通的能力。在學齡兒童期，戲劇遊戲減少，而是由幻想遊戲來取代，相對地，團隊比賽或運動也提供了一些社會關係的學習。

　　派頓（Mildred Parten）在1932年對42名日本幼兒園兒童進行自由遊戲的觀察。Parten（1932）每八個月就會進行一次調查，她發現兒童從年齡成長，所玩的遊戲類型會有不同，並成為系列的六個等級：無所事事的行為（unoccupied behavior）、旁觀行為（onlooker behavior）、單獨遊戲（solitary play）、平行遊戲（parallel play）、聯合遊戲（associative play）及合作遊戲（cooperative play）。Parten發現：年紀與遊戲類型有關，年紀較小會玩等級較低的遊戲類型。無所事事的行為和旁觀行為通常出現在二歲以下，年紀較大（三歲以上）通常不會再出現此種行為。然後依年齡成長，出現頻率較高的遊戲類型分別是單獨遊戲（約在2～3歲），平行遊戲（3～4歲）、聯合遊戲（4～5歲）及合作遊戲（5歲以上）。通常較高層次的遊戲類型出現在3～5歲，台灣兒童也有類似的研究發現（Pan, 1994）。

　　誠如遊戲與創造力及語言發展的關係一樣，兒童參與社會戲劇活動可學習輪流、分享、溝通，讓大家能一起玩。團體戲劇遊戲提供兒童練習社會技巧的機會。在Connolly及Doyle（1984）的研究中發現：玩團體戲劇遊戲，兒童會有機會去練習及熟練社會技巧，進而運用社會技巧。此外，郭靜晃（1982）發現社會戲劇遊戲訓練課程，也可以增加兒童合作等之社會技巧。

在社會戲劇遊戲中，角色的扮演也可幫助幼兒發展排除自我中心及培養角色取替（role-perspective）能力（由他人的觀點來看另一件事物的能力）（Burns & Brainerd, 1979）。此外，兒童也可在遊戲中探索自己的極限，有助於幫助他們形成自我概念（self-concept）的過程，同時，他們也會學習如何與他人相處、解決紛爭及如何交朋友和維持友誼。

在遊戲訓練的實驗研究中發現，建構遊戲和戲劇遊戲可增加兒童知覺、認知及情感等三種角色取替能力。

總而言之，幼兒年紀愈大，其遊戲愈趨社會化。而常參與社會幻想遊戲的幼兒，比不參與者，其社會能力較強。因此，幼兒的父母或老師應當鼓勵幼兒在戶外或是室內玩幻想的遊戲。

第六節　遊戲與動作發展

幼兒的動作發展有三大重點：體能、知覺—動作發展及運動技巧。

體能指的是身體機能的能力（如心、肺及循環系統的功能，肌肉強度及彈性）。

知覺—動作發展指的是兒童知覺及解釋感覺資料，以及透過活動而反應的能力（包括時間、空間、方向及視聽覺的察覺）；動作技巧指的是基本移位、操弄及平衡等技巧（Poest et al., 1990）。

以目前來看，兒童的體能愈來愈差。以美國為例，成人普遍花很多時間在其健康及體能的維護上，相對地，兒童花愈多的時間在看電視、從事較靜態的活動，以及攝取過多高醣類食物，結果造成兒童愈來愈胖，體能愈來愈差（Jambor & Hancock, 1988）。

Deitz及Gortmaker（1985）研究發現，看電視的兒童較容易發胖，因為坐著看電視使身體休息太久，減少能量消耗，以及因常吃高醣類食物而使身體吸收過多的熱量。

此外，Frost（1992: 44）認為美國近年教育的改革（強調學科訓練及延長教育時間），反而造成孩子愈沒有時間遊戲及做體能運動。另外有研究發現，許多小學生每天平均在戶外上體育課時的運動時間不超過二十分鐘，卻花很多時間在排隊等遊樂設施，或聊天、追逐上。

有關知覺—動作發展方面，Weikart（1987）指出，如同體能般，幼兒知覺—動作發展也有日益衰退的趨勢，尤其是視覺、聽覺及時間的察覺力方面；雖然有關訓練幼兒的知覺—動作發展中心如雨後春筍般地成立，但是相同研究卻指出其效果並不彰顯。

有關運動技巧方面，Seefeldt（1984）研究發現，運動技巧並不是純粹源自於個體的成熟，而是要透過教導及練習才有所改善。因此，幼兒如常參與自由遊戲，可增加其運動技巧。大肌肉活動、小肌肉活動、身體察覺活動、空間察覺活動、方向察覺活動、平衡活動、整合性活動及表達性活動等，皆可透過訓練課程來加以增強。嬰幼兒透過由傾倒、堆放、敲打和丟擲來發現生活環境中的物體特性，並且同時學習地心引力、物體和動作的相關概念（Cook & Cook, 2005），並發展身體動作技能，如跑、跳、爬和丟擲。

遊戲與兒童的動作發展有其絕對的關係，嬰兒在遊戲中有身體的活動如手腳的蹬、移動。在幼兒時，幼兒大量的大肌肉活動，如爬、跑、跳及快速移動，騎三輪車，而且也有精細的小肌肉活動，如剪東西。到了學齡兒童期，他們的運動競賽需要大量的肌肉及運動系統的練習，因此遊戲幫助兒童精細了身體動作能力。

以上之論述，可以**表2-1**示之。

表2-1　遊戲與兒童發展的關係

	情緒發展	認知發展	語言發展	社會發展	動作發展
嬰兒期 （0～2歲）	玩物的刺激；關心、照顧	物體的刺激（如照明刺激、三度空間）	發聲練習；親子共讀	親子互動；手足互動	大肌肉活動，如跳、跑及快速移動
幼兒期 （3～6歲）	玩物、情境等透過遊戲表達情感；學習控制情緒	分類能力之提增；假裝戲劇遊戲	兒童圖畫書賞析	同儕互動	感覺統合
學齡兒童期 （7～12歲）	利用休閒活動滿足情緒；透過休閒或遊戲增加自我尊重之情緒穩定	加重邏輯及數學之演繹性活動	語言遊戲活動，如相聲、脫口秀、繞口令；瞭解各種不同族群及文化的語言	團隊比賽及運動	運動技巧；體能；知覺—動作發展

　　綜合上述遊戲與兒童發展的關係論述，遊戲能讓兒童探索真實世界之外的事物，藉由幻想、語言、肢體、想像力、創造力，兒童能讓現實世界的人事物轉換成符合遊戲目的之角色。透過遊戲兒童有機會發展肌肉協調性、社交能力、邏輯概念、語言能力、解決問題的能力等，並且有能力辨別真實與虛構之間的差別，更重要的是遊戲能為他們帶來歡樂及抒解壓力。遊戲是兒童全部的生活，也是兒童的工作，因此，兒童的休閒育樂活動更是離不開「遊戲」。教育學家杜威說「教育即生活」，克伯屈則認為「教育即遊戲」，Montessori、Piaget等亦主張以自由開放的態度讓幼兒發展天性並重視遊戲的教育功能，由上列的論點就可以說「教育即遊戲」。基於兒童天性對遊戲的需求，休閒活動也是國民教育中重要的一環（鍾騰，1989：11）。而兒童遊戲的教育功能，也可從兒童發展的歷程看出。

　　一歲以上的幼兒，會在有人陪伴之下獨自地玩或與別人一起玩，在簡單的遊戲與娛樂中，利用器官的探索逐漸瞭解這個世界及加深其感官知覺；因此在這段時期的兒童，不論是社會性或單獨的遊戲，都是他學習的主要方式。

　　進入兒童早期，由於幼兒動作技巧的精熟及經驗的擴增，遊戲漸趨複雜，這個時期兒童最主要的認知遊戲為功能性（functional）及建構性（constructive）兩種；前者又稱操作性遊戲，利用固定玩物；後者意指有組織的目標導引遊戲（吳幸玲、郭靜晃譯，2003）。

　　到了兒童晚期，同儕團體在生活領域中地位逐漸加重，兒童在團體中受歡迎的程度決定了他參加遊戲的形式，這段時間最常做的遊戲有建構性遊戲、蒐集東西、競賽等，在兒童遊戲中，兒童慢慢建立起自我概念、性別認識，並發展出社會化行為（黃秀瑄，1981）。從此之後，當兒童步入青少年期，除了上課休息及做功課之外，休閒活動遂變成其生活的重心。

第七節　結語

　　在本章中我們將遊戲與兒童發展的關係分為情緒發展、認知發展、社會發展、語言發展及動作發展五個層面來解釋遊戲與兒童發展之間的關係，兒童的遊戲行為隨著不同的階段而產生不同的發展和經驗。

　　本章提出很多的研究在調查遊戲與兒童發展間的關係，研究內容著重於認知、技能和情境三方面，研究的方式大都以實徵研究來進行，其內容多針對兒童的成長，包括認知、語言、社會技巧和情緒適應等。此外，若遊戲與相關或因果關係存在時，也須注意不能單單只從遊戲這個層面來作分析，還要將其他變數列入考量（如變項因素）。因此，如果我們在評估遊戲與兒童發展之間的相關性及重要性時，只參考一些有問題的實驗研究或沒有結論的研究，可能會產生錯誤的評估及結論，所以在引證研究的結果時必須小心。

　　遊戲對於兒童來說是與生俱來的需求，兒童藉由遊戲這個媒介來促進不同的發展領域，也透過遊戲來建立環境與人的互動關係；這些發展及經驗皆可由兒童在情緒、認知、社會、語言及動作的發展歷程中看出。

　　整體而言，遊戲可幫助兒童認知、身體和社交技巧的發展，提供相當豐富的資源。隨著年齡增長，兒童的遊戲也愈趨複雜，同時反映出發展各方面的成熟度。

第三章

兒童遊戲發展

- 遊戲行為的發展說
- 兒童遊戲發展
- 兒童遊戲的發展特性
- 電子傳播媒體與兒童遊戲
- 影響兒童遊戲發展的因素
- 結語

第一節　遊戲行為的發展說

　　遊戲能讓兒童探索真實以外的事物。藉由想像力、幻想力和創造力，兒童會將現實世界的人、事、物轉換成符合遊戲目的之角色。透過遊戲兒童將有機會發展動作協調、社會互動技巧和解釋問題技巧與邏輯能力，並且有能力體驗所想像的世界和真實的世界。

　　隨著時間的推移，遊戲行為會產生系統性的變化。例如從遊戲觀察研究中可以看出，兒童會先對玩物進行探索，再加以重新組合或進行改變。遊戲行為的速度、強度、變化性及風格，都可能隨著時間的改變而有所不同。Hutt（1966）的探索性研究就為這種論點提出佐證，從他的研究中，可以看出特定行為所產生的擴散性變化。如果我們每天用十分鐘，不間斷地觀察兒童在拿到新玩具後的反應，便會發現孩子的行為模式、姿態及行為表情都隨著時間而改變，一開始十分刻板、僵硬，但是在第四天之後，孩子便能以較輕鬆的遊戲方式來操弄這新奇的玩物，並且開始產生各種不同的反應。Corinne Hutt及同事在之後的另一項研究，讓幼兒長時期使用不同的學齡前玩物（如乾沙或水），依時間加以計量並進行調查（Hutt, Tyler, Hutt & Christopherson, 1989）。結果發現，孩子在短時間的遊戲行為與經驗中會產生持續而短暫的變化。微視發生論（microgenesis）指的就是「短期的發展變化」。

　　發展性的變化意即遊戲行為會在一段長時間（例如年齡的發展階段）中產生改變。個體發生論（ontogenesis）為發展性變化提供了最好的詮釋（吳幸玲、郭靜晃譯，2003）。那麼，在兒童的遊戲中，可以區分為哪些發展階段或次階段，隨著時間的推移，展現出不同的兒童生活及遊戲行為呢？在相關的兒童發展理論中，有不少質性研究是針對兒童在不同階段的各層次行為進行分析。例如，Piaget把遊戲分為以下幾個發展階段——知覺動作遊戲、表徵遊戲及規則的遊戲。而在長期發展的研究中，也同樣發現兒童擁有上述發展順序，例如表徵遊戲在二至三歲的嬰幼兒時期並不常見，但在三至五歲的學齡前兒童期，則相當普遍。遊戲個體發生論

也出現在每個遊戲發展階段，然而隨著時間的改變，會依序出現各種不同的遊戲形式，而建構出發展性改變的模式。

　　遊戲的微視發生論以及遊戲個體發生論不僅概念本身相當重要，對於垂直排列遊戲的發展階段以瞭解兒童遊戲行為發展理論也有很大的幫助。遊戲的微視發生論或遊戲行為在極短時間內可能的改變層面（例如檢查─再檢查─組成─轉移─檢查─……），可以幫助我們預期兒童有哪些遊戲行為，並且設計或調整某些特定的情境以提升兒童的遊戲行為；例如在遊戲進行中，老師可以靈活地使用或是撤除遊戲道具，以協調兒童在微視發生論的探索遊戲週期所產生的行為。

　　此外，在設計適齡遊戲環境及預測兒童遊戲方式時，對遊戲發展基準及里程碑的瞭解，也是絕對必要的。對這兩方面的瞭解，可以幫助我們更有效地理解與評估兒童在特定遊戲中的行為發展順序，不論在針對特定發展層次的特定兒童（微視分析層次），或是鎖定特定年齡層的一般兒童（巨視分析層次），都相當重要。意即是去瞭解兒童經歷微視發生的遊戲層面或週期後（微視分析），與他們在其發展階段層次（個體發生論，巨視分析）的功能上有何不同。

　　對於和成長中兒童在一起工作及遊戲的成人來說，對遊戲發展的瞭解相當重要。然而，目前的知識還不足以完全理解兒童的遊戲，或是培養與孩子互動的良好能力。遊戲發展的傳統理論是線性、單向且欠缺脈絡的，因此無法慮及兒童遊戲的文化層面。最近有若干遊戲發展的思考應用，回歸到互動及多層面的概念架構以解釋兒童的遊戲發展（Monighan-Nourot, 1995），例如Corsaro（Gaskins, Miller & Corsaro, 1992）提出一重建（相對於線性觀點）的社會遊戲發展觀點，認為社會遊戲與孩子的同儕文化具有相互反饋迴路（feedback loops）的迴歸關係。在這種迴歸互動關係中，社會遊戲建立了同儕文化，衍生而出的文化也同時影響了個體的社會遊戲。此種想法可以追溯到法國遊戲理論學家Chateau，他認為遊戲是幼兒確認自我的工具（a means for self-affirmation）（法文為l'affirmation du moi）。當這些幼兒逐漸成長，他們遭遇到「大朋友的挑戰」（challenge of the elder）（法文為láppel de laîné），年紀小的幼兒被鼓勵從事遊戲，這是大朋友能夠接受（或及時修正）的行為方式，幼

兒藉此得以融入大男孩或大女孩的遊戲文化（Van der Kooij & de Groot, 1977）。

過去大部分探討遊戲的文獻，只把遊戲發展視為單一遊戲技巧與能力依時間而產生的改變。這些線性的遊戲發展理論並不足以解釋孩童日後在不同脈絡及多個層次中的發展。而現今的遊戲學者則日漸重視孩子成長環境的文化內涵。有愈來愈多人採用多層面的觀點來看待孩童的遊戲發展，此種觀點允許我們將發展時程（developmental time）（Monighan-Nourot, 1995）及許多脈絡因素納入考量，如情境、文化、語言和社會關係。

此外，在研究遊戲行為及行為的改變時，必須整合個別差異、文化與社會階層、特殊兒童及環境差異。在特定情境與孩童共處時，必須不斷地建構與再建構關於兒童的實務理論，一方面閱讀相關文獻，另一方面也從個人的工作實務汲取經驗增加對兒童的瞭解。在實際互動中建構的遊戲理論，最能瞭解兒童的遊戲發展，同時也能領會其他人的相關意見。我們需要多元的實務理論，畢竟不同遊戲行為的內容和發展速度，會因為社會、生理環境及成熟度的不同，而產生很多個體上的差異。

其中社會情境具有極大的影響力，並且存在於日常生活當中。雖然遊戲幫助了兒童的發展，但是從特定的兒童身上可以看出不同的社會脈絡會擁有不同層次的遊戲。

第二節　兒童遊戲發展

透過遊戲，兒童能瞭解自己及外在世界。嬰幼兒透過知覺與動作技巧的發展，藉由動作（如投擲、敲打、堆放、拿取）來發現外在物體的特性，並且也認識外在的物理知識（如固體、地心引力、速度和動作的相關概念）。兒童藉由學習和依循遊戲的規則來發展應用邏輯知識；同時，他們也可以透過遊戲來探索語言、學習解決問題、發展創造力。除了認知的發展外，遊戲也可幫助兒童發展動作技能，如跑、跳、協調力、爬和投擲等技巧。兒童經由遊戲認識自己的能力及特質，將有助於他們發展自我概念，再經由與同儕的互動、相處、協商來發展其友伴關係。除此之外，遊

戲也可以幫助兒童淨化不好的情緒及調適日常生活的壓力。

一、零至五歲幼兒的遊戲發展

發展心理學這門學科主要是研究人類行為隨年齡增長而產生的個體行為改變。如果應用在兒童遊戲上，便是研究遊戲的內容與結構的改變。已有許多遊戲學者在研究文獻中描述過遊戲，發現遊戲和個體情緒、學習因素有關。同時學者們也依照不同的結構將遊戲予以分類、定義。例如有些學者認為，嬰兒的動作發展與遊戲是相互聯結的。依此觀點，可以把遊戲分為四種類型：動作遊戲、社會遊戲、玩物遊戲及表徵遊戲。這種分類是人為而非渾然天成，目的是在幫助讀者進行系統性的整合。但請務必明瞭，這些分類方式並不是武斷或絕對的，有時遊戲可以存在於多種型態的遊戲類別中。可能的發展進程列於**表3-1**。**表3-1**由上到下是個體遊戲行為的發展順序，但因人有個別差異，因此，發展的平均年齡會隨個人特質（如遺傳及環境）的不同而有所差異。總體來說，嬰兒的遊戲主要是表現在操弄物體及動作遊戲方面；兩歲之後，其表徵能力及社會遊戲的發展才逐一出現。

成人與孩子一起遊戲時，應特別注意在兒童遊戲行為中以下兩種改變的意義：(1)時間因素對發展的影響。時間因素如何影響了遊戲的結構或過程，真正改變具有何種意義？(2)遊戲活動的速率、強度和種類可能在短時間內改變，並且反應也較富有彈性；另外可以將改變視為長時間內一種行為的轉移，例如身處兩種不同發展年齡層的兒童，會呈現出不同的遊戲發展階段。

兒童的發展過程乃是循序漸進，由自我中心到與他人互動、由具體到抽象。Garvey（1977）指出，隨著兒童年齡的增長，遊戲有下列四種基本的發展與改變趨向：

1. 生物的成熟：隨著年齡增長、兒童身體與心理的成長，使得兒童獲得新的遊戲能力與技能。
2. 精緻和複雜：遊戲會因兒童技能的成熟加上經驗的豐富，使得遊戲愈加精緻和複雜，而且也可應用多種不同的概念。

3.減少隨機化行為，增加行為的計畫與控制：兒童可以透過想像直接
操弄環境或改變事實。

4.加深個人的遊戲經驗：兒童透過日常生活的觀察與模仿，習得社會
的因果關係，並將這些事件應用在日後遊戲的主題。

表3-1　遊戲發展進度量表

操弄／建築 （玩物遊戲）	表徵遊戲	社會遊戲	身體／動作遊戲
1.玩自己的身體部位（如手指、腳趾） 2.用手臂揮打玩物並獲得愉快 3.玩別人的身體部位，如摸別人的臉或頭髮 4.玩水 5.在遊戲中去拿玩物（或自己拿或從別人處獲得） 6.在玩的過程中放開玩物 7.用雙手去敲打玩物或拍手 8.做影響環境的重複性動作（例如敲打玩具產生砰砰響） 9.堆放玩物 10.自發性的塗鴉 11.拉玩具 12.將容器（籃）中的玩具倒出來 13.可以橫向排列並且是有組織性 14.玩沙（過濾、拍、抹平、倒或堆） 15.玩拼圖 　(1)三件式的形狀拼圖（三角形、四方形、圓形） 　(2)四件式個別成形的拼圖 　(3)四件組成一形體的拼圖 　(4)七件組成一形體的拼圖	1.在遊戲中模仿 　(1)模仿聲音 　(2)模仿別人的手勢 　(3)模仿別人的臉部表情 　(4)延宕模仿（將以前所聽過或看過的聲音或動作模仿出來） 2.在遊戲中可製造聲音 3.在遊戲中可用語言交談或叫喊 4.使用玩物來假裝、虛構（如假裝積木為車），可使玩物具有意義 5.功能性使用表徵玩具（如電話、車子、娃娃或茶具組合） 6.使用成人衣物或裝扮遊戲 7.表現單一的假裝情境遊戲（如喝茶、抽菸或是開車） 8.表現虛構情境（事件之間有連續或單一角色持	1.模仿鏡中的形象 2.對鏡中的形象微笑 3.在遊戲中嬉笑 4.玩社會遊戲（如玩躲貓貓、玩拍手遊戲） 5.單獨地玩（如幼兒自己玩玩具，即使與別的幼兒一起玩，彼此處在很近的距離，也不想跟其他的幼兒一起玩） 6.可以獨立自己玩遊戲，持續十五至三十分鐘 7.平行遊戲（幼兒通常玩在一起，但各自單獨做他們的活動或遊戲；通常玩相似的玩具或活動，除非他搶奪別人的玩具，不然彼此不會有社會性的互動或影響他人的活動） 8.聯合遊戲（幼兒可玩在一起，但各自擁有自己的主題深度活動。彼此間有溝通交流，通常玩的主題是與玩物有關的活動。彼此	1.可以不用支撐而坐著玩 2.玩時可以獨立站得很好 3.爬或匍匐前進 4.可以邊走邊玩 5.可以雙手將球從頭上丟出 6.可以從大人椅子爬上爬下 7.踢球 8.聽音樂、做些律動 9.踩（騎）三輪車 10.用雙腳做跳遠狀的動作（腳離地） 11.可以從十英寸高度跳下來 12.接大球 13.跑得很好（不會跌倒） 14.可以在矮的玩具和梯子爬上爬下 15.跳繩（至少跳連續兩次以上） 16.會翻觔斗、跳躍、盪鞦

（續）表3-1　遊戲發展進度量表

操弄／建築（玩物遊戲）	表徵遊戲	社會遊戲	身體／動作遊戲
(5)十二件組成一形體的拼圖 16.將玩具放入容器或籃子內 17.會將蓋子蓋於有蓋的容器 18.玩黏土 　(1)會用手去壓擠、滾及造型 　(2)利用工具（如棒子）形狀加上黏土做造型 　(3)利用黏土／沙做表徵的玩物（如做所熟識的物品，如電話、車子或茶杯），並能說出其名稱 19.玩積木 　(1)沒有表徵意義的建構遊戲 　(2)具有表徵意義的建構遊戲 20.用剪刀 　(1)用剪刀剪東西 　(2)將紙或布剪成碎片 　(3)沿線剪不同的形狀 　(4)剪成不同的形狀 　(5)剪圖案（除了太細小的部分之外） 21.用畫圖來表徵事物（大部分畫他所知道的故事並能說出故事中圖畫的名字） 22.遊戲建構的結果成為重要的部分 23.組織工藝技巧 24.使用顏色筆將圖案著色 25.拓印／蓋印畫或用筆做描繪	續在五分鐘以下，如用茶具組合在一起喝茶、吃餅乾，好像開茶會、派對；或開車去逛街或加油等） 9.表現虛構情境（單一角色的遊戲可以持續五分鐘以上） 10.表現虛構情節（有情節、主題但較不具組織性） 11.表現有組織、情節的假裝遊戲 12.可以與其他幼兒做假裝遊戲（社會扮演遊戲）	之間各自有各自的活動目標與目的，可能彼此有所關聯，但不是一完整組織的活動） 9.兩人的合作遊戲（兩個幼兒參與共同目的的活動，彼此有組織能相互協調以達目的。通常幼兒是玩一些扮演、競爭／非競爭的比賽，或做一些作品，彼此相互支持以達目的） 10.團體的合作遊戲（兩個以上的幼兒能達到的目標） 11.遊戲中有分享行為 12.玩時可以等待 13.能為他人做事以達成目標的活動 14.要求同伴與他一起玩 15.能叫出同伴的名字並炫耀（自誇其所做的事情） 16.可與特定的玩伴一起玩並可將他當作最好的朋友 17.能對有規則的遊戲或比賽遵守規則，並能輪流共享玩具	轄、用輪子溜冰、走平衡木等

資料來源：引自Golden, D. B. & Kutner, C. G. (1980).

操弄／建築遊戲

表徵遊戲　　　　　　　　　　社會遊戲

身體／動作遊戲

從認知發展層面，Piaget（1962）將遊戲分為三類：練習遊戲（practice play）、表徵遊戲（symbolic play）和規則遊戲（games with rules）。換言之，兒童隨年齡成長，遊戲型態從功能（實踐）→象徵思考→規則依循的順序發展。Smilansky（1968）則參照了Piaget的分類，將認知遊戲修訂為下列四類：

1. 功能性遊戲（functional play）：約從出生到兩歲，幼兒經常以身體的重複性動作，例如跳與跑、反覆抓握物體和操弄玩具，來滿足感官的刺激與愉悅。

2. 建構遊戲（constructive play）：約從兩歲起，幼兒開始使用各種可塑性的物品，如積木、拼圖、樂高或玩物、沙、水、黏土、麵糰，有目的地完成某些成品，如機器人、動物等，而隨著年齡的成長及動作發展的成熟，兒童可進一步發展自己的創作。

3. 戲劇性遊戲（dramatic play）：約在二至七歲之間，兒童處於認知發展的運思前期，兒童逐漸展現他們的表徵能力，此時，兒童開始從事假裝（pretend）的想像遊戲，可以參與各種角色的情境、對話或行動。在三歲以前，幼兒大都獨自進行遊戲，自三歲之後，則逐漸參與二人以上的團體社會戲劇遊戲，成員間透過彼此的對話，共同設計情節，進行協調進而達成有主題的社會戲劇遊戲。

4. 規則遊戲：約在七歲至十一歲之間，正處於具體運思期，兒童認知及接受規則能力大增，可從事一些具有規則性的遊戲，例如球賽、下棋、捉迷藏等，兒童對於規則的遵循及遊戲者的共同約定非常在意，如此一來，他們才能一起玩。

Rubin、Fein及Vandenberg（1983）則觀察幼兒從出生至七歲，在認知發展層面有七種認知遊戲階段，茲分述如下：

1. 知覺動作遊戲（sensorimotor play）：約在一歲之前，利用已有的知覺基模探索外在的事物，嬰兒將一些玩物放在嘴裡，咬它們、捏它們，或將玩物丟在地板上，嬰兒可藉此瞭解物體的特性。

2. 建構遊戲（constructive play）：約從一歲至兩歲，當嬰兒對物體的基模愈來愈精緻與複雜時，他們可以使用玩物做簡單的建構，如玩拼圖、積木、插椿玩具或堆疊玩具，這種建構遊戲可持續至六歲，而且愈來愈複雜及具創意。

3. 初級假裝遊戲（first pretend play）：約從十二至十四個月大開始，幼兒可以使用模擬真實器具的玩具來假裝一些動作，如用玩具湯匙餵洋娃娃、用梳子梳頭髮、玩具車代替開車。隨著年齡的增長，使用假裝的玩物會愈不受外型影響，取而代之的是玩物的功能。

4. 代替性假裝遊戲（substitute pretend play）：約在兩歲至三歲之間，幼兒會使用玩物來代替任何他們想得到的東西。他們可能利用筷子來代替梳子，湯匙代替香蕉，或利用掃把代替騎馬。到了四、五歲之後，他們的遊戲時間中，至少有20%會使用這種新且複雜的假裝。

5. 社會戲劇遊戲（sociodramatic play）：幼兒上幼兒園的時期，他們喜歡扮家家酒，尤其喜歡扮演父母、老師、警察、司機、醫生、護士及超級英雄等角色。兒童很喜歡此類遊戲，尤其是幻想遊戲。這種遊戲對幼兒的社會發展尤其重要，由於扮演別人，兒童必須融入這個角色，這使得兒童能跳脫自我中心，漸漸瞭解別人的看法及想法。

6. 規則的察覺（awareness of the rules）：六歲的幼兒不僅可以自我創造戲劇，而且還可以描述戲劇的規則。他們可以預先計畫情節，分派角色。這種改變需要更進一步的認知能力才能辦到，通常是在六歲左右，在此之後，兒童便開始發展具體的運思能力。

7. 規則遊戲：上了小學後，假裝遊戲會漸漸減少，取而代之的是特定規則的複雜遊戲，如踢瓶子、球賽、玩彈珠等。這種堅持規則的遊戲對兒童日後的認知及社會發展有所助益。最重要的是，兒童需要時間來玩此類遊戲，然而現代兒童卻花太多時間在看電視或做一些

沒有組織及建設性的遊戲。

從社會發展層面，Parten（1932）針對日本保育學校的幼兒進行觀察，發現幼兒的社會性遊戲依序分述如下：

1. 無所事事行為（約在兩歲以前）：到處走動、東張西望或靜靜坐在一旁，沒有做什麼特定的事情。
2. 旁觀的行為（約在兩歲以前）：當其他孩子在玩時，幼兒只在一旁觀看，偶爾與正在玩的幼童說話，但沒有參與遊戲。
3. 單獨遊戲（約在兩歲至兩歲半）：自己一個人玩玩物，與他人沒有交談等任何社會互動。
4. 平行遊戲（約在兩歲半至三歲半）：與旁邊的小孩子玩相同或類似的玩具和遊戲，但他們彼此卻沒有進一步交談。
5. 協同遊戲（約在三歲半至四歲半）：與其他兒童一起玩，但彼此之間沒有共同目標及互相協助，仍以個人的興趣為主。
6. 合作遊戲（約在四歲半之後）：與其他兒童一起玩，彼此之間有分工及相互協助，以達成共同的目標。

平行遊戲

協同遊戲

Parten的研究提出之後，他所描述的兒童社會性遊戲發展階段，常被用以衡量兒童的社會發展層次。直到1980年，才由Howes從對同儕遊戲的觀察發展出Howes同儕遊戲量表。Pan（1994）針對國內的幼兒社會遊戲情形加以觀察，發現許多幼兒進行的單獨遊戲其實是一種有積極目標導向的行為，平行遊戲在許多時候是較大兒童在單獨遊戲與團體遊戲之間的過

渡，並不是不成熟的社會行為。而Howes的同儕遊戲量表更將Parten的平行遊戲再區分為兩種，一種是簡單的平行遊戲，另一種則是彼此有共同焦點的平行遊戲。

就動作發展而言，兒童自出生到六歲，身體動作隨著幼兒身體的成長而更具活動性，更有力，並且更具控制力、平衡能力，和大小肌肉的協調能力，因此能呈現出更精緻的動作發展技巧（詳細發展情形請參考**表3-1**）。

嬰兒在神經成熟之後，會減少反射動作，並發展有意識的動作能力，最早的遊戲方式是藉由身體的動作開始，例如無意中將手放入嘴中得到吸吮感的滿足，日後他們將會重複這個動作。當嬰兒發展出新的動作能力，或在周遭環境發現新的物品時，嬰兒會重複這些好玩的動作。在六至九個月大時，他們仍然會用當下他們所喜歡的方式或動作來玩（如拿任何東西做敲打的動作）；但九個月大之後，他們會將注意力放在物品特色中，並且用不同的方式來對待（Hughes, 1999），例如將湯匙放在嘴巴、丟球、搖鈴鐺、抱娃娃等。此時他們開始喜歡各式各樣的玩物，而且會從遊戲中獲得許多驚喜和愉悅。同時，嬰兒知道他們對環境有相互影響，也將有助於其發展自我意識（sense of self）（Hughes, 1999）；這個階段也是Piaget所命名的感覺動作期。此時期的遊戲類別為感覺遊戲和動作遊戲，其特徵是重複的練習。

在兩歲之後，幼兒進入學步期（toddler hood），兒童開始發展表徵性思考（symbolic thinking），是一種能在心理模擬或塑造事物模樣的能力。在Piaget的前操作期（pre-operational stage），幼兒具有表徵能力，會假裝或延宕模仿常見的動作，如假裝睡覺、喝奶，並且可使用物品或動作來扮演假裝遊戲（pretend play）或佯裝遊戲（make-believe play）；之後，他們會結合不同玩物和動作來玩戲劇遊戲（dramatic play）。

三歲之後，由於社會技巧能力提增，兒童會扮演不同的社會角色和特性來進行社會戲劇遊戲，此時兒童的社會戲劇遊戲的情境可能會反映現實生活或自行虛構。Hughes（1999）認為，社會戲劇遊戲可以具有如下的功能：(1)模仿成人；(2)重演家庭或學校生活事件；(3)表達需求；(4)宣洩情緒與淨化；(5)角色逆轉。表徵遊戲與社會戲劇遊戲可激發兒童的想

像力、創造力及解決問題的能力，這也是兒童想像力與創造力最豐盛的時期，隨著認知發展的推移，此種能力逐漸衰退。

　　綜合上述，六歲以前的遊戲從感覺動作啓始，漸漸發展動作成熟、表徵能力及社會能力。在未滿一歲以前，通常嬰兒只練習一些感覺動作和發展新的肢體動作，研究學者就以Piaget的零至兩歲的感覺動作期（sensorimotor period）命名爲感覺動作遊戲，例如吸吮手指的動作，當嬰兒成功之後，就會反覆的動作，又稱爲反覆遊戲。當嬰兒會因新的發現而高興的笑和扭動，會因好玩而重複這些動作，例如踢腳、玩水、吹泡泡。當他們發展出新的動作，以及在周遭環境發現新的物品，嬰兒就會重複這些好玩的動作。

　　在六至九個月大時，嬰兒通常對差不多大小的東西用相同的態度對待，九個月時，他們開始將注意力放在物品的特色，並且用不同方式來對待它（Hughes, 1999）。同時也漸漸瞭解他們可以對環境的影響，而建立了自信和一般自我意識（sense of self）。

　　在一歲之後，幼兒出現在心裡塑造出事物模樣的能力，又稱爲表徵思考（symbolic thought），例如幼兒在表徵遊戲中，會用假裝或自稱的方法來「裝飾」物品和動作，例如用盤子假裝吃東西，用吸管當抽菸。三歲之後，隨著社會技巧增加，幼兒們開始在一起玩假裝主題遊戲，又稱爲社會戲劇遊戲（sociodramatic play），俗稱扮家家酒。社會戲劇遊戲提供幼兒以下作用（Hughes, 1999）：

1. 模仿成人：兒童能做出周遭環境成人的角色，如父母、老師、司機、醫生或卡通人物的角色，在遊戲中扮演此種角色能幫助他們瞭解及探索這些角色的行爲。
2. 重演家庭關係：兒童經常扮演家庭生活事件，如上班、煮飯或受傷事件（如父母吵架、生病）。
3. 需求表達：社會戲劇遊戲可讓兒童有機會表達一些需求不滿足，例如獨生子女假裝有手足，或假裝父母陪他玩（而父母常因上班不能陪他們）。
4. 不被允許念頭的發洩管道：社會戲劇遊戲提供兒童有一較安全的情

緒發洩管道，通常此方法可輔助沙遊做情緒治療。
5.角色逆轉：社會戲劇遊戲可讓感覺無助的兒童扮演反轉角色（如父母、老師或超級英雄）來消除現實的焦慮。

二、六至八歲幼兒的遊戲發展

在進入幼兒園之後，兒童的社會、玩物、表徵及動作領域的發展仍持續成長與改變，尤其在六至八歲之間，進入「具體運思期」（concrete operational stage）階段，兒童的認知及社會能力更有極大的發展變化，他們的思考會更加具有邏輯及現實，而這些能力更有助於兒童調節他們的注意力、活動及情感，也能幫助兒童獨自或與別人一同參與高層次的遊戲情節。在六至八歲之間，某些最早展開社會化的家庭，已經把社會生態融入到學校、幼兒園及不同鄰里和社區機構的文化當中，隨之而來的，便是兒童有了更多規則遊戲和休閒的新機會。

(一)社會領域

一般而言，六至八歲的兒童已經擁有相當不錯的互動技巧。他們的社會認知水準可以讓他們瞭解別人的知覺、想法、意圖和感受，並且在衝動控制、有能力規劃及從容滿足上已有相當的基礎，比起他們在幼兒園時，有更分化的自我概念，也使得他們有更優良的社會能力及成熟的友誼關係。他們的社會遊戲具有更親密的同儕關係以及更強的團體成員互動。Thornburg（1979）宣稱，在這所謂的「泡泡糖年代」（bubble-gum years），同儕互動團體的形成是在長時間中一點一點累積形成。兒童終日徜徉在複雜的社會環境中，與各式各樣的人共處。

各種角色彼此間會進行互動。他們常加入團體、組織，從事與遊戲有關的活動，或者參加發展肢體動作或藝術能力的班級或課程（如芭蕾、打擊樂、冰刀、網球、空手道、游泳或體操）。雖然成人所期待的個人或團體競爭活動在幼稚園就已經開始，但競爭活動在上小學之後更是到達巔峰。少棒、足球、曲棍球、足球及其他由成人指導的團隊比賽，都促進了兒童的社會發展。

在後現代社會中，成人掌控了兒童的休閒時間，為他們做各種安

排規劃，已是司空見慣的事，同時也遭致了部分嚴厲的批判（Elkind, 1994）。例如Elkind（1994）辯稱成人常高估兒童的能力、干預兒童的生活，將兒童期天眞無邪與自由自在拋諸腦後，他在《揠苗助長的危機》（*Miseducation*）及《蕭瑟的童顏》（*The Hurried Child*）書中提及：今日許多成人介入兒童的生活，是爲了迎合自己的面子及需求，而不是顧及兒童的需求，他們並非以兒童的觀點來思考。當成人把兒童的日常生活塞滿各種活動，並要求他們按表操課，這些充其量是一種脫離常軌的遊戲形式，必然會影響到兒童的生活及遊戲。兒童的遊戲活動需要更多與同儕相處的獨立精神和生活技巧，不應受到成人的干擾。

(二)玩物領域

　　幼稚園與學齡兒童在遊戲中使用玩物的方式已經日趨複雜化及精緻化。在家中、學校或社區的各種活動，無論是單獨或與同儕一同進行的社會遊戲，兒童隨時可展現出高層次的建構遊戲、以成果爲導向的遊戲，或充分發揮創造力的遊戲。年齡較大的幼兒（五至八歲）和學齡前幼兒相較，在建構遊戲的層次上截然不同，其間的差異不僅在於操作的複雜性，也在於社會互動的精緻層次和象徵意義。不但如此，年齡較大的幼兒也會將積木的建構遊戲融入社會戲劇遊戲的主題，並將玩物當作道具，如模擬超級市場或園遊會，同時他們在遊戲上也會花費更多的時間和心思。

　　積木遊戲即使對年齡較大的兒童來說，也仍舊具有吸引力，如樂高積木（Lego blocks）、其他積木（如Lincoln Logs）或組合的玩具及零件。兒童會在遊戲中發展良好的操弄技巧來進行積木遊戲。幼稚園以上的幼兒已經可以玩一些螺絲組合玩具和電動組合玩具（Goodson & Bronson,

1985）。這時的幼兒愈來愈具有科學和實驗精神，也已經進入Piaget所謂
的具體操作期（the stage of concrete operational thinking）及Erikson所定義
的勤奮期（the stage of industry）。他們可以用各種不同的分類組合方法
來為玩具分組，並藉由測量及平衡玩物的遊戲方式來發展解決問題的能
力。他們利用玩具建構、實驗並解決問題，同時也利用這種玩具從事角色
扮演。

(三)表徵領域

　　假裝是兒童從二歲開始的主要遊戲方式，到了四、五歲的學齡前
期，會增加社會群體的伴裝遊戲，又稱為社會戲劇遊戲。接著，在五歲之
後，兒童在教室及戶外遊戲場從事社會性伴裝遊戲的比例會明顯降低。但
在其他社會情境中，幼兒對於扮演遊戲仍舊會保持高度興趣，他們在家裡
及社區會共同進行伴裝遊戲，並在遊戲中納入當代社會文化及媒體中的相
關主題及內容。這種伴裝遊戲往往會吸引不同年齡的同伴聚在一起共同從
事角色的扮演。

　　幼稚園與學齡兒童所從事的扮演遊戲比起幼兒園的兒童，擁有更豐
富的內容、情節，與更複雜的腳本，他們的遊戲情節更細緻且具有組織
性，他們同時也會在所扮演的角色中顯現更多的後設溝通，此外，他們的
扮演遊戲會出現層次更複雜的角色管理。例如六至八歲的幼兒扮演布偶遊
戲、喜劇，或是打仗、馬戲團表演的戲劇遊戲。幼兒會分階段對這些角色
進行管理，並經過引導、再引導的過程使遊戲更加豐富。這時期的幼兒非
常喜歡在扮演遊戲中加上許多服裝及道具，他們也會從積木、樂高、卡通
玩偶及其他操作玩物中找尋此種扮演遊戲的道具（Johnson, 1998）。

　　另一方面，這個年齡層的兒童也會用話劇或說故事等方式來展現他
們的象徵能力。這些方式與他們在幼兒時期從事的表徵遊戲相關，且具有
連續性；不過，也有一些扮演的表徵遊戲是在這個時期的新發展，和幼兒
時期的表徵能力發展無關。在下一節的認知遊戲與創造性遊戲中，對此會
有更多的討論。

(四)動作領域

　　當兒童從幼兒成長至學齡兒童，他們已發展出更精緻的大肌肉及小肌肉的動作能力，而且也有助於他們在其他發展領域中有更好的專精（mastery）能力。他們已發展的大肌肉的強度、協調力及平衡感，統合起來更有助於發展小肌肉的技巧及靈巧性（dexterity），使他們能參與更多不同的活動。

　　學齡兒童已發展出相當不錯的動作能力，例如他們能使用小零件、寫字、畫圖以及使用電腦鍵盤。六至八歲的幼兒對於精細的組合動作也能運用自如，如組合四驅車或拼組模型玩具。而隨著大肌肉的成熟及持續練習，許多幼兒可以騎兩輪的自行車、跳繩、爬樹、跳彈簧床及從事特技表演。甚至狂野嬉鬧或其他形式的遊戲（如冒險遊戲、膽大妄為的遊戲）也處處可見。警察抓小偷、捉迷藏、一二三木頭人等動作遊戲（motor games）在此時期的兒童生活中相當普遍，在此之後，他們會將發展良好的動作能力再運用到運動層面，例如直排輪、溜冰、跳舞、體操、游泳等。

(五)認知性遊戲

　　認知遊戲與創造性遊戲常混合在一起，換言之，所有的遊戲都具認知與創意。認知有兩個重要的指標向度：擴散思考和聚斂思考。這兩種層次的各種要素都在不同的遊戲情節中應用得淋漓盡致，例如音樂遊戲；學習如何演奏樂器是一種很高度的聚斂性思考，但是音樂性的表達和即席演奏的活動則可能需要高度創意及相當的擴散思考能力，創造性遊戲和認知遊戲兩者不可截然劃分，而是具有相輔相成的效果，並且具有唯物辯論的關係（dialectical relation）。當聚斂思考獨占一方時，此時遊戲是屬於認知性的；而擴散思考獨占一方時，那遊戲被稱為是創造性遊戲。用這種方式來區分認知及創造性遊戲雖然有些獨斷，但我們卻經常使用此種方法來

區分兩者之間的差異，不過對於規則性遊戲、教育性玩具的使用及書本，我們則視為認知性遊戲。

(六)規則性遊戲

運動競賽和其他體能性競賽、大富翁等紙板遊戲、電腦及電動遊戲在小學時期都深受兒童歡迎。雖然有時幼兒也會參與這種遊戲活動，但是他們所採用的規則都非常簡單，而且常需要成人的協助。即使是已上小學的六、七歲幼兒，他們所玩的遊戲，規則也相當簡單且容易遵循，沒有艱深的入門技巧或策略。進入小學中年級（八歲之後），或是對某些較小的幼兒，他們的思考層次已經到達Piaget所稱的具體操作（邏輯）思考期，他們可以在遊戲時，呈現更高的認知及社會要素，例如玩西洋棋。此種遊戲需要策略性的規劃能力及真正的合作技巧，而這種能力也是Piaget所認為具體操作期的主要特徵。

(七)教育性玩具

學齡兒童常會在家裡、學校、社區之托育機構使用教育性和技巧發展性的玩物。此種的玩具、玩物及規則性遊戲常具有教育性質。本章將會介紹有關電子媒體的玩具，它們也具有教育性功用，如電腦與教育軟體、電子玩具及遊戲（此種玩具包含了教導性玩具和科學玩具）。適合幼兒的科學玩具，包括磁鐵、手電筒、放大鏡、色紙、石頭和貝殼、時鐘、電子計算機，及其他可幫助幼兒觀察和操作的玩物。學齡兒童常使用顯微鏡、化學組合玩物、望遠鏡和其他有挑戰性的電腦軟體。這些玩物可鼓勵幼兒

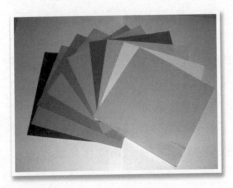

探索、觀察、解決問題，而且用較開放、遊戲性及創造性方式來進行玩物操弄，運動及競賽的設備也可以幫助兒童發展動作的技巧。

(八)書籍及繪本

　　書籍和其他印刷品也可誘引兒童的認知遊戲，此種遊戲在歐洲稱為接收遊戲（reception play）（Van der Kooij & de Groot, 1977）。這種遊戲的例子是閱讀圖畫繪本，當別人在繪圖、建構玩物時，兒童在一旁觀看或模仿別人的遊戲行為，聆聽或大聲朗讀童話、故事或歌謠，以及看錄影帶、電影、電視、玩偶劇等。在此種遊戲活動中，兒童必須運用心智能力，而不需要太多的動作。雖然兒童在這種活動中是被動的（有時不被列入遊戲行為），但他需要運用智慧並且用心的融入活動。在這種接收遊戲中，書本扮演了很重要的角色。五歲或五歲以下的幼兒很喜歡好玩、幼稚的故事，以狂野冒險、幻想或日常生活為主題的故事書深受喜愛；但在五歲之後，幼兒則較偏好可信的故事、詩集、節慶故事及漫畫。六至八歲的幼兒則對魔法、災難、恐怖、自然及超自然故事發生濃厚的興趣。因此，教育性的遊戲或計畫常納入圖書接收遊戲及其他認知遊戲，共同整合學術或才藝課程。

(九)創造性遊戲

　　創造性的光環常伴隨著兒童遊戲而來，尤其這種遊戲具有想像力並擁有直接思考及自我調節的特質。這種遊戲排除自由聯想、間接思考或刺激導向的行為。例如幼兒的隨意塗鴉並不是融入創意遊戲的行為，除非他們說他們正在寫或畫東西。

　　創意不僅指原創力，同時也隱含美學和技巧性的用途。小孩與大人不同，大人深受社會價值標準的影響，小孩則只受到個人價值的牽引，所以小孩的創意遊戲擁有遊戲的原創性，且是由特定個體所導引。而當兒童逐漸成熟，社會的規範將施加在小孩的創意之上，而這種受社會規範約制的創意也漸漸取代孩子個別創意的規範，並決定了小孩的作品或活動是否具有創意。對於六至八歲幼兒的創造性，實在不應有所限制，但我們只在此討論下列三種：

1. 美術與工藝：六至八歲的幼兒可以使用各種不同媒介與玩物做出精緻且有創意的作品。與較小的幼兒園幼兒一樣，他們可以用水彩、串珠、線、蠟筆、剪刀、黏膠等美術工藝用品來創造作品，但六至八歲的幼兒擁有更好的能力來操控這些用品，所以他們可以將作品做得更好。幼稚園及學齡兒童也會參與更多不同的活動，他們喜歡建構模型，製作其他手工藝，如十字繡、貝殼貼畫等。

2. 虛擬建構及故事敘說：幼兒園及小學一、二年級的幼兒喜歡利用一些建構物品來虛擬他們的想像世界。他們經常組合、運用一些小的建構物品來玩假裝遊戲，最常使用的玩物包括玩具兵、絨布娃娃、動物模型等，以及如積木等非結構性的玩物。孩子通常在桌子上、床上或地毯上玩這些遊戲或玩具。電腦及電動也提供一些想像的遊戲空間，可以在電腦螢幕上從事虛擬想像的遊戲。這種二度或三度空間的虛擬想像遊戲可以讓兒童操弄玩物，並從中建構圖像、發展故事敘說，以增加遊戲的豐富性。此種遊戲可以一個人單獨玩，也可以和別人一起玩，至少可以消磨一段時間。六至八歲的幼兒更喜歡在他們的創造性遊戲中加入一些具體的模型，而且也比幼兒園的小朋友發展更複雜的腳本及成品。

3. 音樂表達：帶有音調、節奏及歌曲的音樂創意遊戲是幼兒的最愛。旋律和樂器都十分符合幼兒年齡的需求。創意的語言遊戲包括創作

歌曲和旋律，有時也包括創作舞蹈和律動。學齡兒童開始學習演奏樂器及讀樂譜，他們也進行團體唱遊。創意的音樂遊戲可藉用錄音機等視聽設備來幫助遊戲的進行，時常融入流行要素並加入故事情節與表演。

　　當兒童進入小學之後，他們進入Piaget的具體運思期，此時他們的思考能力會變得更加具邏輯及現實感，同時他們也會逐漸減少上一個認知階段的幻想與假裝，並少玩社會戲劇遊戲。此時，兒童的遊戲會要求依循完整規則，例如下棋、運動競賽，而且此階段兒童會專注遊戲的邏輯概念，他們會喜歡蒐集物品，如遊戲王卡、球星卡、變形金剛卡、芭比娃娃，他們蒐集的物品不是用於遊戲，而是喜歡獲得收藏品，或將收藏品分類，同時也用於幫助社會關係的擴展，如共同話題，這也是此時重要的邏輯分類能力的練習，此外，與別人談判交易和如何改善他們自己的收藏品，也是一種邏輯思考練習（Hughes, 1999）。

　　規則的運動遊戲需要動作技巧，兒童玩運動遊戲一方面可以訓練動作技巧，另一方面也是友伴關係的社會地位之重要因素（Hughes, 1999）。而為了運動獲勝或奪取錦標，則會失去遊戲的重要因素——歡樂感，同時也會給兒童更多的壓力。

　　學齡兒童的遊戲通常是為了精進身體技能和學習的活動，例如打棒球、跳繩、爬樹、騎單車、玩滑板等，這些皆是需要相當技巧的遊戲。如何精進技巧對兒童來說相當重要，他們會透過不斷練習或藉由複雜且危險的驚險動作來提高技巧的極限，並且展現他們的熟練度，以展示自我或建立自己在同儕團體間的地位（Hughes, 1999）。當參與比賽的樂趣成為兒童的主要動機時，那麼參與運動就相當於遊戲般，如果是被成人逼迫而去參與這些活動，或純粹為了要贏，那就失去遊戲的意義，運動就變成工作。

第三節　兒童遊戲的發展特性

孩子進入小學之後，他們還會繼續玩遊戲嗎？Glickman（1984）曾針對學齡前與學齡兒童之研究報告做比較與探討，做出下列結論：「當孩子進入小一之後，似乎他們就停止玩遊戲活動。」然而許多心理學家（Garvey, 1977; Rubin, Fein & Vandenberg, 1983）提議，不妨將學齡兒童的有組織的遊戲（其實是一種充實遊戲），也當作玩耍來看待。而要比較這之間的差異，必須要先瞭解不同階段的發展特性，才能瞭解兒童遊戲的本質。

一、學齡兒童的遊戲發展特性

學齡兒童的發展本質必須從其智力、社會及人格發展來加以探討。從智力發展的角度，學齡兒童正值Piaget所宣稱的具體操作期，其思維變得愈來愈井然有序，也較有結構性及具邏輯性。如此一來，學齡兒童進行遊戲時會比學齡前兒童更加具現實性及遵循規則。在社會發展上，學齡兒童的發展任務之一是參與團體遊戲及有更多的同伴，因此他們比在學齡前時期更喜愛與同儕交往（大都為同性朋友）。漸漸地，同儕取代以前父母的地位，給予他們極大的社會及情感支持，所以說來，學齡兒童的遊戲反映出強烈的歸屬需求（need to belong）。在人格發展上，學齡兒童正在萌發自我概念，他們必須向自己及同儕表明他們的獨特性，及擁有一些才智、技能和能力，這也是Erikson所宣稱的對勤奮進取的需求（need for industry）。

二、學齡兒童的遊戲發展

到底學齡兒童反映出童年文化（culture of childhood）的遊戲是什麼？我們對他們的遊戲有何期待？

學齡兒童被期望其比學齡前兒童在遊戲時更有結構框架、更具邏輯及井然有序，當然他們也就更富有強烈的社交意識和團體導向。而遊戲也

應迎合孩子的需求與能力，讓他們得以充分展示新近培養的才智、體能及社交技能，並能獲得團體的讚許，進而發揮這些才能。此時期的兒童遊戲發展概況分述如下：

(一)表徵遊戲的衰退

每個年齡階段的兒童都喜歡玩佯裝遊戲（make-believe play），然而，自五歲後，這種假扮遊戲從盛行的巔峰明顯地開始走下坡。Piaget（1962）歸納三種原因：(1)孩子們不再需要透過假扮來滿足自我需求；(2)當孩子不再像過去那樣無助，而在現實世界逐漸感到更有力量時，他們就不再利用遊戲來補償他們的力量，所以遊戲形式就從表徵遊戲變成規則遊戲；(3)隨著孩子的成長，他們會做出更大努力來適應現實世界，而不是像以前利用假扮遊戲在現實世界中扭曲現實。

(二)遊戲技能的獲取

學齡兒童對自己能掌握和提高各種多樣的體力和智力技巧感到十分驕傲。這些技能與技巧便是Erikson所言的勤奮感，而另一方面，也可以使同儕群體更能接納自己。無論是進行滑板、投籃、溜直排輪、摔跤、跳躍、踢足球、騎自行車耍特技、擲飛盤或爬樹等，每一世代的學齡兒童都繼承了或自行發明一些動作活動，使他們能在同儕群體或成人面前露一手，也能確定其自我角色地位。

除了動作之外，這些遊戲需要靠智力形式表現，如玩撲克牌、下圍棋、講笑話、猜謎語等。如果兒童能有好表現，也是展示其遊戲技巧與能力。

(三)成為遊戲的收藏者

因為學齡兒童比學齡前兒童在思考問題時更具邏輯性、井然有序、有分類能力，使得學齡兒童對蒐集東西產生更大的熱情（Williams & Stith, 1980）。學齡兒童喜歡蒐集泡泡糖卡、連環漫畫、貼紙、郵票、石塊、硬幣、芭比娃娃、樹葉，或任何與電視媒體廣告有關的皮卡丘卡、口袋怪獸卡、遊戲王卡、魔法風雲會（magic card）、Hello Kitty或職棒（籃）明星卡等。蒐集活動本身就是遊戲，有時這些收藏品本身就沒有用處。

蒐集各種玩物可增加孩子的社交能力、智力及人格發展。兒童如蒐集到一些具社交價值的收藏品，如稀有的口袋怪獸卡或職棒（籃）卡，可以引起同儕群體的興趣及打開自己

的知名度。收藏物品的另一種社交價值是與別人分享其收藏品或拿其收藏品做交易。與別人一起互動或此收藏品與別人有施與受的互動過程，皆可以教導兒童增強責任感及對別人財產的尊重，交易除了教導孩子平等公正的觀念外，還能教導孩子洽談買賣的技巧及交易原理。

收藏物品的智力發展則表現在孩子可以學到很多對收藏物的相關知識，甚至可能還需要掌握一些知識才能開始蒐集；例如透過蒐集所積累的經驗，孩子得以對職棒（籃）球員的生活及表現瞭若指掌，也可以成為其與其他同儕有共同談話的題材；其他兒童也可透過蒐集過程（如蒐集石頭、郵票）而成為這方面的專家。

進行蒐集的兒童也可以藉此提高個人的算術計算技能，他們可學會對收藏物的分類，以及交換成相等價值的物品。

總而言之，收藏物品令兒童感到有成就感，隨著收藏的擴大，這種成就規模也能加大，一方面提高其自尊心，另一方面也使他們有勤奮感，專心做一些他們所喜歡的事物，甚至成為一種生活興致。

(四)遊戲儀式化

「抓不到，抓不到，你就是抓不到……」、「一隻青蛙一張嘴，兩個眼睛四條腿……」像以上這些押韻的兒歌，數數兒的詞句和謎語，甚至遊戲中的共同語言，是兒童童年文化在遊戲時所不可或缺的組成部分。

這些遊戲語言不但反映了童年的文化，也象徵兒童思維的有屬性，更指出遊戲中儀式介入的廣度。而實質上，兒童是很嚴肅看待這些遊戲儀

式的，兒童在進行遊戲時，必須要依循這些規則來進行。如果有人企圖欺騙或拒絕接受同儕群體替他選定的角色，或不依規則來玩，他可能會受到嚴厲批評，或遭受同儕群體拒絕。透過學習這些儀式也使得兒童成為一個遊戲「行家」，也使得他們透過同儕互動學會如何循規蹈矩及遵守團體規範。

(五)有規則的遊戲

由於學齡兒童思維愈來愈有邏輯、思考愈來愈井然有序，這種思維特性逐漸深入兒童的遊戲中，也成為Piaget（1962）所描述有關兒童文明化的遊戲，即有一些競賽和帶有規則依循的遊戲。

這些規則性的遊戲包含兩項特點：(1)遊戲中或多或少會有競賽成分；(2)遊戲的過程都必須依循大家預先或都同意遵守的一套遊戲規則。這些遊戲的形式可以是具感覺動作，或具智力式的。前者比如玩彈珠或球類遊戲、拔河、捉迷藏、跳房子、玩球傘或拋球遊戲等；後者比如玩跳棋、象棋、三軍棋、撲克牌等。這些規則一定要預先就設立的，不能中途加以更改，除非所有參與者一同決定或同意更改。這些規則可能是前人傳下來，也可能是參與者共同創造的。

此外，有些學齡前兒童的社會戲劇遊戲也具有規則，然而這種具表徵性的社會遊戲具遊戲規則，其目的是分配角色，並維護扮演行動計畫的進行，當然這種過程是可以透過同伴的談判過程來達到，自然會涉及公平公正性，不過遊戲的角色和主題可以不斷地更換。學齡兒童的規則遊戲則較成熟及嚴謹規則制定和遵循，採預先制訂，在執行過程不可以改變，除非所有參與者同意（Rubin, Fein & Vandenberg, 1983）。

雖然，許多心理學家（如Garvey, 1977; Rubin, Fein & Vandenberg, 1983）將比賽的規則遊戲排除在遊戲的定義之外，因為它們有外在目標──獲勝，而小學低年級最常玩的規則遊戲，雖有競賽的成分，如打棒球、躲避球、踢足球等，學齡兒童也很清楚，他們目的是競賽、贏球，但他們仍把踢球、打球本身當作獲得快樂的最終目的，在比賽時跑來跑去及與朋友交往互動的機會，才是他們最能經歷的情境，甚至可以忽略最初要獲勝的目的。

(六)有組織的運動活動

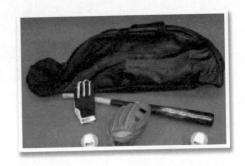

有比賽規則的遊戲形式多樣，在學齡兒童期，此種遊戲形式很明顯不斷地持續在增強，大部分的運動活動是具有組織性（organized sports activity）。美國幾乎有八百多萬六至十六歲的兒童參與這種運動活動，甚至美國更是一種運動產業之國。在臺灣，雖然在高度學科取向、升學競爭的教育制度下，學童在下課之餘也是最常參與此種運動競賽，而學童普遍反映體育是他們最喜愛的學科之一。對學齡兒童而言，這種參與運動活動的時間在美國是做家庭作業的四倍！換言之，參與運動活動占六至八歲遊戲時間的五分之一，八至十歲的四分之一，而是十一至十二歲的五分之二（Collins, 1984）。

學齡兒童參與運動活動所具有的好處可以分為兩個層面：

1. 運動和體適能：健康與休閒是成人最佳的生活嚮往，當今的成年人不斷地督促減少高熱量食物、多運動、少壓力的生活風格，甚至被要求每天至少要運動三十分鐘，以減少心臟血管疾病及肥胖症的威脅（Dawber, 1980; Shonkoff, 1984）。運動對兒童具有短期和長期的效益。從短期效益觀點，運動可增加兒童心臟血管健康。因兒童比成人好動，所以孩子比成人有較好的體適能。這個結論也可以透過檢驗孩子對運動的鍛鍊及其身體體適能的關係可以看出。多多參與運動可使孩子更健康，可從身體比較健康的兒童皆是常從事競賽及體育活動的孩子身上看出。而從運動的長期效益來看，兒童期的運動參與可以讓其日後心臟血管疾病產生的可能性降低（Shonkoff, 1984）；除此之外，研究也發現童年時期參加體育鍛鍊，從中獲得樂趣，也使得他們在邁入成年人階段還會採取積極的態度保持運動，並且將此種運動鍛鍊融入其日後的生活方式。

2. 運動和自尊：學齡兒童正值Selman（1980）的第一階段（主觀期）及第二階段（自省期）的時期。兒童從不同能力來獲得自我的形象

意念。換言之，他們可能發展出當作一個自我基模（self-schema）之身體的自我、社會的自我與智慧的自我。而這種基模從小學時期便開始分化（Markus & Nurius, 1984）。過去的研究（Magill & Ash 1979）就發現：兒童在成功參與運動競賽或成爲運動校隊，可幫助學齡兒童發展正面的自我概念。不過這也牽涉研究方法論的問題，運動競賽能力及經驗與自尊也只能是有關聯存在，並不能代表其有因果關係。

影響兒童實際喜歡參與競賽遊戲的程度有賴於運動帶給兒童的成就取向（achievement orientation）；而任務取向（task orientation）強調支配內在標準及自我改善，具有這種取向的遊戲者較注意遵守他們個人的標準，而且只要他們感覺他們玩得很棒，他們就獲得滿足；他們相信競賽遊戲的成功是經由他們個人的努力來認定。反之，自我取向（ego orientation）則強調外在標準，也就是與他人比較表現的好壞。具有此種取向的兒童較看重勝利，或者是想要表現比其他遊戲更好，他們相信成功是藉由能力而不是努力來達成（Duda & Nicholls, 1992; Duda & White, 1992）。在這兩種取向類型之中，前者較具合作性，是較好的運動家，有較多的內在動機，他們也較能享受他們的運動競賽；而相對地，後者較不具運動家精神，比較有高度侵略及具攻擊性，他們較看重比賽的輸贏。

成人要兒童在參與競賽遊戲中獲得最佳利益，可從下列四個步驟著手：(1)應該教導學齡兒童競賽遊戲所需要的技巧，因爲能力可幫助他們勝任遊戲及享受遊戲；(2)兒童應該學習勝利並不是唯一及最重要的事，競賽的參與是享受過程，結果是可置之度外；(3)兒童應該接觸多樣化的競賽遊戲，不論是個人或團體的競賽遊戲；(4)不要強迫兒童選擇他們所不喜歡的競賽活動。比賽屬於兒童，不是成人的活動，成人應給予最少的干預。所以說來，父母、老師和教練可以鼓勵兒童爲許多理由去參與運動，如健康的利益、社會化的機會、從運動中獲得歡樂等，假如理由是爲了外在動機成爲建立兒童其他人格特質的話，那成人必須謹愼重新思考這種動機。

(七)青少年的閒暇

當進入青少年，兒童的遊戲與競賽漸漸減少了，遊戲的意義就變成閒暇（leisure time）或休閒（recreation）。閒暇與休閒就是青少年扣除生活必需時間（吃、喝、睡覺）及上課時間以外，自己所有應用的時間。在青少年期，他們的想法從具體且現實轉變成較為假設意味和理想主義特色的「形式運思期」（formal operational stage）。就某些方面，青少年會回到早期的幻想階段，但他們會用想像力來思考：這個世界可以變得如何，或應該如何（Hughes, 1999）。與電子媒體結合的電影、電視、遊樂器、音樂和電玩遊戲是相當受他們歡迎且普遍的。這些休閒的功能能讓青少年脫離現實，並且探索令他們興奮且可能發生的事情，例如青少年可從電影中學習異性交往。此類休閒活動可讓青少年彼此接觸，分享思想和興趣，建立親密關係。自我瞭解、對異性的吸引力和深入親密的溝通是青少年休閒活動的重要層面（Hughes, 1999）。

Anderson、Huston、Schmitt、Linebarger及Wright（2001）研究發現，青少年花在電視時間超過做功課的時間，而且是看書和雜誌的時間的三倍。Gunter及McAleer（1997）卻指出青少年每天看電視時間為2.7小時，但成人卻將近有5小時。

青少年此時也參與更多的活動，如球隊、滑板運動、登山、跳舞，但是他們會較專注於某些自己較擅長的活動（Hughes, 1999）。這些活動會帶給他們消磨時間，他們會感到快樂，為了自我激勵而主動地參與活動。

第四節　電子傳播媒體與兒童遊戲

電子傳播媒體與印刷媒體（書、報章雜誌、漫畫等）不同而且範圍廣泛，包括：電影、DVD、CD、視聽影帶、電視、收音機、電視遊樂器、電動玩具、電腦及電腦軟體。近幾年來，已有許多父母及專家肯定電子傳播媒體對學齡前及學齡兒童和青少年在學習與發展上有正面幫助，同時電子媒體的應用也相當廣泛，不論是在正式或非正式的場合下，都常被

運用在孩子的社會化及教育上。例如老師可利用多媒體來教育孩子；孩子也可從課外的媒體，如電視上的美語教學節目來獲得學習的機會。電子傳播媒體不僅被用來增加遊戲效果，它同時也是一種遊戲的玩物。

此外，現在有一些視覺性強烈，強調身歷其境真實感的軟體也可以提供兒童一些豐富的想像經驗，帶領兒童在飛船上探索戰場，或帶領兒童划著獨木舟溯溪而上再衝激河流而下。兒童戴著特製的手套及護目鏡以改變個體的知覺與感覺，會覺得如同真正的探險一般刺激（Shade & Davis, 1997）。

然而，電子傳媒所具有的優點並不意謂著我們應鼓勵孩子一直玩這些，我們必須適度、正確地使用電子媒體來豐富孩子的遊戲行為。如果在日常生活中讓孩子過度使用這些媒體，單以電子媒體來豐富孩子的遊戲行為，反而可能對孩子造成不好的影響。

不僅如此，我們還必須避免因使用電子媒體不當而造成的技術性的兒童虐待（technological child abuse）。例如電子媒體的優點，會誘使缺乏警覺力與敏感度的教育者使用某些十分複雜但一點也不生動的工具來讓孩子遊戲與學習。如讓孩子使用一些看似遊戲但實際上是要孩子工作的電腦軟體，或是其他要求孩子記憶以及學習的軟體，如果過度使用這些軟體，可能會抑制兒童的想像能力。又如電視讓孩子可以被動地獲得娛樂，缺乏主動的創造力，這種誘惑力也對兒童造成威脅。收看過多的卡通及影集，可能剝奪孩子可貴的遊戲經驗，再加上電視、影音光碟及電影中過多的暴力情節，也可能對孩子的遊戲行為產生負面影響。

一、電視

(一)一般的影響

電視是所有電子傳播媒體中對幼兒的遊戲及發展擁有最大影響力的一種。在美國，有97%的家庭有電視，三分之二的家庭有錄放攝影器材，因此電視也可視為促使孩子社會化的代理人之一。《電視周刊》是全美最暢銷的周刊，每星期可銷售二千萬本（Levin & Carlsson-Paige, 1994）。幼兒平均每天看4小時的電視，而低收入家庭的幼兒平均看6小時以上，甚

至有九個月大的幼兒每天看1.5小時的電視，青少年每天花2.7小時，但成人花3.5小時看電視，而年紀更長的成人（五十五歲以上）每天卻看將近5小時的電視（Gunter & McAleer, 1997）。在此我們應瞭解，電視可能會減少兒童玩創造及想像遊戲的機會，同時增加較低層次的模仿行為，也有更大的可能從事高攻擊的行為（Carlsson-Paige & Levin, 1990）。

Marie Winn在1977年出版的《有插頭的藥》（*The Plug-In Drug*）書中，提及電視可能抑止孩子的幻想及創造性的行為。她甚至強調電視帶給孩子的是一種被動的認知，是一種「你演我看」或「娛樂我」的導向。花在電視機前的時間（如看花車遊行）只是花費時間去看，而不是參與某種如做功課或遊戲等對孩子較有利的活動。電視甚至被懷疑是工業技術對兒童的虐待，有「獨眼怪獸」、「愚人箱」或「笨真空管」等等綽號。

(二)電視對遊戲的負面影響

有部分研究支持了上述看法，Jerome Singer、Dorothy Singer及其同僚的研究發現，看電視看得比較多的學前兒童，有比較少的遊戲行為（Singer & Singer, 1979）。可能如Winn所認為的，電視會提高個人的被動性及依賴性，同時也干擾個人的創造力及內在形象思考的能力，而此能力卻有助於人在想像遊戲上的發展（Sherrod & Singer, 1977）。其他研究也有相同的發現，例如，Huston-Stein與同事的實驗研究證明：看大量動作暴力卡通的孩子與少看這些節目的孩子相較，前者日後將會較少參與想像的遊戲（Huston-Stein, Fox, Greer, Watkins & Whitaker, 1981）。

Singer夫婦的研究調查中，觀察某些電視節目和幼兒遊戲及幼兒攻擊傾向之間的關係。他們發現兒童所看的暴力節目愈多，遊戲行為愈少；而就學前兒童來說，卡通看得愈多，則愈容易有攻擊行為（Singer & Singer, 1980）。有趣的是，在這研究中，他們發現兒童的遊戲並不會因看三、四個鐘頭或看五、六個鐘頭而有所不同，反而是和兒童在學校中是否有愉快的情緒、能跟別人合作、是否有領導能力有關，也跟其他因素如兒童的社會地位及性別有關。雖然如此，這項研究也指出，在學校有較多問題及不成熟社會行為的孩子，平常在家裡看電視的時間都比較長，而且，他們也較喜歡看強調動作的暴力片，較不喜歡看具有正面社會訊息的節目，如

《Rogers先生的鄰居》（*Mister Roger's Neighborhood*）。

在Nancy Carlsson-Paige及Diane Levin的書：*The War Play Dilemma*（1987）及*Who's Calling the Shots*（1990）中就討論到，孩子因為看電視而減少了遊戲的時間。如同這些作者所見，問題源自雷根政府的聯邦通訊委員會不再對兒童電視給予任何約束。從1984年後，美國就不再對兒童電視節目及相關產品處以任何懲罰，並使其合法化。影響所及，生產暴力玩具的公司成為電視節目的贊助廠商，製作暴力節目，甚至使產品大賣特賣。媒體與玩具廠商通力合作，共同以媒體相關產品淹沒玩具市場。例如，1980年代忍者龜第一次出現在電視媒體中，馬上就有一千多種相關的產品出現，可悲的是，這些作法卻不能由1990年的兒童電視法來加以規範，時至今日，陸續還有更多類似忍者龜的產品，如X-men、皮卡丘、哈利波特、魔戒、金剛戰士、星際大戰、變形金剛、魔獸世界、星海爭霸、信長等，在臺灣也有類似Hello Kitty、酷企鵝、哈姆太郎、灰太狼、海綿寶寶、海賊王、哆啦A夢、功夫熊貓等產品大受小朋友歡迎。

就在政府解除對媒體的規範約束後，數以百計的父母與老師開始抱怨電視媒體對孩子產生不良的負面影響（Carlsson-Paige & Levin, 1990）。根據一份針對成人的訪問報告顯示：兒童會模仿電視上的攻擊情節，減少具創意性的遊戲。而在其他研究中也都記載了相同的結果。Shin（1994）在幼兒園的遊戲場針對四歲幼兒進行自然觀察研究，結果發現男孩大多很清楚星期六早上節目中具有攻擊性的卡通英雄角色，他們知道所有主角的名字以及主角們使用的武器，他們甚至還會模仿主角的攻擊行為。

這種模仿電視卡通主角的攻擊行為可能造成身體、心理安全的危險性，也會破壞遊戲所具有的真正好處。事實上，Levin及Carlsson-Paige（1994）已強烈指出，這種行為一點也不算是遊戲，而是單純的模仿行為。Levin及Carlsson-Paige要老師與家長分辨清楚「什麼是看起來像遊戲」與「什麼是真正遊戲」的區別。他們進一步解釋，遊戲是兒童的同化與轉換，可讓孩子自由且具創意地表達他們過去的經驗，而模仿的「像遊戲」（playlike）的行為，則是順應電視腳本的複製行為。

Levin及Carlsson-Paige（1994）建議，成人不能忽視或一味禁止這種

低層次、高刻板化及與主題有關的攻擊行為。相反地，成人應該試圖將幼兒的模仿行為轉換成更具建構性的遊戲形式，例如老師可以建議超級英雄帶著家人到海灘參加一年一度的超級英雄野餐。更多有關處理超級英雄與攻擊遊戲的作法，可以參考Boyatzis（1997）、Boyd（1997）、Greenberg（1995），以及Kostelnick、Whiren及Stein（1986）所做的相關研究。

　　然而，有一些研究者也強烈質疑Levin及Carlsson-Paige的說法。自1984年政府解除對電視媒體的規範約束以來，孩子的遊戲真的變得愈來愈沒有創意，而且增加更多的攻擊行為嗎？Sutton-Smith（1986, 1988）用過去的歷史觀點來回答這個問題。他提出：新世代的兒童從他們的流行文化中吸收新的玩具、腳本及角色，並將這些要素整合到他們的遊戲情節。兒童模仿這些行為的目的，只是要進行遊戲。依Sutton-Smith的觀點，這不是如同Levin及Carlsson-Paige（1994）所說的無心的模仿（mindless imitation）。在兒童常玩的打架與超級英雄遊戲中，兒童（特別是男生）的遊戲行為和過去的傳統遊戲十分接近，包括好人與壞人之間的追與逃、攻擊與防禦、接受與拒絕等（Sutton-Smith, 1988: 66-67）。Sutton-Smith承認，現今的大眾傳媒產業比起過去確實讓幼兒接觸到更多充斥攻擊幻想的節目。然而，過去相當受歡迎的「警察與強盜」和「牛仔與印第安人」等。「好人vs.壞人」的遊戲也同樣是根源自媒體——例如，新聞中的壞人，及西部電影、電視中的英雄角色。

　　Goldstein（1995）也不同意Levin及Carlsson-Paige的說法。他辯稱成人常混淆了打架遊戲與攻擊行為，同時他認為，對於現今兒童比起1984年的兒童更少玩想像遊戲的說法，也缺乏明確的證據。Carlsson-Paige及Levin（1990）的資料是來自對成人的二手訪談，而不是對兒童的直接觀察或訪談。研究不只需要瞭解成人（老師與父母）的觀點，也要從兒童的觀點出發，蒐集兒童對於這個問題的看法。

(三)使用電視來促進孩子的遊戲

　　雖然有關電視與兒童遊戲行為的研究曾指出，電視對孩子的行為有負面影響，並且看電視時間愈長對孩子的創造力愈有害。但有一些研究者卻認為可以運用電視來增進幼兒的遊戲能力。這些研究者所持的理由是：

「畢竟電視與想像虛構遊戲有一些共同的要素——視覺流暢力（visual fluidity）、時間與空間的彈性（time and space flexibility）及幻想與現實的區別（fantasy-reality distinction），因此某些特別的節目可以給予孩子在遊戲情節上的暗示，以刺激其幻想遊戲。」

當然，兒童節目也可促進兒童社會行為與想像遊戲的發展。《Rogers先生的鄰居》就是一典型的例子，這個節目已上映超過二十五年了，每年有數以百萬計的兒童觀賞過這個節目，它滿足了兒童希望、信任及想像力三元一體的需求（Collins & Kimmel, 1996）。身為主人，如伯父般的Fred Rogers幫助兒童以溫暖的眼神、不疾不徐的態度，加上柔和的溝通方式來理解這個真實世界。節目中有一半的情節是用真實模式（reality mode），包括Rogers先生親自招待訪客、參觀，並用言辭說明或音樂等方式來處理人生的真實事件，其餘再用幻想模式（fantasy mode），包括紅色推車帶觀眾到Rogers的想像鄰里，是一群由King Friday所操控的木偶的家。整齣戲劇的情節充滿社會情緒內容與學習，無庸置疑，這是充滿幻想與假裝的價值。

正如我們在之前所討論的，成人可以利用一些特定的技巧來引導孩子進行更多更好的遊戲行為。然而，這些成人的引導是否會強化電視的負向影響？又父母或教師如何運用電視來提升幼兒的遊戲能力呢？

早期使用電視節目，如《Rogers先生的鄰居》來做遊戲干預的研究時，並未發現電視節目可以增加幼兒的社會遊戲。例如Singer夫婦（1976）發現，幼兒彼此間產生互動主要是由於同儕之間的召喚或求援，並不是只看《Rogers先生的鄰居》的電視節目就能產生。但Singer夫婦的研究報告指出，如果成人調整兒童看電視的內容，如老師提醒孩子特別注意《Rogers先生的鄰居》節目中的某些情節，便可以提升孩子自由想像遊戲的品質。此外，Singer夫婦的研究將某些孩子隨機分配收看不同的節目，並讓大人藉由電視指導孩子玩想像遊戲，結果這些被設定為實驗組的孩子在遊戲上的確得到比較高的分數（Singer & Singer, 1976）。Friedrich及Stein（1975）也認為，用一台電視輔以一位能積極指導學生遊戲的老師，對兒童遊戲能有最好的影響。

Singer夫婦與耶魯大學同僚進行過一項相關研究，分析兒童收看

《Rogers先生的鄰居》的電視節目進行檢證，測試對幼兒伴裝遊戲的影響與戲劇遊戲中分享合作行為的關係，同時他們也對另一個廣受兒童喜愛的電視節目Barney and Friends（Singer, 1995）。這些電視節目顯然對幼兒的假裝遊戲有正面的價值，也證實電視媒體可以發揮促進幼兒想像遊戲的正面效益。

二、電腦

電腦是另一種重要的電子媒體，近幾年來已將觸角延伸到幼兒的生活之中。目前，電腦在學校、圖書館及幼兒機構非常普及；美國有超過75%的家庭擁有個人電腦（Edwards, 1993）。

自1970年及1980年代之後，電腦硬體已大幅革新，當時的單色螢幕及5.25吋的磁片現已成為古董了。當時的軟體也很難迎合今日的標準，速度慢，不是用彩色及圖檔，最主要只是教學練習的功能。

今日的電腦與過去相比，功能愈來愈強，速度也愈來愈快。例如，高速CD-ROM硬碟、螢幕及音效，且硬碟的記憶體也在不斷擴充中。目前的軟體皆已加強圖形檔的處理，並且可顯示真實的影像和彩色動畫，較不像以前只依賴文字內容。目前大多數的電腦軟體皆以適齡為考量，能讓幼兒獨立使用，特別設計了防止兒童操作錯誤的介面，且為硬碟的存檔系統建立一保護緩衝的功能，以避免因為兒童的電腦知識不足，導致操作錯誤而影響了硬碟的存檔功能（Shade & Davis, 1997）。

目前相關研究文獻對於瞭解幼兒的使用電腦能力已大幅增加，呈現大躍進的趨勢。之前關心的焦點在於瞭解電腦活動相關表徵（非具體）之適齡發展能力，然而，在Clements及Nastasi（1993: 259）的研究則認為：「對兒童的具體事物可能要對他具有意義及可能與操作有關，而不是他所看到的物理特性。」另外，熟悉性也是很重要，今天的兒童生於電腦紀元，長於與電腦相關的時

代中。兒童使用電腦滑鼠在電腦螢幕上操作一些表徵內涵的事物，已變成他們日常生活必備的經驗，就像過去的兒童對於操作眞實玩物也是同樣熟悉。因此，適合度（appropriateness）已不是問題，相對於此，更重要的問題是如何、何時及爲什麼用電腦來支持遊戲、創造力以及學習。

　　但另一方面，美國幼教專家David Elkind（1996）也提出警告：應該不能把電腦視爲測量兒童認知成熟度的工具。兒童在使用電腦上可能會比實際上感覺更有能力。點一下滑鼠及操作電腦圖像並不是一種具體操作的認知作爲（如保留概念之能力或解決分類的問題）。Elkind相信電腦並不能取代傳統的遊戲活動，例如，畫畫、演戲及大肌肉動作活動，並且也不應認爲電腦可以取代老師的互動角色。電腦及軟體在孩子成長的過程中，與其他活動及玩物只具有相同的重要性而非更加重要。老師更應尋求各種可能的方法來整合電腦當作建構幼教課程的工具。

(一)軟體品質

　　我們如何藉由電腦提升幼兒的遊戲與發展呢？這使我們聯想到另一個問題：「什麼是適合幼兒的高品質電腦軟體？」這可從許多層面來思考：

1. 電腦課程應提供幼兒有機會依其好奇心去探索事物。整個課程不應是過度閉鎖性的練習而限制了兒童的進取心與決策能力。
2. 依美國幼教協會（NAEYC）對科技與幼兒的立場聲明，幼兒軟體應反映眞實世界與不同文化（多種語言、兩性、角色平等、不同種族、不同年齡與能力及不同家庭型態），並且儘量避免血腥暴力情節。儘量給予孩子正面影響，提供漸進複雜層次及挑戰性的學習。同時清楚的指導也很重要，尤其是對軟體使用與課程銜接的指引，例如布偶、圖畫書等等（Haugland & Wright, 1997; Wright, Shade, Thouvenelle & Davidson, 1989）。
3. 高畫質及視覺轉換的穩定度，前者是指彩色、眞實、擬人的圖案以及音效效果，後者則指當孩子點選圖案時物體與情境的變化。這種視覺轉換讓兒童有機會看到在日常生活中看不到的隱藏事件，同時具有學習因果關係的效果。發展性軟體評估量表（A Developmental

Software Evaluation Scale）就是用來對這些標準進行評量（Haughland & Shade, 1994）。

(二)玩電腦

有一些軟體設計的特徵可助長遊戲，同樣地，有些老師的行為也可讓電腦成為一好奇的經驗或學習。例如，Henniger（1994）提出有些軟體可以刺激兒童的想像力及創意遊戲，尤其是有些軟體在設計上可以很簡單，但潛在性的使用上卻可以很複雜。教導必須要足夠清楚與簡易，讓孩子可以在沒有成人參與的情況下使用，同時要使兒童能輕易地操作軟體——獨立進入、出來以及儲存檔案。

有些（並不是所有）電腦行為可以稱為遊戲。遊戲不需使兒童必須義務性地使用電腦，這是一種外在動機（如使用由成人控制的練習性軟體）。另一方面，想想孩子使用像Logo的繪圖軟體，這種活動常可提升探索與學習，也可以變成一種建構遊戲；此外再想想模擬軟體課程，可以使用假設情境的學習，如賞鯨之旅（到花蓮賞鯨）或經營小商店（賣芒果冰）。

Malone（1984）認為，電腦這些有創意的課程（方案）具有可以吸引兒童的三大特點：挑戰、幻想與好奇。挑戰（challenge）係指這方案是適齡及刺激孩子思考超越年齡的問題。Papert稱這是一種辛苦的樂趣（hard fun）。幻想（fantasy）係指此種方案具有一些想像的冒險或事件。好奇（curiosity）係指軟體可迷惑孩子。Malone是第一個提出電腦軟體方案的內在幻想（internal fantasy）應高於外在幻想（external fantasy）的學者。外在幻想是人為的且受外在影響，如一種練習遊戲要兒童殺死魔王來解決問題。相對地，內在幻想將活動與目標相連接。例如，賣芒果冰可以由孩子透過開冰店來解決問題，包括開銷、收入及思考解決問題的策略。外在幻想的方案較類似將工作隱藏於遊戲之中（work-disguised-as-play），而內在幻想方案則是較屬於沉湎於遊戲之中。

依Papert（1996）的看法，當電腦蔓延到兒童的生活世界，父母與老師必須在新玩具中保留遊戲的潛能。他認為，正如真實玩具的組成元素是原子，電腦的組成元素就是位元（bits）。例如，一真實的泰迪熊所擁有

的個性不會遜於電腦的螢幕上所虛擬的熊。雖然兒童可能常常在泰迪熊身上加諸一些個性，但是電腦玩具如Nicky the Dragon in My Make Believe Castle（一種電子書）可能有較多的優勢。電腦世界的角色具有足夠的開放性，可以讓愛幻想的孩子進行幻想投射及審慎地推理思考。電腦技巧允許兒童使用以及改變角色（如Nicky the Dragon），甚至可以將角色轉換到不同的軟體。依Papert的看法，電腦可以提供極有價值的高層次建構與幻想遊戲。

很清楚地，電腦的遊戲潛能正急速發展中。幼兒教育的文獻報告記載許多有關幼兒使用電腦的軼事紀錄或非正式的討論。例如Beaty及Tucker（1987）宣稱電腦是幼兒的玩伴（playmate），幼兒透過探索式的操作，進而能熟練地使用電腦，接著發展出有意義的遊戲或相關行為。兒童可藉由使用電腦軟體來杜撰故事、練習語言及初步練習讀寫技巧（可參考Facemaker或Picture等軟體），或使用類似小畫家來做功能性或建構性繪畫、畫圖或塗色活動。現有許多軟體可供兒童使用，但是對相關幼兒使用電腦之實徵研究卻尚付之闕如。

Davidson（1989）發現幼兒使用探索故事軟體（Explore a Story Software）來創造想像故事及進入扮演遊戲的形式。Wright和Samaras（1986）研究指出，電腦遊戲的行為有一定的順序：功能遊戲→建構遊戲→戲劇遊戲。Silvern、Williamson和Countermine（1988）發現，當兒童第一次使用電腦時，出現較多的功能遊戲。這些電腦遊戲行為的順序正如同本章前面所指出，兒童在玩其他玩物時也呈現一致性的微視發生論（microgenetically）。如同Sutton-Smith所說的，兒童的遊戲會經歷檢驗、再檢驗、組合及轉換的階段。

(三)課程之應用

電腦在課程上的使用應放在具廣義哲學目的的教育目標下。電腦需要與課程中其他教育輸送策略相整合來提升教育遊戲功能。

過去有三種軟體：教師版（tutor）、導生版（tutee）及工具（tool）（Taylor, 1980）。教師版的軟體是電腦化工作單，在此軟體中，電腦是老師，讓兒童有不同的練習機會以熟練技巧（如Reader Rabbit 2）。導生

兒童遊戲與發展

版之軟體允許兒童教授電腦。例如，Logo讓兒童提供電腦指令，可允許兒童在電腦自由繪圖。現有電腦可提供更多的軟體，讓兒童藉由使用這種軟體認識電腦的功能。工具軟體允許兒童使用電腦做其他的事，例如，使用資料搜尋、Word軟體、列印資料或其他功能（如HyperStudio、Creative Writer、Twitter、微博、Facebook、Skype、MSN、ICQ等）。兒童使用此種軟體玩電腦（Papert, 1993）。一般說來，遊戲的潛能在教師軟體最為受限（雖然原則上遊戲是可能的）。導生及工具型的軟體有最大的遊戲空間與機會。無獨有偶，這兩種類型的軟體也是美國幼教協會（NAEYC）所認為適齡的方案之一（Papert, 1996）。

多媒體及多種模式的電腦學習中心常提醒我們：兒童可以透過電腦多媒體中心所提供的新奇活動（如掃描圖像、著色、音效、圖像、文字及動畫等）來刺激及豐富他們的遊戲。

電子媒體可以幫助教師在自由遊戲、小組活動或結構自由遊戲中尋找整合電腦的機會。例如Haugland（1995）建議老師在電腦角經常提供具體玩物的相關活動來幫助兒童從使用電腦中獲得正面效益。假如兒童使用俄羅斯方塊軟體時（可以用來做建構玩物的軟體），在電腦旁可以放置一些樂高積木，讓孩子在自由遊戲時也可以做一些建構遊戲活動。

電腦活動應與其他教育遊戲及學習活動合併使用，而不是個別使用來玩遊戲。電腦可幫助兒童調查及探索主題與方案。如Scali（1993）描述她在幼稚園將電腦與三隻小熊的故事書合併進行教學。一開始兒童先討論三隻小熊的故事情節，然後再扮演角色玩戲劇遊戲，再到美勞角畫圖，最後，利用電腦繪圖，由數位相機拍下名人的照片以製作出整個故事。電腦繪圖結合數位攝影，製作成一大本多媒體故事書，這種產品可讓孩子敘說或記憶他們的合作過程。

畢竟，成人應幫助兒童瞭解，電腦是好玩及具價值的，就像游泳教練要讓初學游泳者感受水，第一印象是很重要的。想想電腦可以做什麼以及如何使用電腦對幼兒教育之目標是同樣重要，但如何使用電腦應該特別重要，孩子需要被教導如何使電腦成為思考基模的主題。

最後，我們需要不斷設計更多的軟體並學習有關兒童使用電腦的經驗順序。相關活動計畫是很重要的。如此一來，我們將能瞭解兒童使用電

腦的結果，明白電腦使用到底和兒童發展及福祉有何關聯。教導電腦的重要目標在於加強一般的發展和特定的遊戲技巧，以及描繪兒童玩電腦的各種方式。

三、其他電子大眾傳播媒體

(一)收音機

　　一般父母或老師都認為收音機不能提供幼兒正面的影響。學前兒童需要在心智上做些特別努力才能將耳朵聽到的聲音轉化成視覺上的影像，從對故事或散文的研究中瞭解，幼兒在腦中很難形成具體影像，而收音機正好與電視不同，無法提供畫面。

　　自從發明電視之後，便很少有關於收音機對孩子遊戲行為影響的研究，但是幼兒確實可以從聽收音機中獲得好處。Greenfield（1982）透過電視及收音機對四及五歲的孩子說故事，並比較幼兒將故事重新講出來時所犯的錯誤，結果她發現：無論是看電視或聽收音機聽到的故事，在重述時說錯的內容大致相同。但透過收音機所聽來的故事，孩子在重講時會使用更多的音效、對話、誇張的語言來敘述故事的內容。

　　當然，幼兒難以瞭解或記得收音機所傳播的內容可能是因為幼兒很少聽到這種媒體所致。為了彌補這種困難，Wisconsin教育電台幾年前設計一創新的收音機節目（Usitalo, 1981）。這節目有三十個專門為家中及在校孩子設計的十五分鐘冒險故事，家長或老師可以來信索取簡單的故事內容，以及可從這個故事發展出的延伸活動。例如有個故事是關於祖父掉了戒指，全家尋遍了當天祖父可能遺失東西的地方——飛機場，給成人建議的相關活動則是畫飛機場，和孩子一起假裝自己是飛機或塔台，並敘述有關飛機的故事內容。

　　有人認為收音機會比電視更能刺激幼兒的想像能力，因為收音機能留下視覺空間，以讓聽眾利用自己的想像力來填滿整個故事內容。但舊有的經驗對想像力的發展是不可或缺的，使用收音機（收、錄音機或唱機）當作增進孩子遊戲的工具時，必須先要幫助幼兒練習使用想像力，並輔以相關活動及必要解釋，以彌補收音機只提供聽覺訊息的限制。

(二)電影

　　跟電視及收音機一樣，電影也會影響幼兒的遊戲及發展。對幼兒來說，在日常活動中，看電影所花的時間畢竟還是少數。

　　有些電影是專門為孩子拍的，例如愛心熊可以培養孩子正向的社會行為，這種電影的情節很簡單，也是孩子以後進行想像扮演遊戲的極佳題材。有一些冒險動作電影對孩子的想像力及遊戲也有很大的影響；電影中的好人（英雄）或壞人（反派角色）是孩子在角色扮演中最喜歡模仿的角色，成人應該主導或主控這些電影的內容，以符合社會文化可接受的遊戲模式。

　　看電影、電視或聽聽廣播節目，其實是種被動性的活動，它可幫助幼兒想像某些情節來發展遊戲。然而我們必須承認這種看或聽的行為本身也是一種遊戲的形式，當兒童參與這種活動，他們不僅遠離現實，而且也能從中得到快樂。正如Mergen（1982）所說的：「在媒體中的雲霄飛車、車子追逐、太空爭霸戰皆是生活中令孩子興奮的事。」這種從螢幕中看到的活動，跟遊戲場的體能動作一樣，皆可使孩子愉快，有時也會令孩子暈眩（Caillois, 1961）。而看電視及看電影更是青少年最常從事的休閒活動之一，其功能不僅限於促進社會互動，也可增加智性的發展。

(三)電子遊戲

　　電子遊戲如金牌瑪利、小精靈、三國志、真三國無雙（系列）、天堂、獵魔者、CS等，是電視與電腦結合下的產物。這種遊戲操作簡單，學習容易，又可帶給孩子歡樂，不僅大朋友喜歡，小朋友也樂此不疲。電腦硬碟的革新，如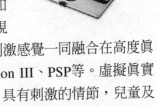CD-ROM的發現也使得兒童可以與真實世界的視覺影像互動。將真實世界的視覺影像與身體的刺激感覺一同融合在高度真實的遊戲情境中。現有的平台有Wii、Play Station III、PSP等。虛擬真實（virtual reality）是一種三度空間的電腦產品，具有刺激的情節，兒童及成人可用特製的虛擬真實眼鏡與其他特製搖桿來透視、移動及體驗人工繪

製的圖像。雖然虛擬眞實的軟體具有教育用途，但大多數的軟體還是以娛樂用途居多。這種虛擬眞實的電子媒體受到很多成人、青少年及較大兒童的青睞，最近也廣受幼兒歡迎（Greenfield, 1994）。

相對於電視、電影或廣播節目都只是單向的溝通工具，電子遊戲（video games）是電子傳播媒體中最早具有互動效果的一種。電子遊戲最大的吸引力是：孩子可以擁有掌控力，如發射子彈、控制方向等（Greenfield, 1984）。這種視覺的震撼和互動是很吸引人的。電器用品往往讓孩子著迷，而電子遊戲則讓孩子瘋狂。

很少有成人鼓勵學前兒童利用電子遊戲來進行學習，研究者如Greenfield（1994）卻很鼓勵幼兒玩這類遊戲。她認爲使用電子遊戲可以增進孩子的手眼協調和空間知覺技巧，但這些論點卻沒有獲得實驗的證明與支持，仍令人半信半疑。此外，有實驗發現暴力性質的遊戲軟體可能讓孩子對暴力行爲產生減敏作用，對暴力情境泰然自若，其效果跟電視暴力節目是一樣的。Silvern和同事發現，像太空爭霸戰的遊戲軟體，會造成三歲幼兒暴力、攻擊行爲的增加，而社會期望的行爲則會減少（Silvern, Williamson & Countermine, 1983）。雖然如此，學前的幼兒常表示他們較喜歡電子遊戲，較不喜歡教學用的電腦軟體（Johnson & Hoffman, 1984）。基於這個理由，發展教育性、非暴力性、非性別歧視的娛樂錄影帶及虛擬眞實的遊戲確實有其必要。此種軟體具有豐富兒童遊戲及學習活動的潛力。目前這種電子媒體還沒有被納入幼兒教育課程發展的類別及資源，未來幼兒教育工作者或媒體製作廠商應可加以考量（Shade & Davis, 1997）。

(四)電子玩具

電子玩具（electronic toys），如用電池操作的玩具或電動火車，很少在托兒所、幼稚園或家中的玩具箱中看到。幼兒如果沒有成人的監督，會因安全理由而被成人阻止玩這類玩具。然而最近的電子玩具有愈來愈流行的趨勢，其中有一種電動玩具的危險性較低，因此變成幼兒生活中不可或缺的東西，那就是電腦玩具。

Smith（1981）又將電腦玩具分爲好幾類，其中包括可演奏音樂和玩遊戲的玩具，這些玩具近來已非常普及。

電腦音樂玩具是透過電腦按鍵重現程式化的音調。有時候孩子按完了鍵盤之後，整個音調才一次呈現，這會令孩子很困惑，但這也是電腦樂器不同於一般樂器（一按鍵立即有音效呈現）的地方。這種音樂活動可培養孩子的韻律感，它也很令孩子著迷，可增加孩子對音樂的鑑賞力及興趣。不過對某些孩子而言，這種電腦音樂玩具只是會製造聲音罷了。

電腦比賽遊戲包括手操作控制桿（鍵）、手指拍擊鍵盤之速度感、方向感、運動規則和才智等。運動比賽包括如棒球、足球、手球、曲棍球皆是用手操作（拍打）鍵盤的球法，或是採用與電視遊樂器一樣的方式。這些遊戲比賽分成好幾種不同的層次，如初級、中級、高級，可以讓孩子自己選擇不同的層次。當然，這些遊戲對較小的幼兒可能不適合，因為會給他們帶來挫折感，但對太大的孩子或技巧太熟練的孩子而言可能又太簡單了，他們可以一直玩且不會死（輸）。

(五)程式化的電腦玩具

電腦紀元盛行的這幾年來，已經有無數的電腦玩具問世。程式化的玩具不像電視遊樂器或其他電子玩具已有預先之指令，它必須由成人或孩子先將程式輸入才能開始玩。就電腦繪圖的軟體來說，兒童在瞭解基本操作之後，需要由他們自行設計，先畫圖樣，再選擇塗色的色彩，用鍵盤或控制桿來操縱方向及區位，最後構成整個彩色的圖樣。程式化的電腦玩具可以幫助想像，也是許多教育者都一致同意很好的二度空間玩具。

表3-2列出兒童遊戲的型式和遊戲轉變的描述，並針對不同遊戲的玩具給予建議。遊戲和兒童發展的關係已有很多研究證實，但教育者仍需瞭解遊戲的微視觀，尤其是年齡對兒童遊戲的影響。

第五節　影響兒童遊戲發展的因素

幼稚教育的最終目標，乃在建立孩子具有道德、邏輯與自發性的思考，也就是透過教育或讓孩子遊戲的機會，可能培養孩子的自發能力，讓孩子有主見，可以自己提出疑問，並找出解決問題的可能答案，以成為自我建構知識的主宰。幼稚教育應秉持下列原則以提升學習的最大可能性：

表3-2　遊戲的轉變與不同年齡所適合的玩具和物品

年齡	遊戲的轉變	適合的玩具和物品
出生至3個月	感覺動作遊戲，著重在看、觸覺、聽。此時的嬰兒還不會爬也不會抓東西	此時的玩具應該要能提供一些感官的刺激，如彩色圖片、壁紙、兒童吊飾、小汽車、音樂玩具、波浪鼓等。要避免小物品讓嬰兒觸及，以避免窒息的危險
3至12個月	這時的嬰兒會伸手並且抓東西，所以此時的感覺動作遊戲應包含這些動作	增加一些可以讓嬰兒抓、壓、丟、堆、放進嘴巴咬、並且可用手操作的玩具（仍要避免窒息的危險），如磨牙玩具、球、積木、圖畫書、一些有按鈕按壓會動和發出聲音的玩具
1至2歲	可以用來遊戲的動作增加了走和攀爬。表徵性遊戲在此時出現，伴隨假裝和自稱的遊戲模式	可以騎乘的玩具、可以爬的小建築、可拉推的玩具、組合積木、簡單的拼圖、沙堆和用水的玩具、娃娃、填充動物娃娃、玩具盤子、故事書
2至5歲	社會性遊戲出現，兒童開始扮演一些角色。想像力在此時的遊戲是很重要的	增加一些遊戲時的道具，像是穿的衣服和戲服。提供可以用來著色、畫圖和組合的美術材料。此時的兒童喜歡拼圖、盪鞦韆、可爬的建築、三輪車和小單車等
6至10歲	有邏輯性的規則，為較實際的遊戲，身體技能和運動性質的遊戲變得較受歡迎	偏好有完整規則的遊戲（如大富翁、大戰略、卡片遊戲）；以及其他可以蒐集和統整的東西（如運動卡、人物玩偶、娃娃）。兒童會精通騎單車、滑板、跳繩和其他運動器材
11歲以上	主要集中在空暇時間的活動，包含假設意味和理想主義的幻想情節，11歲以上與同儕間的聯繫為關鍵	電動和電腦遊戲、冒險遊戲、電影和音樂較為普遍。此時的青少年會較專注在幾個自己較擅長與感興趣的運動

資料來源：整理自張瓊云（2008）。

1.成人的權威與影響力愈小愈好。
2.讓孩子有自治、自我做決策的能力。成人在確定環境安全的情況下，讓孩子儘量去探索及遊戲，以便孩子增進自己的技巧。
3.同儕朋友之間要能分享、互動、輪流遊戲，以建立「排除自我中心」及協調彼此觀點的能力。
4.孩子要具警覺性、好奇心、自信心，並且有自己做決定的能力。

而在孩子的學習環境中，下列因素可能直接或間接地影響孩子的遊

戲發展：

1. 父母的管教態度：父母如能具有敏銳的觀察力，對遊戲採取正向的態度，能陪伴孩子一起遊戲，並提供孩子安全的環境來讓孩子探索及遊戲，那麼孩子可以發展出更安全的依戀關係，也可增進孩子的認知和發展。

2. 同儕的影響：兒童和同伴一起創造故事情節、溝通、分享、輪流遊戲，會有更多機會進行社會扮演等高品質的遊戲，而且遊戲的內容與行為也會較為複雜。

3. 環境的影響：如空間、玩物、時間等環境因素，都會影響兒童遊戲的性質及類型。

4. 電視等傳播媒體的影響：電視又稱為「有插頭的毒藥」，電視可能抑制孩子的幻想及創造性行為。另外，也有研究發現，觀看較多暴力動作卡通電視節目的孩子，日後將較少參與想像遊戲。

第六節　結語

　　我們在本章把兒童的遊戲發展概念分為微視發生論（短期目標）、種族發生論（長期目標），個體的遊戲行為隨著時間的推移會產生不同的發展和經驗；另說明兒童期在智力、社會及人格發展趨勢三方面的遊戲特徵。我們應在多元架構（如文化、性別、生理環境、同儕）下對兒童遊戲發展進行組織與分類，瞭解不同情境的遊戲狀況並發展相關政策來教化遊戲實務及政策。用單一線性的脈絡解釋兒童的遊戲發展，然可以得到重要的基礎知識，但並不足以妥善解釋兒童的遊戲發展。

　　本章論及幼兒在遊戲上的四種重要發展向度（社會、玩物、表徵及動作）。社會遊戲是指嬰兒呱呱墜地後，由成人在照顧中與之互動，並由成人補償嬰兒有限的能力。玩物遊戲是對嬰幼兒的啟蒙，但對年齡較大的幼兒較不重要。社會遊戲的技巧會隨著幼兒與同儕互動的共同經驗而日漸增強。玩物遊戲則會從簡單、重複的動作與功能遊戲，轉移到較複雜的建構遊戲組合。

表徵遊戲從最早對自己的模仿（之後再對別人）轉移到社會脈絡情境，表徵的規則與模式也會更具一致性及次序。依Piaget的論點而言，單純的假裝開始於嬰兒時期從外在導引（非內在導引）的遊戲行為。表徵遊戲的發展順序為：假裝動作→玩物使用→角色融入→主題。在五歲左右，兒童會開始進行更高度象徵性的社會戲劇遊戲及主題幻想遊戲，這兩種遊戲需要更多後設溝通的能力，以及與同儕協調、分享角色的同儕互動、專心、持續力及注意力。動作遊戲的發展從出生至六歲之間也有顯著的改變，例如身體的動作技巧、行動會更加敏捷並有更良好控制力、平衡感及大小肌肉的協調。

　　本章討論了五至八歲兒童在社會、玩物、表徵及動作遊戲上的發展。六至八歲的幼兒有更好的同儕互動，會形成同伴團體，並接受在大人監督下進行的活動；他們可以用更精緻的方式來操弄玩物，並運用到他們的假裝活動中；表徵遊戲可以藉由道具使用而使情節更為複雜；動作遊戲可允許幼兒使用更精緻的大小肌肉動作技巧，而使動作更為靈巧。認知遊戲在這個階段會開始使用規則性遊戲、教育性玩具和書籍。此外他們也有更多的機會進行創造性遊戲，如他們喜歡的藝術與工藝、使用虛擬玩物的假裝世界、視聽媒體的使用（如電腦與電動），以及各種音樂性的活動。

　　最後，本章也論及在智力發展層面，學齡兒童愈來愈有次序性、結構化及邏輯的思考，結果，他們的遊戲顯示一種對次序的發展需求。兒童期在社會發展的主要變化則是，同儕取代了過去由家庭所提供的支持（如訊息、情緒，甚至物質）。被同儕所接納是此年齡層最重要的一件事，他們的遊戲也反映出有歸屬感的需求。在人格發展中，學齡兒童漸漸發展自我概念來對自己及他人展示，他們具有引以為傲的才能、技巧及能力。這種勤勉的需求更能透過他們的遊戲來具體呈現。

　　兒童期的成長伴隨假裝遊戲的衰退及減少，可能因為：(1)兒童不再需要用假裝來提供他們對自我的需求；(2)表徵遊戲已融入到規則遊戲中；(3)當兒童成長，他們要愈努力適應現實，而不是在假裝遊戲中扭曲事實。

　　國小低年級學童對自己的動作及智知技巧很自豪，這種能力可增加他們的勤奮感並更容易為同儕所接受。蒐集物品成為此年齡兒童的情緒來

源，及能讓他們獲得成就感及教育性的娛樂方式。這時期，思考的組織性促使他們的遊戲具有規則導向，如儀式性遊戲、規則式的遊戲及運動競賽。

有規則性的運動競賽可帶給孩子高度歡樂，提升他們的成就感，提供社會支持的機會。雖然如此，卻鮮有證據指出運動競賽對身體健康有所助益、運動競賽的參與會增加兒童的自我尊重，或者對孩子的道德推理有所幫助。

電視、電腦及其他相關電子媒體對兒童的遊戲產生了愈來愈大的影響力。這些媒體如同雙面刃，水能載舟亦能覆舟，一方面可豐富孩子的遊戲，另一方面卻可抑制孩子遊戲的創造力。父母與老師必須要小心使用電子媒體以對兒童產生正面影響，例如控制看電視的量、看有益的節目，與兒童共同觀賞，以及提供適齡的節目（分級制度的實施），同樣地，對電腦的管理亦同。

第四章

遊戲的個別差異

在前面我們已大致討論過遊戲發展的概念，並探討從出生至八歲兒童在社會遊戲、玩物遊戲、表徵遊戲和動作遊戲的發展順序，同時也含括學齡兒童的認知及創作遊戲。在瞭解長時間不同遊戲的發展（遊戲的種族發生論）及短時期在特定脈絡的不同遊戲發展（遊戲的個體發生論）後，我們更能預期及指引孩子的遊戲行為。然而，遊戲發展本身的概念即使提供了發展的不同速率及差異性，仍然不足以建構並充分解釋造成遊戲差異的理論。我們除了瞭解個體遊戲發展變項之外，仍需要其他脈絡或多因子變項來作為遊戲發展的中介變項，並共同建立解釋孩子的遊戲發展及個別差異的因子模式。

遊戲發展和個別差異是需要更充足概念架構的兩個主要建構。發展或發展功能係指造成兒童在特定領域，如遊戲或探索行為的質性改變的順序。發展功能是指在某一母群體之規範性改變的解釋，如里程碑或階段論；而個別差異係指在母群體之發展功能的個別成長速率或差異性（Wohlwill, 1973）。例如Howes（1988）在探討單純社會遊戲（simple social play）時做泛年齡層的橫斷比較，此種研究即提供瞭解此種建構的發展功能，而在同一年齡層的比較即可反映是個別差異的效果。

Johnson等人（1999）仍維持此一認知，即發展改變是受先天與後天（遺傳和環境）兩大因素的共同影響，而在這些因素之中，環境（未來影響之拉力）與情境因素（現在之影響要素）之互動，及個別差異變項（受過去所塑化之因素）共同影響個體之遊戲行為和經驗。這三種向度共同構成了多變項，每個變項皆可提供單一向度及其他向度之複雜互動來影響解釋孩子之遊戲發展功能。建構一概括性及有預測性之兒童遊戲模式，及加上成人在情境因素之角色，會更能解釋兒童遊戲行為之變化因素。

現在，假設我們要預測一兒童在隨機選擇的情境中會做何種遊戲，可是我們對這名兒童一無所知。我們將隨便猜測這些因素可能是什麼，如果我們可以提出兩個有關此兒童的問題，那麼是哪兩個問題最有助於我們預測孩子的遊戲行為？當你讀過前一章，我們希望你選擇兒童的生理或發展年齡來當作一個預測因子，此外另一個預測因子又是什麼呢？你是要猜文化、社經地位、家庭結構，或是否上幼兒園的經驗嗎？當然，這些變項也都和孩子的遊戲行為有關。

　　但是Johnson等人（1999）仍維持除了年齡因子之外，性別是預測兒童在隨機選擇情境中，行為反應的最好預測因子的觀點。人的一生中，一般行為的差異絕大多數可歸因於年齡與性別，此兩項因素的預測力勝過其他個人因素。性別是我們成長歷程中，包括遊戲的社會標記及個別差異的重要因子。

　　本章將檢視性別、人格及文化此三個造成個別差異的重要變項，並應用到遊戲的理論及實務上，再加上成人的角色，以便用更整合的理論來解釋兒童的遊戲行為。

第一節　性別與遊戲行為

　　當兒童進入學齡前機構之教室或兒童托育中心，他們在遊戲行為顯現出廣大的性別差異及相似性。在下列章節中，我們將從身體或動作遊戲、社會遊戲、玩物遊戲及假裝遊戲四個層面來分別探討性別的相似性與差異性。

一、身體或動作遊戲

　　身體或動作遊戲（physical or motor play）被界定為大（粗）肌肉動作或小（精細）肌肉動作，或指遊戲中身體部位的使用。如第三章所提及的，玩物並非此類型遊戲的重心，但是在進行此類遊戲時，兒童經常會使用戶外或室內遊戲設備，如大墊子、攀爬架（climbing frames）或彈簧床；此外，環境中的自然景觀特色，如樹、短牆等也可能被加以運用，兒童可沿樹幹行走，跳躍式穿過青草區或自山坡滾下來。

　　Fagot及O'Brien（1994）指出，孩童四至五歲之後，才有明顯身體活動的性別差異。一旦男生到了四至五歲的年齡層，他們會顯現出比女生更具身體活動性及吵鬧的身體活動。在Holmes（1992）所進行的參與性觀察及引用民族誌學的深度訪談的質性資料方法（十名男生及十一名女生）中，也同時發現在中產階級家庭的幼稚園教室中，幼兒在吃點心時間中也有明顯的性別差異。研究結果指出，所有兒童皆有在吃點心時間中，做假

裝性遊戲及說笑話，但唯獨男生（沒有一個女生）會魯莽式閒晃（如使用禁忌的幽默），或調皮搗蛋（如偷藏別人的牛奶，或將其他幼童要坐在椅子上時，突然將椅子抽走，而讓幼童跌倒的惡作劇）。

在紐西蘭，Smith和Inder（1993）在幼稚園及幼兒托育中心觀察三歲半至五歲的幼兒，發現幼稚園的男童似乎有較多身體接觸的遊戲行為，而在此兩種托育機構中，男孩及混合性別的團體出現較多吵鬧的遊戲；而女孩則出現較多安靜性及被動性的遊戲。此研究可以看出，遊戲環境的選擇與性別是有關聯的。此外男孩出現在戶外遊戲玩的頻率較高，而女孩則傾向在室內玩。在澳大利亞也有類似此情形的研究結果（Cunningham, Jones & Taylor, 1994）。而且研究顯示，學前男童比學前女童在室內或室外環境中，更顯精力旺盛和活躍。例如Harper和Sanders（1975）花了二年時間記錄中產階級家庭中，三至五歲男孩和女孩所使用的遊戲時間和空間。男孩較女孩花更多時間在戶外（穿洋裝和穿牛仔褲的女孩在這方面沒有差別）。男孩通常在戶外遊玩，或在沙堆中，或攀爬登架，或玩飛機；而女孩在室內手工藝桌旁或廚房玩是很常見的事。儘管花在校外時間沒有個別差異，男孩使用的空間是女孩的1.2～1.6倍，並明顯的進入更多的遊戲角落玩。

研究文獻一致同意，學前男童比女童玩較多的狂野嬉鬧遊戲（rough-and-tumble play）。狂野嬉鬧遊戲是玩打鬥遊戲，而非真正打架。男童傾向玩這種遊戲，頻率遠超過女孩。他們互相追逐、角力、爭鬥，通常是在假裝虛構人物時有這種情形。此外，男孩比女孩在遊戲中有更多攻擊性傾向；實驗室和田野研究亦發現，男孩在社會衝突中表現的攻擊性較女孩普遍。許多不同的研究中，都描述男孩比女孩主動、活躍、吵鬧、坐不住。Tizard、Phelps和Plewis（1976）在對英國十二所服務中產和勞工階級家庭的托兒所的觀察報告中指出，男孩比女孩更常真正打架。Jacklin和Maccoby（1978）以二人為一組，共九十組同性兒童和三十組異性兒童的實驗安排，發現三歲又九個月大的男孩組，便已較女孩組或異性組更常打鬥。

多數的研究（如Carlsson-Paige & Levin, 1987; Goldstein, 1992; Humphreys & Smith, 1984; Smith, 1997）也發現，男童比女童傾向有較多

狂野嬉鬧的遊戲。此種遊戲包含有超級英雄的攻擊性遊戲，及使用戰爭玩具的遊戲；此外他們會相互追逐，扭打在一起，或玩有虛構角色及情節的遊戲行為。綜合上述，這些研究顯示，幼兒的身體遊戲與狂野嬉鬧的遊戲有關。

1997年，Peter Smith在英國利用老師訪談法的一系列研究，調查狂野嬉鬧及真正打架的出現頻率。他得到如下的結論：「幼童真正打架是相當稀少的。」相對地，狂野嬉鬧遊戲所出現的比率為所有遊戲時間的5～10%，頂多為20%；而男生玩真正打架行為及玩狂野嬉鬧的遊戲是女生的二至三倍。

在男女幼童所玩的遊戲中，攻擊行為的形式方面也有性別差異。一般說來，男童傾向較多工具性的攻擊行為（instrumental aggression），如打人、搶奪、推人或用武力來獲得喜歡的物品，或爭地盤、在社會衝突中獲取特權等；而女童則傾向有較多關係性的攻擊行為（relational aggression），如間接或言語攻擊，或間接性欺凌弱小（排斥他人、不遵守諾言、說別人閒話或企圖傷害別人）。McNeilly-Choque、Hart、Robinson、Nelson及Olsen（1996）等針對二百四十一所公立啟蒙計畫（Head Start）及大學附屬實驗托兒所，利用大型多重方法的研究發現：女生比男生在戶外遊戲場中有較多關係性攻擊行為；然而，男生卻比女生有較多的工具性攻擊行為。而這種攻擊行為皆與同儕的接受性有負相關存在──換言之，有愈差的同儕接受度（人緣愈差），其工具性攻擊行為或關係性攻擊行為愈高。Crick及Grotpeter（1995）進一步整理這些研究，發現這些攻擊行為指的是真實的攻擊行為，而不是指遊戲的攻擊行為。然而是否女生比男生有更多的語言及關係性的遊戲的打架（攻擊）行為？可能是如此，但對男生而言，在日後幼兒時期，他們傾向有較多的身體性遊戲攻擊行為。

從幼兒園到小學階段，幼兒從原先與性別有關的身體和動作遊戲轉移到小學的運動、競賽和其他的活動。在男生中，也呈現在攻擊、冒險、速度與力量上有連續發展的趨勢；而女生則較少玩吵雜的遊戲，並在體能遊戲中會較合作，並注意美學及動作的優雅性；例如男生傾向參加曲棍球，而女生則參加舞蹈課程。性別相連並不意含排除性別，有些女生也會

參加多數男生玩的活動，而男生也會參加多數女生喜歡玩的活動。

　　總之，大多數研究支持學齡前男童比女童更常玩狂野嬉鬧的遊戲，也常在遊戲中產生真正的打架行為（工具性，而不是關係性的攻擊行為），甚至於男孩似乎比女孩會使用更多的遊戲空間，也會常待在戶外。但對於幼兒階段的體能活動，研究結果在性別差異中較沒有那麼決斷性；四、五歲以前的幼兒在身體活動之性別差異沒有那麼明顯（Fagot & O'Brien, 1994）。每個年齡層都有顯著的個別差異存在，這也使得研究的類化（generalization）有其困難性。

　　在小學階段，性別相關聯的趨勢表現在運動、競賽及其他有組織的體能活動中。男童比女童從事較大遊戲團體及有較多競爭、獨立、不同角色及較堅持規則的團隊遊戲。

二、社會遊戲

　　大抵而言，小男孩和小女孩表現在遊戲中的社交性並沒有很大的差異。Parten（1933）所發展的遊戲量表，顯示出社會遊戲的差異性與兒童的年齡差異有關，卻與性別無關。她發現三分之二的兒童遊戲團體是同性團體，而且通常是同性的玩伴較受歡迎。在社會遊戲中，性別不會造成顯著差異已有翔實的研究記載（Johnson & Roopnarine, 1983），然而在英國一項大型研究樣本的報告指出，學前階段，女孩在社會遊戲的層次領先男孩（Tizard et al., 1976）。

　　其他學前兒童社會遊戲的選擇也與Parten的觀察一致，同性玩伴較異性玩伴來得普遍且容易相處。兒童喜歡和同性的同伴一起玩的事實業已被許多研究證實（Fishbein & Imai, 1993; Hartle, 1996; Powlishta, Serbin & Moller, 1993; Ramsey, 1995; Shell & Eisenberg, 1990; Urberg & Kaplan, 1989）。例如Serbin、Tonick和Sternglanz（1977）的報告就指出，同性兒童平行遊戲和合作遊戲之頻率，分別是異性兒童平行遊戲和合作遊戲的二倍和四倍。兒童傾向和同性友伴玩耍，可能是能力、性別角色刻板化，以及興趣合得來等因素混合而成的結果（Hartup, 1983）。而這些研究的發現也有一些類化的推論性存在。

　　第一，性別的差異約開始在兒童四歲時。此種性別差異偏誤很明顯地是出現在自陳報告的研究（如說明玩伴的喜好），而不是出現在實際的行為觀察（Ramsey, 1995）。很明顯地，即使孩童在自陳報告中表示較偏好某一性別的玩伴，在真實情境中會因對某活動的吸引而減少此性別喜好的偏誤。這種發現的另一種可能解釋為，幼童在訪問調查中過度陳述此種性別差異性，以順從在他生活的社會規範，例如不喜歡異性或不和異性玩是一種酷事。第二，女生比男生較早傾向於與同性同伴一起玩，一旦此種性別偏誤觀念建立，對男生而言與同性玩伴一起玩較具一致性及嚴格（Powlishta et al., 1993; Shell & Eisenberg, 1990）。第三，此種性別偏好普遍存在歐裔、亞裔及非裔美國兒童中（Fishbein & Imai, 1993）。第四，建構遊戲比其他遊戲行為有較少的性別偏好（Hartle, 1996; Urberg & Kaplan, 1989），這可能因為建構遊戲通常較具結構性，而且需要老師在旁輔導與監導。

　　在一個從一歲至六歲幼童的三年縱貫研究中，樣本抽自十五所托兒所的同儕團體，共計九十八名女童及九十五名男童，LaFreniere、Strayer及Gauthier（1984）發現，當幼兒年紀較小，女孩一般較男孩喜歡與同性同伴一起玩，但自三歲之後，男孩同性間的互動增加，女孩卻維持原狀（圖4-1）。另有研究證實，在幼兒階段幼兒喜歡與同性同儕一起玩的頻率有增加（Diamond, LeFurgy & Blass, 1993; Maccoby, 1990; Ramsey, 1995）。

　　兒童較傾向與同性別玩伴一起玩的可能原因為能力、性別角色刻板化及興趣合得來等因素混合而成的結果（Hartup, 1983）。最近，在對照男女孩行為與社會互動模式中，發現在幼兒階段之社會遊戲已有性別分化現象，例如女生在社會與建構遊戲中，除非有老師居中調節，不然女生較不喜歡在課室中有指使或攻擊行為，而且也不歡迎男生一起玩。

　　同時研究也從現象觀點及解釋幼兒為何開始性別隔離，來探討幼兒社會互動型態的性別差異，這研究的發現有助於教師瞭解課室中孩子的自然互動行為。Smith及Inder（1993）在紐西蘭所做的田野研究中，比較了兒童照顧中心幼兒的自由遊戲，以及在幼稚園的幼童遊戲。研究採用觀察方法結果發現，三分之二的時間中，幼童進行同性別的遊戲活動，而只有

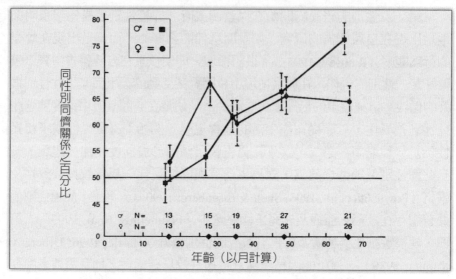

圖4-1　同性別同儕平均關係活動之年齡與性別之函數

資料來源：LaFreniere, P., Strayer, F. & Gauthier, R. (1984).

三分之一的時間中，他們進行混合性別的遊戲活動，而在混合性別的遊戲活動中，團體中的兒童人數較多。Smith及Inder推測，原因可能是兩種同性別的遊戲團體相混合所造成的結果，如男生的團體夾雜著女生的團體一起玩。男生在混合團體中傾向主導遊戲，而且較會產生衝突與拒絕的事件發生，在純男生的團體相對上較少有這種情形出現。在幼稚園情境中，有較高的身體衝突事件，而在托兒所則出現較多的拒絕及退縮的行為。研究者得出的結論是，男女生在團體互動中有決然不同的互動風格。

　　Black（1989）觀察一大學所附屬的實驗托兒所的三、四歲幼童與同齡、同性別幼童的遊戲互動，結果發現在不同玩物選擇的自由遊戲中，遊戲行為及技巧依性別之不同，產生有不同的遊戲行為。一般說來，女生在社會互動中有較多輪流的社會互動，而社會行為與不同遊戲主題與互動情形也有不同，女生相較於男生，其彼此間有較為緩和的社會互動，遊戲主題較一致、玩的時間較長。男生似乎在團體中較為個人導向且會向玩伴建議如何玩，遊戲行為較不一致，呈現片斷性的遊戲情節，常有創新的玩法出現。Black的研究也支持Carol Gilligan（1982）的研究發現，也就是女

生在社會遊戲中較採取教養的角色，而男生則較採取支配的角色。

　　Sawyer（1997）利用自然情境觀察幼兒在室內自由遊戲長達八個月，結果顯示：男生較會使用直接式語言策略來進入遊戲情境，時間是女生的二倍之多，但男女生在間接語言策略則不分軒輊。Sachs（1987）同時也有類似的研究發現，她比較在二十四個月至六十四個月的男女幼童在玩醫生的扮演遊戲，並利用醫院遊戲的道具（如聽筒、針管、醫生服裝等）來刺激幼童玩此類的主題遊戲，結果發現在時間上男女生沒有差異，但男生採取支配的控制角色占79%的時間量，女生採取支配的控制角色則只占33%的遊戲時間。在遊戲協商中，當需要有新的角色進入遊戲情節中，男女生在策略使用上沒有太多差別；基本上，他們會使用命令式（你是病人），或邀請語氣（你可不可以當病人？），而男生占72%的遊戲對話會用較多命令式的語氣，女生占70%。

　　雖然沒有太多研究指出孩童的社會遊戲，或社會互動中的性別差異，但是研究發現皆指出幼童在社會互動及社會遊戲中，有明顯的性別偏好，互動行為也有所不同。幼童似乎比較偏好同性別的玩伴，尤其在四歲之後。在遊戲互動中，衝突時有發生而且有其複雜性，女童較少用直接性或明確性的方式，男童則較常使用自我肯定性及支配性的互動模式。當進入小學之後，男女童的遊戲世界格外分明，不互相分享各自的遊戲玩伴；男童的社會互動較延伸式、個別化及競爭性，女童則較具內在性、關係性及主觀性。

三、玩物遊戲

　　在幼兒遊戲中，幼兒使用玩物的性別差異，已有許多研究者有類似發現：幼兒在遊戲中使用玩物有性別的差異存在。男生幼童傾向喜歡在地板上玩，使用玩物有推拉的玩物、積木或帶有輪子的玩具；而女生則傾向在桌上畫圖著色、玩拼圖或玩娃娃（Wardle, 1991）。幼童使用玩物的方式與其性別有關。學齡前女性幼童較喜歡玩建構遊戲，而男性則較喜歡玩功能性遊戲。換句話說，女性幼童較喜歡她們的玩物能配合她們的計畫或目標，例如完成拼圖建構或在圖畫紙著色，而男生幼童則喜歡依刻板化或

重複性動作來完成他們的玩物，例如推小汽車、吹泡泡，或扭動機械性玩具（Johnson & Roopnarine, 1983）。

造成性別差異傾向的因素，可能是遊戲時所需活動量的程度。研究指出，學齡前女孩較不會移動玩物，使用玩物也較具有教育意義，並溫和安靜（Moore, Evertson & Brophy, 1974）。有益於建構遊戲的桌上活動參與者大多以女性為主，教師與兒童皆然，這類活動需要一直保持坐姿，而功能遊戲則會有較多的身體活動及姿勢的轉移。

關於功能遊戲和建構遊戲中性別差異的報告很多，可惜關於男孩和女孩早期在使用玩物上顯著不同的報告卻很少。在遊戲領域的相關研究中，如洞察問題的解決能力或工具使用（Vandenberg, 1981）、探索行為（Hutt, 1966）或玩物操弄（Fenson, Kagan, Kearsley & Zelazo, 1976）等研究主題，有可能是因為參與研究的兒童人數較少，是而資料中沒有針對性別因素加以分析（Vandenberg, 1981），亦或者是幼兒玩物使用的研究中並未發現有性別差異的存在。小學低年級（約六至八歲）時，幼童會進行較多的美勞藝術活動，對於玩物使用的經驗與學齡前的時候迥然不同，這些活動雖然有一些重疊性，卻與性別非常相關，呈現了很大的差異。在幼兒期，不同性別在如何使用玩物雖然不怎麼區別，但使用玩物的種類卻大異其趣，尤其是在扮演遊戲的主題內容上，這在下一節所談的假裝遊戲裡會有所說明，至於建構遊戲的內容則差別不大。

四、假裝遊戲

Connolly、Doyle及Reznick（1988）與Sachs（1987）皆指出，在幼兒時期，男孩與女孩在假裝遊戲的時間量及一般幻想遊戲能力上並沒有差異存在。然而，在其他假裝遊戲的層面上卻有性別差異。男女生除了在遊戲互動風格有所不同，在扮演遊戲的主題與內容卻有大大的不同，如男生喜歡扮演超級英雄，女生則喜歡扮演家居的角色。

(一)假裝遊戲之玩物轉換

甲兒童可能在假裝遊戲中使用真實的或代表性的玩具，如洋娃娃、迷你動物模型、玩具兵或玩具超級英雄，進行具體玩物轉換（object transformations）；乙兒童可能玩與想像中玩物鮮少具體相似的替代玩物，如小圓筒積木當作口紅、大矩形積木當作電腦，進行替代性玩物轉換；丙兒童可能幻想出一個玩物，並以語言和內心形象使假裝遊戲情節繼續進行（假裝性玩物轉換）；而三名兒童的性別可能分別是什麼？

　　男孩和女孩有很大的一致性，每個性別中也有極大的個別差異。研究提出，學齡前的女孩在玩物轉換能力上領先男孩，此研究是在半控制實驗情境中進行，而非在自由活動情境或正式測驗情況下觀察（Johnson & Roopnarine, 1983）。Matthews（1977）報告指出，四歲女孩在毋需憑借玩物帶頭幻想遊戲方面，領先四歲男孩。經過一連串的嘗試，男孩逐漸在假裝遊戲中對玩物減少依賴，女孩開始的層次較男孩低，而且對三種玩物轉換的喜好亦不相上下，但是稍後會偏好替代性玩物轉換和假裝性玩物轉換。McLoyd（1980）在其對低收入非主流族群學齡前兒童的研究中發現，女孩做替代性玩物轉換和假裝性玩物轉換顯著地多於男孩。Fein、Johnson、Kosson、Stork和Wasserman（1975）發現，在學時期女孩似乎比男孩更常玩假裝遊戲，也比男孩提早減少對真實具體道具的依賴。

　　Lowe（1975）針對幼兒在自由活動行為做了研究，發現在假裝遊戲中，男孩較常使用男性刻板化玩具（如汽車、拖車），女孩也是常使用女性刻板化玩具（如洋娃娃、梳子）；但Johnson、Ershler和Bell（1980）在另一項自由活動觀察研究中，卻未發現男孩和女孩在假裝遊戲中使用玩物上有這種顯著差別。Black（1989）的研究指出，學齡前男童在假裝想像的遊戲互動中比起女童有較少依賴玩物道具的傾向。

　　總之，很難確切地說女孩在玩物轉變技巧上領先男孩。女孩早期的領先可能反應出女孩在語言與認知方面的加速發展。然而在學前的後半段（三至六歲）及在所謂吹泡泡糖的年齡層中（六至十歲），在假裝遊戲模式方面的差異，可能是因為偏好而非認知成熟度形成了這種差異。此年齡層階段中，在假裝遊戲的轉換品質並沒有明顯的差異。換言之，男女童有相同表徵呈現容量（symbolic representational capacities）、相等表徵認知結構（cognitive parity）及整合（integration）能力（Goncu & Kessel, 1984）。

(二)角色扮演和遊戲主題

有些研究與軼聞記錄提出，在假裝遊戲中，女孩表現出以家庭爲中心的偏好，如洋娃娃、禮服、化妝品；而男孩則傾向於反派和較危險的主題與情節，而且更常使用汽車和槍（Sutton-Smith, 1979b）。換句話說，女孩傾向扮演家庭角色並根據日常生活經驗來選擇遊戲主題（play themes），男孩則傾向參加冒險主題並扮演英雄角色；後者的活動量似乎也較大（Levin & Carlsson-Paige, 1994; Paley, 1984）。

Matthews（1981）針對十六名四歲兒童，由同性別的兩人自成一組的幻想遊戲觀察中，研究其性別角色概念、角色扮演（role enactments）和角色偏好，發現最常被扮演的兩個角色是父親與母親。根據孩子如何扮演角色來看，似乎男孩視母親爲待在家裡、關心家事和照顧兒童的人。對妻子的角色，男孩似乎認爲妻子沒有能力並且無助。對父親或丈夫的角色，男孩扮演領袖角色，而且家事只占其內容的30%。在女孩的遊戲中，母親是養育者、慷慨，並有高度管理能力，但同樣的妻子被扮演成無助和沒有能力。顯然母親角色被視爲正向，但對於妻子角色就不以爲然。女孩也視男性角色爲養育者，雖然她們扮演的意願不高，而且其角色扮演內容的75%中，爸爸或丈夫是在做家事。

若任其自由選擇角色，學期時期兒童通常偏好扮演符合性別刻板化的角色。Grief（1976）發現，幾乎所有個案中的男孩都扮演父親、丈夫、兒子和消防隊員，而女孩則通常扮演母親、女兒、妻子、寶寶和新娘。Parten（1933）發現學前階段男孩在扮家家酒時只扮演男性角色，而且如果托兒所的扮演角有洋娃娃，男孩就不會進去。Bergman與Lefcourt（1994）的研究發現，幼兒在角色扮演遊戲中嘗試整合男性與女性的認同角色。一位三歲小男孩會扮演一位修理工人（父親在建築公司上班），而他所使用的工具是吸塵器（這是小男孩媽媽常使用的家庭用具）。幼童通常並不是在扮演角色遊戲中的完全男性或完全女性，而是在所扮演的角色中夾雜著男女性的特質。

男孩和女孩在假裝遊戲中選擇不同活動，部分是因爲興奮、氣質以及可分配角色上的差異。男孩通常很快地就會越過家庭、醫生和學校等熟

悉或與生活相近的遊戲主題，並選擇諸如太空人、超人和幻想性角色等較不熟悉或偏離生活的主題；女孩似乎挺滿足於一般孩子都普遍熟悉的主題和角色。

　　例如Howe、Moller、Chambers及Petrakos（1993）研究在大學附屬兒童托育中心三至五歲幼兒遊戲；此研究目的在於檢驗幼兒在娃娃角及其他扮演角中的社會及假裝遊戲行為，這些角落也常是美國幼兒教育的主流，常扮演的角色遊戲有醫院、公司、麵包店、藥局及水果攤等。此研究發現女童喜歡在娃娃角玩，而男童則喜歡在這些與家庭較無關的新鮮角色的角落玩。可惜的是，這項研究只有觀察數天而已，可能女童需要較多時間才會去玩這些新奇的角色扮演。Weinberger及Starkey（1994）也有類似女童較喜歡玩家庭角色的扮演遊戲。Weinberger及Starkey是在美國公立托兒所（啟蒙計畫）用觀察法來觀察美國非裔幼童在幼兒園不同角落的遊戲行為。除了在家居娃娃角外，女童比男童呈現有較多的遊戲外，其餘的各個角落則沒有發現有明顯（統計的顯著性）的性別差異。

　　儘管遊戲內容的一般發展方向，是從接近日常生活經驗的主題開始，再進入距離現實生活遙遠的主題，如因男孩對偏離生活的角色和主題顯現較大興趣，而認為他們在這方面較女孩進步，但這種想法是錯誤的。遊戲品質永遠不能只根據單獨某一方面來做評估。組織力、不依賴玩物道具、語言的使用和創造力都是遊戲中認知成熟度的重要指標；同時正如我們已討論過的，在這些方面，女孩的表現水準如果未超過男孩，往往也和男孩相當。

　　幻想攻擊遊戲（fantasy aggression play）常被認為是與主題有關的暴力和攻擊形象，而與所玩的玩物無關。戰爭遊戲發生於想像的戰爭情節和戰爭玩具的使用，戰爭的玩物常是商業性的戰爭玩具和孩子所建構成（例如用積木當手槍）的玩具。這類遊戲似乎在孩童二歲時就出現了，而一直持續到學齡期，甚至到青春期，更有的在成人期也喜歡玩此類的遊戲；而似乎很明顯的，在不同時期中，男生都比女生較偏好此類遊戲。

　　在上一章學齡兒童遊戲與青少年休閒的遊戲與電子媒體中，我們已討論了很多有關此類的遊戲行為。在幼兒階段中，幼兒的幻想攻擊遊戲常是直接從電視媒體的攻擊性節目及廣告商品的攻擊玩具中模仿而來的。

Levin（1995）覺得這類遊戲較狹隘並刻板化，而且會限制孩子的創造力，甚至有可能會由電視節目的想像情節中提升性別主義、種族主義和仇視外來人種，此外也可能會增加暴力和不能容忍人的差異。

Goldstein（1995）與其他學者站在不同觀點辯稱，雖然玩具與媒體被用在兒童的幻想遊戲，但是這些玩物與媒體並不是決定兒童攻擊行為的因素——因為戰爭玩具與媒體並不是遊戲腳本，而兒童也不是純粹的錄影機。在兒童攻擊性的幻想遊戲中，超越了玩具及攻擊性的電視節目的表層意義，他們甚至創造了新的遊戲內涵；藉由這些玩物與電視節目，兒童進入其不同的內在心理世界。

不管你對此議題的看法如何，請記住我們之前的討論：女生在遊戲中較堅守家居情節，正如男生喜愛幻想的攻擊遊戲。事實上，這類遊戲不會讓男生覺得略遜別人，正如女生喜歡做家居的角色扮演也不會讓她們的遊戲輸人一等般。從上述有關兒童遊戲的文獻資料，反覆訴說同一主題並做出的結論是，某些研究者選擇一些偏誤的研究文獻，使得研究結果帶著研究者偏好的色彩，不能一窺此主題的宏觀面；然而這些局限的研究結果不幸地可能獲得某些人的青睞，成為學術或社經文化的議題，或日後教育或菁英所採取的政策之一。保有全面性地脈絡分析兒童遊戲之奧祕，並保有科學求真的態度，才能更清楚有關兒童性別之遊戲行為。當日後面對這引起爭論的議題時，我們應少用附會文藻的修辭與口誅筆伐，而是多一些高品質的科學實徵研究——尤其是長期的縱貫研究來支持其所提倡的論點。

當兒童進入小學二、三年級時，其外顯式的戲劇遊戲漸漸轉換至較符合小學年齡層內隱式的想像或創造性遊戲表達，而且男女是絕然有別的。假裝遊戲整體的熟練及複雜性會隨年齡增長而增加，但在性別上卻不呈現此種差異，雖然如此，假裝遊戲的內容與主題還是會隨著男女性別的不同發展及社會化目標而呈現差異。女生的假裝遊戲在主題與內容上有其連續性，呈現與家居、照顧及其個人內在情感連結有關，而男生則較呈現追求自主及權力。在錄影帶、書本、玩具或電影及電視上，男女的遊戲主題也是涇渭分明的，男女兩性有其專門符合其性別的活動、歌曲、藝術與美勞等工藝或習慣。

　　此外，六至八歲的學齡兒童是略帶情感的說故事好手，他們的故事也是有性別差異的。Tarullo（1994）使用個案研究方法加以分析七歲孩子之故事主題，結果發現在此年齡的兒童之基本發展任務是平衡，包括：(1)親密與認同；(2)與人相關及追求獨立自主；(3)團體導向及個人導向。Tarullo在Eddy和Maggie的個案研究中發現，兒童在故事中嘗試要迎合男女兩性化數線中的性別基模。Eddy的故事敘說有關他的鄰里惡霸，而Maggie敘說她對朋友發牢騷。Eddy害怕承認他有焦慮，就像他害怕惡鄰指稱他沒有男子氣概，也潛在擔心自己受到傷害；Maggie害怕如果她的朋友公然指責她，那時她將不知會如何？她是否會失去她的朋友。依Tarullo的觀點，Maggie的潛在關係中與他人存有自我肯定及團體認同的趨避衝突。

　　Singer（1995）同樣地辯稱男女生在其不同型式的假裝遊戲中也緊扣著與生俱來的男生與女生的兩分數線。不管男生與女生或男人與女人，我們都經常在關係需求vs.自主需求中掙扎。幼兒與學齡期兒童在其伴裝遊戲之內涵及主題中，嘗試努力去達到其成就或與權力相關的需求及關係需求。實際人際互動中，成就與關係需求必須迎合人類發展脈絡，然而在理論上，此種男女性別差異在人際互動上，應該設在成就需求和關係需求上兩條分別的向度（數線）來加以衡量，而不是設在成就vs.關係的需求的單一向度（數線）來加以衡量。

　　Singer仍保有下列想法：「所有人都被鼓勵於將生活意義化或分派意義於事物中。」假裝遊戲的結構特徵，如各種轉移、腳本的複雜度、遊戲的組織等，將有助於把既存的知識，如同化與順應，和新的知識整合熟悉於陌生情境以達成目標。另一方面，假裝遊戲的內容反映兒童嘗試去因應關於與他人連結vs.個人之權力和自我肯定之性連（sex-linked）有關的焦慮。關於戰爭（原始的男性本質之焦慮）和生兒育女（原始之女性本質焦慮）的遊戲主題，可能從遠古時代自有人類以來即有的兩極化之心理型態〔榮格之集體潛意識（Jung's collective consciousness）〕。基於此，人類可能在其人生歷程中，常常在幻想或假裝遊戲中反映個人私自的內心層面，而在實際生活上卻要嘗試迎合外在事實的期望。而這些嘗試便是在男女兩性極端中尋求平衡之發展前兆，可以在男女兒童成長中的遊戲及其故

事主題加以發現。

五、其他遊戲相關行為中的性別差異

男孩與女孩性別差異不僅僅只在身體運動遊戲、社會遊戲、玩物遊戲和假裝遊戲等一般遊戲型式，他們對於玩具的偏好、小組或團體活動和想像的同伴等方面，也顯現出差異。

(一)玩具的偏好

在我們的社會中，許多物品和玩具是設定了性別類型的。性別角色刻板化或對材料、活動貼上性別的標籤，這是要為許多幼兒在三歲之前就表現出對玩具的偏好（toy preference）情形負部分責任的——而最早出現這種偏好的年齡是在十二個月大（Sutton-Smith, 1979b）。早在五十多年前的遊戲研究文獻中，便不斷地有報告指出，某些玩具材料更一致地受男性或女性的偏好。女孩較常玩洋娃娃和藝術材料，而且玩的時間也較長，男孩則偏好積木和汽車。然而，Parten（1933）五十年前就指出（至今似乎仍然如此），儘管女孩較常玩洋娃娃，但當男孩不須玩洋娃娃時，男孩和女孩玩娃娃家的次數也差不多。

文獻亦指出，由於男孩和女孩在玩具選擇中所帶來的性別不對稱感（gender asymmetry），女孩似乎較能從許多種類的遊戲材料和活動中得到樂趣。女孩使用所謂的「男生玩具」和「女生玩具」，至少達到某個程度，男孩卻往往避開所謂的「女生玩具」。這項「類化」證明也反映在Liss（1981）對幼稚園兒童玩傳統女性、男性、無性別或中性玩具的研究中。觀察兒童在玩具的使用、享樂程度、攻擊、動作、養育（nurturance）的評估中，男孩似乎在玩男性和中性玩具時較熟悉、愉快、舉止合宜；女孩則是玩男性、女性或中性玩具時皆呈現熟悉、愉快而且舉止合宜的行為。但女孩比男孩表現出更多養育行為，而男孩在玩時所製造的聲音較大。

性別不對稱之假設存在於性別玩具的選擇和活動偏好，並已獲得許多研究證實。如Carter及Levy（1988）曾讓幼兒對下列玩具圖案：廚房、娃娃、縫紉機、槍、球棒、卡車、汽球、鼓及電話等進行選擇，並視為兒

童對玩物選擇的彈性測量。結果發現，男生對玩物的選擇較符合性別刻板化且有一致性。Powlishta、Serbin及Moller（1993）觀察三歲幼兒在幼兒園對玩物之喜好，男性化的玩具被分類有車子、球、操弄玩具；而女性化的玩具則為娃娃、扮演玩具及畫圖玩具等。結果發現男生選擇較多男性化的玩具，行為也較穩定；而女生則較不穩定，有時也會選擇男性化玩具。很有趣的是，女生偏向與同性一起玩男性化的玩具，而不是與男生一起玩，此原因可能是異性會對於選擇不適合其性別的玩具加以禁止。此種有關玩具與遊戲主題之性別偏好趨向（如Smith & Inder, 1993）已在幼兒時期逐漸明朗化（Sutton-Smith, 1979b）。

(二)想像的玩伴

會創造想像玩伴（imaginary companions）的兒童，多數是在三至六歲之間，而且女孩多於男孩（Partington & Grant, 1984）。想像的玩伴幾乎與孩童本身同年齡且同性別，他們幾乎都是人類的朋友。最大的估計是大約25%的兒童喜歡這類幻想，而且有想像玩伴的兒童有比較聰明的傾向，也表現出有較穩定和較具創造力的行為。然而，這些結論只是假設性的。

Jerome和Dorothy Singer（1990）的報告指出，對於男孩而言，自由活動時的豐富想像力和正面的情感喜好（positive affect）兩項因素與傾向擁有想像玩伴有正向關聯（看電視卡通則呈負向關聯）。對於擁有想像玩伴的女孩，其擁有的原因是與遊戲的持續性有關，較少因為負面情緒的爆發，如憤怒、恐懼和悲傷。擁有想像玩伴的男女兒童較會幫助同伴並與他們分享（Singer & Singer, 1990）。

男童比較會利用動物玩偶來當作其伴裝遊戲的玩伴，而女童比較會以女性想像玩伴當作其伴裝遊戲的玩伴。只有13%的男童會以女生當作其想像扮演的玩伴，而女童則有42%會以男生當作其想像扮演的玩伴。近三分之一的遊戲時間，兒童會以真實人物或朋友的姓名來直呼其想像玩伴，有時兒童會從媒體中的故事人物挑選為其想像玩伴，女生還是比較中性，會選擇男女角色來當作其想像遊戲的玩伴，例如彈力女超人、超人或蝙蝠俠，而男童只選擇男性角色（Singer & Singer, 1990）。Singers夫婦很高興

的記錄著：一般說來，兒童有一想像玩伴對其童年是好的，至少其有豐碩的想像遊戲。

Taylor、Cartwright及Carlson（1993）和Gleason、Sebanc、McGinley及Hartup（1997）的研究皆與Singer的想像玩伴與想像遊戲之研究發現有著一致性的結論。Taylor等人（1993）發現有想像玩伴之四歲男童較可能會參與較多的幻想遊戲，而有較少的真實或玩物遊戲；而Gleason等人（1997）卻發現，角色扮演遊戲與兒童擁有想像玩伴有關。Gleason等人對兒童隱形的朋友及個人化玩物做一區分，發現擁有想像玩伴的兒童在個人化玩物之遊戲形式有較多的角色扮演遊戲。隱形朋友（被當作同儕之功能）提供一控制關係及預演其社會技巧的單獨性遊戲的情境，但是個人化之玩物（通常是填充玩具），可以被兒童在不同情境中來使用，可能是其戲劇遊戲的玩伴或當作其個人私密的隱形朋友。一般說來，在學前階段——而非學齡期（兒童中期）——想像的玩伴被認為是正面的徵象。根據Partington和Grant（1984）的報告，想像玩伴的幻想可將幻想與現實做重要的初步結合。如果兒童早期在遊戲時與玩伴發生角色和規則方面的衝突，他們可從其能控制的想像玩伴中獲得這方面的寶貴經驗。在小學中，擁有想像玩伴並不能被視為是正向或負向之徵象，除非有強而有力的數據證實兒童有情緒障礙。

總之，強而有力的證據證明：孩童在學前階段有明顯的玩具偏好。這些偏好視性別而定，如女孩較男孩可能嘗試異性類型玩具與活動。另一方面，在小組和團體活動中，學前階段以性別為基礎的差異似乎不多。在團體中，女孩對想像玩伴有較強偏好，而擁有想像玩伴顯然是多數兒童在早期的正常現象。

第二節　環境因素與性別

學前教育教師們有時會說，早期的學校經驗是兒童個人差異的重要同質化者（homogenizer）。同質化（homogenization）的意思是說，隨著兒童對教室例行事務的習慣及同學在校時的互相影響，他們的行為會愈來

愈相似，也愈來愈可預測。然而在一開始，兒童對於其他兒童和老師加諸其身要求的反應，會有顯著的個別差異。

　　在幼稚園或托兒所中，有性別之分的遊戲就有這種同質化的趨勢，而基本上是家庭環境造成了孩子的遊戲模式，孩子原來有的個別差異以及日後在學校中的遊戲行為和興趣都受到家庭的影響。

一、家長的影響

　　家長和家庭中的重要他者對孩子不符合性別模式的活動會加以處罰，也會獎勵符合的活動或行為，因此兒童性別差異行為最早是衍生自家庭中複雜的互動（Maccoby & Jacklin, 1974）。社會學習理論學者已經證實，家長對待兒子和女兒不同，他們可能不理會兒子玩洋娃娃，卻會鼓勵女兒的愛護（nurturant）和順從行為。

　　自嬰兒一出生，家庭就對孩子遊戲興趣與行為是否有性別之分有所影響。家長對初生兒幾乎立刻產生符合性別模式的期望。父親對初生女兒的描述為柔軟、小巧、嬌弱，對初生兒子描述則為個頭大和好動（Rubin, Provenzano & Luria, 1974）。初生兒也許並沒有這方面的差異，但是家長顯然相信他們有此差異。

　　家長的期望如何對兒童的社會化造成影響，可以從他們給兒女的衣服和玩具上的差異可以看出。Rheingold和Cook（1975）在一項研究中觀察四十八名男孩和四十八名女孩的家具和玩具，結果男孩的房間裡有較多的汽車、教育和藝術材料、運動配備、機器和戰爭玩具；女孩房間裡有比較多的洋娃娃、娃娃屋、家庭用品玩具，還裝飾著花邊和印花壁紙。這些兒童的年齡界於一歲和五歲又十一個月十八天（71.6個月）大，也都有自己的房間。每一年齡的男孩都較女孩有較多玩具，玩具種類也較多。男孩的玩具多為鼓勵其做戶外的活動；女孩的玩具則鼓勵其從事以團體為中心的活動。

　　父母的期望也可以轉移至與孩子的直接互動上。Caldera、Huston及O'Brien（1989）觀察母親與父親與他們的嬰幼兒玩的情形。女性化的玩具被定義為娃娃及扮家家的廚具組合；男性化的玩具則被定義為卡車及積

木；而中性化的玩具則被定義為拼圖及形狀組合玩具。雖然父母不會公開地鼓勵其子女使用某些種類的玩具，可是當孩子選擇與其性別刻板化相符合的玩具時，父母會在其非語言的反應中表示讚許，而且他們也更可能參與孩子的遊戲。

家長的期望也透過與兒童的互動傳達給孩子。一些證據顯示父親較常與兒子互動，而且互動方式與母子、母女、父女都不同。Lamb（1977）發現，父親會與兒子進行較激烈的、刺激的幼兒遊戲；母親和初生兒則進行較和緩的活動，如輕輕拍（pat-a-cake），並較會利用玩具或其他物品來刺激嬰兒。父親會抱嬰兒主要是要跟他們玩，母親則是要照顧他們以及限制他們的探險範圍。家長的行為會使兒童更易獲得與性別相符的行為模式。

在三至五歲的學前階段，家長、老師及同年齡的兒童共同影響孩子性別模式的遊戲行為。Schan、Kahn、Diepold和Cherry（1980）研究家長的期望、學前兒童說話時的性別區分，與玩具遊戲中的性別區分間的關係，將兒童在自由活動中有性別之分的行為、玩具的陽性、柔性及中性，以及與家長對兒童遊戲的期望相對照。結果不出所料，女孩玩女性玩具的時間較男孩長。當研究人員指著玩具的照片要兒童指出分別屬於何種性別時，發現兒童為玩具貼的標籤是頗傳統而刻板化的，而且被女孩歸類為男性的玩具，比被男孩歸類為女性的玩具為多。當父母被問及對其子女玩玩具的期望時，家長們的選擇也顯示了性別刻板化的趨勢。然而希望兒子多玩陽剛性玩具的母親，她的兒子卻反其道而行。一般說來，家長對孩子自由選擇玩具時會選哪些玩具的預期上，並不太準確。

再舉一例，Langlois和Downs（1980）以三至五歲兒童為對象，研究母親、父親、同儕反應對具性別刻板化和非性別刻板化遊戲的反應，同時觀察了兒童的遊戲行為。結果發現兒童玩同性別玩具的次數較多。母親對兒子玩另一性別玩具所做獎勵比對女兒高，也比兒子的同儕更鼓勵兒子這樣做。整體而言，兒童在玩另一性別玩具上受了極大阻力，尤其是來自同年齡幼兒的阻力。父親會鼓勵兒子和女兒玩同性別玩具，但是較會阻止兒子玩不同的性別玩具。這些研究發現進一步支持了家長對孩子玩有性別區分的遊戲有極大影響力的論點。

二、同儕的影響

　　孩子在三歲時的遊戲已出現非常大的性別差異實不足為奇，因為除了父母手足對孩子的遊戲有很深的影響之外，教室或托兒所中的設施、老師、同儕都使這種差異益形加大。

　　觀察團體遊戲中社會行為已有性別差異存在。研究發現在自由遊戲中同儕的反應會使遊戲產生性別之分，例如Serbin、Connor、Burchardt和Citron（1979）研究在同伴面前有性別區分的玩具是如何選擇的，實驗包括孩子單獨一個人時、有同性別的同伴在場，及有不同性別的同伴在場三種情況；而給孩子的玩具則有男生的玩具和女生的玩具。結果顯示，男孩和女孩在獨處時，玩不同性別玩具的可能性都最高，而在有異性同伴在場時玩不同性別玩具的可能性最低。而女孩比男孩玩不同性別玩具的可能性高。

　　其他研究人員發現，學前兒童也有類似傾向。觀察顯示，男孩玩男生玩具所獲得的同儕正向反應比女孩玩女生玩具來得多。同儕的增強，尤其是來自同性別同儕，對促使兒童的行為符合其性別模式亦有影響（Lamb, Easterbrooks & Holden, 1980）。學前男孩的同儕團體對形成性別刻板化行為影響尤其大（Fagot, 1981）。兒童，尤其是男孩，如果未能遵從同儕團體的遊戲和玩具使用標準，就會有被排斥的危險。

三、教師的影響

　　如上所述，很多證據顯示最先將兒童導向性別刻板化活動的是兒童的家庭生活經驗，家長、手足、同儕在教室或托兒所中為孩子的性別差異奠下了基礎。在兒童受到老師的影響前，兒童似乎已經對社會認可的性別刻板化行為很有概念，加上媒體與流行文化也對兒童性別刻板化帶來諸多的影響。那麼，教師要負什麼責任呢？

　　在自由活動時，兒童在團體中玩有性別區分的遊戲會受到老師和同儕的提示與增強。Fagot（1983）的報告說，教師的反應會影響兒童遊戲，在這項研究中，教師對中性行為（即非男性亦非女性）的反應最積

極，其次為女性模式行為，對男性模式行為最不積極。老師儘管未必知道自己在這麼做，但一般說來，只要兒童照傳統的方式遊戲，教師就不會干涉，例如教師不會鼓勵很少參與男性偏好活動的女生去玩男性化的遊戲。

研究顯示，教師會在從事女性化活動如藝術、手工藝、玩洋娃娃和扮家家酒的兒童身上花較多時間。幼兒教育教師通常是女性，學前階段的女孩和教師有從事相同活動的傾向。典型男性化遊戲行為如玩汽車或卡車，不太能引起教師的注意或增強。因此女孩比男孩和教師往往較親近，也常與老師一起玩結構性或建構性遊戲活動（Carpenter, Stein & Baer, 1978）。

Serbin、Tonick及Sternglanz（1977）在其有趣的研究中，亦研究了教師在場對遊戲活動的影響，及教師對不同種類玩具的玩法示範所造成的影響（是男生玩具或女生玩具），教師的性別也有計畫的加以改變，以測定教師的性別因素對男、女孩遊戲的影響。結果顯示，有教師的陪伴，男、女孩對活動的參與率都增加了。大體說來，在此研究中，女孩的反應較男孩可預測，但是男孩和女孩都會受教師的影響。男孩在男性偏好的活動中，對教師的參與更有反應，尤其教師是男性時。這些發現顯示，不論在教室或托兒所，當教師所參與的是男性化的活動時，男孩受到較多的鼓舞，尤其當老師是男性時更是如此。教師的在場和參與會影響兒童與性別有關的遊戲模式。

雖然文獻上對教室環境如各角落的動線、玩具的配置、玩物表面粗細比等等的物理特性對幼兒性別差異的預測情形少有論述，但卻有研究報告顯示，教師對教室空間的安排的確會改善孩子性別刻板化的遊戲行為。例如一些研究人員指出，積木角和娃娃角應在一起，以便同時能夠使用，而這樣的安排可使異性同伴間產生更多的社會互動。增加玩具的種類和樣式，更能豐富兒童遊戲經驗。Kinsman和Berk（1979）以實例說明移去娃娃角和積木角之間的區隔物，結果使聚在一起已一年左右的男、女孩大大增加了一起遊戲的時間，也使兒童會去玩傳統上屬於異性的遊戲。然而較大的學前兒童，或在同一托育中心已待了兩年的兒童，則並未改變遊戲模式，甚至其中一些兒童會試圖搬回區隔物，所謂「江山易改，本性難移」，連小孩都不例外。然而此研究指出，教師對物理環境的安排的確能

影響遊戲模式。

　　總之，研究指出教師的在場、參與及對興趣角的安排，能影響團體中性別化的遊戲行為，而幼稚園教室及托兒所中的其他變項亦能影響性別化的遊戲行為，例如男女生的比率和團體的大小，可能增強或減低每個性別團體依傳統方式遊玩的傾向。再者，教師基於其個人的理念跟期望而做的行為和安排，又回過頭來決定了教學的哲理及課程目標，然而這幾個變項間的相互關係至今仍未有足夠的研究來下定論。

四、結語：成人所扮演的角色的影響

　　兒童早期的遊戲模式受到每個兒童的被增強經驗（reinforcement history），及在家中、鄰里、教室或托兒所接觸到的性別刻板化標籤而決定。本章檢視研究報告與各項爭論後，提出家庭成員，尤其是家長，是最先將孩子的行為導向性別刻板化者，這些早期家庭生活經驗使兒童在參與團體遊戲時會依性別刻板化來行事。兒童在進幼稚園或托兒所時已有強烈的概念，知道男孩該玩什麼，女孩該玩什麼。這些信念因受團體中教師與同儕的增強而強化。而家中對孩子實行性別角色的社會化時，也會一直壓迫小孩在家中要有符合性別的行為。這些影響，加上賀爾蒙因素，終使男、女各有其傳統行為特色。此外由於在團體情境中此過程會被加強，幼稚園和托兒所成了往後遊戲模式及與遊戲有關的社會和認知技巧的溫床（Johnson & Roopnarine, 1983），例如玩洋娃娃可幫助說話、養育和培養溫柔的性格（Liss, 1981），它模仿傳統母親角色，而女孩在兒童時期所喜歡用到小肌肉的建構遊戲也間接的被導入傳統女性的工作任務，如做頭髮、縫紉、畫畫等。遊戲提供了未來在家庭中或就業市場中角色的練習。

　　那麼，成人的角色是什麼呢？家長和教師應支持此模式或是改變它呢？這個問題的答案要視各人的價值觀而定。有些專家發現過去數十年來，兒童遊戲已有脫離傳統性別模式的傾向（Sutton-Smith, 1979b）。部分原因是社會上女性主義抬頭，及1960年末、70年初中性化運動的興起，使幼稚園教師敢強調教室中的不具性別色彩的活動（Simmons, 1976）。問題是，教師的價值觀與家庭的價值觀，是一致或是相互抗爭的？不同種

族或住在不同地區的人，可能強烈反對任何偏離傳統性別角色社會化的論調。家長可能不希望孩子改變他們認為符合性別模式的遊戲行為。一些在性別角色方面較家長具有彈性的教師，可能對鼓勵家庭開放和改變會有熱心過度的情形。

當然數十年來，女孩的遊戲行為有很大的改變（Sutton-Smith, 1979a）。目前學前及學齡兒童不論男女皆較三十年前更能分享彼此的玩具和遊戲，且今天的女孩一旦年齡大到能夠玩競賽遊戲，就會參與各種運動；有關今日職業婦女角色的暢銷書也愈來愈多，如Harragan於1977寫的《媽媽從未教過妳的遊戲》（*Games Mother Never Taught You*），這些書雖然強調的重點不同，但都公認兒童遊戲對學習社會技巧的重要性，對日後在美國這種講求合作的社會上生活將大有助益。它們不是教母親要幫助女兒如何在由男性支配的體系下力爭上游，就是如何使工作場所人性化。不論如何，整個情況很明顯：性別化的遊戲模式在生命中影響深遠，家長與教師對這些模式應有所認知，並採取適當對策。如果家長願意改變，則可建議他們幫助女兒更合群。

本章不擬鼓吹改變既有的遊戲模式以適合性別角色社會化的特定目標。如同前述，我們相信應為所有兒童提供機會參加各種遊戲。我們對有興趣鑽研兒童遊戲報告的人提供兩個廣泛性的建議，它們都是跨越傳統性別界線的，其中之一主要是要給家長，另一個則是給老師。

我們建議父母儘可能平等的對待兒子和女兒，提供他們一樣的玩具及其他玩物，包括遊戲的空間在內，都該一樣，花費也要相等；陪兒子和陪女兒的時間要一樣多，且父母都該和兒子和女兒一起玩。最後也是最重要的是，父母要讓孩子玩傳統的男生和女生的遊戲。舉例來說，父親不只要跟女兒玩角力、打棒球，也要陪兒子縫縫補補和烤餅乾。不應以傳統為由，排除任何遊戲型式和活動。在遊戲過程中，家長應示範並增加新的內容，讓孩子見識到新的玩法。

我們建議教師跟父母一樣要做這種變通。我們也力促教師重新檢視並擴充孩子的遊戲選擇，意即提供更多不同的遊戲機會給孩子，並留意相關的研究報告，如Kinsman和Berk（1979）發現，雖然既定的遊戲規則有性別差異，但學前兒童遊戲模式是能藉縝密的教師干預和環境的操弄來改

變的，我們極力推薦這類富冒險精神的教師去領導做實驗，教師亦應參考和擴充各種戲劇遊戲的選擇。很不幸的是，一些教師的戲劇遊戲僅止於娃娃屋的扮家家酒，而大都又只是廚房中的遊戲而已。如果一定要以扮家家酒為主題，何不布置出其他房間如起居室或客廳呢？相信這些設施必然會促進不同的遊戲行為。這些努力必能使團體遊戲更豐富，使學前時期的女孩與男孩都獲益，而且也許能幫助女孩和男孩成為下一世代男女的成功模範。

第三節　人格與遊戲

　　人格（personality）一詞指的是什麼？字典上即有許多不同的定義，儘管眾說紛紜，「人格」仍被廣泛使用於教育學與心理學，也許就像「遊戲」一樣，大家競相在籠統而不明確的情況下使用這一名詞，似乎人人都懂「人格」的意思，但是要精確地說出「人格」的意義，可能很難有一致的看法。儘管如此，「人格」這個概念是極其重要的，我們不能不加以探討。

　　我們常用「人格」的觀念來描述學前兒童的行為。如有些兒童被認為是外向的，有些是害羞的或退縮的，而有些是謹慎的或大膽的，這樣的描述比比皆是。然而使用這些名詞時，我們真正指的是什麼？「人格」和「遊戲」之間又有什麼樣的關係？

　　許多現象經常使用「人格」來解釋。在心理學和教育領域中，人格通常指個人行為特質的一致性，該行為雖歷經時間、職務、情境的變遷，但仍保持其連續性，而且這些行為特質的差異是來自不同的個人心性，而非來自發展層次的不同。亦即表現出來的行為必須有持續的穩定性，也不因認知的成熟度而有所差異。

　　我們常使用「人格」的概念來解釋一些特殊的社會行為或個人行為，但每個人所表現出來的社會行為和個人行為都不相同，這些差異有多少是人格所造成的呢？換句話說，個人特質行為受情境影響的程度如何？以及行為的差異有多少是基於個人發展成熟度的不同而產生的？

Emmerich（1977）曾針對「啟蒙計畫」（Head Start）的兒童及中上階層家庭的兒童之自由遊戲做過許多研究，他根據個人的一致性（人格）、前後事件的影響力（contextual influence）、發展上的變化，及二者或三者的共同作用的理念，提出六個行為發展模式。其中的一項研究中，他觀察了十六名托兒所幼童的自由活動時間及由教師指導的小組活動（Emmerich, 1977）。一段時日之後，施以社會情感測量，結果發現小組活動讓兒童學會表現較多的任務導向行為及小部分的小團體行為，雖歷經時日及不同情境仍表現了相當穩定的人格或個人差異。Emmerich指出，各模式不足以單獨用來解釋學前兒童的行為，而應採用較大的架構來看兒童的行為。有了這個涵蓋力較廣的兒童發展和行為模式，教師們更能瞭解個人和社會行為並非由任何單一的原因或單純幾個原因的組合或互動就造成的。

如第三章所探討的，遊戲行為乃一發展現象。我們已在實例中看到由依賴玩物遊戲（object-dependent play）進展到對玩物減少依賴的過程。遊戲模式由玩物的操弄，進入到實物的轉換，而後到不依賴玩物的遊戲（object-independent play），最後是內化的幻想。然而遊戲內容和型式的定義有很大的空間，對遊戲的總括性解釋不妨遵循Emmerich的建議，以發展、人格及情境因素等各方面，來看遊戲及學前兒童的個人—社會行為（personal-social behaviors）。遊戲有多項決定因素，行為就是其中的一項，在相同情境之下，具相同認知成熟度的兒童會在行為上顯示他們的不同，透過行為去感受這世界並表現個人的偏好和獨特的人格。

一、實物vs.人際取向

要描述學前兒童遊戲中之個別差異，首先運用到的方式是「實物vs.人際取向」（object vs. people orientation）（Emmerich, 1964）。有些兒童容易被人際互動頻繁的活動所吸引，有些兒童則較喜歡把焦點擺在以物體的單獨活動為主的遊戲上。

Jennings（1975）研究學前兒童認知能力和「實物vs.人際取向」的關係，發現兒童在進行實物材料的認知任務測驗時所展現的能力有顯著差

異，亦即花較多時間玩實物的兒童，在需要將實物加以組織和分類的測驗中表現較佳，同時實物取向或偏好者與使用實物的能力有顯著相關。在社會取向方面，表現出較多社會知識（social knowledges）的兒童，在社會功能上較具影響力。而社會知識與社會互動的結果有相關，並非社會互動的偏好影響社會互動的結果。Jennings指出，實物取向與知識多寡在生命的早期就建立了，並會再增強與該導向有關的認知技巧，因而再次增強對該取向與知識的興趣。

二、認知類型

其他研究者探討兒童以實物為取向和以人際為取向的關係，用以評斷認知類型的標準。所謂認知類型（cognitive style）指個人回應認知任務方式的個別差異。研究最廣和最被接受的認知類型評量標準是場地獨立／場地依賴（field independence-dependence）（Witkin et al., 1954）。「場地獨立」傾向的兒童，較易在複雜圖案中找出一個簡單形狀，這點被推測為該兒童的注意力和知覺並未迷失在整個圖案（場地）中。「場地依賴」型的兒童則明顯地被整個圖案所迷惑，往往無法找出隱藏其中的形狀。

Coates、Lord及Jakabovics（1975）發現，愈偏向「場地獨立」型的兒童愈會尋找實物來玩，而「場地依賴」型的兒童則傾向以人為取向。「場地獨立」型的兒童在圖案中找出形狀的成功率較大，可能是因為這類型的兒童會對環境中的物理性背景多做觀察與回應，因而學習到一種特別的分析方式。「場地依賴」型的兒童因為比較採用整體觀的方式，可能較注意同一情境中的社會背景。

Saracho（1998）在摘要有關兒童進行場地獨立（FI）及場地依賴（FD）文獻後指出：相關研究一般認為場地獨立比場地依賴的兒童有較好的社會能力及同儕地位。但是這些研究也有一些爭論性的看法。某些研究指出，場地獨立的兒童比場地依賴的兒童玩得較多（如Saracho, 1995），但是其他研究卻指出，場地依賴的兒童比場地獨立的兒童參與更多不同型式的遊戲（Saracho, 1991）。很明顯地，幼兒遊戲與其認知風格尚未有具體結論，可能是因為方法論的問題（困難在於幼兒很難獲得穩定

的人格特質），或因為概念化的問題（困難在於如何從兒童發展中區辨其認知風格）。一般說來，兒童在發展上較多是場地獨立（如較少的擴散與總體性，及較多的明確性與分化性）。在場地獨立性高的兒童身上發現有高品質遊戲及較好的同儕地位，可能是因為他們有較好的認知發展，而不是其具有場地獨立性之人格特質所造成的。

三、玩性

研究人員亦研究一般性的玩性（playfulness），將「玩性」當作人格的向度之一，作為觀察兒童遊戲行為與擴散思考的變異。根據Lieberman（1977）的觀點，我們可由身體、社會、認知的自發性、喜怒的控制及幽默感五點來探討一個人的玩性（**表1-4**）。Lieberman以等級量表為九十三名幼稚園兒童計分，發現其中四項特點有極高的相關，只有身體自發性的相關度較低。Lieberman的結論是，「玩性」是一個由這些特點所界定出來的人格向度（dimension），在她的研究中發現，玩性與發散思考分數、心理年齡、實際年齡有相關（參見第一章）。

Dansky、Hutt及其同僚的研究進一步支持了「玩性」與發散思考（或創造潛力）可能有關聯。Dansky和Silverman（1975）研究自由活動情境下的遊戲者與非遊戲者時指出，被認為是遊戲者的學前兒童，在發散思考測驗上得分較高，似乎自發性的自由活動（遊戲）增強了發散思考的能力。以下列三類：(1)非探索者；(2)探索者；(3)獨創性探索者來做研究，結果獨創性探索者在研究一個「超級玩具」（一個複雜又新奇的物體，由具有四支黃銅腳的紅色金屬盆，上有一根槓桿，下接開關自如的四個計數器槓桿的藍色木球所組成）之後，會以各種富想像力的方式去使用該玩具。其後對同一群兒童在七至十歲時做追蹤研究，Hutt和Bhavnani（1972）發現，學前階段較不具有玩性的兒童對自己的描述是沒有探索心與不活躍的，而學前階段較具玩性的兒童則認為自己較果斷與獨立，特別是女孩表現得尤其明顯。待這群兒童稍長後，再評量玩性與創造力綜合測驗原始分數之間的相關，結果男生的相關係數為0.516（達顯著水準），女生為0.368（不具統計上的顯著水準）。

Barnett（1991）應用Lieberman（1977）的五種玩性向度，及其他人格特質和兒童個人特性，包括性別、手足數目及出生序，研究幼兒園兒童之玩性，樣本來自美國中西部，中產階級家庭之七個兒童托育中心，共有二百七十一位幼兒。兒童玩性量表（the children's playfulness scale）被用來當作評量幼兒之玩性工具，另外還有一份問卷用來評量幼兒之人格特質及個人特性。此研究應用於皮爾遜積差相關分析玩性向度與其他人格特質變項之關係強度，結果顯示，只有自信與玩性五種向度具有顯著相關性。男生著重在表現歡樂及身體自發性，而女生在認知自發性之向度之分數較高。來自大家庭的男性幼兒在身體自發性分數較高，而來自大家庭之女性幼兒有較低之表現歡樂。此研究只是玩性研究的探索與呈現描述性的目的，並將玩性量表及分析其與各變項之間之前置及影響效果列入。

Truhon（1979、1982）聲稱玩性應有兩個層面（aspects），並非如Lieberman所提出的單一向度。其中之一是引發創造力和瞭解笑話的認知能力，另一個是在遊戲中顯現歡樂和在笑話中發出笑聲的情感能力。Singer（1961）則以「類比」法（analogous）劃分未來導向（或解決問題式的白日夢）和過去導向（幻想式的白日夢）。Truhon曾用Lieberman的玩性修正量表觀察在單獨遊戲情境下的三十位幼稚園兒童，每個孩子亦接受創造力綜合測驗，然後用因徑分析（path analysis）加以統計，結果支持玩性中有情緒因素與認知因素的區別——即「玩性—趣味」和「玩性—智能」（playfulness-intelligence）。兩個相關面（認知和情感）對遊戲有不同之影響。「玩性—趣味」量表用以測量表現歡樂能力與幽默感；「玩性—智能」量表則測量智能與認知的自發性。最後Truhon提出結論，認為玩性是遊戲活動合理的好指標，但是創造力和玩性及遊戲的相關度很低。

四、幻想—假裝傾向

第三個造成遊戲的個別差異變項是由Singer（1973）所提出。「幻想—假裝」能力（或傾向）和玩性有關，但卻是兩個不同的概念。幻想—假裝傾向（fantasy-making predisposition）是指表現想像遊戲或內在幻想的玩性，而玩性是較概括的概念，表現在以真實為主（建構性）的遊戲中。

有許多方法可評量兒童「幻想─假裝」傾向的個別差異，包括觀察、投射測驗、口頭訪問等。幻想─假裝能力較高的兒童會展現較高層次的想像力、正面情緒、較專心、社會互動良好，及在自由活動中有高程度的合作。另外，此傾向較高的兒童也較可能在模稜兩可的實驗卡片中，表示看到移動影像，在Singer的遊戲訪談中（structured interview），兒童們表示他們看到「腦袋瓜裡的小東西」，並說他們有想像玩伴。在遊戲訪談中，他們最喜歡的遊戲和活動往往涉及一些虛構（make-believe）或轉換（transformation）行為。

根據報告，有較高「幻想─假裝」傾向的兒童，較能安然捱過強迫性的等待或活動之延長，因此這些兒童較不會干擾或干涉他人，能自己進行某種想像遊戲，或純以想像自娛。也就是說，高度幻想與控制衝動及延遲獲得滿足的能力有關（Singer, 1961）。

Pulaski（1970）以「幻想─假裝」為個別變項進行「透過處遇的才能傾向」（aptitude-by-treatment）測驗。她發現在五歲兒童中有高度「幻想─假裝」的人在不同的非結構性和結構性玩具想像遊戲中表現較佳，一般說來，結構性較低的玩具更能引發各種幻想主題。她建議，也許對年小幼兒來說，不同種類的玩具會影響其想像行為及其背後的「幻想─假裝」傾向。Pulaski夫婦都認為「幻想─假裝」與認知和創造力有關（參閱第二章）。

早期的研究似乎指出「幻想─假裝」是一個單一獨立的特質，將「幻想─假裝」當作一個研究的變項，然而後來的研究顯示並非如此。Singer夫婦（1980）分析了三十三個與想像遊戲、語言、社會互動、情緒、看電視有關之變項，得出三個因素：(1)可以用以判定在各種行為中是否有幽默感；(2)可以在看電視有關的行為中辨識出是否有攻擊性的互動；(3)可用以測定一個人的內在想像傾向及利社會行為，且經過一年多的觀察期，此一因素結構仍呈穩定狀態。他們建議，兒童「幻想─假裝」傾向不論是藉遊戲或由內在直接表現出來的，都可說是孩子與社會和周圍環境正向關係的結果。Shmukler（1977）也提出符合此假設的發現，在學前階段即能從訪談、測驗和問卷中分辨出可觀察到的想像遊戲行為與私下的幻想。然而Rubin、Fein和Vandenberg（1983）指出，由於測量的方式

（對自由活動做觀察vs.回答成人的問題）會有先入為主的看法，影響我們的判斷力，做出幼兒有兩種「幻想—假裝」傾向的結論，因此他們對後兩項研究方法（測驗與問卷）提出質疑。不過可確定的是，學前兒童的遊戲傾向有個別差異存在，有些孩子喜歡虛構遊戲勝過其他真實的遊戲，而大部分的孩子兩者都喜歡。縱然如此，如同Nina Lieberman的玩性建構向度，Singer夫婦已發展出幻想—假裝傾向之個別差異——全人發展的個人人格特質（Singer & Singer, 1990; Singer, 1995）。

五、實物遊戲的個別差異

玩弄物品之方式是另一個能用以檢視幼童個別差異之變項。Fein（1979）以遊戲的架構或發展背景分類，提出三種類型變項：(1)孩子在一個遊戲時段中，使用不同的動作的次數；(2)孩子在一段時間中，所選用的不同物品的數量；(3)遊戲的節奏（tempo of play），即孩子在一段時間中，不同的動作和不同物品的不同組合，此外還有複雜性、組織複合性、持續性等可以用來探討孩童的實物遊戲。玩弄物品是發展上的現象，兒童在每個認知成熟層次上的玩弄物品有著極大的個別差異——這種差異就可用這些實物遊戲的尺度來加以探討。

因兒童在有實物的假裝遊戲中有著不同的偏好，可歸類為偏好圖案者及偏好戲劇者。用電力發動、具操弄性、建構性的物品的遊戲，在被認為是任務取向的學前兒童身上較常出現，較難在以人做導向的兒童身上見到。某些兒童似乎善於運用每個玩弄玩具和物品的機會，而有些兒童也許只在受到成人特別鼓勵時方才玩弄物品。除了有明顯選擇偏好和遊戲風格（人際導向、偏好戲劇者）的兒童外，那些認知層次和心理動力發展層次與同儕相當的兒童，也許會因為各種個人原因（如焦慮或害怕與他人建立關係）而不願使用玩具。

第四節　環境因素與人格

　　環境因素，如教養方式（child-rearing styles）和家庭結構特色，可能不只影響到孩子的遊戲發展速率，也影響個人遊戲類型和表現。為什麼某些兒童會比較具有玩性？為什麼不同的孩子有不同的遊戲偏好？某些孩子偏好幻想的遊戲，另一些則偏好真實性的遊戲；某些兒童對戲劇性遊戲或講故事較有興趣，另一些可能發現他們較喜歡畫圖和用黏土建造東西。是什麼造成遊戲表現的個別差異？我們知道什麼？

一、家庭因素

　　誠如在第二章和第三章所提及的，家庭生活對幼童遊戲行為的發展非常重要，雖然至今我們所知有限且籠統，但我們知道，家長和環境中其他重要成人，對兒童遊戲有極重要的影響。

　　Smilansky（1968）和Singer（1973）都認為，幼兒不僅需要有一個積極的家庭環境，也需要和家長有積極的關係，以促進想像遊戲的發展；也需要特別的模塑及鼓勵，讓幼兒加入假裝遊戲（詳細說明可參見Dunn & Wooding, 1977; Feitelson & Ross, 1973）也針對此點有詳盡的說明）。有明顯區別的遊戲型態，高—低的幻想—假裝傾向，以及兒童所表現出來遊戲的質與量的不同，是受到父母教養方式、遊戲空間、玩具、存放區域及可獨享的地方的影響。

　　Bishop和Chace（1971）與Barnett和Kleiber（1984），採用Lieberman（1977）所使用的名詞來界定兒童遊戲的家庭背景因素。他們的研究皆使用Bishop和Chace（1971）所發展的「家庭式遊戲環境」（home-as-a-play-environment）作為測量工具，評量家長是否准許孩子採用不尋常的玩法或在不尋常的地方玩等等，這是一種訪問式問卷。Bishop和Chace指出，母親在「由具體到抽象」量表及「家庭式遊戲環境」量表所測得的理念層次具有正向及統計上顯著之相關，父親則不然。換句話說，那些偏好經特別設計、需費腦筋的遊戲的孩子，是來自鼓勵遊戲的家庭，而母親擁有較

抽象或特殊的信念系統。

　　Barnett和Kleiber（1984）在家中分別測量父親或母親時發現到相似的關聯性，但在父母共同接受測量時卻並非如此。大致說來，這些研究者是在檢驗其他家庭結構變項及家長背景屬性時，發現具有性別差異。例如當分析出生次序、家庭大小、手足的性別，以決定他們對孩子在校自由活動時間玩性的影響力時，研究者發現，只有男孩子有以下情形：晚生者較好玩、來自大家庭者較具玩性。沒有姊妹的情況則降低了男孩女孩在玩性上的差異，而其他情況則相同；亦即，沒有姊妹的男孩較不具有玩性，而沒有姊妹的女孩則反而較具玩性。父親之社經地位對孩子的玩性呈顯著正相關，但母親年齡與女兒的玩性卻呈顯著負相關。

　　這些研究結果很複雜，為了更澈底評量家庭結構變項對遊戲的質、量與類型的影響，我們還需要更多的研究。有關支持教養方式（parental practices）對遊戲之重要性的研究較多，尤其是在幼兒的頭兩年，此時母親或父親提供一個「鷹架」，使幼兒能盡情地投入遊戲中（Bruner, 1974）。然而在學前階段幾乎沒有證據指出，父母的玩性和孩子的玩性有直接而正向的關聯（Barnett & Kleiber, 1984; Johnson, 1978）。雙親採縱容的教育方式和家庭凝聚力較低（family unity）的幼兒，也許在某方面來說，反而有助於兒童期創造力的發展（Miller & Gerald, 1979）。最後，許多研究指出焦慮和玩性呈相反的關係，兒童遊戲上的個別差異可能是來自於隱藏的焦慮，而我們都知道兒童的焦慮與其家庭事件和親子關係有關。Barnett（1991）亦指出，信心——焦慮的反制——與兒童的玩性呈正相關之關係。

二、情境因素

　　誠如前面所提到的，家長和教師在幼兒遊戲發展上扮演著重要的角色。在本章，我們檢閱了有關遊戲和人格發展的文獻，得知最好是採用較廣泛的兒童發展模式來瞭解遊戲行為，此模式包含發展的能力〔未來的拉力（the pull of the future）〕、情境因素（現在的影響）及個別差異〔過去的推力（the push from the past）〕。父母和教師在情境因素及個別差異

兩方面影響兒童的遊戲發展最大。

如果成人在遊戲發展上扮演著一般性的重要角色，那麼他們在兒童選擇某類型的遊戲時又扮演什麼樣的「特別」角色呢？針對此問題的研究極少。而多數人會同意，就像成人大體上會影響兒童的人格發展一樣，成人對兒童遊戲類型的供給，或透過遊戲而表現的人格亦有著重大的影響。例如如果家長一直只提供孩子眞實性的玩具或拚圖遊戲，我們就可以預期這孩子會偏好什麼遊戲；如果家長喜歡玩假裝遊戲，勢必也會影響孩子。總之，我們可以推測家長會一直影響幼童遊戲行爲的類型，即使到了家長不再扮演主要角色的學前階段亦然。

如前面所說的，研究者嘗試以二分法，如視覺化者—語言化者、偏好圖案者—偏好戲劇者、構形遊戲者—故事體遊戲者（**圖4-2**）來分別出學前兒童的遊戲類型及個人表現方式；而多數兒童在不同情境下都表現出兼具兩種類型的遊戲行爲，且具有一致性。可見分類是人爲的，因此最好視遊戲行爲爲一種漸進式，兒童是在每個量表中間的某一點。

效度問題仍然存在，這是一個探討重點。教師與家長應試著培養兒童的遊戲偏好嗎？偏好戲劇者會優於偏好圖案者嗎？雖然特意鼓勵兒童去做某種類型的遊戲是注定要失敗的，但也至少有兩個理由反對讓兒童在遊戲中隨心所欲。

第一，如我們所指出，主要的遊戲學者指出遊戲乃一自我建構過程（ego-building process），其重要性不應受到遊戲理論家或實務工作者的影響而減少或受到干擾。遊戲中的兒童應受到監督使他們的活動能充滿樂趣、好玩，也讓兒童由遊戲中獲益。要從遊戲中得到控制力、支配力、自主力等等是對遊戲期望太大了，成人刻意去塑造孩子某種類型的遊戲對孩子的發展及幸福感都有危險。

偏好圖案者＿＿＿＿＿＿＿偏好戲劇者（Patterners-Dramatists）

視覺化者＿＿＿＿＿＿＿語言化者（Visualizers-Verbalizers）

構型遊戲者＿＿＿＿＿＿＿故事體遊戲者（Configurationalists-Narrators）

賴物型＿＿＿＿＿＿＿獨立型（Object-dependent-Object-independent）

圖4-2　想像性遊戲類型連續圖（continua）

Sutton-Smith（1979a）曾討論這類插手干擾兒童遊戲可能造成的微妙結果。例如一個家長可能希望孩子在遊戲中更有攻擊性、更跋扈、更專斷——也許父母希望教養出一個能在今日團隊的、競爭的美國社會中成功的孩子，尤其是女兒。這位家長也許故意讓女兒在玩補充性的角色扮演時，扮演支配性角色（讓孩子扮演醫生，家長扮演病人）。然而若深入檢視此過程，即使是由孩子控制遊戲內容，但要怎麼演仍由家長指揮。假定溝通的本質是多層次的，即使家長認為他們正在造就一種特別的遊戲類型，結果卻可能是孩子在跟同儕玩時會出現另一個截然不同的遊戲類型。兒童可能從原本是好意的父母方面獲得這樣的訊息：在遊戲進行當中，雖然別人同意由你來控制整個局面，但那是假的，事實上仍然是別人在控制整個遊戲的局面。重要的是，要推知兒童在遊戲中真正經驗什麼、它對兒童有何意義、預期的結果可能或應該為何，即使並非不可能，也是非常困難的。因此，任何成人若是為塑造兒童某種人格特質而刻意安排或操弄遊戲情境，這種努力是不應該受到鼓勵，甚至是應該避免的。

　　第二個對企圖影響人格或遊戲型態持反對看法的理由，它來自對表徵發展和多元智力的研究（Gardner, 1983）。根據Gardner的多元智力理論，每個孩子天生就有與環境互動的才能秉賦，在不同的知識領域中造成聰明、愚笨等不同的層次，被Gardner稱之為「心理架構」（frames of mind）。Gardner界定出下列七種智力領域：(1)邏輯─數理；(2)語言；(3)空間；(4)運動感覺學；(5)音樂；(6)個人內在；(7)人際之間。Gardner指出，多元智力理論主要的教育涵義是：每一個兒童在其幼小時期是「充滿危險的」或「前途看好的」，要視他們是否得到社會文化機會、鼓勵及學習刺激而定。他認為，由於無法事先判定孩子將有哪一方面的才能，讓孩子接觸與各種智力有關的各種刺激是較明智的做法，而不要為促進某種特定智力而選擇有限的刺激去做密集的接觸；因此刻意培養幼兒特定的遊戲類型，可能會阻礙孩子去發現人類自然天生的理解力、表達力與創造方式，這太危險了！因為兒童自發性的遊戲玩性顯然對日後的適應力和創造性表達，是非常重要的。

第五節　文化差異

　　無論在世界上哪一種文化中，遊戲對兒童而言都是相當重要的活動，就某方面而言，遊戲是文化的原因，亦是文化的結果（Roopnarine, Johnson & Hooper, 1994）。就發展的觀點來說，世界上所有的嬰兒都會有感覺動作遊戲，幼兒會玩表徵性遊戲和社會戲劇遊戲；在學齡兒童期，他們會玩較有邏輯性、實際性且具身體技能的遊戲。然而兒童所處的文化會影響他們玩遊戲的地點、主題、玩伴及角色。由此可見，遊戲可傳達文化價值與態度給兒童，而他們也會繼續傳承給下一代。在不同的文化中，遊戲機會多寡、遊戲主題及社交活動方式也有所不同。

　　有愈來愈多的研究者研究兒童遊戲裡的文化變項。藉著更多量化而全面性（generalized）的研究，社會科學嘗試回應文化的期待，遊戲研究者與理論者試圖將他們對遊戲與發展的研究與文化因素相整合。愈來愈多的文獻記載幼兒遊戲語彙中不同的文化變項，以及養育兒童、幼兒教育理念與方法中所表現的文化差異，包括運動、規則遊戲與方案等等（Roopnarine, Johnson & Hooper, 1994），其成果有：(1)概念的、分析的和理論的；(2)實徵主義的。實徵主義作品大部分含括實證論的傳統的量化研究，也包括日益嶄露頭角的詮釋學的精彩研究。

一、概念式的文化差異

　　近年，架構與概念的分野已經建立，也提供了遊戲與文化的討論背景。這裡包括兩個主要的概念：(1)談學習與發展的文化（relation of culture to learning and development）；(2)以時間作為文化脈絡（time as a context for culture）的重要性。

(一)談學習與發展的文化

　　十餘年前，White（1987）戲劇化地宣稱，「令人沮喪的事實是，文化因素被當成是異形，而非一股創造、創發的影響力。」（p. 186）

雖然這對某些研究與教學實例來說是正確的——即他們對多元文化主義採「觀光式」的看法，但White的引言裡表現的內涵顯然與Lev Vygotsky（1978）、James Wertsch（1985）、Beatrice Whiting（1980）、Charles Super和Sarah Harkness（1986）和其他當代研究者的作品不合。我們將在這部分討論他們的作品。

◆Vygotsky

　　舉例而言，所謂的Vygotskian三角形包括：(1)個體／自我變項；(2)他人變項；(3)文化／脈絡變項，說明了將文化象限整合入個人與環境互動的需要，是影響人類發展和學習的重要力量。Vygotsky的影響力在當今幼兒教育的再認知並不明顯，他一點都不信賴兒童發展理論或課程理論。根據這個觀點，我們必須完全相信文化脈絡是兒童發展與早期兒童課程的基礎（Jipson, 1991）。對Vygotsky而言，文化脈絡同時也是我們對遊戲與成人在兒童遊戲中扮演角色的理念來源。

◆Wertsch

　　Wertsch（1985）進一步強調瞭解發展動力與文化動力的挑戰，以便運作「協力腳踏車」，並非作為添加劑，而是動態的整合。說得更清楚些，在文化的脈絡以及家庭、學校或居住環境的脈絡裡，我們不能將兒童視為整體（尤其是遊戲中的兒童）。相反地，在多元文化的環環境裡，我們必須欣賞所有這些脈絡的豐富性（家庭、學校、居住環境與文化）。概念的挑戰已令人沮喪，適當的瞭解與行動並不容易。我們必須注意未來理論的建構與相關實例如何建立在這重要的訓令上。

◆Whiting

　　在各種文化與兒童遊戲的概念中，一個廣泛被運用的觀點是學習發展與文化架構的文化差異模式（Whiting, 1980）。根據文化—生態的觀點，兒童發展與行為，包括遊戲行為與以下三組因素相關：較遠的——廣義文化環境、身體接觸的機會與情境、臨近的——社會網絡與環境：

　　1.廣義而言，較遠的影響如文化、經濟、歷史、政治、社會和科技都　　不在兒童直接接觸的範疇，但卻能限制他們可能接觸的情境與人，

因此對兒童的影響力不小。

2.遊戲的重要影響來自兒童生活與遊戲中即時情境的直接機會，這些機會包括遊戲場、氣候、季節變化、自然界的事物，以及文化上定義的人工製品、遠離馬路等等。

3.遊戲行為是社會網絡與環境的雙重作用，兒童和成人、其他的同齡兒童共同參與其中，也促成兒童與其他人互動、建立關係（Bloch, 1989）。

◆**Super與Harkness**

Whiting的文化—生態觀點是對人類文化發展的一種延伸，即是Super與Harkness（1986）的發展活動範圍（developmental niche）模型。與其他的理論家一樣，他們並不把文化限定於考慮其他因素後的單一變項；相反地，他們將文化視為一個具滲透力的空間，與其他影響行為和發展的變項交錯在一起。如Super與Harkness認為，同儕的互動與遊戲行為一定得與他們所處的情境一起來瞭解。這些情境也包括：遊戲內容和參與者的心理。在這個模型裡，文化與遊戲的分析包括三個主要向度：(1)身體與社會的情境；(2)參與者的「內在心理」（尤其是關心兒童發展、社會化與教育的照護者的心理呈現）；(3)對照護與教育實務的文化慣習。

Super與Harkness模型與其他理論不同之處，在於強調呈現方式（第二項向度）的重要性，將它當作是脈絡變項的統合要素。顯然，遊戲行為不僅受到立即的社會和生理脈絡的影響，也會受父母、師長等看護人對遊戲的信仰、態度、價值觀（內在心理）的影響。這些照護者是否相信遊戲對發展和學習的重要性？若父母的文化背景能支持、鼓勵遊戲，兒童將對設計過的遊戲有更多參與。若照護者相信遊戲行為對孩子在該文化中的未來成就是重要的，他們會鼓勵遊戲行為。

成人對兒童遊戲、發展與學習的態度，有助決定兒童遊戲的情境與經驗，同時成人的表現與文化慣習（第三項向度）相關。這些文化慣習大多是潛意識的，但對該文化中參與者的內在心理有巨大的影響。此外，這些慣習的影響會受文化的作用模型或行動藍圖而調整，而這也是根據文化慣習或根深柢固的信仰、價值觀或標準。

舉例而言，美國的主流文化中，自主與獨立（相對於依賴和獨立）是基本的文化價值。對美國人而言，這些價值是最基礎的，他們幾乎將它視為理所當然。例如，父母或老師一有機會便鼓勵孩子獨立與競爭，他們也無庸置疑地相信，如同其他基本的文化信仰一般，這些價值對於該文化中的成員有著無所不在且潛意識的影響。

　　Super與Harkness模型中的第三向度，關於照顧與教育的文化慣習，必須併入每項兒童遊戲分析的因素，每種文化與次文化都會產生不同的結果。如我們在前一章所述，兒童遊戲表現了特定兒童與他們特定環境的互動。因此，每一個兒童個別定義的特質（如性別、個性、發展狀況）會與該兒童即時的情境相關，包括社會的、心理的、生理環境。Super與Harkness模型指出遊戲分析的另一個層面，即文化明顯而可見的一面（如團體遊戲裡的遊戲素材或文化，這有助形塑即時的範疇），以及文化與社會結構裡更細緻抽象的一面（如文化信仰與價值）。

　　當尋求完整瞭解兒童遊戲的內涵時，社會文化變項必須列入考慮。這種對遊戲的寬闊視野，與較新的社會科學訓練之文化心理相呼應（Schweder, 1990），文化心理的宗旨是將文化的影響轉換成互動或心理過程的論述。也許這種新的訓練可以協助教師思考早期兒童教育，尤其是兒童遊戲在多元文化發現這方面。

(二)以時間作為文化脈絡的重要性

　　除了將文化視為學習與發展的因素，早期兒童教育的第二個重要概念認定：「時間（如年、月或世代）是與文化影響力互動的有力變項。」目前關於文化心理、兒童發展與教育的討論裡，學者與實驗者認知到當時的因素，更瞭解文化脈絡的必要（Greenfield & Cocking, 1994; Ogbu, 1991; Slaughter & Dombrowski, 1989）。在這部分，我們把焦點放在Ogbu的作品，討論時間的歷史與世代影響；Slaughter與Dombrowski的作品著重時間經驗的連續與不連續性。

◆Ogbu

　　Ogbu（1991）比較自願性移民的少數民族（如義大利、波蘭與愛爾蘭籍的美國人），以及非自願移民的少數民族（如非裔美國人、美國原住

民以及美墨戰爭後成為美國人的墨西哥人）。他強調他們在接受（自願）與反對（非自願）美國主流文化方面的差異。來到美國的自願性移民接受語言與文化的差異性，而且樂意去適應，至少在初期是如此，以符合官方教育體系與大部分社會的要求；然而多年前被奴役或征服的非自願少數族群對主流文化現狀仍帶著不信任與懷疑，社會的不正義帶來隔離與幻想的破滅，他們世代家族深受此害；例如Ogbu提到少數族群透過玻璃隔板可以看見美國的中產階級白人男性如何踩在他們頭上，獲得晉級。同樣地，一個「工作隔板」（job ceiling）意指工作的屏障與被剝削的工作機會，美國夢對他們而言是不真實的，他們受到約定成俗與個人種族歧視的影響。

另一方面，少數移民在主流文化中歷經兩代或三代，目睹且感受到社會壓迫與隔絕時，他們也會失去他們的理想性；例如在某些移民家庭裡，父母親比他們的子女表現出更多的安適與成就，這些父母的子女到了青春期與青年時期正準備開始努力打造他們的美國夢時，卻發現他們的發展空間是多麼不平等（Gibson & Ogbu, 1991）。

Ogbu對自願和非自願少數族群的分類，以及他對工作隔板的概念，有助我們瞭解不同少數族群的行為模式與適應情況，依種族歸屬與該族群或家族在美國居住時間的長短分類，的確有很多人感覺到邊緣化，希望他們的聲音被聽見，他們的面目被看到，以確認他們的身分以及他們被主流文化接納的權利。例如當某個族群團體的父母在公共領域要求公民權、經濟權與參政權時，他們在內部可能會建立一個分別而獨特的學校（如Afro centric ECE 課程），以培養他們的小孩對自身文化遺產的榮譽感。再者，即使少數民族團體有意識地尋求與主流社會融合，與過往和本身文化的連結對他們而言仍非常重要，而且這通常對兒童養育信念與實務有長遠的影響。

舉例而言，移民或國際參訪家庭可能會和小孩分享特定的遊戲、工藝、歌曲、玩具和團體遊戲，同時移民的父母和小孩會漸漸學習一種新的遊戲行為，以及一些附帶的遊戲態度和價值觀。一段時間後，這些家庭會在新的文化環境裡找到保留文化與文化適應的方法。在每個家庭裡，連續與不連續是恆動的，當教育者與家長合作時，必須認知與尊重這一點。文

化並不是靜止的變項，凝結在時間裡。教育者若對這項事實有敏感度，可以幫助孩子處理在學校與同儕間發生的衝突。

◆Slaughter和Dombrowski

　　Slaughter和Dombrowski（1989）為討論脈絡變化中的家庭提供了有用的語彙。他們的分類對一般兒童的早期教育很重要，尤其是對負責兒童遊戲的成人而言。根據這些研究遊戲的學者，「文化不連續脈絡」（culturally discontinuous contexts）通常指該兒童的家庭已在相同的社會生態脈絡生活至少兩代，而文化不連續脈絡下的孩子包括移民、難民與國外技師或參訪學者等的家庭。

　　Slaughter和Dombrowski為這個連續——不連續的向度增加了第二個向度，即該家庭、文化或次文化團體是否已同化。同化通常定義為：該團體適應主流大眾的情況。無公民權的團體常常是連續但不同化的——如某些非自願族群，被壓迫的、無家的或者所謂的低下階層。對許多（即使不是絕大部分）未同化但文化連續的個人而言，他們的痛苦似乎是無止境的，他們自知無緣在美國品嘗成功的果實。許多不連續且未同化的文化團體，如新的自願移民也飽嘗了被隔絕之苦——但這只是暫時的，至少他們這麼希望，他們的目標是同化，但也不與本身的文化完全斷絕。

　　在我們嘗試解決目前國家認同危機時，是將焦點放在中心或邊緣、相同點或相異點、整體或是部分呢？強調整體，可能在我們的文化進化中造成僵化的一致性與呆板；強調部分，卻又有可能導致分裂或社會分化。

　　我們必須對整體或部分找一個解決之道。我們在決定尺度、衡量同化與文化適應的最佳程度時，必須避免極端，即與主流太親近或太疏離。經常與多元族群兒童家庭接觸的教師或工作人員，也許可以學著對這些族群之間，與族群內部的差異更加敏感、有更多回應。教師必須瞭解許多族群的兒童正經歷文化改變，必須適應多元文化以獲得更多的文化歸屬感，而教師必須瞭解他們的需要與他們感興趣的事物（Angell, 1994）。

二、實徵主義的文化差異

　　關於文化與遊戲，除了概念與理論的研究，全世界其他國家也有許

多關於兒童遊戲的延伸研究。過去這種研究被用來測驗遊戲發展階段理論的普遍性，或者某些遊戲種類的流行或存在，如象徵性的或者扮演模仿遊戲。民族誌的人類學研究，如Schwartzman（1978）的作品在解釋某些普遍性的迷思時，顯得相當有用。例如研究顯示即使兒童早期融入成人的作品，並不保證他們將來會從事戲劇生涯或和其他孩童參與戲劇的演出；社會的偽裝並不依賴擁有裝扮遊戲的素材或玩具，或者同齡的玩伴。不同文化間在主題、內容、風格上的差異，可以從兒童在遊戲中的想像力表現出來。

研究成果讓我們認識到兒童遊戲不同文化的內容與風格，以及遊戲如何影響文化架構，與如何被文化脈絡影響。下列三類的研究成果對這些瞭解有益：

1.有些研究調查將遊戲與相關行為放在特定的文化中描述（如deMarrais, Nelson & Baker, 1994），這種類型的研究有豐厚的傳統（Schwartzman, 1978）。

2.有些研究檢視其他國家兒童遊戲的例子，並藉此比較觀察美國學齡前孩童的表現（Pan, 1994; Tobin, Wu & Davidson, 1989）。

3.漸漸地，經驗主義的工作將焦點放在美國參加幼兒園及托育方案學齡前的移民兒童的遊戲上（如Farver, Kim & Lee, 1995）。

(一)實徵主義對特定文化遊戲的研究

最近一項第一類的研究，如deMarrais等人即根據民族誌的訪談與參與者的觀察，針對六至十二歲、住在阿拉斯加西南部Kuskokwim河的女孩，研究特定遊戲活動對他們文化傳承與發展的影響，這種遊戲叫做「泥巴裡說故事」。

在「泥巴裡說故事」中，女孩一邊說故事，一邊利用泥巴塗鴉各種插畫與象徵圖樣，隨著故事發展，她們還會把泥地上先前畫的圖案塗掉，以便有空間畫新的。研究者發現，當午後的太陽溫暖了河岸的泥地，女孩們會聚在那裡玩「泥巴裡說故事」，一次可達三小時。她們遊戲的地點遠離鎮上的建築物，距離連接村與村之間的道路也很遠。

雖然電視和錄影帶出現後，「泥巴裡說故事」的遊戲比較少了，但

仍然可見（甚至新傳媒上的點子也納進了「泥巴裡說故事」），這遊戲提供了一種活動模式，有助女孩從年紀較大的同儕身上學習到文化的知識，如親屬關係、性別角色、社區標準和價值，從遊戲與故事的表達中，也更能確認她們對自身文化與認同的瞭解與感受。甚者，「泥巴裡說故事」也能有助她們學習與自身文化相關的技巧、習慣和態度。值得注意的是，在村子傳統上，女人從事做陶、摘莓果與下廚，男人則負責捕魚和狩獵。也許這是為什麼男孩從來未參與「泥巴裡說故事」的遊戲。只有女孩從遊戲裡，學習到日後文化中成年女子的活動。學者指出，這種傳統正在轉變，因為有些女子上大學或出外工作，而一些男人也開始烹飪或摘莓果。這些女孩在河邊泥地上講的故事，也反應了村裡性別角色的改變。

(二)兒童遊戲的跨文化比較研究

最近第二類研究的範例有學者Pan（潘惠玲，1994），她比較臺灣六十二名幼稚園兒童的遊戲情形，與Rubin、Wkatson和Jambor（1978）所觀察的學齡前兒童遊戲情況。Pan也將她的資料延伸，比較美國的資料在不同遊戲形式上的認知與參與程度（Rubin & Maioni, 1975），以及父母親對遊戲的態度（Johnson, 1986）。對於觀察的程序與遊戲行為的術語，Pan與Rubin的研究類似。

建構性的遊戲在臺灣和美國都很常見，但互動式的戲劇扮演在美國的案例中較普遍（對學齡前兒童是兩倍，幼稚園程度是三倍），而平行式的建構性遊戲和訂有規則的互動式遊戲在臺灣的案例中則較普遍。有趣的是，在美國的案例中，互動式的戲劇扮演與智商和參與程度成正比；但在臺灣的案例中則否。在臺灣，參與訂有規則的遊戲和心智年齡（0.42）和參與度（0.28）正相關，而且關聯性很強。與美國的案例相較，這些孩子的母親並不認同訂有規則的遊戲，但卻很贊成建構性的遊戲或課業活動。

Pan（1994）的發現和Tobin、Wu和Davidson（1989）在《三種文化的學齡前教育》（*Preschool in Three Cultures*）裡的研究不謀而合。這項研究以多元影音的民族誌技巧，比較了美國、日本和中國的學齡前兒童教育環境。透過這些技巧，教師討論對影片中其他國家做法的看法，也討論本國的做法。結果發現，針對幼童的遊戲與學習價值，美國的反應介於日

本與中國之間。例如，針對「為什麼社會要設置學齡前教育？」這個問題，有70%的日本人將「有機會和其他小朋友玩」列在最重要的三個原因之一，美國人為42%，中國人則只有25%。

67%的中國人將學習列為最重要的三個原因之一，美國人為51%，日本人只有2%。日本受訪者怕學齡前的過份教育，他們認為學齡前的小孩就要像小孩，而中國人則喜歡把學齡前教育當成正規教育。中國的受訪者比較不同意「遊戲是小孩的工作」，認為「學習是兒童遊戲的一種形式」。對中國受訪者而言，即使是玩積木也要有規則。在美國，這個印象是模糊的，許多幼童的教師和父母一方面希望孩子贏在起跑點，一方面也擔心揠苗助長，帶給孩子太多壓力和焦慮。可惜的是，這些美國的父母和教師似乎對是否該適當給予幼童學習教育感到困惑和無所適從。

(三)美國移民兒童研究

最近第三類的典型研究，是針對三至五歲的韓裔與歐裔各四十八位美國兒童，研究他們的社會互動與遊戲行為（Farver et al., 1995）。資料來源包括直接觀察他們在各別學齡前學校的活動環境（顯然有相當差異）、家長報告兒童在家中的遊戲情況，以及教師對社會競爭力的評比。他們注意到，就社會裝扮遊戲來說，韓裔兒童參與的情況還不及英裔兒童的一半，無事可做的時間是英裔兒童的兩倍，平行遊戲的時間則是三倍。另一方面，韓裔兒童被給予玩具才開始遊戲，比歐裔兒童更懂得合作，這項發現與他們互相依賴與敏感的文化價值相呼應。與英裔兒童相較，教師評定韓裔兒童較遲疑，且不擅社交。

這些在學校裡顯示出來的文化差異，與這兩組兒童學前教育的環境模式相襯。雖然兩組案例都有教師和同齡兒童一起，為正式的學校教育做準備，但執行的方式則相當不同。在韓裔美籍兒童的活動環境中，遊戲活動的本質包括記憶遊戲、需要耐心和努力的工作，以及以課業成就為目的的被動學習。在英裔兒童的案例中，是以想像力和其他更統合的方式，學習解決問題，個人的表達比團體的和諧重要，目的是培養幼童社會與認知的技巧。英裔兒童的父母鼓勵遊戲，尤其是裝扮遊戲，認為這是認知與語言成長的工具，也能為正式學校教育預作準備，而且他們說，他們的小孩

在家裡也經常玩這種遊戲。相對地，韓裔兒童的父母不這麼認為，他們認為遊戲不過是小孩子基本的娛樂，以及逃避無聊的方法。這些差異主要是來自於文化對工作與遊戲的價值觀不同。

(四)整合研究發現

　　文化群體在兒童遊戲能力或偏好上的差異，有許多研究都記錄過，也持我們所相信的，環境因素在遊戲發展中的重要角色（Feitelson, 1977; Finley & Layne, 1971; Murphy, 1972; Segoe, 1971; Smilansky, 1968; Udwin & Shmukler, 1981; Whiting, 1963）。社會文化的變項本身並不能說明一切，但卻是掩護的變數，因而相關的特定因素或基本變異在遊戲行為和發展上，展現更立即的影響力（如玩具的可及性、成人的鼓勵）。本書的一個基本前提是，這些特定的因素非社會文化的保護傘變數，才是影響遊戲行為和發展比例與程度的關鍵。Farver等人（1995）的研究即是這個觀點的極佳說明，自Farver等人的研究可以看出，文化影響是由教室活動環境的組成與教學理念促成的。

　　不同的文化中，兒童之間對遊戲的術語差異與重疊量相當大。一項從研究中歸結的說法是，教育性的遊戲具有較多的同質性；而娛樂性或表現性的遊戲則具更多文化的特性（Lasater & Johnson, 1994）。例如，美國和英國的兒童會利用大部分的課餘時間在遊戲，而日本和韓國則利用大部分時間讀書。日本和韓國文化認為努力工作、犧牲和高學歷有相當的價值，日本男性在工作中投入大量時間，甚至減少與子女遊戲時間（Takeuchi, 1994）。另一項說法是，若某種形式的遊戲受到該文化中的成人所支持，兒童會參與更多。例如足球運動在世界上許多國家受到喜愛，有些兩歲的學齡前兒童就開始踢足球，雖然這是有規則的遊戲，根據Piaget的理論，這些比表徵性遊戲在發展上更先進。另一方面，社會戲劇遊戲（sociodramatic play）在相同的文化圈中並不多見，雖然它需要類似程度的合作與規則。顯然這樣的遊戲差異不是因為認知的限制或遊戲者的能力，而是文化影響的差異。

　　在早年的研究中，發現貧窮的未發展國家的小孩遊戲的技能較差（Ebbeck, 1973; El'Konin, 1973）。Sutton-Smith（1977）指出，也許遊

戲最關鍵因素是，兒童是否享有足夠的經濟環境，而被迫自小參與生存訓練、功課與情境，甚至在四、五歲之前就在遊戲中競爭。貧窮的國家通常在戶外玩，例如巴西和非洲的孩子喜歡在戶外踢足球；相對地，日本因為鮮少有開放空間，所以兒童普遍在家中玩，而且遊戲團體也較小（Takeuchi, 1994）。

　　兒童是否有能力完成某種遊戲，和環境條件有關。遊戲的空間和時間對遊戲技巧的發展很重要。兒童也需要玩物，包括自然的東西，如石頭、樹枝、稻桿等等開始玩，並發展他們的想像力。成人對遊戲以及他們對兒童遊戲中的行為，都很重要。許多研究遊戲的學者發現，成人或年紀較大的同儕的鼓勵或示範，非常有助於兒童發展某種遊戲的訣竅，如裝扮的佯裝遊戲（Feitelson & Ross, 1971; Singer, 1973; Smilansky, 1968）。若在一個社會文化團體中缺乏學習的條件，那麼遊戲的形式可能不存在，或者程度很低。

　　早年的跨文化遊戲研究指出，想像遊戲在某些社會幾乎是不存在的（如俄羅斯與東非的兒童，見Ebbeck, 1973; El'Konin, 1971; Whiting, 1963的研究），但在其他社會卻非常豐富與多樣（如紐西蘭與琉球的兒童，見Segoe, 1971; Whiting, 1963）。根據Feitelson（1977）研究指出，在不同社會長大的兒童，他們的想像遊戲在品質上有很大的差異，而在某些社會，想像遊戲幾乎不存在。她引用了Ammar（1954）對埃及鄉下兒童的描述，以及Levine夫婦（1963）對肯亞兒童的描述。這些兒童被視為缺乏遊戲的條件，而這些社會的成人也表現出不讓兒童遊戲的態度。兒童被視為被動的，只能安靜地觀察成人的行為。在對庫德族猶太人的研究裡Feitelson發現，絕大多數成人的態度是「小孩只能被看，不能出聲」。她指出，這種態度導致兒童極度的被動與缺乏遊戲。此外美國兒童在敘述故事時，也較會用武力和暴力來解決問題，這也反映出遊戲中的社會互動及社會主題也是文化所造成的（Farver & Welles-Nystrom, 1997）。

　　雖然這些文化特性可能是正確的，但是社會階層與文化對兒童遊戲的個別影響仍必須指出。舉例而言，Udwin和Shmukler（1981）曾檢驗以色列與南美洲中低階層的兒童，他們發現想像遊戲裡重要的是社會階層差異，而非文化差異。作者發現，中低階層兒童明顯欠缺想像遊戲，並非肇

因欠缺經驗或刺激，而是中低階層的父母無力幫助他們的小孩整合日常生活中遇見的不同刺激。我們也許知道，對兒童遊戲的頻率與品質而言，社會階級的因素會比文化因素更重。從這個觀點來看遊戲的內容會因文化而不同，但在每一個文化裡，遊戲的水平則會因社會經濟的水平而有異。

　　其他人則持反對的意見——基本上是民族誌學者、民謠家與人類學家——他們認為所有的兒童都能夠參與裝扮的伴裝遊戲，不論他們的文化或社會階級背景（Schwartzman, 1978; Sutton-Smith & Heath, 1981）。根據這個角度，某些族群兒童缺乏遊戲的原因，是因為那些研究人員的種族中心意識或階級歧視，他們使用狹隘的研究工具，陳述他們的無知；他們也無法指認不同文化或社經背景的兒童所從事的想像遊戲。

　　Schwartaman（1978）在她淺顯易懂的作品《轉換：兒童遊戲人類學》（*Transformation: The Anthropology of Children's Play*）裡，提供了豐富的非西方國家兒童遊戲的民族誌資料。她提到民族誌研究裡有關埃及鄉間、肯亞和庫德族猶太兒童缺乏遊戲的說法（Ammar, 1954; Feitelson, 1959; Levine & Levine, 1963），這些說法並未將焦點放在兒童遊戲上，更別提遊戲的種類。她提出警告說那些研究裡遊戲不存在的證據，並不足以證明這種遊戲不存在。根據Margaret Mead（1975: 161）的說法「學生應該注意，任何玩具、任何遊戲、任何歌曲不存在，只因為它沒有被親眼見到或留在成人的記憶中，這種否定的陳述是不能完全採信的。」確實，最近民族誌的記錄（Roopnarine et al., 1994）指出，全世界的兒童有各種各樣的遊戲形式，遊戲有時是伴隨工作的（Bloch & Walsh, 1983）。Bloch與Adler（1994）更指出社會戲劇遊戲因性別不同而顯現不同主題，例如塞內加爾的女孩喜歡玩扮演家庭的角色、養育幼兒及家事雜務；男孩則喜歡務農、畜牧、捕魚以及使用機械和汽車。透過這類遊戲，兒童學習到他們文化所傳遞的技能，就如同演練論般。

　　在Sutton-Smith（1972）早期的作品裡發展了一項主題：西方社會與傳統社會（非西方社會）在想像遊戲上的不同，可能與他所謂「歸功型」（ascriptive）或「成就型」（achievement）的文化差異類似。歸功型文化的兒童，玩的遊戲是模仿或複製的，不是轉換或創造的，並且仰賴實體的玩具，而非即席或無中生有的玩具。換句話說，歸功型文化的兒童模仿較

長者的行為；他們會複製，但不會轉變。相反地，成就型文化裡的兒童，他們的想像遊戲充滿裝扮的變形，更有彈性，而且多樣（主—客、客—客、自我—他人的角色轉換）。

在後期的作品裡，Sutton-Smith和他的同事，轉而將注意力描述想像遊戲在文化因素下的差異性。Sutton-Smith和Heath（1981）的民族誌作品分析了兩種型態的想像行為，他們稱之為「口語的」和「文字的」。口語型態的想像力通常是修辭的，深嵌在中心表演者與團體之間。在文字型想像較盛行的文化裡，想像力通常出現在孤獨的情境裡，強調遠離俗世，幻想不存在的事物。Sutton-Smith和Heath指出，看似想像力發展不足的情況，可能是想像力的方式不同。遊戲的主題和兒童間的互動也是文化所造成的影響，例如美國小孩在遊戲時會用非常多的攻擊性字眼、不友善的角色和肢體攻擊，然而在德國、瑞典和印尼兒童就會少用這些字眼（Farver & Welles-Nystrom, 1997）。美國文化教導兒童要靠自己、領先群雄，相對地，印尼文化注重在團體間的融洽、情感的克制和合作精神。這或許可反映美國實際的嚴重青少年犯罪比例（殺人、性侵害、威脅、偷竊、強盜、詐騙）在所有工業國家中之最。這也反映文化的放縱會轉變日後的侵犯行為。

Sutton-Smith和Heath（1981）繼續指出，兩者文化風格可以從兩歲兒童的故事中看出端倪。他們比較了一位卡羅萊那州工人黑人小孩說的故事，以及一位紐約中產階級白人小孩說的故事。非裔工人小孩說的故事比較個人而可信，大部分是來自真實的生活經驗。相對地，中產階級白人小孩的故事傾向以第三人稱，內容充滿奇異幻想。在紐約小孩的故事裡，95%是第三人稱、非裔小孩只有30%如此。然而在個別案例中，想像力的痕跡清晰可見，雖然形式不同。卡羅萊那兒童在集體中較容易展現他們的才能，而不是在個人的表現。

Sutton-Smith和Heath指出（1981），當文字是活動的中心時，來自文字傾向文化的兒童通常看起來較有想像力且頑皮並具玩性。但問題仍是，某種遊戲經驗（如文字形式）在現代科技與資訊社會裡，是否較有用？

第六節　社會階級

在Sara Smilansky（1968）的《社會戲劇遊戲對低收入學齡前兒童的影響》（*The Effects of Sociodramatic Play on Disadvantaged Preschool Children*）一書中，不只表現出對遊戲訓練的興趣，也宣揚一個理念：低收入家庭兒童的遊戲在很多方面都是不足的（McLoyd, 1982）。許多研究者或實際工作人員把Smilansky的話記在心裡：「來自社會文化底層的兒童很少有機會玩，而且他們大部分根本不參與社會戲劇遊戲（1968: 4）。」由於一般人都接受想像力遊戲與象徵發展之間的關聯，便將社會階級的差異與裝扮遊戲連結在一起（不管是原因或結果），而且還設計了遊戲指導，期望彌補這假定的社會階級差距（Freyberg, 1973; Saltz & Johnson, 1974）。

Smilansky和其他受她作品影響的研究人員，將低收入家庭兒童的裝扮遊戲與中產階級兒童的表現相較，認為前者的頻率較少、層次較低。對他們表現的評語，一般是「缺乏想像力」、「重複」、「簡單」、「零散」、「太具象」。我們甚至可以說，這些形容詞和早期用來形容自閉症或智障兒童的表演用的形容詞相去不遠，諸如「個人化」、「儀式化」、「不知道連結各種玩具去玩」等（Weiner & Weiner, 1974）。許多研究學者指出，中產階級的學齡前兒童較低收入家庭的學齡前兒童參與較多的社會戲劇遊戲（Fein & Stork, 1981; Rubin, Maioni & Hornung, 1976）。

低收入家庭兒童的想像力果真發展得不如中產階級兒童健全嗎？正確性有多少？低收入家庭兒童參與裝扮遊戲是否比例上有落後？是不是有一個關鍵期讓兒童展現表徵遊戲，或者讓他們心理邏輯得以發展？相反地，這些太早下的結論是否引用了有問題的研究方法？若研究者也曾觀察低社經階層家庭的兒童在學校以外的遊戲情形——如在家裡、停車場、後院——也許看似遊戲不足之處，會變成遊戲的力量。

與前三十年相較，在1990年代，遊戲與社會階層的研究數量明顯下降。研究人員對此興趣大減的重要因素是，大家開始有一個共識，認為繼

續把社會階級當成重大的環境比較變項，意義並不大；他們將焦點轉向更特定的大架構上，尋找影響兒童遊戲行為的因素。更有甚者，探究社會階級和遊戲的關係是有問題的；現存的文獻正與其他研究方法議題面臨技術上的奮戰，有人質疑這些研究運用社會階級的定義與環境的有效性（McLoyd, 1982）。大體上，現在我們相信任何所謂與中低社會階層相關的「遊戲不足」，是對不同種類的遊戲在動機或機會上的不同，而不是能力上的不同。

例如Doyle、Ceschin、Tessier和Doehring（1991）檢視了社會階層與社會戲劇遊戲，一邊也衡量兒童認知與表徵能力。樣本包括五十一名幼稚園的男孩與女孩，以及六十七名加拿大一座大城市郊區小學一年級的男孩和女孩。約莫一半的兒童都被歸類為低社經地位（SES），其餘的為中SES，端看父母的教育程度與職業。觀察的時間超過五個月，除了觀察他們遊戲的情形，也會給個別的小孩一些認知行為的測驗。測驗與觀察是由不同的研究者執行，以控管測試者的影響。測量項目有七個，包括保留概念、言語表徵替換、表徵符號使用的評分；觀察評分項目有遊戲方式、假裝遊戲裡的轉換型態（替換物、想像物、角色轉換等）。對社會戲劇遊戲的參與，中產階級的兒童平均比中下階級的兒童多了25%，前者的表演時間也比後者長了17%。前者在連貫性以及口語符號技巧上的評分也較高；然而社會戲劇遊戲的數量和長短與認知並不相關，而且不會隨年齡增加，這讓研究者歸結到：對年紀較長的學齡前兒童與年級較低的小學生，他們在裝扮遊戲上表現出的社會階級差異，動機因素可能比認知因素要多。針對早期對中低階級兒童研究的批評（Rubin et al., 1976; Smilansky, 1968）同樣地也顯示相對於中產階級的標準，他們低估了遊戲「能力」（McLoyd, 1982）。

一、特定的遊戲行為

近年對兒童遊戲與社會階級因素的研究，另一個面向是指認特定的遊戲行為，以及描述遊戲發生的環境架構。如Fantuzzo、Sutton-Smith、Coolahan、Manz、Canning和Debnam（1995），他們使用觀察和評分研

究參與贏在起跑點的「啓蒙計畫」（Head Start）的非裔低收入學齡前兒童。他們不使用全球的遊戲基準分類——如平行遊戲、建構性遊戲等等，這些早期研究使用的分類——他們傾向採用歸納法與運用特定法，以捕捉兒童行為的細節。

在這些學齡前兒童的案例中，種種表現出來的行為首先摘要說明，然後加以解釋，根據的是因素分析統計技巧。他們發現的三個主要向度為：(1)遊戲互動（play interaction）；(2)遊戲干擾（play disruption）；(3)遊戲不連貫（play disconnection）。第一向度裡的特定行為包括領導、解決紛爭、指導別人遊戲、展現創意，為別人的裝扮遊戲提供細節與分享意見。第二向度遊戲干擾的具體行為包括不輪流玩、閒談、抓其他東西、肢體強勢、言語侵犯、不分享玩具。第三向度遊戲不連貫因素包括退縮、漫無目的閒晃、不懂遊戲規則、悶悶不樂、未被邀請加入遊戲以及需要老師指導。

Frantuzzo等人（1995）研究的初始目的，是為贏在起跑點的「啓蒙計畫」的參與者創造一種觀察遊戲的評估工具，對教師的課程規劃與個人式教學會很有用（詳見第五章，有對此項研究與評估度量的深入討論）。這三個向度受到這項研究的心理測驗結果支持，但作者強烈警告，這幾個向度呈現的是特定兒童在特定教室環境裡的特定發展階段。它們並非兒童不變的特性或不成結構的分類，故不應被濫用；例如成為兒童貼標籤的基準，或代替教學（如這個兒童「有干擾性」、「還不適合上幼稚園」）。

二、深入的質性研究

其他近期關於兒童遊戲、社會階級與相關變項（移民兒童、流浪兒童、過動兒等）的研究，都是質性的質化研究（如個案研究或民族誌取向），而且會深入檢視環境與行為，包括一小群兒童的遊戲。這種研究和定量比較研究相當不同，後者尋求實徵主義的結論，而且通常導致不公平的比較，完美化中產階級，增加遊戲不足與文化低階標籤的爭議。相反地，今日的質性質化研究傾向提出在地的知識，包括對特定兒童在特定生活情境的豐富架構描述。研究者必須以統計的眼光，對研究發現毫無掩

飾；這些研究深化了對兒童遊戲與SES變項的認識。讀者從中獲得的意義通常運用到其他他們熟悉且個人的情境。

最近一個質性研究案例是一間雙語幼稚園三名以西班牙語為母語的兒童的英語能力（Orellana, 1994）。卡洛斯、薇若妮卡和艾麗莎都是三歲的小朋友，研究人員觀察他們每人自行遊戲的時間二十小時。他們以筆記和錄音機記錄裝扮遊戲、其他遊戲與遊戲中的對話。裝扮遊戲又進一步記錄扮演真正的人物與扮演兒童通俗文化裡的角色。語言使用的記錄作為可分析的單元，並且計算每一個裝扮遊戲的一段情節裡，英語和西班牙語使用的次數。這項研究也為兒童家庭與學校架構提供了豐富的描述。

在這項研究中，發現當扮演超級英雄時，兒童強烈傾向使用英語，這種形式在該研究裡相當普遍。有一種詮釋認為兒童選擇的遊戲與語言，與認同的形成和主流文化的力量有關。所有的兒童扮演超級英雄角色時，會使用英語。卡洛斯說他長大時才會用英語。這項研究的意涵，包括裝扮遊戲養成英語技能的潛在價值，對教師而言，也許需要投入更多的努力，平衡幼童的語言使用，以便雙語的發展。除了這幾個發現外，研究者也提醒讀者不要擴大解釋這項質性調查。

研究的概論（generalization）一樣非常重要，但理想上，是該研究的讀者決定何者為個人且專業上可採用，而不是根據該研究的設計與分析，宣稱研究的有效性和可歸納性。質性研究的一項重大課題是，他們展示了部分早年質性研究所造成的巨大傷害，後者導引一些讀者低估了所有兒童在遊戲中的豐富性與重要性。質性研究經常提供一個有用的修正鏡頭，透過這個鏡頭去看一些早期種族中心、短視的研究工具概念化，以及變項的選擇。

三、社會階級與學校相關的因素

依兒童所處的情境，他們為學校教育的準備、正面的成長、與擁有充足而活躍的學前遊戲經驗等方面，可能處在「危機」（at risk）或「充滿希望」（at promise）的發展階段。由於個別家庭經濟情況的因素不同，今日兒童遊戲的環境與機會差異很大。有超過20%的兒童是貧窮的，

根據兒童保護基金會（Children's Defense Fund）公布的年度統計，九個兒童中就有一位出生在貧困水準以下的家庭，所謂貧困水準係以1995年公布的6,079美元為基準點（1997年《美國兒童年報》，*The State of America's Children Yearbook*, 1997）。社工人員與教育者注意到這個事實，並為成千上萬美國兒童物質資源被剝奪感到憂傷。許多社工人員與教育者透過父母教育與遊戲介入，提供技術與精神支持，積極尋求提升這些兒童與他們家庭的福祉及發展。甚者，今日資訊發達的社會與教育政策和實務已排除了不足模型，轉而擁抱差異性或充權（empowerment）模型，奠基於與父母和兒童的相互尊重與合作，不論社會階級高低，或文化、種族背景的不同。

許多先前的研究混淆了社會階級因素與教室或學校因素。若自發性遊戲的觀察只局限在幼稚園或托兒所，這樣並不公正。問題在於這種環境是否是觀察兒童想像力與創造力遊戲的最佳場所，尤其是對來自非白人中產階級家庭的兒童。這種場所可說是為中產階級的兒童和成人設計的，無法在這裡看到其他兒童豐富的想像力遊戲，而這並不表示他們無法在較無歧視的環境裡從事想像力遊戲。兒童家庭與學校或托兒所環境在價值與社會行為方面的對比，可能會使兒童無法自然表現出高度的活潑或想像力。為中產階級設計的幼稚園或托兒所裡的活動或玩具，也對中低階層家庭的兒童較陌生。如果兒童對活動或玩具陌生，他們剛開始只能試探性的接觸，後來才可能發揮想像力。若兒童懷疑他們的行為會導致不好的結果，他們寧願不動它，也不願延伸他們的幻想——兒童是有幻想的。曾有一位老師告訴一位母親說，她的小兒子不願參加學校的社會戲劇遊戲，母親生氣地反駁：「若你知道我兒子的想像力，你會嚇得暈倒。」而也有一些父母不願意小孩在學校展露他們的想像遊戲，擔心會被誤解（Phillips, 1996）。兒童也許會在家裡玩和課堂上不同的東西，以彌補他們在學校因文化而不被接納的遊戲機會。

有很多貼心的建議已提供給研究者，讓他們能更精確地測量低社經家庭兒童，以及不同文化背景兒童參與想像遊戲的能力。McLoyd（1982）建議在更大的框架裡檢視幼兒的自發性遊戲，包括家裡和住家附近。若這種觀察不可行，那麼研究者可以設計特別的遊戲間；也許是在學

校裡兩個房間的活動實驗室（雖然這有點像教室），但可以遠離平常的教室。先讓兒童熟悉這個環境，覺得這裡很安全，可以盡情地玩，不用擔心老師或陌生人在場。

McLoyd、Morrison和Toler（1979）發現，在這種條件下，與成人在場相較，三三兩兩的兒童表現出相當豐富的社會戲劇遊戲。McLoyd建議，運用記錄系統來捕捉低社會階層與不同族群兒童的遊戲與溝通模式，這兩者在早期的研究是被忽視的。她發現，在非裔兒童中，尤其是低收入家庭的兒童，他們的語言通常伴隨著情感和表情。若研究者要充分評估這些兒童社會遊戲的質素，必須記錄參與的程度與角色扮演的深度等細節，如聲音的改變以表示情緒或心理狀態的改變。

四、其他的考慮

其他曾對兒童遊戲的觀察提出絕佳建議的學者有Fein與Stork（1981），他們同時也關心如何建立更充分的描述資料庫，以評估不同族群兒童自發性遊戲的能力。Fein與Stork發現，在遊戲品質的綜合評分上有著重大的統計差異，中產階級兒童的評分遠高於多種族托兒所裡的低社會經濟家庭兒童。然而，更多的分析指出，對於任何評估裝扮遊戲各面向與年齡相關者（顯示統計上年長與年幼者的差別），低社會經濟家庭兒童與中產家庭兒童的差異並不大。

Fein與Stork繼續研究了一個案例，以區別兒童假裝行為「典型的」與「最佳的」的呈現。相對於其他種研究人員或工作人員觀察兒童群體的表演，「典型的」遊戲表演定義為最常出現的表演種類。「最佳的」遊戲表演是表演的最高水平，由某位兒童表現出的特定構思。若來自不同社經或文化團體的兒童在某設定的情境下，表現出的典型的與最佳的遊戲表演有相當差異，那麼就可推論某種環境或動機因素產生了作用。

兒童社會戲劇遊戲中的高水平行為表現，可能只有在極少地區的教室或托兒所可以看到在低社經家庭的兒童中產生。相對地，小康家庭兒童可能在不同的情境下表演這類遊戲都覺得自在。我們可以總結，低社經背景的兒童比較少有機會表現他們有能力表現出的高水準的行為，發展不全

的遊戲與不被成人支持的遊戲是並行產生的。高水準裝扮遊戲的團體差異，是在（典型的表演）表現上的差異，而不是在（最佳的表演）能力上的差異。那麼，社會階級或文化的差異，可視爲動機上的，而非能力上的差異。

第七節　對教育者的隱含

經常與兒童接觸的大部分成人——可能是教師、父母，或其他兒童照護或社工專家——在進入21世紀時，會遇到愈來愈多來自異質家庭的年輕一代。面對這項挑戰時，我們的責任是什麼？我們堅信，教育者必須對實徵主義的研究與理論概念，以及兒童遊戲、文化、SES的重要課題與爭議有相當地認識。這項覺醒爲試圖瞭解文化、次文化、社會階級因素與兒童遊戲行爲之間的關係，提供了重要的第一步。我們希望本章提供足夠基本上關於兒童遊戲文獻重要而且發展中的樣本。我們現在要討論這些訊息的實務運用，包括教師態度與行爲，建構適當教材的一些建議。

一、態度上的建議

成人有責任對不同背景兒童培養正面的態度。在多元的社會裡，我們必須爲我們的兒童樹立正面的榜樣，不只表現出包容與接納，也要展現對群體差異的尊重與喜愛。我們每個人都是獨一無二的個體，同時也是一個社會或文化團體的一員。以犧牲個人爲團體，或是相反的情況，都辜負社會正義的基本模式。幸好，我們絕大多數都認同且欣賞個人與團體的差異。

我們的期望現在明確了，若對文化、社會階級與遊戲之間的關係做一個籠統的概論，顯然是不智的。過去與現在的研究不斷顯示：基於文化與社會階級差異所做出的概論，無可避免地犧牲了更細緻的結論，尤其是有了更詳盡的研究以後。例如以低社經階級與中產階級這種二分法，通常導致的結論是，研究者需要更細的分類，以及兒童遊戲眞的是許多因素同時運作的。我們都必須體認到這項社會科學的歷史趨勢，不允許研究者

兒童遊戲與發展

藉由複雜主題的初級研究，繼續拘泥於刻板印象或錯誤的認知。McLoyd（1982: 26）寫道，這些刻板印象或「輕蔑的概念，在嚴謹的，即使不是全然相反的證據提出後，仍存留了很長的時間。」

根據有限的資訊，把兒童貼上語彙不足、學習程度不夠或想像遊戲技巧不高等標籤，甚至當成矯正的預告，這造成的傷害通常比益處多。而且若某些個案真的出現明顯的不足（不論是因為個人或環境因素，如某種特定情境或行為下所表現出來的），敏感的人會記得，這個問題只歸屬於當前。就我們所知，一百八十度的轉變也許明天就會出現。因此該做的不是斷言這個小孩的未來沒有希望。相反地，教師必須尊重所有兒童的潛能，尋找矯正不健全發展遊戲（或其他相關的不足）的方法。

我們應該培育兒童具有全球視野，以提升所有兒童的生活品質。這並不需要持續的文化比較，或對其他地方與人民的風土民情無所不知。具有文化視野的意思，是我們理智與情感上認知，並且欣賞每個兒童與文化和特定情境所具有的特質，它們不斷影響兒童的生活。我們得繼續與這個複雜的方程式奮戰，包括先天的與後天的，生物的與文化的，以及這些廣泛的決定因子如何在每個情境下互動與佐證。

接著，我們利用多元文化的覺醒，讓遊戲經驗與兒童發展朝正面發展。具有文化視野，意謂我們對文化差異總是抱持開放與接受的心，避免錯誤的概念，尋求適當的心智與社會習慣。唯有如此，教師與其他接觸兒童的人員，對於如何符合不斷改變的多元社會，會有更彈性與創造性的作法。

二、行為上的建議

除了對多元化、兒童與遊戲保持正面與開放的態度，還有許多我們必須瞭解的實務，以提高兒童在遊戲方面的發展與樂趣。

對相信教室裡的裝扮遊戲有助兒童發展的老師，Fein與Stork（1981）建議他們應該要為兒童規劃鼓勵時段，獎勵不太願意參與社會戲劇遊戲的兒童。他們指出，有了成人友善的鼓勵，加上有系統的方式，兒童演出的表現可以輕易地進步，而且迅速（詳見第六章）。過去有些研究

者採用了冗長而密集的戲劇訓練（如Saltz & Johnson, 1974），這是不必要的。

這個務實的建議，是將遊戲中社會階級或文化差異解釋成動機上，或表現上的差異，而不是認知作用或表徵能力的缺乏（Saltz & Johnson, 1974）。根據我們目前的認知，許多兒童可能擁有高水準的戲劇想像力，但可能需要成人的敦促，或者一些鼓勵，以克服初期的羞澀。說得更清楚一點，許多教師注意到，有些兒童在多人面前表演誇張的行為，似乎需要第二次機會才能展現出來。第一次的時候，小孩可能不願意唱歌、跳舞，或表演戲劇，但給他一點時間想一想，同一個小孩也許就會接受第二次的機會，開始表演行為。當類似的表演在課堂上重複出現時，我們可以見到演出成果的進展。

在期待高水準的演出時，教師最好先確認兒童有足夠的時間熟悉托兒中心或幼稚園內的事物與例行工作。對於母語非英文，或者家庭環境與學校落差甚大的兒童而言，熟悉度特別重要。

教師強調遊戲重要性的教學範例，能有效傳遞訊息給父母，尤其對這些父母來說，這種遊戲觀念是新的（或者是舊的，但不被接受）。也有許多新移民父母剛適應新的社會文化標準時，需要資訊與鼓勵。對於屬於受壓迫少數族群的父母（如連續但不同化），他們需要保證學校裡的活動（如進行遊戲課程而非傳統的課業）不會對他們孩子未來在就業市場上的競爭力有任何阻礙。

教師應該利用新聞稿（最好是用不同語言，避免專門術語）、母姐會、座談等，解釋兒童為什麼需要遊戲，以及教育性的遊戲與相關行為（如完成計畫）通常和家裡的遊戲相當不同。許多家長因為自己六歲才開始上學，錯誤地以為他們記憶中的課程到現在還適用在他們的小孩身上，即使他們的小孩可能三歲就開始上學。這種錯誤的概括與觀念，教師不能忽略。家長必須被鼓勵試著調整他們的心理，從理論與研究上，家長的心理對兒童遊戲的環境、行為與發展有著重要的影響。

兒童遊戲的形式與內容，受文化與社會階級的影響，進一步表現在兒童對成長環境的解釋。由於遊戲鼓吹讓所有的兒童盡情遊樂，我們必須謹記每個兒童真實生活經驗的背景，提供與兒童背景相符的遊戲機會。除

了仔細觀察與聆聽兒童在學校遊戲的情形並從中瞭解兒童，教師也可以與家長合作，進一步瞭解兒童不同的背景。家長可以協助老師在學校建立與文化契合的遊戲活動，這樣可以與兒童在學校外的經驗相呼應。一個豐富的、文化適當的計畫，能夠增進遊戲、同儕關係，以及與不同兒童、教師和家長的友誼。

甚者，藉由家長的參與和建立合作關係，教師也可以培養更寬廣的多族群角度的技巧，這等於是附加價值（Hyun & Marshall, 1997）。教師也必須超越慣習的生活方式、語言、文化等概念，並賦予正面價值。此外教師需要提倡同情與多角度的能力，不論是自己本身或兒童，以便所有人能成功悠遊於今日多元社會的多樣文化景觀當中。溝通與同情兩者相輔相成，通往對兒童與該家庭更細部的、更近距離的瞭解。這些技巧通常可達成族群差異的相互瞭解；這種瞭解可作為刻板印象的矯正方法，而且是防止歧視的課程元素（Derman-Sparks, 1989）。

三、課程考量

這裡我們提供一些早期兒童教育關於多元文化課程上的建議，從初級的注意到特定的兒童遊戲課程。我們先以幾個故事開始。

課程適應的需要可由Curry（1971）一則關於納瓦荷（Navajo）印第安兒童的故事來說明。這些兒童顯然不熟悉為中產家庭兒童設計的育兒中心裡，戲劇表演常見的家庭場景。老師發現，這些兒童並不參與社會戲劇遊戲。很多納瓦荷印第安兒童的家庭根本沒有自來水，烹煮是在露天的火堆上進行的，這些兒童在自由活動時間時便不會去動那些家務角落。有一天，當老師沒注意時，打掃完畢後有些玩具留在牆邊。這時納瓦荷兒童興致勃勃地加入了社會戲劇遊戲，原來這些傢伙放在他們經常在家裡看到的圓形角落！

第二則故事摘自Patricia Monighan-Nourot（1995），是關於一位剛從寮國來的小女孩西莎瓦，西莎瓦背了一個嬰兒籃子上幼稚園。她的洋娃娃是亞洲臉孔。整天，西莎瓦和老師與其他兒童上課時，總帶著她的「嬰兒」──隨意畫畫、玩水、堆積木等等。西莎瓦照顧洋娃娃的機會，幫助

她很快融入課程，並找到歸屬感與控制感。這也讓她在同儕中很快獲得認同。老師請西莎瓦的母親複製嬰兒籃子，讓其他兒童也可以在教室裡玩這個新遊戲。

在整個規劃裡，將多元文化的早期兒童教育整合入遊戲中，必須視多元文化為整體，沒有任何一種文化是「附帶的」，而是全部課程內部運作的關鍵面向。創造互動式的活動，讓成人與兒童能討論與分享，同樣納入文化的教育裡（Stremmel, 1997）。我們並不驚訝上例中的老師如何讓西莎瓦或納瓦荷兒童適應新環境。我們應嚴肅對待兒童的知識、文化與生活經驗，並讓它加入課程與授課內容。兒童在遊戲中告訴我們他們的背景與文化。根據Doris Pronin Fromberg（1995: 59-60）的資料顯示：

> 幼童的假裝遊戲……呈現了兒童自身的社會脈絡、多元面向，以及從他們的知識衍生的個人經驗。事實上，幼童靠著共通的符號，突顯個人表現，以整合他們的身體與文化經驗。
>
> 換言之，遊戲有助整合有意義的學習，是多元文化主義的「動態呈現」（dynamic representation）。

戲劇與課程可以用許多種方式一起呈現，包括自由遊戲（free play）、結構式自由遊戲（structured free play）與遊戲指導（play tutoring）。將遊戲作為多元文化教育時，教師的回饋應該支持所有兒童的自我形象與信心。在異質性團體中，兒童可以學習到很多，遊戲的互動在過程中非常重要。遊戲可以成為絕佳的「社會橋樑」。

大致而言，自由遊戲應該在一個讓兒童感到他們自己的文化是受尊重而且有用的環境中，裡面包括多種事物與象徵。家長可以受邀接受諮詢，分享自由遊戲可用的素材與管道，如珠寶、服飾、圍巾、衣服，或食物、音樂等道具。現場可以放一些多元文化的玩具、飾品、書籍、照片、雜誌圖片——而有些東西應該定期輪流更換。此外，遊戲、小勞作、猜謎與其他任何計畫的主要活動，都可以用文字、數字和照片搭配，突顯各種社會文化團體的內涵與主題。這些東西在自由遊戲中都應該具備。

同樣地，自由遊戲當中必須灌輸對多元文化的接納能力與態度時，

老師要隨時準備介入。例如若老師看見兒童正在玩有關餐廳的遊戲，其中表現出文化的刻板化如「所有中國人都喜歡吃米，所有墨西哥人都喜歡吃豆類」時，老師可以暗示還是有些墨西哥人喜歡米勝於豆類，也有一些中國人比較喜歡豆類（Boutte, Van Scoy & Hendley, 1996）。老師的介入是需要的，以導正兒童或其他老師帶有偏見的行為或言語，以及任何膚淺的「觀光客式」（tourist approach）的措辭。

至於結構式遊戲，可以利用「多元文化主題盒子」（Boutte et al., 1996）。主題或道具盒（詳見第六章）包括了玩具和其他與特定主題相關的物品，如「理髮店」或「麵包店」。例如，一個「麵包店」的多元文化主題盒子包括代表多種文化的烤物模型（如墨西哥玉米餅皮、核果千層酥餅、中東口袋餅、蛋麵包）、烹飪書、食譜雜誌和照片等，用來強調多樣性，還有不同國家各式各樣的廚具和餐具。旅行海報和摺頁也可以展示出來，增加特定文化或次文化的遊戲場景氣氛。

對於「結構式遊戲」，教師可以運用不同的社會文化內容，制訂分類的活動。家庭照片、飾品、故事、家庭重要文物等，可以從家裡帶來，互相比較。教育性的結構式遊戲可以利用特定文化的表徵（如民居或建築、服飾、樂器等），玩配對或記憶遊戲。有趣的文化相關玩具和遊戲可以成為團體討論的催化劑，甚至是延伸計畫的起點，成為不同地域與時代的玩具和遊戲活動。當兒童受到尊重，受鼓勵去思考自己與其他人的背景時，這個表演就變得更豐富、更有互動性。結構式遊戲的素材與活動，如畫圖、堆積木，有助這個目的達成，也是早期兒童教育的重要元素。

遊戲指導在多元文化課程中也占有一席之地——不論教師是否有意採用Smilansky的社會戲劇遊戲訓練技巧，或者說故事與加強技巧，這些是Vivian Paley說故事課程的一部分（Wiltz & Fein, 1996），或者其他的版本，如主題—幻想遊戲訓練（thematic-fantasy play training，詳見第六章）。例如視兒童的需要與興趣而定，教師可以選擇特定且有文化特色的社會戲劇遊戲主題，如搭巴士參加某個族群的慶典，或者在某個族群的餐廳裡用餐，此外某個文化的傳說或童話，或者某個社會團體流傳的故事都可以選擇作為團體表演的內容；教師也可以指定角色扮演不同文化的家庭。甚者，教師可以利用Paley的技巧，錄下兒童自己創造的故事，之後

以這些錄影資料作為團體討論的素材。所有這些課程變通方式都呈現了Fromberg所謂的「遊戲」是早期兒童教育多元文化主義的「動態呈現」。

透過表演方式讓課程達到多元文化教育的目的，教師的角色非常重要。教師必須保持警覺，知道在表演中間或者當天的何時與如何介入，以在兒童心中強調同理心與友誼。教師必須準備好指導各種不同的表演，讓表演順利進行，達到兒童不同社會情緒的需要，並培養思考力與語言能力（詳見第二章）。

有一項重要但具爭議性的教師介入案例，在Paley（1992）的《你不能說你不能玩》（*You Can't Say You Can't Play*）一書裡，她指出一宗早期兒童教育計畫的事件：一位教師制定了一項課堂守則，規定每個人不許置身團體遊戲之外。這項規定「有組織地」進行了學年約三個月，結果在學齡前教育者中引發了團體表演參與和不參與的爭議。這項教師介入產生爭議的原因是，有許多早期兒童教育學者認為，強迫性參與團體遊戲是不自然的，會扭曲兒童對友誼與同儕關係的發展認知。

而如Paley所述，這項規定對兒童造成了相當程度的不安。許多爭議與討論亦隨之而來。Paley指出，雖然較不激烈的手段比較能被接受，但「你不能說你不能玩」的確成為一種觸媒，讓兒童有機會思考他們做的事，這場交易獲得成為「當事者」的好處，避免了對置身事外的「外人」造成傷害。從某個角度，這項規定給了所有學齡前兒童的第一個啟示是Jerome Bruner（1996: 79）所說的：「法律之下，人人的保障平等。」他進一步評論，認知一個人為什麼與如何成為隔離主義者，是非常重要的：

> 透過這個過程，認知到好學校與健康的課程能夠提供給每個人，包括貧困家庭與移民家庭的兒童，同樣的視野，讓他們知道一個社會如何運作。在Vivian Paley幼稚園的案例中，她的「守則」對抗學童無心的排斥，不能保證會有一個「平等的遊戲空間」，但（也許同樣重要的是）這活生生地給了兒童一個觀念：什麼是平等的遊戲空間，以及一個人的習慣如何影響他的「競爭力」。這是對抗無心的解毒劑。而無心是改變的主要阻礙之一。

我們也許可以多說一句，就是無心，加上忽視或者對未知的恐懼，在我們社會怨恨與偏見、狹隘、隔離與分裂的大雜鍋裡醞釀著（這在臺灣目前的社會氛圍裡相當值得教育人士思考）。我們可以嘗試在早期兒童教育裡，把這惡芽摒除，在作法上強調多元文化與排除偏見，以改善這種情況。以遊戲的力量當作社會橋樑，彩虹下的金子也許會轉而成為多元文化的彩虹。

第八節　結語

每一位兒童不論出生於何種文化，皆可透過遊戲與學習瞭解所處文化的語言、風俗習慣、價值觀，包括食衣住行育樂及對應對進退的內涵和表現方式。

幼兒發展中，性別是遊戲中一個重要的因素。本章討論了在動作或身體、社會、實物、假裝遊戲中的性別差異，以及男孩與女孩在玩具偏好、小組或團體活動、想像玩伴上的差異。

研究指出，男孩較常參與打鬧遊戲，在遊戲過程中也較具攻擊性。較不確定的是，遊戲時男孩採動態居多，而女孩則較靜態。在社會遊戲或社會發展上，男、女孩的性別差異極小。然而學前兒童在互動風格、選擇玩伴和玩物的性別方面有顯著差異；男童在互動上比較直接，而女童在遊戲選擇上較不嚴格。幼兒園之女孩參與較多的建構遊戲和其他的桌上活動。男女童在扮演遊戲興趣和結構技巧上則並沒有顯著的差異，但是在選擇的扮演主題及玩物上卻有差異，男童比較喜歡個人化及冒險性的主題，而女童則較喜歡關係及教養的主題。

環境和社會化對零至八歲的嬰幼兒早期遊戲的性別差異有決定性影響力。家長、同儕和教師會影響性別的模式。在家裡，家長的期望包括玩遊戲要符合性別，家裡的環境布置也會男、女有別。衣服、玩具、臥室布置的男女有別是已知的，而親子互動模式對初生至八歲兒童遊戲中性別差異之發展，維持長遠的影響。觀察顯示同儕與教師藉刺激和增強影響別人，最可能玩不同性別的遊戲時機是在沒有同儕團體的觀看下時。雖然許

多教師並不鼓勵做各式各樣不同遊戲。研究顯示教師參與興趣角的布置，能改變已建立的遊戲模式。

要不要改變傳統性別遊戲要看個人的價值觀，可是也不可忽略了給兒童在早期提供範圍甚廣的遊戲機會之重要性。所以我們極力建議家長在玩具花費與親子時間上，給兒子、女兒相同待遇，並藉親子互動鼓勵孩子參與各種活動；也鼓勵老師檢視其價值觀和偏見如何影響兒童遊戲選擇，尤其是角色扮演遊戲，因為兒童會在其中學習社會常規。

除了性別差異之外，遊戲的行為與發展由情境的不同、認知成熟度、人格來決定。目前針對兒童早期遊戲所做的個人之遊戲行為差異與人格之關係研究，有四個變項：(1)人際vs.實物導向；(2)玩性；(3)幻想—假裝傾向；(4)想像遊戲類型。玩性的兩個層面包括可能激發創造力和瞭解幽默的認知元素，及在遊戲中表現歡樂與聽笑話會發出笑聲的情緒元素。幻想—假裝偏好的層面包括外顯想像性遊戲傾向與內在或個人不公開形式的幻想。想像遊戲則是根據實物獨立取向或賴物取向而界定。在假裝遊戲中，偏好戲劇者在對物體的專注程度上，略遜於偏好圖案者。這些差異似乎與整個人格有關，且似乎是心理建構的基礎。此外針對玩物遊戲的個別差異，也經研究指出行為——物體的結合方式、遊戲節奏、複雜性、組織方式、專注力及對遊戲的堅持度都有很大的差異。

遊戲行為和發展中因人格而產生的差異和自我概念因素及情境因素有關。Erikson（1963/1950）、Peller（1952）和Sutton-Smith（1967）的理論都提出遊戲如何發揮自我建構功能，以幫助孩子減輕焦慮、整合發展過程、處理壓力、抒發個人過去經歷的強烈情緒。透過遊戲中的角色反轉，兒童可能得到自治感和自我擴展（self-expansion），而遊戲是發展自我能力的媒介物。Elkind（1994）則認為遊戲是對抗催促成長或逼人長大的對症之藥。另外環境因素會影響個別差異；家長的生活經驗，尤其是頭兩年，影響著遊戲的風格與技巧。支持家庭結構對遊戲有重要影響的證據較少，而支持教養模式重要性的證據較多。

成人必須認清他對幼童人格形成有深遠的影響力，同時必須瞭解對孩子追求獨立和人格實現（personal fulfillment）保持敏感的重要性。因此成人應提供廣泛支持，以協助兒童發現其獨特的才能與偏好。

　　理論架構幫助我們瞭解環境的內涵與社會和實際情況的關係、文化影響、人類發展、行為與遊戲。發展的活動範圍（niche）觀念包括了教師與家長的信念與態度，這是影響遊戲的「內在心理」變因。社會文化團體之內的變化受這些「觀念」變因得到調解。時間也與文化影響作用。文化根源的剩餘作用，影響遊戲和對社會的適應。當研究其他國家的兒童遊戲、跨國比較研究、與美國境內的移民團體表現出強烈的「文化差異」假說，「文化上的不足」這種觀念，在源自文化生態架構的新觀念裡便不再被接受。如今，研究者對描述表演與內容較感興趣，對遊戲訓練以補足任何假設性的「遊戲不足」較不熱衷。文化與社會階級因素影響遊戲的表達上，有遊戲內容與主題的差異，但遊戲的水準是相同的。遊戲在各種社會文化團體中，對兒童的生活都是重要而且豐富的。

　　為了讓所有的兒童表現出最大的潛能，教師的角色很重要。對兒童多樣的家庭背景敏感，可以保證家庭與學校有更好的持續連繫，當遊戲在家中被認為是沒價值的，可以鼓勵父母教育。在自由遊戲、結構式自由遊戲與遊戲指導課程中特定調整，可以激發兒童多元文化的演出。教室裡的遊戲規則對於搭起社會橋樑，建立早期兒童多元文化的教育是非常有價值的。

第五章

兒童遊戲觀察

- 觀察遊戲的步驟與準則
- 觀察方法
- 結語

小芬四歲，在一採取開放式教學的托兒所中就讀。陳老師非常想要知道小芬在大團體分享時間之後的四十五分鐘（自由遊戲）活動中做些什麼。小芬花了很多時間在娃娃角，但是卻沒有在玩扮演遊戲。陳老師利用Smilansky的社會戲劇遊戲量表觀察了她好幾天。這量表可以讓我們判別在兒童所玩的戲劇遊戲中，有哪些屬於高層次的社會戲劇遊戲行為。在分析整個量表之後發現，小芬有能力進行角色扮演，具有轉換玩物的能力〔例如假裝在吃漢堡（由黏土假裝成的）〕，也常常使用符合角色的語言行為（假裝溝通）。但是此量表卻顯示小芬較少與同儕互動，同時較少使用後設溝通能力來與同儕一起規劃及組織遊戲情節。小芬似乎缺乏參與團體戲劇遊戲的語言及社會技巧。在分析這些從遊戲觀察所獲得的資料後，陳老師決定幫她找一個有良好社會遊戲技巧的玩伴，在六個星期之後，小芬從她的同伴（鷹架）學到很多的社會互動技巧。現在她已經可以與其他小朋友一起參與社會戲劇遊戲，而且還是個中好手。

資料來源：整理改作自吳幸玲、郭靜晃譯（2000），James E. Johnson等著。《兒童遊戲——遊戲發展的理論與實務》。臺北：揚智文化。

欲瞭解幼兒的遊戲，觀察是個重要的關鍵，藉由觀察我們可以瞭解孩子的遊戲興趣，包括喜歡參與的遊戲種類、偏好的玩具和遊戲設備、場所，以及喜歡的遊戲主題。透過觀察，我們能瞭解孩子們在遊戲發展上進入哪個層次，也能掌握孩子在遊戲中表現的優劣。

因此，須先對孩子的遊戲有充分的觀察，才能決定是否要參與孩子的遊戲並給予協助，尤其從上述小芬的例子更可以看出，成人的觀察如何有助於兒童提升遊戲的品質。良好的觀察可以將遊戲環境與成人的參與兩者連結起來（如第六章**圖6-1**）。兒童要有遊戲的時間、空間、玩物及遊戲經驗，才能延續及加強孩子的遊戲內容，同時孩子在哪些情況下需要成人參與，以及想要有較好的參與形式，成人可先瞭解並視幼兒遊戲的實際情形給予協助，以滿足孩子的興趣與需求。

但須注意的是，並不是所有的觀察都一樣有效。大人在觀察孩子遊戲時經常不專心，最後只看到孩子表面上的技巧，或甚至不知道孩子在遊戲時間做了些什麼（Frost, 1992: 77）。觀察是瞭解幼兒遊戲的關鍵，而遊戲是兒童發展之窗，藉著觀察，我們可以瞭解孩子的能力與興趣、喜歡參與遊戲的種類、所偏好的玩物設備、喜歡在什麼地點玩、和誰玩，以及喜歡所玩的扮演主題是什麼等。觀察不僅是「看到」，而是一種有系統的方法，對所看到的內容、涉及知識、經驗及分析能力（郭靜晃，2015）。

遊戲是非常複雜的現象與行為，尤其當一群兒童一起玩遊戲時更是如此。為了從孩子的遊戲行為瞭解個別行為的意涵，必須要用科學的系統方法進行觀察——觀察者必須瞭解你所要觀察的行為是什麼，也要有觀察記錄來蒐集行為訊息。觀察必須是客觀的，要能反映出孩子真正的遊戲行為。

本章將介紹各種不同的觀察量表，目的在協助成人有系統地觀察孩子的遊戲。這些量表明確指出了哪些是遊戲行為，也能在量表中記錄遊戲行為的出現次數。本章將提出一些在幼兒園觀察的例子。

第一節　觀察遊戲的步驟與準則

遊戲觀察不是憑個人直覺的隨意瀏覽，事前必須做有系統的規劃，包括：如何選定目標對象，觀察地點、時間與遊戲內容，以及使用何種觀察工具。

必須使用客觀的「科學系統方法」進行觀察才能反映孩子真正的遊戲行為，觀察紀錄是一系列的過程，包括三個步驟：(1)訂定觀察項目與標準（意即觀察者必須瞭解所要觀察的遊戲行為與目的是什麼）；(2)實地記錄以蒐集行為訊息；(3)將紀錄轉換成可以分析與解釋的資料。

此外，為了要對幼兒遊戲作有效的觀察，須在觀察認知與技巧上具有一定的水準，對事實能做客觀的掌握，使記錄的資料具有可靠的「信度」與「效度」。意即針對同一個觀察主題，在不同的時間點，或是由不同觀察員進行觀察，結果應是相似或相同的。

至於用什麼方法來觀察遊戲，可以參考下列一些準則（guidelines）來幫助我們更精確地觀察兒童的遊戲行為。

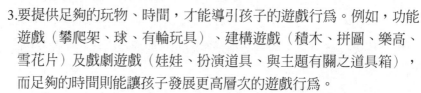

1. 事先決定所要瞭解的遊戲行為，並配合目的選擇適合的觀察方法。

2. 在兒童遊戲的情境中進行觀察，並允許孩子可以呈現各種不同的遊戲能力。

3. 要提供足夠的玩物、時間，才能導引孩子的遊戲行為。例如，功能遊戲（攀爬架、球、有輪玩具）、建構遊戲（積木、拼圖、樂高、雪花片）及戲劇遊戲（娃娃、扮演道具、與主題有關之道具箱），而足夠的時間則能讓孩子發展更高層次的遊戲行為。

4. 如果可能，儘量在戶外觀察兒童的遊戲行為。研究指出：有些兒童在戶外比在室內有更多的社會及認知遊戲（Henniger, 1985; Tizard, Phelps & Plewis, 1976）。

5. 等到孩子有機會認識同伴及熟悉環境之後，才進行觀察。兒童與熟識的同儕在一起，會有較多的社會與認知遊戲（Doyle, Connolly & Rivest, 1980）。如果在開學時就觀察孩子的遊戲，結果可能會低估孩子真實的遊戲能力。

6. 不能只觀察孩子的單一行為就依此做出判斷（標籤化），要經常觀察兒童的遊戲行為，以確信觀察結果是否為典型行為或具代表性。儘量將觀察的日期間隔拉大，或用系統（隨機）抽樣方式隨機進行觀察，以減少暫時性或有誤差的行為結果。

第二節　觀察方法

在觀察兒童遊戲時，有四種常用的方法：檢核表、評定量表、軼事紀錄法及樣本描述法。檢核表及評分量表皆是高結構式、有特定的觀察行為的量化分析方法，也有一些觀察方法的限制。這兩種方法快速且容易使

用，但是此兩種方法所蒐集到的資料，缺乏行為的脈絡訊息，較適合進行量化分析。反之，軼事紀錄及樣本描述法是結構性較弱的質性分析方法，觀察者可以使用一張紙或空白欄來描述孩子的遊戲行為，它也比檢核表或評分量表式的觀察來得費時、費力，但是可獲得更多的脈絡訊息。因此遊戲觀察者必須在方便與資料豐富性這兩個極端之間求取平衡，選擇適當的方法進行遊戲觀察。

一、檢核表

在觀察時，檢核表（checklists）可讓人有系統地進行觀察，也能記錄特定行為的發生次數，不但快速、省時而且方便，是相當重要的觀察工具，主要用在描述特定行為，以及作為判斷遊戲行為的觀察指標。

以下三個量表都很適合幼兒教育者及父母使用：(1)Parten/Piaget社會／認知量表（social/cognitive scale），可廣泛觀察幼兒的社會及認知遊戲（見**專欄5-1**與**專欄5-2**）；(2)Howes同儕遊戲量表，特別設計來觀察兒童的社會遊戲；(3)Smilansky社會戲劇遊戲量表，可觀察一群幼兒所玩的戲劇遊戲位居何種層次。這些量表都很容易使用，也可利用這些量表，幫助成人豐富孩子的遊戲行為。

成人必須基於不同的目的來選擇所使用的量表，選擇上述之量表要基於其使用之目的。社會／認知量表可幫助成人瞭解兒童大略的遊戲行為模式，這是一種行為篩選量表，可以在更細量表觀察孩子的特定行為之前，先通盤瞭解孩子的認知與社會行為模式。假如從Parten/Piaget社會／認知量表看出，孩子缺乏社會遊戲的層次，那觀察者可再利用Howes同儕遊戲量表來蒐集更多有關孩子社會層次遊戲的資料。而如果一個四、五歲的幼兒在此量表中顯示較缺乏的團體戲劇遊戲的行為，那麼觀察者就可利用社會戲劇遊戲（Sociodramatic Play Inventory, SPI）來進一步瞭解孩子缺乏哪一類技巧。

(一)Parten/Piaget社會／認知量表

如第三章所提及的，幼兒的遊戲在不同時期會有不同方向發展，當年齡漸大，孩子會愈來愈社會化，並開始玩層次較高的認知遊戲，如建構遊

戲、想像及有規則的遊戲。早期的遊戲研究者在觀察時，通常一次只注意一個主題，如認知或社會化。70年代中期，Rubin和他的研究小組結合了Parten（1932）的社會參與量表、Smilansky（1968）應用Piaget（1962）而發展出的認知遊戲量表，將兩者合併為可同時評量兩個方向的遊戲發展量表（Rubin, Maioni & Hornung, 1976）。

　　Rubin在此量表修正了Parten的社會遊戲種類，將聯合性及合作性遊戲兩類合併為群體遊戲一種（Rubin, Watson & Jambor, 1978），最後所形成的量表為Parten/Piaget量表（Parten/Piaget Scale），共有十二種遊戲（**表5-1**）。另外還有無所事事、旁觀的非遊戲行為。

　　利用Parten/Piaget量表，研究者可以蒐集到過去只慮及社會認知層次時無法獲得的資料。例如過去認為單獨遊戲是不成熟的遊戲，而Parten（1932）認為，隨著年齡的增長，幼兒會逐漸減少單獨遊戲，但近年來使用Parten/Piaget量表的研究者卻發現，隨年齡的增加，幼兒的遊戲型態由單獨功能性轉到單獨建構性遊戲，再變成單獨戲劇遊戲（Moore, Evertson & Brophy, 1974; Rubin et al., 1978; Smith, 1978），而其中只有單獨功能遊戲，才與不成熟的遊戲特性有關。

　　父母或老師在評量幼兒的一般遊戲發展時，將會發現到Parten/Piaget量表是一個很好的工具，而且很容易瞭解與操作。此量表使用步驟如下：

表5-1　遊戲中社會——認知的組成因素（分成十二類）

認知層次／社會層次	單獨遊戲	平行遊戲	群體遊戲
功能性	單獨—功能性	平行—功能性	群體—功能性
建構性	單獨—建構性	平行—建構性	群體—建構性
戲劇性	單獨—戲劇性	平行—戲劇性	群體—戲劇性
規則性	單獨—規則性	平行—規則性	群體—規則性

註：有兩種非遊戲的種類：無所事事及旁觀的行為。
資料來源：摘自Rubin, Watson & Jambor (1978)；吳幸玲、郭靜晃譯（2003）。

1. 觀察者必須先瞭解各種遊戲及非遊戲活動種類的定義，一方面可以鎖定特定的遊戲行為，一方面也可對非遊戲活動下定義。若有一個孩子在室內看故事書、餵食魚缸裡的魚，那這孩子的行為是屬於何種遊戲種類呢？如果有非遊戲種類的定義，我們就可以很清楚地記錄這些行為。

2. 準備一些紀錄紙來記錄孩子的遊戲行為。我們建議使用一雙向度的記錄方式（**表5-2**）。**表5-2**有十二個細格，觀察者可以同時觀察單獨遊戲、平行遊戲及群體遊戲，記錄有那些功能性、建構性、戲劇性遊戲，涉及那些有規劃的社會認知，其中還包括兩種非遊戲行為活動，每一位幼兒都有自己的觀察表。

3. 最後一個步驟是以抽樣原則決定觀察的時間及次數，確定觀察的系統。我們發現若將Roper及Hinde（1978）發展出的多重取樣方法和Parten/Piaget量表合用，可獲得極好的效果。在觀察時，每次觀察十五秒（或三十秒），十五秒已足夠讓觀察者瞭解孩子們在玩哪種遊戲，而且孩子們在十五秒內不太可能又換另一種遊戲方式。

整個抽樣系統依照下列程序進行：首先，混合所有幼兒的遊戲觀察表，然後再隨機抽取觀察表，以確定觀察的順序（隨機的公平性），隨後

表5-2　Parten/Piaget紀錄表

名字：＿＿＿＿＿＿＿＿＿＿＿		觀察日期：＿＿＿＿＿＿＿＿＿		
		認知層次		
		功能性	建構性	戲劇性	規則性

		功能性	建構性	戲劇性	規則性
社會層次	單獨				
	平行				
	團體				
	無所事事／旁觀／活動轉換			活動	
非遊戲					

資料來源：摘自Sponseller & Lowry (1974).

觀察幼兒的遊戲，以十五秒為間隔登錄在觀察紀錄表上（劃記），從第一張觀察表的幼兒開始觀察。例如有一幼兒正與其他幼兒一起玩積木建構遊戲玩具，這是典型的群體—功能遊戲，我們便在紀錄表上的群體建構欄上劃記。完成觀察後，換第二位孩子進行觀察，以此類推，每位孩子皆觀察十五秒。在所有孩子皆觀察一次後，再進行第一位小孩的第二次行為觀察。大約一分鐘可觀察三次行為，而在每個十五秒之間（每一次的行為觀察之間）可休息五秒，作為下一次觀察的準備。依此計算時間，則每四分鐘可對十二位幼兒進行一次觀察，二十分鐘內便可完成對十二位幼兒的五次觀察。

在對每一幼兒觀察了二十至三十次遊戲後，我們可以很清楚地從紀錄表中看出幼兒在認知／社會遊戲的行為層次及模式。我們建議老師、家長在使用Parten/Piaget的表格時，應同時注意以下兩點：

1. 幼兒所進行的遊戲是否符合其年齡的遊戲社會層次？舉例來說，對二或三歲的幼兒來說，如果常從事單獨功能遊戲、無所事事、旁觀或不停地轉換活動，那是不足為奇的。反之，若是一個四、五歲的孩子也常出現這一類的遊戲或行為，便可看出這個孩子的社會層次並不高。此時成人要注意並提供或干預孩子的遊戲，視其需要教導遊戲的技巧，以使他加強參與群體遊戲層次的能力。在這情況下，我們建議使用Howes的同儕遊戲量表，可更進一步地觀察幼兒的社會遊戲技巧（之後再詳加介紹Howes同儕遊戲量表）。

2. 幼兒是否常進行成熟的認知性遊戲？成人常會期望四、五歲的幼兒進行較多的建構或戲劇遊戲。假如在Parten/Piaget量表中顯示，年紀較長的學前幼兒在功能遊戲欄中表現不良，便表示成人有必要做些干預，或是參與孩子的遊戲，如平行參與、共同參與、遊戲指導或為孩子做遊戲說明，鼓勵幼兒從事建構或戲劇遊戲，以獲取此種遊戲的經驗及好處。此外，成人也須注意孩子是否常常玩有發展意義的群體戲劇遊戲，若一位四、五歲的幼兒很少玩這種遊戲，成人可能要為孩子施予遊戲訓練（見第六章），但在實施訓練前，要先以Smilansky社會戲劇遊戲量表（在下一節會有詳細的描述）

來瞭解孩子在團體戲劇遊戲中，表現較好及較差的地方在哪裡。此外，在下一節的評定量表中的賓州互動同儕遊戲量表（The Penn Interactive Peer Play Scale）也是一個專門用來蒐集美國低收入黑人家庭之兒童社會遊戲技巧的有用工具。

專欄5-1　Parten/Piaget社會／認知量表分類的定義

認知層次（cognitive levels）

1. 功能遊戲：重複性肌肉活動，可能是玩一種東西，但也可能沒有。如：(1)跳、跑；(2)收拾或倒出東西；(3)操弄玩物；(4)無規則的遊戲（有點類似遊行）。
2. 建構遊戲：使用些玩具（積木、樂高、堆疊套組玩具）或玩物（沙、黏土、顏料）來做一些東西。
3. 戲劇遊戲：角色扮演及（或）想像轉換，如：(1)角色扮演—假裝為媽媽、爸爸、嬰兒、妖怪、司機或店員等；(2)想像轉換：假裝在開車（用手臂揮動做開車狀）或使用筆來當針筒，做打針動作（物品的使用）。使用真實物品的玩具模型（玩具車、玩具熨斗）並不算是戲劇遊戲，除非有角色取代或有想像轉換才算是戲劇遊戲。
4. 規則遊戲：遵循可瞭解、認同及接受的規則來進行遊戲，如象棋、跳棋、井字遊戲等。

社會層次（social levels）

1. 單獨遊戲：自己一個人玩玩物，與他人沒有交談等任何社會互動。
2. 平行遊戲：與旁邊的小孩玩相同或類似的玩具和遊戲，但他們彼此卻沒有進一步交談。
3. 群體遊戲：大家一起玩，當中有角色的分配、應用各種不同的玩物。

無所事事／旁觀／活動轉移

1. 無所事事的行為：如在室內東張西望，有時撥弄鈕釦，玩玩口袋，偶爾跟隨大人背後走動，卻不拿玩具玩。

2.旁觀：當其他孩子在玩時，他只在一旁觀看，偶爾向正在玩的孩子提供意見或交談，但自己不參與遊戲。

3.活動轉移：從一個遊戲活動轉到另一個遊戲活動。

非遊戲活動

必須套入既定模式的一些活動，如學習行為、教師指定的功課等。像是塗色、做作業、電腦、教育玩具（如Montessori的穿鞋帶）等，通常被視為非遊戲的活動。

資料來源：摘自Rubin, K., Watson, K. & Jambor, T. (1978). Free play behavior in preschool and kindergarten children. *Child Development, 49*, 534-536.

專欄5-2 **利用Parten/Piaget量表登錄遊戲行為**

下列是利用Parten/Piaget量表來記錄遊戲行為的例子。共有十五種觀察行為，下面則是利用此量表的登錄類別：

1.在娃娃家的兩個孩子都在玩煮飯的遊戲，準備晚餐。他們知道對方在做什麼，但兩人之間並沒有互動（平行—戲劇性遊戲）。

2.幾個幼兒在教室中追來追去，彼此嬉鬧（團體—功能遊戲）。

3.某一幼兒構築積木房子，沒有其他幼兒在一旁（單獨—建構遊戲）。

4.有一些孩子在玩「倫敦鐵橋垮下來」（團體—規則遊戲）。

5.三個幼兒在地板上用樂高排「無敵鐵金鋼」，三人都做同樣的活動，但彼此沒有互動（平行—建構遊戲）。

6.上述第五種活動中，幼兒利用「雷射槍」互相射擊，並假裝在打戰（團體—戲劇遊戲）。

7.一幼兒用玩具電話假裝自己在打電話（單獨—戲劇遊戲）。

8.一幼兒在娃娃家看其他孩子玩（旁觀行為）。

9.一些幼兒在圖書角看故事書（非遊戲活動）。

10.兩個幼兒在地板上用手推玩具，發出「隆隆」的聲響，彼此無互動及想像遊

戲（平行—功能遊戲）。

11.三位孩子以醫院道具玩醫生、護士扮演遊戲，幼兒甲當醫生、乙當護士、丙是病人（團體—戲劇遊戲）。

12.一幼兒在地板上拍球，另一些孩子在一邊玩建構積木，並不參與這幼兒的活動（單獨—功能遊戲）。

13.一幼兒自己在教室內徘徊，沒有做特定的事（無所事事）。

14.一些幼兒以積木建築高速公路（團體—建構遊戲）。

15.兩個孩子在科學角餵黃金鼠吃東西（非遊戲活動）。

　　表5-3是利用Parten/Piaget量表登錄以上的十五種行為，在正式應用中，應利用劃記方式而非用數字來描述。

表5-3　Parten / Piaget紀錄表

	功能性	建構性	戲劇性	規則性
單獨	(12)丟球	(3)積木建構	(7)打電話	
平行	(10)推玩具車	(5)建構鐵金剛	(1)準備晚餐	
團體	(2)追逐	(14)建構高速公路	(6)機器人打戰 (11)醫院	(4)倫敦鐵橋

	無所事事／旁觀／活動轉換	活動
非遊戲	(8)看別人在娃娃家玩 (13)徘徊	(9)看故事書 (15)餵黃金鼠

資料來源：摘自Sponseller, D. & Lowry, M. (1974). Designing a play environment for toddlers, In D. Sponseller (Ed.), *Play As a Learning Medium*. Washington, DC: National Association for the Education of Young Children.

(二)Howes同儕遊戲量表

　　Carollee Howes的同儕遊戲量表（Howes Peer Play Scale），比起Parten/Piaget的社會／認知量表更能對幼兒的社會遊戲進行更完整的觀察（Howes, 1980; Howes & Matheson, 1992）。同儕遊戲量表（The Peer Play Scale, PPS）包含兩種平行的遊戲：簡單平行遊戲（層次一）及彼此注意的平行遊戲（層次二）；另外還有四個同儕互動遊戲層次：簡單社會遊戲（層次三）、共同意識的互補／互惠遊戲（層次四）、合作性社會假裝遊

戲（層次五）及複雜的社會假裝遊戲（層次六）。請參考**專欄5-3**，進一步瞭解PPS六個層次的行為定義。

Howes（1980）量表的觀察程序與Parten/Piaget量表相同，都是觀察十五秒，中間休息五秒，在完成對幼兒遊戲的觀察後，可以從紀錄表中看出幼兒在遊戲中的行為模式，以及幼兒分別屬於不同的社會層次。假如幼兒主要是玩平行遊戲，那麼可進一步觀察彼此間是否有社會行為互換（層次三）產生，還是只有互補／互惠行為（層次四），或是有層次三、層次四兼具，既有互補／互惠行為，也有社會行為互換的合作性社會假裝遊戲活動（層次五）。這量表可讓成人知道，幼兒在與同儕遊戲時需要哪些特別的幫助，也能瞭解孩子的社會意識、社會溝通能力以及與其他幼兒在一起遊戲的協調合作能力。

專欄5-3　Howes同儕遊戲量表中行為層次的定義

層次一：簡單平行遊戲

幼兒在三呎以內，一起玩相似的活動，彼此沒有眼神接觸或進一步社會行為。例如幼兒在積木角各自以積木建構自己的模型，完全忽視他人的存在。

層次二：彼此注意的平行遊戲

幼兒互相靠近玩類似的活動，彼此有眼神的接觸（層次一加上眼神接觸）。例如幼兒在積木角玩積木，除了各自建構自己的模型外，還會看別人的作品，彼此雖沒有社會互動，但意識到對方的存在。這時的幼兒常會模仿別人的作品或活動。

層次三：簡單社會遊戲

幼兒間有社會行為的互動。典型的行為包括語言溝通、提供、接受玩物、微笑、身體上的接觸及攻擊行為等，然而彼此的活動並無相互協調。例如某幼兒可能對另一幼兒所做的積木建構表示讚美，如「好漂亮哦」，或是忽然從別人的積木中拿走一塊，或是打倒別人的積木而引起別人斥責、攻擊，甚至引起小爭吵。

層次四：共同意識的互補／互惠遊戲

幼兒從事一些活動，彼此行為有相互關聯。例如有兩個幼兒彼此互換對方需要的積木，或二人共同用積木建構模型，彼此輪流加添積木，直到完成。在這層次的遊戲中，孩子並不交談或有其他社會互動交流的出現。

層次五：合作性社會假裝遊戲

幼兒有層次四互補／互惠的活動，及層次三中的社會行為互動。例如幼兒一起聯合建構積木模型，而且彼此有言語溝通。如幼兒甲對幼兒乙說：「不要把這塊積木放在這，它太小了。」或許多幼兒一同計畫活動主題、分派角色，共同合作扮演一虛構的故事（社會戲劇遊戲），如一個小孩扮演爸爸，另一個小孩扮演媽媽，在幫娃娃（用積木假裝）洗澡。

層次六：複雜的社會假裝遊戲

兒童執行一具社會角色及情節的假裝扮演遊戲，並有後設溝通的情節。後設溝通是指兒童暫時離開其所扮演的角色，並且重新規劃遊戲情節後再重新進行整個遊戲。例如甲童停止扮演爸爸的角色，並要其中的一位兒童當他兒子，給他命名，並吩咐他要做什麼（分派角色），分配情節：「我是爸爸，你是小明」，「我們假裝在森林裡探險」，重新修正遊戲情節（我累了，不想煮飯了，我們去圖書館看書）或要求別人進行遊戲行為（你不要買書了，你用借的就好）。

資料來源：摘自 Howes, C. & Matheson, C. (1992). Sequences in the development of competent play with peers: Social and social pretend play. *Developmental Psychology, 28*, 961-974.

　　Howes的PPS量表著重以下同儕遊戲的三個向度：(1)兒童社會互動的複雜性；(2)兒童互動之互補與互惠程度；(3)在規劃及維持遊戲時使用的語言層次。在PPS之層次一與層次二，遊戲行為屬於非社會性、非互惠性及非語文性。而在轉換到高層次同儕互動的中間協調階段時，兒童會開始參與社會（層次三）及從事互惠性活動（層次四），此時兒童開始有許多語言上的互動。到了最高層次的社會互動，兒童會融入社會戲劇遊戲，他們共同合作及扮演同一主題及腳本的社會伴裝活動。在層次五的互動中，

兒童以自己所扮演的角色進行假裝溝通（pretend communication）；但在層次六中，兒童可暫時停止所扮演角色的假裝溝通，轉而交換彼此的後設溝通（metacommunication），孩子們接下來可以重新規劃及組織整個遊戲，讓遊戲能有更高層次的社會互動。

我們已針對Howes（1992）的同儕遊戲觀察量表設計出紀錄表格（**表 5-4**）。在這個量表中，增加了Parten「單獨遊戲」的項目以及「非遊戲活動」、「活動轉移」等項目，使量表能納入所有的社會遊戲及非遊戲。記錄者也能在量表中註記是否有成人參與遊戲、孩子們在哪裡玩、玩什麼玩具等。這個量表的使用方式和Parten/Piaget社會／認知量表相同，可以對特定兒童分別進行觀察與記錄，簡易、方便，也能進行較廣泛的測量。相關例子可參考**專欄5-4**。

表5-4　Howes同儕遊戲觀察量表紀錄

名字：_____　　　　觀察日期：_____

種類 時間	單獨 遊戲	簡單 平行 遊戲 層次一	注意彼 此的平 行遊戲 層次二	簡單 社會 遊戲 層次三	共同 意識 互補／ 互惠 遊戲 層次四	合作性 社會假 裝遊戲 層次五	複雜的 社會假 裝遊戲 層次六	非遊戲 活動	旁觀／ 無所事 事／活 動轉換	老師 參與 Yes＝Y No＝N	所使用 的玩物 及在哪 一個角 落
1											
2											
3											
4											
5											
6											
7											
8											
9											
10											
11											
12											
13											
14											
15											
Total											

資源來源：摘自Howes & Matheson (1992).

如何應用Howes同儕遊戲量表登錄遊戲行為

所觀察到的行為	登錄方法
1.兩位孩子在教室中靠在一起玩卡車,但其玩的路徑並不相同。其中一個幼兒在搜尋另一位孩子,直到找到後才又回原來地方玩卡車。	1.這可被登錄為層次二:彼此意識的平行遊戲。因目標幼兒顯現對另一幼兒的注意。如果沒有找尋幼兒的舉動,便記為簡單的平行遊戲。
2.兩位幼兒在積木角一起搭建房子,並互相指示對方使用哪塊積木和要放什麼地方。	2.層次五:合作性社會假裝遊戲。因為他們正在一起玩,且彼此有交談。若他們只是一起玩而無交談,則屬於共同意識互補／互惠遊戲。
3.在戲劇角,有一男孩正坐在椅子上,讓另一孩子假裝替他剪頭髮,兩人並沒有語言上的溝通。	3.屬於層次四的共同意識互補／互惠遊戲。因為這兩位幼兒雖然彼此知道對方扮演的角色而一起玩,但沒有語言上的溝通及社會互補。如彼此有交談,或一幼兒拿鏡子給另一幼兒看頭髮剪好的樣子,那便成為層次五的互補／互惠社會遊戲了。
4.兩位女孩坐在一起各自玩拼圖,其中有甲幼兒對著乙幼兒說:「我不會拼。」乙幼兒回答他:「只要繼續把所有的小片試著都湊在一起便行了。」	4.登錄為層次三:簡單社會遊戲。雖然兩人有社會交換,但彼此各自玩自己的拼圖(不同於兩人玩同一拼圖,是為互補／互惠社會遊戲)。若幼兒乙放下自己的拼圖而去幫幼兒甲,那可登錄為層次五(彼此有交談),或是層次四(沒有交談)。

資料來源:摘自Zipser, A. E. (1982). *Preschool Interactive Play Maturity As a Junction of Classroom Type and Sibling Status*. Unpublished Master's Thesis. University of Wisconsin.

同儕遊戲量表（PPS）採取隨機抽樣方式，希望對特定觀察對象在遊戲中與同儕的社會互動情形做一整體性掃描（Pellegrini, 1996）。第一，先決定要觀察的特定對象，如前所述，先找到社會互動較少或互動層次較低的兒童（先由Parten/Piaget社會／認知量表中找出）。其次，用系統方法觀察這些兒童，在一段長時間中確認他們的同儕互動水準，將這些兒童的遊戲情形記錄在此量表中，並可附註是否有成人共同參與及遊戲地點爲何、玩什麼玩物。最後，再用統計方式計算百分比並做圖，呈現其遊戲行爲層次的比例。

在紀錄表中可以記錄兒童在六個層次的社會互動情形及技巧。假如兒童只參與平行遊戲，還必須進一步判斷，兒童究竟是沒有（層次一）或有（層次二）社會意識。假如兒童參與團體遊戲，則須再判斷他們只是有語言層次上的社會互動（層次三）或有共同意識的互補／互惠行爲（層次四）。假如兒童參與社會戲劇遊戲也可再區分，他們僅是用語言做假裝互動（層次五）或他們可使用後設溝通來重新規劃及組織情節（層次六）。這個量表可幫助成人瞭解兒童是否具有社會意識及互惠的互動行爲，及是否有後設溝通的能力。

此份量表有助於瞭解幼兒社會行爲。從量表可看出，孩子在玩高層次的遊戲時：(1)老師是否有參與；(2)幼兒在教室中哪個區域玩；(3)孩子玩哪些玩物。老師可以充分利用這些資料協助幼兒發展社會遊戲，例如若老師由量表中發現，孩子只是偶爾玩一些社會遊戲，且常常是在娃娃家才會表現這些行爲，那老師可多鼓勵孩子在娃娃家玩，並玩久一點，如此可在無形中加強孩子的社會行爲。如果幼兒只有老師在身邊或老師在場時才出現一些社會遊戲行爲，便可運用第六章所陳述的遊戲指導及成人直接干預的方法，提升孩子遊戲的社會層次。

(三)Smilansky社會戲劇遊戲量表

團體戲劇遊戲又稱爲社會戲劇遊戲，也就是由兩名或兩名以上幼兒分配角色共同演出故事情節的遊戲。社會戲劇遊戲的三大構成要素包括角色、主題與道具。如虛構的故事（英雄與壞蛋）、眞實生活情境（全家上超市）等。這類遊戲表面上看來好像很簡單，但實際上孩子需要有相

當的語文、認知及社會能力才
能進行這項遊戲。孩子必須具
有上述能力，才能以表徵的方
式呈現，也才能假想別人的觀
點來進行表演並使用正確的語
言，創造及詮釋想像（佯裝）
轉換、精確地使用語言，與同
伴一起規劃、分享、限制攻擊

行為等；也因此這種遊戲（社會戲劇遊戲）被認為是遊戲發展中的一種重
要形式。

　　Parten/Piaget量表也可以記錄幼兒參與此類遊戲的次數多寡。若一位
四、五歲的孩子在Parten/Piaget紀錄表中，很少被登錄到這類戲劇遊戲，
那成人便需要提供幫助或適當參與孩子的遊戲，但是成人首先要知道兒童
在從事這種複雜的遊戲時需要哪些技巧。

　　Smilansky（1968）在對遊戲訓練進行研究時，發展出針對上述蒐集
資料而設計的理想量表。社會戲劇遊戲量表的五種要素，象徵了高品質
的團體戲劇遊戲，茲分述如下：(1)角色扮演（role play）；(2)想像轉換
（make-believe transformation）；(3)社會互動（social interaction）；(4)
語言的溝通（verbal communication）；(5)持續性（persistence）（**專欄
5-5**）。這套觀察系統可幫助觀察者瞭解幼兒在遊戲中已具備哪些要素，
又缺乏哪些要素，這樣成人才可針對所缺少的要素提出干預。

　　Smilansky社會戲劇遊戲觀察紀錄表（簡稱SPI）同樣是一種檢核表，
在行的部分，列出幼兒的名字，列的部分則為SPI的各項要素。要特別注
意的是SPI與Parten/Piaget、Howes之量表不同，可以同時對許多幼兒進行
觀察、記錄。我們在此已替SPI做了些微修正，並為三種想像轉換另設一
欄（玩物、行為、情境），**表5-5**也為主要的兩種口語溝通另列一欄（後
設溝通及假裝溝通），比起原表格使用者在使用上應可更清楚辨識、瞭解
幼兒在社會戲劇遊戲上的技巧。

　　在採樣方法上，無論是Parten/Piaget或Howes的量表，都以多重間
距，如以十五秒為間隔，作為系統取樣的技術，但在SPI中不需用此繁雜

的取樣方法，原因是SPI需要更長的觀察時間，才能瞭解五種要素中哪些已經具備，哪些仍然缺乏。例如至少要持續十五分鐘才能觀察到遊戲的持續性，就不會採取這種繁雜的取樣方法。可以將Smilansky在1968年研究遊戲訓練所用的觀察程序應用在SPI上，也就是要先觀察一群小孩子玩一段較長的時間，然後再找出五種要素中有哪些已經出現在每一個孩子的遊戲當中。

當使用SPI時，建議依下列步驟進行：

1.一次只選二、三位幼兒進行觀察，而這些觀察對象是由Parten/Piaget量表中所篩選出，較不常進行團體戲劇遊戲的幼兒。
2.在整個遊戲時間內，從頭到尾都須全神貫注進行觀察，每一位幼兒每次平均觀察一分鐘，再輪流看其他幼兒。

表5-5　Smilansky社會戲劇遊戲觀察紀錄表

名字	角色扮演	想像轉換			社會互動	語言溝通		持續力
		玩物	動作	情境		後設溝通	假裝	
1								
2								
3								
4								
5								
6								
7								
8								
9								
10								
11								
12								
13								
14								
15								
16								

資料來源：摘自Smilansky (1968).

專欄5-5　社會戲劇遊戲量表要素之定義

1. 角色扮演：幼兒採用一些角色（如家庭成員、救火員、超市收銀員等），並以語言來串聯這些角色（如我是媽媽），以及扮演適應角色的行為（如照顧由另一幼兒扮演的嬰兒）。
2. 想像轉換：利用一些表徵來代表玩物、動作或情境。
   (1) 玩物可能被用來代替其他生活上的真實用品（以積木假裝為杯子），或以語言的聲明表示一想像的物品（看著空空的手並說：「我的杯子裡沒有水」）。
   (2) 用簡略的動作來代表真實的動作（如用手上下移動表示在用鐵錘釘釘子），或利用語言表達想像的動作（我正在釘釘子）。
   (3) 利用語言來表示想像的情境（假裝我們正坐飛機去美國）。
3. 社會互動：至少有兩位幼兒對遊戲情節的角色、動作做直接的互動（如Howes量表中的層次四：共同意識的互補／互惠遊戲）。
4. 語言溝通：幼兒對相關遊戲主題的內容彼此有語言上的交換。這些訊息的交換包括下列兩種：
   (1) 後設溝通的聲明（metacommunication statements）被用來組織或建構整個遊戲內容的溝通。如孩子可能如此表達：
     ① 象徵想像物品的認定（假裝這條繩子是蛇）。
     ② 分配角色（我是爸爸，你是娃娃）。
     ③ 計畫故事情節（我們先去超市買菜，再去樓上玩具部買玩具）。
     ④ 如有幼兒玩得不對（如角色行為不符合），孩子會斥責並糾正他（娃娃不會幫忙擺碗筷）。
   (2) 假裝溝通的聲明（pretend communication statements），符合其所扮演角色的溝通。如幼兒假扮老師，向其他幼兒（當學生）說「你們再頑皮，我要帶你們去見郭主任哦！」
5. 持續性：幼兒進行有持續性的遊戲時，年齡是決定幼兒是否有持續力的最大因素。Sylva等人（1980）及Smilansky（1968）的研究指出，小、中班的幼兒應可維持五分鐘的遊戲時間，而大班至少可維持十分鐘。而自由遊戲的時間多長亦是一相關因素，若自由遊戲時間短於十五分鐘，那上述孩子的持續力就要稍為縮短一些。

資料來源：摘自Smilansky, S. (1968). *The Effects of Sociodramatic Play on Disadvantaged Preschool Children*. New York: Wiley.

3. 在幼兒遊戲結束時，將在每個幼兒社會戲劇遊戲中所觀察到的每個要素都記錄在SPI適當的欄內。假如其中的一個要素（如社會互動）只是短暫出現，就在相關的欄內劃上一個「？」，表示這個行為似乎已顯現，卻又未發展得很好。

4. 假如發現某幼兒缺乏其中一項或多項要素的話，須改天再觀察一次，不能只因觀察一次就下結論，並認定此幼兒缺乏這些技巧。

有了SPI的紀錄資料後，便可從量表中看出幼兒具備或缺乏哪些遊戲的要素。若五種要素皆有，此幼兒可說具有相當優秀的社會戲劇遊戲能力，在他的遊戲中，成人的角色與功能就較不重要了。反之，若幼兒缺乏一到二個要素，那他便很需要成人的介入並給予干預，並利用空間、時間、情境和玩物的配合，加強幼兒社會戲劇遊戲的技巧，並融入遊戲當中，在持續的反覆練習中使幼兒能具備下列能力：

1. 角色扮演：道具箱及成人參與。
2. 想像轉換：低建構的道具及成人參與。
3. 社會互動：高社會價值之玩具及成人參與。
4. 語言溝通：成人參與。
5. 持續力：將遊戲空間做區隔之空間布置及成人參與。

以上之提升兒童戲劇遊戲五種要素之策略可參考**表5-6**。

在以SPI解釋幼兒的行為時，須衡量孩子的年齡再做判斷，雖然幼兒兩歲時便已開始玩團體戲劇，但大多數幼兒在三或三歲以後才開始發展這類層次較高的社會戲劇遊戲（Rubin, Fein & Vandenberg, 1983）；因此，

表5-6　提升社會戲劇遊戲行為策略

因素	提供方法	成人參與
角色扮演	道具箱	遊戲指導
想像轉換	玩具：適合真實情境	遊戲指導
社會互動	玩區：具高度社會價值	遊戲指導、親子遊戲指導方法： 1.引導誘因或刺激動機（induction） 2.利用分段法（distancing）
語言溝通	先前之經驗	遊戲指導、親子遊戲
持續性	分割遊戲區域	平行、共同遊戲及遊戲指導

如果二、三歲的孩子在遊戲中沒有出現SPI的五種要素行為，老師或家長不須過於擔心。此外，在第四章我們曾提過，低社經家庭的幼兒有較多的戶外想像遊戲（Tizard, Phelps & Plewis, 1976）。所以在使用SPI時，應多次觀察幼兒行為，室內及戶外活動都要觀察，才能在不同的遊戲情境下做更精確的觀察，並進一步斷定幼兒是否缺乏任何社會戲劇遊戲的技巧。

　　Smilansky及Shefatya（1990）將Smilansky的社會戲劇量表從檢核表轉換成計分量表，並將原來的五個向度延伸成為六個向度，包括：角色扮演、玩物轉換、動作與情境轉換、持續力、社會互動及語言溝通等，其計分方法請參閱**專欄5-6**。

專欄5-6　Smilansky及Shefatya社會戲劇遊戲能力評分表

角色扮演（role-play）

0分→完全沒有角色扮演。

1分→只扮演主題內的「基本」角色，且只有語言（包括語調）、動作（包括手勢）其中一項呈現方式。

2分→(1)只扮演主題內的「基本」角色，且有語言（包括語調）、動作（包括手勢）兩項呈現方式。

　　　(2)扮演主題中較具專業、獨特、精緻的角色，呈現方式為語言、動作其中一項。

3分→扮演主題中較具專業、罕見、精細的角色，呈現方式為語言、動作兩項。

玩物轉換（make-believe with objects）

0分→無對玩物的想像轉換。

1分→透過高度具體化形體相近的玩物，來做有限度的想像轉換，即「具體性實物轉換」。

2分→透過其他在形狀上相似的真實用品來表示玩物。

2.5分→透過其他在功能上相似的真實用品來表示玩物。與2分的形式合稱「替

代性實物轉換」。

3分→用言語或動作來代表玩物，即「假裝性實物轉換」。

動作與情境轉換（make believe with actions and situations）

0分→完全沒有。

1分→用語言或動作中的一項來表達欲想像轉換的動作。

2分→(1)用動作及語言兩項來表達一想像轉換的動作。

　　　(2)用動作或語言其中一項來表達一情境。

3分→用動作及語言兩項來表達一豐富的情境。

持續力（persistence）

0分→每一角色扮演不到二分鐘。

1分→每一角色扮演二至五分鐘。

2分→每一角色扮演五至十分鐘。

3分→每一角色扮演至少維持十分鐘以上。

社會互動（social interaction）

0分→遊戲層次為單獨、平行遊戲；或彼此合作但甚少交談。

1分→只和團體內的部分幼兒互動，且方式上只有語言或動作中的一項。

2分→(1)只和團體內的部分幼兒互動，但方式上有語言及動作二項。

　　　(2)和所有幼兒互動，且方式上只有語言或動作中的一項。

3分→和所有幼兒互動，互動方式包括言語及動作上的互動。

語言溝通（verbal communication）

總分為後設溝通及假裝溝通的平均數。分數說明如下：

0分→參與遊戲但無任何語言，或只是自言自語。

1分→後設溝通方式採：訴諸權威、命令、批評、強迫、不願溝通、語言上的攻
　　　擊等方式。不參與計畫遊戲內容，只執行其他同伴指派的角色。假裝溝通
　　　時大多只有角色的基本語言，且較無法和其他角色有語言上的互動。

2分→後設溝通方式採：哄騙、哀求或放棄的方式。且參與遊戲內容的討論，
　　　成為協同計畫者。假裝溝通採：和部分人有語言互動，而語言的表達和

語調的運用屬中等程度，用詞較簡略，談話內容較粗淺。

3分→後設溝通方式採：禮貌性的要求、利他、分享、輪流、商量、共同計畫等
　　　的方式。且可計畫相當豐富的主題，成為遊戲內容上的主導者。假裝溝
　　　通時在語調及用詞上多相當精緻，且和所有角色有語言互動，而談話內
　　　容多可延伸遊戲的深度。

註：延續Smilansky及Shefatya（1979）的計分方式：計分方式為0～3分，並加上考慮遊
戲行為複雜度及頻率：

1.複雜度以0～3分表示。

2.頻率：針對玩物、動作或情境轉換及言語溝通三項，其餘三項則無，當上述三因
　　素表現多次時，計分方式採「平均加權」的形式。

資料來源：摘自Smilansky, S. & Shefatya, L. (1979). Narrowing socioeconomic groups
　　　　in achievement through kindergarten reading instruction. *Journal Studies in
　　　　Education, 21*, 4-68. University of Haifa.

二、評定量表

　　評定量表（rating scales）與檢核表相似，主要是對特定行為的觀察
提供一做記錄的簡便格式；但是相較於檢核表只能勾選曾出現的行為，
評定量表可以記錄更多的行為訊息，而且也可以呈現行為的量化差異
（quantative difference）。這些評量表能幫助觀察者瞭解行為是否出現，
以判斷行為的量化品質並做出決策（Irwin & Bushnell, 1980; Pellegrini,
1996）。

　　評定量表可以廣泛運用來評量原本不易被測量的行為與特質（Irwin
& Bushnell, 1980）。此節所提供Lieberman的玩性量表則是一個應用評
量表的例子。評量表很容易學習且能用以對兒童行為進行測量與瞭解
（Pellegrini, 1996）。

　　但從負面的觀點來看，依賴量表所做出的判斷比起使用檢核表可能
較缺乏穩定性（信度低），也可能產生錯誤的訊息測量。最近記憶的效
果（the effect of recency of memory）就是一個好例子，這是指如果評量
者只用最近的記憶來記錄觀察者的行為，而不是找到最具代表性的行為

（Pellegrini, 1996）。其他在測量上產生誤差的類似問題還包括（Irwin & Bushnell, 1980）：

1. 寬容效應（errors of leniency）：對熟悉的人在評量時可能給予比實際應得較高的分數。
2. 中央極限效應（errors of central tendency）：傾向於給予接近平均的分數，避免給予高低分的極端值。
3. 月暈效應（halo effects）：第一印象的分數，可能讓其他不相關訊息影響到評量者。

要避免此種評量上易產生的誤差，便事先要瞭解在評量孩子行為時，可能會產生此種誤差。正如Irwin及Bushnell（1980: 213）所解釋：「預先警告還不如事先準備！」（To be forewarned is to be forearmed!）

本章中筆者將介紹幼兒園常用來評量兒童遊戲行為的兩個量表。第一個量表是評量兒童人格特質的玩性量表，此量表可以測量兒童的頑皮及玩性。第二個評量工具是Penn同儕互動遊戲量表，主要用於評量美國非裔幼兒之同儕互動行為。

(一)玩性量表

玩性似乎是孩子基本的人格特質。某些兒童十分愛玩，此種特性使他在各種情境中都能盡情遊戲（Barnett, 1990）。但是也有部分兒童即使身處很豐富的遊戲情境中，也不太會出現遊戲行為。

Barnett（1990）發展一玩性量表，幫助研究者及教師能很容易地評量兒童在各種不同遊戲情境中所具有的遊戲特質。此量表應用Lieberman（1977）原先的玩性所認定的五種向度，並加以延伸發展，此五種向度為：

1. 身體自發性。
2. 社會自發性。
3. 認知自發性。
4. 展現歡樂。
5. 幽默感。

　　Barnett基於過去的研究為每一向度發展出四至五個題項，以能具體地描述此種向度的特質。她用五等評分量表來評量每一題項行為的程度（**表5-7**）。

表5-7　Barnett的玩性量表

	1 幾乎沒有	2 偶爾是	3 多少是	4 大都是	5 幾乎總是
身體自發性					
兒童行動協調良好					
兒童在遊戲時，身體是自動自發					
兒童比較喜歡動，不喜歡安靜					
兒童可以跳、滑步、跳及單腳踏步，而且表現良好					
社會自發性					
兒童容易趨近別人且對別人的接近有所回應					
兒童可以主動與別人玩遊戲					
兒童可以與別人一起合作地玩					
兒童願意與別人分享玩物					
兒童在遊戲時常扮演領導者角色					
認知自發性					
兒童獨自發明遊戲					
在遊戲，兒童可用不尋常的方式來玩					
兒童可扮演不同角色					
在遊戲時，兒童常改變活動					
呈現歡樂					
在遊戲時，呈現歡樂狀					
在遊戲時，表情豐富、多樣					
在遊戲時，展現熱忱					
在遊戲時，有情感表現呈現					
在遊戲時，有說有唱					
幽默感					
兒童喜歡與別人開玩笑					
兒童會溫和嘲弄別人					
兒童會說好笑的故事					
兒童對幽默的故事大笑					
兒童喜歡扮丑角，逗別人笑					

資料來源：摘自Lynn A. Barnett (1990). 3(4), 323-324.

老師可以用此量表來評量學生的玩性。如果兒童在這個量表上得到較低的評分，便需要給予兒童一些協助，例如參與遊戲或請同儕作為他遊戲的鷹架，以幫助孩子能從遊戲課程的活動中獲得遊戲的正面效果與益處，關於遊戲課程及活動建議，將在第十二章會有更詳細的介紹。

(二)Penn同儕互動遊戲量表

在多數社會能力量表及遊戲量表中，大部分的兒童是從白人中產階級的家庭中抽樣而來，如果將這些量表應用在非白人與非中產階級的小孩，可能會產生推論的效度置疑（McLoyd, 1990）。而Penn同儕互動遊戲量表（Penn Interactive Peer Play Scale, PIPPS）則是一個特例，此量表是以老師評量為主，專門針對低收入戶之非裔美國幼兒而設計，用來測量幼兒與同儕的遊戲互動行為。

Fantuzzo及Sutton-Smith（1994）從啟蒙計畫方案中的八百位幼兒中，抽取二十五位被評量為有最高及最低互動行為的幼兒。研究者利用錄影機錄下幼兒的遊戲行為，經過仔細分析以辨別「高」及「低」的互動遊戲者。這些互動行為經過三十六個題項的設計，請老師觀察幼兒最近二個月行為表現的頻率，以瞭解幼兒的遊戲互動。在研究中，Fantuzzo等人（1995）使用因素分析方法，一共找出三個主要因素可以分辨啟蒙方案幼兒的同儕遊戲互動行為：

1. 遊戲互動：是一個正面向度，與幼兒的社會、人際技巧、自我控制與語言自信有關。
2. 遊戲干擾：是一個負面向度，與幼兒之攻擊行為及缺乏自我控制有關。
3. 遊戲不連貫：另一個負面向度，與退縮行為有關。

表5-8是一四點量表，用於評量幼兒同儕遊戲互動之三向度。

對於啟蒙方案或在低收入非裔社區工作的老師，都可以使用PIPPS量表來評量幼兒與同儕的社會遊戲技巧。Fantuzzo等人（1995: 117）也進一步解釋老師如何使用這些評量表來規劃教學活動：

如果老師發現，全班同學的互動並不良好，遊戲時常中斷或受到干擾，

那老師便須設計更完整、更具結構的活動，或用更大的心力指導孩子遊戲，使他們產生正面的互動。相反地，若全班同學互動良好，那老師可運用孩子的能力，進一步教導其他行為，如展開合作學習策略。

表5-8　Penn同儕遊戲互動量表

過去二個月兒童遊戲行為之頻率	1 從來沒有	2 不常	3 常常	4 幾乎總是
遊戲互動				
分享想法				
領導別人玩				
幫助別人				
有禮貌指導別人				
鼓勵別人參與遊戲				
有創意地參與想像遊戲				
遊戲干擾				
開始打架或吵架				
被別人拒絕				
不想輪流				
說別人閒話（饒舌）				
損壞別人的物品				
語言攻擊別人				
哭、呻吟、發脾氣				
搶奪別人的玩物				
身體攻擊				
遊戲不連貫				
別人遊戲時在外圍徘徊				
退縮				
無目標地閒逛				
被別人忽略				
不被別人邀請去參與遊戲				
拒絕被邀請去玩遊戲				
在遊戲時呈現困惑				
需要老師指導				
看起來不快樂				
轉移情境有困難				

資料來源：摘自Fantuzzo, J., Sutton-Smith, B., Coolahan, K., Manz, P., Canning, S. & Debnam, D. (1995), p. 111.

PIPPS評量也有助於同儕介入的方案——也就是在課程中用有遊戲能力的幼兒當作鷹架來幫助能力較差的幼兒。Fantuzzo等人（1995）指出，這種方案主要是靠有經驗的老師分辨幼兒的非適應性遊戲技巧（最需要同儕協助）及適應性遊戲技巧（最適合幫助同儕）。PIPPS最符合上列目的並能增進同儕的互動能力與技巧。

三、軼事紀錄法（筆記與花絮）

(一)軼事紀錄

軼事紀錄（anecdotal records）是針對兒童遊戲能力及社會、認知、身體情況的事件描述，通常在事件發生時或發生之後不久就馬上記錄事件的始末。這些紀錄可作為在遊戲時所發生種種事件的證明文件。

圖5-1為一軼事筆記，描繪一個四歲男孩小明正參與搭飛機旅行的戲劇遊戲。此紀錄描述小明的社會戲劇遊戲技巧（角色扮演、想像轉換及社會互動）與他發展中的讀寫能力技巧（使用腳本及繪圖能力）。

在圖5-1的軼事筆記包含相當多描述的精簡型訊息：兒童名字、日期、遊戲情境及真實事件發生情形和所觀察的成果。Irwin及Bushnell（1980）提供一些做軼事紀錄時的指引：

1.提供日期、時間、情境及基本活動的訊息。
2.記錄主角之行為及行為註解。
3.保留整個情節的順序。
4.保留所有兒童的對話。
5.記錄時要儘量正確並保持客觀。

小明4月17日紀錄一
　　小明正在商店，假裝他是一個售票員。他在空白的紙上畫上一些標記，假裝那是飛機票。他問我：「要不要買一張飛機票啊？」我說：「好啊！」並假裝付錢給他（用手一抓，其實手上空無一物，假裝付錢給他）。他將其他的飛機票賣給在此角落玩的小朋友。

圖5-1　小明賣飛機票遊戲的軼事筆記

當記錄軼事筆記時，焦點要放在你所看到及聽到的遊戲行為與對話上（Vukelich, 1995）。至於是否要進一步詮釋及評量，則要等整個遊戲情節結束及老師有時間看這些筆記時再做決定。

軼事筆記可用許多不同種類的材料及筆來寫。Rhodes及Nathenson-Mejia（1992）建議老師用3M的黏貼紙來做記錄，不但可立即記下日期及主要孩子的名字，日後也能貼在紀錄簿上，作為孩子的觀察紀錄文件。用資料卡做紀錄也是不錯的選擇，之後可將資料卡穿孔裝訂成冊（Christie, Enz & Vukelich, 1997）。老師用資料卡做紀錄時，可以將學生的名字寫在一角（通常寫在資料卡下邊），而且要讓名字明顯容易看到。當老師觀察到遊戲時的重要事件，可以抽出學生的卡片，沿著所記載的日期，記錄兒童的遊戲行為。當卡片記滿之後，便把卡片歸檔至學生的檔案中，並換一張新卡，以此類推。

觀察指引（observation guides）可以補充軼事紀錄的不足（Rhodes & Nathenson-Mejia, 1992），這些指引常常能指出所觀察的遊戲層面，可讓軼事紀錄更加聚焦及有系統。例如之前所介紹的三種實用的檢核表，就可容易發展出觀察指引。若某位老師想要觀察孩子的社會戲劇遊戲能力，他可以將Smilansky的社會戲劇遊戲量表的種類轉換成簡略的指引，依循五個要素：角色扮演、玩物、動作及情境的轉換、社會互動、語言溝通及持續力，來進行觀察並做軼事紀錄。當然在建立指引時也可以迎合老師的需要納入遊戲中的語言使用，社會互動技巧、遊戲情節的主題內容等等。

(二)軼事花絮

花絮（vignettes）是指事後的紀錄，與軼事筆記的差別僅在於它是用過去式記錄已經發生的事件。假如老師在兒童遊戲時不能或來不及記載孩子所發生的遊戲活動，那麼老師可以在遊戲之後再回想，並找時間做軼事花絮紀錄（anecdotal vignettes）。此時老師可以在不受干擾的情形下記錄花絮，因此可以做更詳盡的描述，並試著把兒童的遊戲行為及發展情形連結在一起。可惜的是，過於詳盡的紀錄及回憶有可能造成很大的代價——老師可能會遺忘某些重要事件，或變成選擇性地記憶某些訊息。

圖5-2記載小明玩飛機遊戲的花絮，同時這也是圖5-1的軼事筆記紀

錄，可以比較一下這兩個紀錄有何不同，花絮紀錄對遊戲與情境有較多的描述，也可注意此花絮紀錄如何記載小明在遊戲與語言讀寫能力發展上的關聯性。

小明4月17日紀錄二

　　有一群兒童從玩閣樓的扮演遊戲轉換到玩搭飛機的遊戲，並假裝他們要去法國旅行。小明在扮演角假裝他是一個售票員。他之後用一些空白的紙，畫上一些標記，把紙當作飛機票。他賣我一張票，也賣給其他小朋友飛機票，我們假裝付他錢。他為自己保留一張票，然後，跟我們一起搭飛機要去法國玩。但是，就在他要離開商店之前，他在一張紙上塗鴉，並將紙貼在商店門口。之後，我問小明：「你寫些什麼。」他回答：「打烊了」。這是第一次我看到小明在遊戲中使用文字來代表遊戲的某些功能。

圖5-2　小明玩飛機遊戲的花絮紀錄

(三)錄影紀錄

　　錄影器材近來價格愈來愈便宜，使用情形也愈來愈普遍，廣受家庭或學校所使用。家長和老師可使用八釐米的攝影機及現在已很普遍的數位相機來記錄孩子的成長或評量，同時也可用於教學。利用這些設備可協助成人觀察幼兒的遊戲行為。

　　第一，錄影器材能有效幫助成人及老師進行系統性的觀察。因為攝影機可架設在某些遊戲角落（娃娃家、積木角），不間斷地進行觀察記錄，毋須花費額外的時間及注意力。另外只要條件允許，錄影帶隨時可以放映。本章所介紹的三個量表都可用來觀察錄影紀錄中的幼兒的遊戲行為。錄影器材較有問題的地方是：攝影機不能隨幼兒的走動而移動，為了方便省力，攝影機通常只固定在某一地點，當幼兒不在此一範圍內遊戲便拍不到兒童遊戲的情形。此時只有以人工隨著孩子的走動來操作攝影機，才可解決這類問題。

　　第二，用攝影機可蒐集到更豐富的一手訊息，因為這種記錄方式不會錯失幼兒的任何遊戲行為，又可重新放映。錄影帶可完整記錄：(1)幼兒玩哪些玩物；(2)與哪些幼兒或成人一起互動；(3)所使用的語言；(4)幼兒及成人所使用的非語言，如姿勢、手勢、聲調等。

　　第三，成人可藉錄影器材來增強自己的觀察技巧。如某些老師可能用同一卷錄影帶看某些幼兒的遊戲，然後用其中一種量表做紀錄，接著可比較老師們所看到的遊戲行為，並討論他們為何用此類型的觀察類別作為登錄的依據，此外還可利用不同觀察者所評量的結果來評估評分者的信度（請詳閱觀察研究方法），如此可加強彼此間評分的一致性。

　　最後，老師可利用錄影帶評估及增進自己干預及參與兒童遊戲的技巧。Wood、McMahon及Cranstoun（1980）研究幼稚園兒童及老師在自由遊戲活動時的互動情形，並將互動過程全程錄音，再放給老師聽，結果發現許多老師後來會改變他們參與幼兒遊戲的策略。以往老師的干擾都較直接或跋扈，現在反而較少用這種方式，取而代之的是老師更常參與幼兒的遊戲，並且在參與中也觀察幼兒的遊戲技巧。此外視聽器材還可彰顯老師自我評價的功效，可將師生互動情形及幼兒對老師所設計課程的反應做更詳細的記錄，以作為老師教學的參考。錄影的效果也比錄音好，因它無須做其他的情境說明及進一步的解釋。現在有部分幼兒園甚至用電腦加上錄影設備，也可以讓家長在家中觀察到幼兒在園所的行為。

　　Christie、Enz及Vukelich（1997: 116-117）對使用非人操控（監督）的錄影時，有如下建議：

1.將攝影機放在角架上，並調整整個焦距對準全園所，才能完全掌握全園所小朋友之行蹤及行為。將攝影機設定在錄製中的狀態，並準時檢查攝影機的鏡頭有否對準重要的情境及行為。
2.在錄製時要先進行測試，確認影像及聲音能被有效地錄製。此種預試也可讓兒童去除對攝影機的敏感性。
3.在你記憶猶新時，檢查錄影帶，此舉可幫助你掌握錄影的情境與行為。

四、樣本描述法

　　樣本描述法（specimen description）是一種連續記錄法（running records），此種方法是由日記法和軼事記錄法逐漸發展出來的，除了紙筆筆記記錄外，有時也可以使用錄影機持續觀察幼兒在家中或園所的生活事件。

　　連續記錄法比一般軼事記錄法記錄更多完整敘述事件的發生與發展，此種方法如同軼事記錄法也是採用事件取樣的記錄方法。樣本分析法必須要詳細地記錄行為的發生及相關脈絡情境，以及如何導引下一個事件以及事件最重要的相關因素，如有必要，也要記錄非語言訊息（nonverbal signs）。此種記錄方式不需要事前訓練或很專業的訓練，所以很常被專業人員廣泛使用。此記錄方式最重要的目的是記錄行為發生的當下情境，讓閱讀者閱讀觀察者的描述能如臨其境。

　　樣本記錄法不像軼事記錄法能邊參與教學邊記錄，觀察表最好使用非參與的觀察方法，以便能詳實記錄每一行動的環節與脈絡。基本上，樣本記錄法是屬於非參與式的自然觀察，而且是非結構式，它的記錄方法簡單、不需太多輔助工具，但費時費力。

(一)樣本描述法之功能

　　樣本描述法或可稱為連續記錄法，其和單一特定樣本描述的日記法和軼事記錄法皆是以特殊事件作為觀察目標，針對事件進行觀察，採用的抽樣策略是事件抽樣法。唯一不同的是日記法和軼事記錄法時間較廣，針對較特定的行為觀察，而樣本描述或連續記錄法時間範圍較長，不受時間限制，最重要的是特定行為與事件發生時每一個情境皆須被記錄。事件抽樣方法最大功能在：(1)研究可以深度分析，供教保員參考；(2)資料可進行教保計畫規劃與評估；(3)資料可作為日後介入的依據及參考。

　　樣本描述法是一敘述性的描述記錄，可提供較多、較完整與詳細的記錄，而且可以記錄行為與事件的連結性。樣本記錄法根源於觀察者預先規劃的情境，在特定的時間與場所下，將一天中的時間、人物及情境記錄其連續發生情形，最重要是觀察者的文字敘述，要能使閱讀者身臨其境，或構想當時的情境。樣本描述法的記錄是同特定時間及情境下的觀察，不只限於單一的幼兒行為過程，也可同時對一團體做觀察。

　　樣本描述法最重要的是提供幼兒行為的脈絡及連續性行為分析，也為行為之可能影響因素提供詳細的資料，尤其在自然情境中，不受觀察干預的行為，尤其是深度及多重資料的進步檢視與分析，所以，此種觀察法可以達到下述的功能：

1.瞭解行為持續的發展變化。

2.檢視孩子在特定情境下的可能行為型態。

3.可以用來檢視影響行為的可能因素，如同霰彈研究模式（shotgun approach），以幫助日後量的研究設計。

4.幫助專業照顧者瞭解孩子行為原因，以作為日後教保活動或行為干預的參考。

(二)樣本描述法之範例

　　樣本描述法可提供教保人員在特定時間內，對幼兒行為作連續記錄，可以對特定對象或團體進行觀察。例如，教保人員可以選擇幼兒園在自由活動時間進行某項活動，老師可跟尾特定的觀察對象或在特定的角落，觀察幼兒的行為。在此特定時間內，記錄所有的行為，包括對話、互動、動作等。**表5-9**即某幼兒園在特定自由遊戲時段中，幼兒的社會戲劇遊戲的觀察記錄。

　　由**表5-9**的觀察記錄，M老師記錄當時社會戲劇遊戲情境及遊戲的動作與對話。不僅如此，M老師應用Smilansky的社會戲劇遊戲的內涵來分析小英的社會戲劇能力。觀察者的詳細記錄，不僅讓閱讀者瞭解遊戲的順序，並且應用Smilansky社會戲劇遊戲量表分析內容來分析小英的社會戲劇遊戲能力。觀察者不僅描述遊戲的前因與後果，尤其在社會戲劇遊戲中的假裝溝通、後設溝通、玩物轉換以及對角色的認知能力情形。除此之外，觀察者也可利用上述觀察內容來評析小英的社會戲劇能力，進而規劃其日後教學的參考。

表5-9　樣本描述法記錄範例

觀察對象：小英（4歲）、小明（3.5歲）、小華（3.5歲）（小班幼兒），小英是主要觀察對象 日期：2018/10/23 觀察場所：某幼兒園積木角、扮演角 觀察情境：在自由活動時段，老師布置扮演情境 觀察者：M老師 時間：10:00～10:20，共計20分鐘

（續）表5-9　樣本描述法記錄範例

M老師將扮演角的麥當勞廚房用具，並提供廚師帽子、圍裙、爐子、水槽、鍋子、煎匙、盤子、湯匙，還有一些食物模型。在積木角布置類似家庭的情境：桌子、沙發、桌巾及桌椅。	情境布置
小英來到扮演角看到煮飯的玩具，邀請在一旁現積木的小明也來玩扮家家酒，在一旁無所事事的小華聽到，就說：「我也要玩。」小英點點並指示小明當爸爸，小英說我當媽媽，小華當小嬰兒。小華馬上應聲說：「我不要當小嬰兒，我要當爸爸。」小英說：「不行，小明當爸爸，你要玩，就要當小嬰兒。」小華說：「好，那下次我要當爸爸。」小英說好，並指示小明去沙發坐，小華在沙發躺著，並要假裝哭。小英逕自到扮演角拿一些食物玩具，開始準備早餐。	遊戲情境描述
小英：寶寶看起來好像餓了，我們（對小明說）煮東西給baby吃。	小英指定遊戲角色並set up遊戲情境
小明：（從沙發跳起來）好。	
小英：（對小華說）你要哭大聲，並說你餓了。	小英具有後設溝通語言
小華：（也從沙發跳起來）但是我不餓。	後設溝通語言
小英：你要假裝說你餓了（並用手將小華推回沙發）。	
小華：（用似娃娃啜泣的聲音）我餓了。	
小英：（面向小明）爸爸，我們早餐吃什麼？	小英使用假裝（媽媽）溝通
小明：吃炒蛋好了。	
小英：好，假裝在食物堆拿蛋（並到積木角拿一些積木）。	小英有玩物轉換能力，將積木當蛋
小華：啊！我好餓、好餓哦！	
小英：（用手指小華，假裝責罵小華）不要吵！（手假裝在炒蛋），蛋已經在煮了，馬上就可以吃了。爸爸，你到餐桌準備餐具。	後設溝通語言
小明：馬上到積木角餐桌邊，拿一些盤子、湯匙（在布置餐桌）。好了，已準備好。	
小華：（從沙發跳起來）爸爸，我來幫忙。	
小明：（推小華回沙發）不行，小baby不能做，你該在躲在沙發哭才對。	
小明：（利用仿裝模型玩具的盤子及杯子來布置餐桌，用冰棒棍及飲料空罐來代替刀叉及牛奶壺）。	
小華：（躲在沙發）假裝哭得很大聲並說我好餓。	
小英：（在扮演角）持續在炒蛋，並放在盤子（用積木當蛋）。	玩物轉換能力，並用動作表示炒蛋
小明：（用空罐子倒牛奶）牛奶好了，媽媽，煮快點，小baby好餓。	
最後，小英、小明、小華在餐桌斗，假裝喝牛奶，吃炒蛋，並說好好吃哦！	
（此遊戲共進行15分鐘）	

(三)樣本描述法的使用步驟

樣本描述法的使用要領及注意事項類似軼事記錄，可以依循如下原則（李淑娟，2007）：

第一，觀察者宜採非參與觀察方式的記錄。

樣本描述法是需要觀察者當場詳細的記錄，為了使觀察者能專心不受干擾地記錄，所以觀察者不宜參與孩子的活動，如果必要的話，可以輔助錄音（影）設備，以便事後補充記錄。

第二，觀察時間不宜過長，最好在半小時至一小時之間。

每次觀察時段過長，容易造成精神及心力疲勞，而導致影響資料的完整性及敏感性。如有需要較長時間，可採用觀察員輪流觀察或選擇不同時段來輪替進行。

第三，若是頻率常發生的事件，觀察時段要預先設定。

樣本描述法常用事件抽樣技術，是屬於質性析分的策略，不似檢核表和量表方法，採用時間抽樣策略，並應用量化分析技術。故在觀察前，如遇同屬性事件，可採用不同時段觀察，以作事件發生因果性的交叉檢核（cross-validation）。

第四，觀察要依據觀察目的，盡可能詳盡描述。

作為兒童行為研究，詳盡描述及正確解讀資料是必備的。資料愈多，尤其影響相關細節或情境的描述，對資料的詮釋是有幫助的。記錄時不要去考慮資料的分析與解讀，儘量多蒐集事件及行為。最重要是所有資料的蒐集及分析要依照研究目的而定，至於要如何確定資料是否完整，李淑娟（2007）提出下列建議：

1. 觀察前，先對情境瞭解及描述說明。
2. 盡可能貼近被觀察者，完整記錄觀察對象所說的話、所做的事，以及與情境的互動，如果允許，也記得觀察對象的非語言行為。
3. 不論觀察什麼（what）行為，也要記得記錄如何做（how）。
4. 如果被觀察者與他人互動，也要記得與其互動的人說些什麼及做了什麼。
5. 每個動作與行為皆有其發生順序，要依序正確記錄。

6.如果觀察者熟悉觀察行為或有經過訓練，觀察行為也可以用代號或圖記來記錄，事後要依序補充，以節省記錄時間及心力。

第五，要注意可能影響行為之脈絡因素。

除了留意樣本描述方法是非參與觀察，故所有會侵犯或影響被觀察者的行為也要加以備註，例如脈絡環境的氛圍、兒童的健康或情緒反應。

第六，儘量使用客觀、明確及生活化的語句描述。

避免個人主觀化，使用客觀、明確、生活化的語句將有助於觀察資料的清楚呈現，也將有助於閱讀者瞭解事件發生始末的真實內容。儘量保持一項行為、一個句子的敘述，必要時可將觀察內容請同僚或觀察者父母確認，掌握三角教正（triangulation）的效度檢定。

第七，可配合錄音（影）設備，來補足或修正記錄。

記錄內容可能因為時間倉促而有錯失資料，如有錄音（影）設備來協助記錄，可提升樣本記錄的完整性及正確性。

第三節　結語

觀察是瞭解孩子遊戲行為及決定成人是否參與兒童遊戲的主要關鍵。基於這些理由，老師必須要能很準確地且有系統地觀察兒童遊戲。

我們在本章中已介紹四種工具幫助老師有系統地對兒童遊戲進行觀察，並且也透過作業的舉例，提供對幼教有興趣的學生或老師進行兒童遊戲觀察的參考：

1.檢核表可以有系統地記錄下找出孩子在遊戲時的特定行為，並有效地提供簡易的記錄系統。通常檢核表可以查證你所觀察的標的行為是否出現，同時也可以記錄出現的頻率。本章中，我們介紹了三種非常有用的觀察系統：

　(1)Parten/Piaget社會／認知量表：觀察幼兒在認知及社會層次上的遊戲行為。

　(2)Howes同儕遊戲量表：進一步分析幼兒社會行為的層次。

(3)Smilansky社會戲劇遊戲量表：觀察幼兒是否具有高品質的團
　　　體戲劇要素及技巧。而對各量表，我們也提供了記錄指引及方
　　　法。

2.與檢核表相較，評定量表可以記錄更豐富的兒童遊戲行為訊息。這
　些量表可幫助評量者更加瞭解兒童遊戲行為的質與量。本章我們已
　介紹兩種兒童遊戲評量表：Lieberman的玩性量表及Penn同儕遊戲
　互動量表。

3.軼事紀錄與檢核表及計分量表相比，較缺乏結構，因為觀察者只以
　紙筆或卡片記載兒童在遊戲時所發生的事件。軼事筆記及軼事花絮
　可比檢核表之量化勾選行為次數提供更多的遊戲脈絡訊息，但是使
　用此種方法，觀察者會較費力、費時。

4.在遊戲角之活動錄影紀錄較不需要老師特別的心力及注意，而且可
　以記錄兒童遊戲的全部情節。

5.樣本記錄法如同軼事記錄法般是屬於質性分析方法，但樣本記錄法
　為連續記錄，可獲得完整事件的發生與發展，同時也可瞭解發生行
　為的相關脈絡情境。

第六章

遊戲的成人角色

- 成人介入遊戲的影響
- 遊戲訓練研究
- 擴充遊戲策略
- 結語

　　一直以來，成人在兒童遊戲中的角色都有其爭議性。支持人參與遊戲的學者辯稱，成人的參與可以豐富兒童的遊戲經驗並且提升兒童的社會與認知發展（Jones & Reynolds, 1992; Kitson, 1994; Roskos & Neuman, 1993）；而不支持此論點的學者們則認為，成人參與兒童的遊戲會干擾或抑制兒童的遊戲活動並減少他們遊戲學習的機會（Miller, Fernie & Kantor 1992; Pellegrini & Galda, 1993）。本章所要討論的重點，就是成人要如何設計豐富的遊戲，並提供合適的玩物和情境來延伸孩子過去的經驗。父母及教育者要成為孩子的玩伴，首先應幫助孩子選擇適宜的玩物、處理在遊戲中遇到的各種狀況，並且能透過觀察或直接參與孩子的遊戲，在互動中幫助孩子提升實質能力，如此才能讓遊戲發揮最大的助益。

第一節　成人介入遊戲的影響

　　許多研究指出遊戲訓練可以提升幼兒的認知及社會能力，因為在遊戲訓練的過程中，包含了讓成人直接參與孩子的遊戲，使成人與孩子產生接觸，這將有助於提升孩子的創造力、語文智力、以他人立場看事情的能力，以及合作和社會技巧（Smith & Syndall, 1978）。這些能力確實可以因為成人的參與而有所增長，但成人的參與必須是以正確而適當的方式進行，如果干預過多，或是直接糾正孩子的玩法，則可能會妨礙孩子的創造力或干擾孩子遊戲的進行，反而產生反效果。

　　成人究竟要以何種角色介入遊戲，可從以下方向思考之：

1. 與孩子建立融洽與相互依戀關係：老師若能與幼兒一起玩，幼兒會覺得他們所玩的遊戲很有價值，就像當老師彎下身採取與孩子平行姿勢的時候，孩子也會覺得老師非常親切而不那麼遙不可及（Wood, McMahon & Cranstoun, 1980）。

2. 增加遊戲的專注力與持續力：當成人參與兒童的遊戲時，可以減低孩子遊戲時的不專心，而且會增長遊戲的時間（Hutt, Tyler, Hutt & Christopherson, 1989）。Dunn及Wooding（1977）觀察到當母親與孩子一起玩遊戲時，孩子玩的時間要比他自己一個人玩的

時間來得長；英國幼稚園也有類似的發現（Sylva, Roy & Painter, 1980）：當老師與孩子一起玩時，遊戲會玩得比較久。這種持續力（persistence）可以強化孩子日後對工作的專心程度，對未來在學校的學習也很有助益。

3. 提升遊戲的品質：成人參與兒童遊戲，可以提升遊戲的品質，幫助孩子參與高品質的社會戲劇和建構遊戲，以提高他們的智力和社會發展。在遊戲訓練實驗中發現，成人的示範可以幫助孩子參與高品質的遊戲。Bennett、Wood及Rogers（1997）也發現老師可以在和孩子互動時，提供玩物、想法及技巧來幫助孩子擴展遊戲的視野，同時加強他們的學習效果。

4. 增加同儕的互動品質：成人可以幫助兒童經營在遊戲中的互動機會，而且也可以指導孩子成功、有效地與其他兒童一起合作，並教導他們如何與同儕相處，提升彼此的互動品質（Howes & Smith, 1995）。

5. 創造孩子的「最佳發展區」（zone of proximal development）：老師可以幫助孩子進行遊戲並且豐富遊戲的情節，透過支持（鷹架）及回應性的互動，擴大孩子的遊戲發展空間（Erwin, Carpenter & Kontos, 1993）。但是當成人過度應用他們的權威來指導（指揮）兒童或建立整套遊戲情節時，反而會限制孩子無法用自己的方法去遊戲，因而減少了孩子探索、解決問題、與同儕互動或冒點風險去考驗自己能力的機會（Miller et al., 1992）。這種干預常會針對兒童所進行的遊戲情節產生干擾，甚至影響兒童以後不再進行類似的遊戲（Jones & Reynolds, 1992; Wood, McMahon & Cranstoun, 1980）。

上述的成人參與兒童遊戲的角色可以透過成人的支持及回應性互動中來擴大兒童遊戲之發展空間（Erwin, Carpenter & Kontos, 1993），但有些學者也提醒我們如成人之不當介入可能造成對孩子的影響。正如Pellegrini及Galda（1993: 169）指出：「當兒童與成人互動時，成人大部分皆在指導兒童進行工作。」有些老師常會干預孩子正在進行的遊戲，並

教導孩子一些概念或重新引導他們進行成人認為有意義的學術活動。此種干預常會為兒童所進行的遊戲情節產生干擾，有時也可能造成兒童不再進行遊戲（Jones & Reynolds, 1992; Wood, McMahon & Cranstoun, 1980）。這些錯誤性應用成人干預，可能會造成Sutton-Smith（1990: 5）所言：「成人最好鼓勵小孩自己玩，也不要應用成人權威，像獨裁式的暴君裝模作樣地指揮孩子如何來說，這會干擾孩子並造成對孩子的傷害。」

　　Johnson等人（1999）堅信成人參與會有好壞之雙邊效果，因此最重要的便是成人如何來參與孩子所進行的遊戲；如果成人的介入是以一種帶有敏感性、因應性及支持性的方式，那兒童的正面遊戲效果便會被加強；而如果成人整個控制兒童遊戲流程，並要求兒童以結構化的方式來遊戲，甚至干預其成為學術及有目的之用途，那兒童在遊戲之效果是不為其利，反蒙其害（有關成人參與的研究結果請參閱**專欄6-1**及**表6-1**）。

專欄6-1　成人干預兒童的遊戲對於學校行為的影響

　　隨著Smilansky（1968）最初實驗計畫的開展，幼稚園教師會干預幼兒的遊戲活動以改善戲劇表演與社會戲劇遊戲活動的品質，這一主題陸續成為許多研究的目標。下列研究（**表6-1**）就是針對遊戲活動對各類相關技巧會產生的轉移效果所進行之調查。

　　在**表6-1**的第一欄顯示，這些實驗涵蓋了十六年（1967～1983）之久。在第二欄中則標示出所研究的兒童對象，年齡介於二歲九個月到六歲之間，分別來自中、低社經地位的家庭，並且含括不同的種族或是民族。

　　所有研究均納入成人對兒童遊戲的干預，成人干預兒童的假扮遊戲，目的則是改善遊戲中戲劇表演與社會戲劇活動的型態。每項研究裡的干預方式都不相同。有些成人會和兒童討論加入戲劇表演或社會戲劇遊戲的新主題；有些成人則專注於表演技巧而不會干預表演的內容。這些成人鼓勵兒童使用非構造的材料（non structured material）、在不悖離情節的架構下提供合作對象與互動的意見、幫助修

飾主題、鼓勵採納角色等等。還有一些成人除了引導主題之外，會進一步將這些主題表演出來，並鼓勵兒童運用想像力去使用遊戲的設備，同時為扮演的角色提供建議。

資料來源：摘自Smilansky, S. (1968). *The Effects of Sociodramatic Play on Disadvantaged Preschool Children*. New York: Wiley.

表6-1　大人干預假扮遊戲對於校方關心事項所造成的影響

研究員	研究對象	成人的干預	遊戲的好處	與學校相關之改變
Smilansky（1968）	四至六歲，低社經地位	主動參與兒童的遊戲技巧（非其內容）：鼓勵孩童去使用材料、去邀請其他同儕一塊玩、幫助修飾主題、鼓勵採納角色	✓	語言標準——字彙的數量和品質；豐富的字彙
Freyberg（1973）	五歲，低社經地位	成人鼓勵模仿清潔工人情節；引導主題後，才開始將之表演出來；鼓勵兒童運用想像去使用遊戲設備；鼓勵兒童把角色演出來	✓	正面的影響；專注於表演活動的想像力
Feitelson & Ross（1973）	五至六歲，低社經地位	鼓勵幻想和創造；減少對現成玩具之依賴	✓	好奇、創新和行為原創力評估工具
Rosen（1974）	五至六歲，低社經地位黑人	成人建議並主動參與，類似Smilansky（1968）	✓	解決群體之改變問題的任務；運用透視；預測他人的偏好和欲望
Saltz, Dixon & Johnson（1977）	三至四歲五個月，低社經地位各類種族	扮演編造的故事；鼓勵話劇；鼓勵兒童敘述並演出看醫生、去雜貨店與消防隊等等	✓	認知的任務；控制衝動話語的智慧；詮釋故事

（續）表6-1　大人干預假扮遊戲對於校方關心事項所造成的影響

研究員	研究對象	成人的干預	遊戲的好處	與學校相關之改變
Smith & Syddall（1978）	三至四歲，中等社經地位	成人的鼓勵及建議讓兒童模仿並維持幻想表演；鼓勵兒童和其他人加入表演	✓	更多群體活動；和指導技巧的群體相比，在智能和社會情緒能力的評定工具有同等好處；基本概念；創造力測驗；群體活動；注意範圍；認知能力和社會認知
Golomb & Cornelius（1977）	四歲至四歲六個月，中等社經地位	創造虛構的事件；促使孩童解釋此虛構事件	未測驗	保守的任務
Burns & Brainerd（1979）	四至五歲	成人主動參與	未測驗	運用透視
Dansky（1980a）	五歲，低等社經地位黑人和白人	成人主動參與，鼓勵兒童裝作和主題大致有關的角色；類似Smilansky（1968）所述之干預；建議兒童做某些和角色相關的事	✓	評價想像力：語言－言辭的理解力、產生和組織，認知的任務和連續的活動
Udwin（1983）	三至六歲，正常	成人運用各類技巧來鼓勵	✓	評價創造力、言辭之流暢；增加想像的表演、正面的情緒；與同儕的社會互動行為和合作；減少挑釁；情緒和社會上的調整

資料來源：摘自Smilansky, S. (1968).

第二節　遊戲訓練研究

　　遊戲訓練是指兒童在成人的教導下進行社會戲劇遊戲。以色列的Sara Smilansky（1968）是遊戲訓練的首創者。他研究北非／中東社經地位較

低的移民家庭，以及以色列中產階級的家庭，結果發現，低社經地位家庭的孩子較少從事社會戲劇遊戲，包括想像活動及彼此合作、角色扮演，也較常在學習上出現困難，Smilansky因此假設，社會戲劇遊戲有助兒童在認知、語言上的發展，如果缺乏足夠的戲劇遊戲，可能會影響孩子的學習能力與成就。

在這樣的假設下，Smilansky又進行以下研究，探討低社經家庭的孩子為何在認知成長略遜一籌，其研究架構如下：

將參與實驗的兒童分為以下四組進行實驗：

第一組：給予兒童直接經驗，如藉由參觀活動親自體驗。

第二組：進行遊戲訓練又分成兩種，一是老師只給意見而不參與活動，另一是老師參與活動並且示範（請參閱**專欄6-2**）。

第三組：兒童既擁有直接經驗，又參與遊戲訓練，兩者兼備。

第四組：控制組。

Smilansky的研究結果顯示，上述第二、三組的兒童擁有較成功的社會遊戲經驗，在認知上也有較明顯的發展，而第一組兒童則看不出在認知上有任何進步，Smilansky因此推估，低社經地位家庭的小孩如同第一組兒童，只擁有直接經驗但缺乏遊戲的技巧與知識，因此在認知發展上也較為遜色。

專欄6-2　兩種社會戲劇遊戲指導

黃老師觀察小強正獨自在積木角玩積木，但他並沒有從事建構性或戲劇性的遊戲，只是將積木堆起來，然後又很快地把積木推倒，老師知道小強非常喜歡並且自豪於他所穿的新鞋，因此決定使用外在及內在干預的遊戲指導來鼓勵小強從事較高層次的遊戲（參與觀察）。

外在干預：指導者角色

老師：店員先生（不稱呼小強），你本來有好多鞋子（指著積木），你都賣掉
了嗎？

小強：沒有啊！

老師：你為什麼不把大積木從架子上拿開，讓顧客看清楚你所賣的鞋子呢？如
果你可以做這些事，我就幫你找一些顧客來買你的鞋子。

老師於是跑到娃娃家找一群小朋友，問他們願不願意去逛鞋店，順便買幾雙鞋
子回家。

內在干預：參與者角色

老師：店員先生，我想買一雙鞋（指小強在玩的積木）。

小強：哪一雙？

老師：那雙藍色鞋（從積木中拿兩塊積木並假裝穿上去）。

小強：你喜歡嗎？很好看哦！

老師：這雙太緊了。

小強：這裡有較大的尺寸（再拿兩塊積木給老師並請他再試穿）。

此外，老師還可以要求當小強的店員，幫他賣鞋子。

1.外在干預（outside intervention）：成人在遊戲指導上保持一外在的角色，以
說明及建議鼓勵兒童使用社會戲劇行為。Smilansky（1968）建議：一定要
以孩子在遊戲中所扮演的角色來指導他，而不是以真實的角色來指導他。在
這種干預方式中，老師並不直接參與孩子的遊戲，只是引導孩子去遊戲，並
控制遊戲情節的進行，鼓勵孩子使用新的遊戲行為，如角色扮演、想像轉換
等。外在干預較不會真正地干預孩子，但也因此較缺乏明顯的模塑效果。

2.內在干預（inside intervention）：成人扮演一角色，並實際參與孩子的遊戲
（Smilansky, 1968）。當進行角色扮演時，大人可塑造（模塑）一個新的且孩
子從沒有使用過的角色行為，由成人扮演主要的角色，並利用動作及說明來
監控整個遊戲過程。內在干預較能模塑（modeling）孩子去學習新的遊戲技
巧，但干預的成分也較多。

3.逐漸調整（phase out）：不管成人是否使用內、外在干預的指導策略，當成人發現兒童開始呈現他們所要玩的遊戲行為時，成人就應該逐漸調整、淡出甚至停止他們的指導行為。此時成人的角色可以轉移到非指導式的遊戲，或是乾脆退出兒童的遊戲情節。這些漸進的過程是從對孩子遊戲行為的控制，轉移到幫助兒童提升獨立能力與自信。相關研究便發現，成人逐漸調整干預程度的技術可以加強兒童對延續遊戲的訓練效果（Singer & Singer, 1980）。

資料來源：整理改作自吳幸玲、郭靜晃譯（2000），James E. Johnson等著。《兒童遊戲——遊戲發展的理論與實務》。臺北：揚智文化。

除了Smilansky，其他研究者也有類似的研究發現，包括美（Feitelson & Ross, 1973）、英（Smith & Dodsworth, 1978）、加拿大（Rubin, Maioni & Hornung, 1976）等研究都顯示出，當兒童的社經地位較低，所從事的戲劇遊戲層次也比較低，對未來在學習、認知上的發展都有負面影響。

舉例而言，美國、英國、加拿大在1970年代都有研究者進行和遊戲訓練有關的實驗，這些實驗都假設遊戲有助於認知的發展，大部分研究採用Smilansky的外部參與意見或直接參與遊戲的方式，結果也如第二章所述，遊戲訓練可以增加認知發展（如IQ、創造力、角色取替能力、語言發展等）以及社會技巧（如合作或情緒控制），而其實驗方法和結果則是大同小異，肯定了原有的假設。在這些研究中，兩種主要的遊戲訓練包括：

1.社會戲劇：如專欄6-2中所列，Smilansky的外在與內在干預策略。
2.主題幻想：大人先把故事告訴兒童，再為他們分配角色，使兒童成為故事中的主角，進行即興表演（參考專欄6-3）。

專欄6-3　主題幻想遊戲訓練

　　主題幻想的訓練（Thematic-Fantasy Training, TFP），由Saltz及Johnson（1974）發展出來的兒童劇，可以幫助孩子演出如小紅帽、三隻小羊過橋、三隻小豬、傑克與仙豆的故事等。任何具有角色與簡單情節的童話、民間故事、簡單小故事，都可以用來進行這種戲劇訓練。此種兒童戲劇的訓練有四個步驟，茲述如下：

步驟1：成人先對孩子說故事，使孩子瞭解故事內容，並共同討論

　　一定要有成人讀故事給兒童聽，並一同討論故事內容。老師可以用提問的方式來瞭解兒童是否已經完全瞭解故事的情節，例如對於三隻小熊、灰姑娘或傑克與仙豆這些故事，老師可以問兒童下列之問題（Neuman & Johnson, 1981）：

三隻小熊

1. 三隻小熊住在哪裡？
2. 三隻小熊為什麼要出去呢？
3. 當小女孩進入小屋後，她最先做的事是什麼？
4. 她最先試用誰的湯（椅子、床）？她喜歡嗎？為什麼？
5. 她又再試用誰的湯（椅子、床）？她喜歡嗎？為什麼？
6. 她最後試用誰的湯（椅子、床）？她喜歡嗎？你知道為什麼嗎？後來椅子怎麼了？
7. 當小熊們回來時，小女孩正在做什麼？小熊們的感受如何？當小女孩看到小熊們，她覺得怎樣？為什麼？她怎麼做？
8. 小女孩還可能怎麼做？
9. 還可能會發生什麼事？為什麼？
10. 如果你是小女孩，你會怎麼做？

灰姑娘

1. 灰姑娘住在哪裡？她跟誰住在一起？
2. 灰姑娘在家裡要做哪些事？
3. 灰姑娘必須做很多家事嗎？
4. 灰姑娘想去哪裡？為什麼灰姑娘的姐姐們不讓她去？

5.當灰姑娘自己留在家裡時，誰來找她？

6.仙女用什麼當作馬匹？

7.舞會上發生了什麼事？後來呢？

8.到了午夜時發生了什麼事？後來呢？

9.為什麼舞會結束後，王子要去灰姑娘家呢？

10你喜歡這個故事嗎？為什麼？

傑克與仙豆

1.傑克的媽媽要傑克如何處理他們的牛？

2.為什麼他們需要賣牛？

3.他們可以用什麼方式提高價錢？

4.傑克真的把牛賣了嗎？

5.傑克的媽媽反應如何？她怎麼做？

6.後來發生什麼事？傑克到哪裡去？

7.傑克在雲上面發現什麼？

8.誰住在城堡裡？傑克藏在哪裡？他還可以藏在哪裡？

9.傑克從巨人那裡拿到什麼？為什麼？

10.後來傑克怎麼做？後來呢？故事是怎麼結束的？

步驟2：提供道具

　　在進行兒童戲劇訓練的時候，可以使用道具（props）來配合故事的演出，對於主題幻想遊戲而言，道具管理不可或缺，而且愈符合故事情節愈好；不過太多的道具可能會使孩子在扮演遊戲中分心，或太專注於玩弄、搬移道具，如此反而影響了孩子的扮演能力。記住：道具只是一種媒介而不是行為的目的。在使用道具時，必須考量下列兩個問題：(1)道具是否有助於兒童對故事情節的扮演？(2)兒童是否能按照故事內容情節來表演？而三歲半以下的幼兒需要較結構性、真實、具體的道具（例如玩具電話、廚房組合玩具）來幫助他們進行表演，因為他們還不能去除自我中心（decentration），也不能脫離情境（decontextualization）。當孩子漸長，他們才可以逐漸使用較有彈性的道具（外表看起來較不相似）來象徵其他物品（例如把積木當作電話），並且也可以將過去相異的簡單經驗整合（integration）起來成為較複雜的遊戲情節。

步驟3：分配角色給孩子，並幫助他們演出故事情節

成人分配角色給孩子，並幫助孩子演出故事的情節。老師扮演主要角色或配角來參與孩子的扮演遊戲

步驟4：幫忙孩子再換角色來扮演

演了幾遍後，孩子透過成人的幫忙再換角色來演，而成人慢慢退出成為協助者的角色

表6-2列出可以用來當作主題幻想遊戲的故事，每個故事已分成四部分：角色、道具、環境以及相關的活動。身為老師、父母、圖書館員，以及其他與兒童有關的成人，在使用這種有主題的幻想遊戲時，必須視情況來兼顧這些建議，如若是幼兒的人數較故事中的角色還多時，老師可以創造一些角色，像森林中的動物等，讓幼兒都能一起參與。

資料來源：摘自Newman, V. & Johnson, J. E. (1981). Fantasy play: Acting out stories. *Offspring, 22*, 15-59.

表6-2 主題幻想遊戲的故事

主題	角色	道具	場地	相關活動
三隻小熊與小女孩	熊爸爸、熊媽媽、熊寶寶、小女孩、森林裡的動物	桌子、湯匙、餐巾、盤子、花瓶、花、帽子、假髮、三張椅子、三張床、三個碗、枕頭、床單	布置好的餐桌、椅子或其他替代物、可以代替床、椅子等	參觀旅行／到動物園、馬戲團、博物館／圖書角／圖片、書、錄音機、色卡、木棒、小組繪圖、紙板製作的大故事
小紅帽	小紅帽、媽媽、大野狼、奶奶、獵人、森林動物	籃子、裝在籃子的東西、帽子、毛巾、塑膠或紙製的刀、水果和蔬菜、食品罐頭、盒子、球棒、水桶、杯子、玻璃製鼻子和牙齒	用椅子、桌子、圍出一個區域（如奶奶的房子）；室外可以大箱子、遊戲場設備、用樹、板子搭房子、森林等	製作帽子或小紅帽籃子裡的食物／拜訪／動物園管理員、義工、小組繪圖
灰姑娘	灰姑娘、繼母、兩位同父異母的姐姐、掃把、仙女、王子、隨從、城鎮上的人、跳舞的人、王后、國王、老鼠	掃把、拖鞋、禮服、王冠、大南瓜、告示牌、梳子、鏡子、刷子、椅子、桌子	安排桌椅、布置成家中室內的樣子	準備並製作道具：各種不同式樣的鞋子／剪貼活動／畫圖

主題	角色	道具	場地	相關活動
三隻小豬	三隻小豬、大野狼	稻草、木頭、磚、桌子、椅子、煙囪、樹枝和圍巾	用椅子布置成三個房子（稻草、木板、磚塊放在椅上代表）及以椅子當蘋果樹	練習選擇分辨各種材質、剪各種棚子、形狀書、小組畫圖紙板做大的故事書
傑克與仙豆	傑克、媽媽、小販、巨人、妻子	用釦子當仙豆、用紙當錢、娃娃當雞、用桌子當雲、帽子	小房間或小區域／放置桌子、椅子或用遊戲台子當房子、在外面貼上雲	圖書角／圖片、書、錄音機、小組畫圖塗色、膠水、色筆
糖果屋	漢生、葛瑞特、繼母、繼父、巫婆、森林動物、天鵝	長條麵包、麵包屑、樹、房屋、桌子、椅子、爐子、籠子（用箱子做）、用毯子當作池塘	用桌、椅、毯子設計安排一個遊戲區	用箱子製作道具製作蛋糕／圖書角／錄音帶、書、小組畫圖、錄音機
三隻羊過橋	三隻小山羊、巨人	桌子、大積木和可用來當作橋的板子	小房間或積木角或戶外來架橋	圖書角／圖片、故事、各種動物的聲音錄音帶、塗色／參觀旅行／動物園或農場山羊的家、畫圖，或做大本故事書
大野狼和七隻小羊	母羊（羊媽媽）、大野狼、七隻小羊	地毯、水桶、白粉、花、家具、桌子、椅子、剪刀	離開牆邊的房間的一部分、小房間、戶外遊戲場	圖書角／書、畫圖、紙板製的大故事書
拔蘿蔔	農夫、妻子、女兒、狗、貓老鼠、蘿蔔	地毯	房間的中央，鋪地毯、很多人同時可演出的大場地	種植蔬菜和花拜訪農夫圖書角故事、圖片、紙板製的大故事書

註：其他適合主題幻想遊戲的故事還包括：湯姆歷險記、白雪公主與七個小矮人、美女與野獸、醜小鴨、三隻小貓、睡美人、野獸國，或其他的中國民間故事。

資料來源：摘自Newman & Johnson (1981).

從上述研究結果可以看出，遊戲訓練對於兒童有相當正面的效果，不僅有助於增強兒童參與各種團體遊戲的能力（Christie, 1983; Dansky, 1980a; Saltz, Dixon & Johnson, 1977; Smith, Dalgleish & Herzmark, 1981），

也有助於孩子們在認知能力上的發展，例如IQ分數（Hutt et al., 1989; Saltz et al., 1977）、創造力（Christie, 1983; Dansky, 1980a; Feitelson & Ross, 1973）、語言發展（Levy, Wolfgang & Koorland, 1992）及角色取代能力（Burns & Brainerd, 1979）。

除此之外，其他研究還指出，幻想遊戲（Thematic-Fantasy Play, TFP）對兒童的遊戲能力（Saltz & Johnson, 1974）、提升智力（Saltz & Johnson, 1974; Saltz et al., 1977）及理解力（Pellegrini, 1984; Saltz & Johnson, 1974; Silvern, Taylor, Williamson, Surbeck & Kelley, 1986）等都有長足的幫助。

雖然這些研究的結果相當一致，研究方法上卻也有些共同的問題（Christie & Johnsen, 1985）。其中最常犯的錯誤，便是無法完全掌握「同儕互動」這個干擾變項（confounding variable），結果便無法確認研究結果的不同是否來自「遊戲訓練」這個自變項的改變。

舉例而言，兒童認知能力的強化，究竟是因為遊戲層次的提升，還是因為成人提高了參與的程度？雖然之後在進一步控制變項後確認，成人的參與是影響認知能力的主要原因，但由於缺乏後續的追蹤研究，仍然無法證明，遊戲訓練的影響力到底能維持多久（Rubin, 1980）。

另外還有其他研究發現（Smith & Syddall, 1978; Smith et al., 1981），要控制成人對遊戲的參與，才有助於幼兒在認知與社會能力上的發展，而不是一昧地增加遊戲行為。

針對遊戲訓練的效果究竟能維持多久，最新的研究採用「延遲後測測驗法」（delayed post test），終於獲得較明確的答案。Christie（1983）和Smith、Dalgleish與Herzmark（1981）在給予遊戲訓練的十二週後才進行後測，結果發現，兒童的認知能力仍有長足進步，這也證明了遊戲訓練確實具有長遠而持續性的正面影響。

上述研究雖然在實驗設計上出現了研究方法的一些問題，但研究結果仍彰顯出遊戲訓練對兒

童的認知發展有極大幫助。雖然在理論層次由於未能完全控制某些變項，無法確認遊戲訓練和認知發展兩者間是否存在因果關係，但這些研究結果仍有很高的應用價值。對為人父母與老師而言，妥善運用遊戲訓練來提升、促進兒童的認知能力與社會適應力，是條切實可行的道路（可進一步參考**專欄6-4**的說明）。

專欄6-4　「戲劇乎」？「遊戲乎」？——社會戲劇遊戲與幼兒

一、社會戲劇遊戲之構成要素

社會戲劇遊戲依Smilansky（1968）及Smilansky、Shefatya（1979）的研究，可以細分成六個構成要素：角色扮演、對玩物的想像轉換、對動作及情境的轉換、持續力、社會互動、語言溝通。茲分述如下：

(一)角色扮演

角色扮演是指幼兒扮演自己以外的他人角色，如家庭的其他成員（爸爸、媽媽、祖父母、兄弟姊妹）、學校的老師、醫生、護士、救生員、警察等，在扮演時，幼兒要能設身處地以扮演者的觀點來看待事物，包括角色應有的語言與合宜的行為。著名的兒童心理學家Piaget認為，由於角色扮演需要表現出角色適當的行為、感受及語言，所以可讓幼兒學習如何認同他人，逐漸發展「排除自我中心」的概念，同時能使幼兒從不同的觀點來思考，並進一步培養解決問題的能力。

(二)對玩物的想像轉換

對玩物的想像轉換是指用替代的物品來表示遊戲的物體。一開始，幼兒會以日常生活中的真實玩具來取代其他物體（例如用洋娃娃代替小嬰兒、玩具電話代替電話、火柴盒小汽車代替汽車等），接下來幼兒會利用相似的物體來替代，再進一步，更能用外表不相似但功能相似的物體來進行想像轉換，到了下一階段，幼兒就可以擺脫實物的限制，用語言或動作來代表玩物（例如雙手平擺，佯裝坐飛機）。

兒童遊戲與發展

(三)對動作及情境的轉換

對動作、情境的轉換，是指用替代的手勢或語言來表示動作或情境，例如用雙手環成一圓圈並說：「這是我的杯子」，或用手指在空氣中撥了幾下，用語言假裝在與別人講電話。

蘇俄心理學家Vygotsky認為，幼兒在玩物、動作、情境的認知能力上，有幾個層次的變化：首先，幼兒會先以真實的小玩具當作玩物（如扮家家酒的組合玩具），在經過一段時間的經驗累積，並瞭解象徵化（symbolization）的意義後，就會減少對真實玩物的依賴，轉而使用替代性的玩具、動作，最後，再轉為使用更抽象的語言或動作來替代。在這種想像轉換的過程中，幼兒學會了逐漸用語言來表達對物體及情境的想法，因此社會戲劇遊戲對幼兒在語言及創造力的發展都有所幫助。

(四)持續力

此處所稱的持續力，是指幼兒在社會戲劇遊戲中扮演和遊戲主題相關角色所經歷的時間。隨著年齡的增長，幼兒維持社會戲劇角色的時間也相對提高，這是因為幼兒對角色有深入的瞭解，也有更豐富的生活經驗，因此能夠增加扮演角色的持續力。一般中、小班幼兒應可維持五分鐘，而大班幼兒至少可維持十分鐘。如果社會戲劇遊戲對兒童發展有所幫助，那持續力便是支持社會戲劇遊戲對幼兒各方面發展有所助益的重要基礎。

(五)社會互動

社會互動是指二個或二個以上幼兒依遊戲情節與角色進行的直接互動。社會戲劇遊戲顧名思義是二個以上的成員可以共同合作，就情節的主題做直接的呈現與互動，如此一來，社會戲劇遊戲便有了較高的社會互動層次，同時也可以增加幼兒合作、分享、輪流等社會技巧。

(六)語言溝通

語言溝通係指幼兒對有關遊戲主題的內容產生語言上的交換。幼兒在戲劇遊戲中的語言溝通，包括後設溝通及假裝溝通。前者的目的在組織及維持遊戲內容的通暢，例如幼兒在扮演某個角色有不適當的動作或說明時，其他幼兒會指正他說的不對（如爸爸不穿裙子）；假裝溝通的目的則是為了增加角色扮演中的語言互動，如

兩名兒童在扮演一場病人上醫院的遊戲時，一名扮演病人的兒童也許說：「醫生，我肚子很痛，你能幫我醫好它嗎？」。假裝溝通可以鼓勵幼兒對所扮演的情節進行直接溝通，以符合自己所扮演的角色。

目前，有關兒童遊戲的研究發現，社會戲劇遊戲對幼兒發展有重大影響。社會戲劇遊戲中的六個要素（角色扮演、對玩物的想像轉換、對動作及情境的轉換、持續力、社會互動、語言溝通），和幼稚園兒童的認知、社會認知（乃社會技巧和概念）存在相關性。而幼兒的社會戲劇遊戲能力愈高，與同儕的合作程度也愈高，同時會愈受同伴歡迎！此外，在語言發展、智力增長與和他人的協調能力上也都會有進步。而有關遊戲訓練的研究則指出，幼兒社會戲劇遊戲能增加幼兒在社會及認知上的能力、語言技巧、排除自我中心、問題解決能力，以及正向的同儕互動與合作能力等。

社會戲劇遊戲不僅在學理上、研究上皆指出其有重要價值，實務上亦受到肯定，美國在幼教課程中已經納入社會戲劇。反觀國內，家長將「不要讓孩子輸在起跑點上」、「愈早教育越好」的口號奉為圭臬，因此干預幼兒園並要老師及早教小學課程才教的注音符號、國字、算術，甚至安排雙語課程，下課後再四處送孩子學習才藝。在幼稚園，雖然教育部在1987年頒訂的「幼稚園課程標準」中，有將遊戲視為六大課程領域之一，但老師們多因要將課程的結構目標傳輸給幼兒，而把自由遊戲的時間減至最低。即使幼兒在自由遊戲時，老師大都忙著準備教具、休息，不知如何帶領幼兒從事更高層次的遊戲行為，這種現象與師大潘慧玲教授所做的研究也發現：國內幼兒最常玩的遊戲是平行←→建構，次為單獨←→建構或單獨←→功能遊戲，此外，非遊戲行為（如無所事事的行為或旁觀的行為）亦相當常見。

幼兒們去幼兒園的主要目的是在培養速成而且人造的天才，但缺乏玩性，不知如何去玩，此種現象也正如中國的傳統觀念「業精於勤荒於嬉」，成人將遊戲視為一種「不正經事」，因此對幼兒的「遊」、「玩」、「戲」，大都抱持「勉強忍受」的負面態度，甚至希望阻止孩子們遊戲，這也導致了遊戲的層次無法提升，社會戲劇遊戲只能成為幼兒生活的點綴，而無法發揮遊戲的正面功能。

二、構成社會戲劇遊戲之必要條件

美國學者Griffin認為，在讓幼兒進行社會戲劇遊戲之前，成人應先備妥下列四項必要條件：(1)時間；(2)空間；(3)玩物；(4)預先經驗。每一條件都會影響幼兒的遊

戲品質，茲細述如下：

(一)時間

社會戲劇遊戲需要幼兒們呼朋引伴、計畫主題、建構情節、選擇角色展現遊戲技巧，所以要有充分的時間讓幼兒玩社會戲劇遊戲，充分的社會戲劇遊戲須要三十至四十分鐘。

幼兒在玩社會戲劇遊戲時，在時間安排上有三個階段：

1. 準備期：幼兒在此階段中需要熟悉玩物與情境，同時也需要與同伴相互熟悉。
2. 指導期：在此階段，包括分派角色、組織故事情節、道具的認定等。有時幼兒會因溝通不良或不認同被安排的角色、故事情節，而一直停留在此階段。
3. 執行期：這個階段，幼兒已找好同伴並確認主題，展開社會戲劇遊戲的扮演。

(二)空間

空間的安排會影響幼兒玩遊戲的品質及進展，尤其是在室內玩社會戲劇遊戲時。幼兒在家中喜歡於客廳或廚房內玩社會戲劇遊戲，而在學校多限於娃娃角，故娃娃角的空間安排，娃娃角的界限、大小，對幼兒格外重要，如空間允許，可將社會戲劇遊戲移到戶外或與積木角合併，皆可幫助幼兒擴展遊戲的情節。

(三)玩物

玩物的變化對於幼兒遊戲有很大的影響，與主題有關的設備，如吹風機、醫生用的聽診器、電話、廚房用具等，也能幫助幼兒進行與此主題相關的社會戲劇遊戲。Piaget指出幼兒隨年齡增長，將逐漸有「排除內容化」（decontextualization）的能力，就是說幼兒可以不受具體的玩物特徵所影響，而用非具體的玩物（如積木）、手勢或語言來象徵所替代的具體玩物，也就是社會戲劇遊戲中所強調的想像轉換的能力。

(四)預先經驗

社會戲劇遊戲中的角色扮演，需要幼兒對所扮演的角色特質、行為或語言有先前的經驗，否則遊戲將無法進行。幼兒常玩的社會戲劇遊戲主題常為其所熟悉的角

色，如父母、祖父母、兄弟姊妹、警察、救火員、司機、醫生、護士等，至於某些分工較細的角色（如廚師、秘書、市長），因較無經驗或易於和其他角色混淆而無法扮演。因此事先提供與角色有關之先前經驗，除了可讓幼兒對欲扮演的角色有深入認識外，更可透過與其他專業角色的聯結而將主題擴大，使社會戲劇遊戲的內容更加豐富。

幼兒需要具備上述四種條件才能擁有扮演社會戲劇遊戲的能力，同時也必須確定此四條件均十分充足，才能真正測出幼兒的社會戲劇遊戲能力。此外，老師（或父母）都扮演重要的角色，老師（或父母）要身兼遊戲的觀察者、輔助者，利用關鍵時刻進行遊戲指導，或提高幼兒遊戲的品質、經驗及延長遊戲的時間（父母邀請幾位同齡的小朋友來家中一起嘗試，也不失為一種遊戲的互動方式）。

三、老師或父母角色

諸多遊戲的研究指出：老師加入幼兒遊戲時，會使幼兒的遊戲內容更加豐富。有關老師在社會戲劇遊戲的介入方式，可以分為「外在干預」及「內在干預」兩種。

(一)外在干預

所謂外在干預係指老師不加入幼兒遊戲的扮演，而是以旁觀者的角色建議、鼓勵及引導幼兒進行社會戲劇遊戲，目的是提升幼兒社會戲劇遊戲的能力，並能延伸遊戲內容及增加豐富性，常用的指導方式有以下八種：

1. 建議：老師可用問題或其他方式暗示及促成新的主題及方向。例如「你聽見救火車的聲音嗎？」或給建議如「可以當醫生」。

2. 確定行為：主要是讓幼兒對遊戲的人物、主題的再確認。例如「你是個司機嗎？」

3. 促使同伴建立關係：老師透過問問題的方式來使同伴在遊戲內容中的關係更密切。例如問幼兒：「你的娃娃（洋娃娃）肚子餓了，要不要去商店買牛奶？」

4. 解釋或提供資訊：老師的角色在於灌輸合理且相關的事實或知識。例如對扮演救火員的兒童說：「你的救生設備在哪裡？」

5. 給予直接的指導：直接告訴幼兒如何做。例如告訴扮演醫生的幼兒：「你可

以給病人打針。」

6.增強：對幼兒的行為給予正向的回饋以強化行為。例如對幼兒的行為表示讚許。

7.問問題：並非給幼兒直接建議、暗示，而是用疑問的方式來詢問兒童。例如對扮演醫生的幼兒說：「你需要幫忙嗎？」

8.回答問題：簡短地回答幼兒所提的問題。例如玩醫生病人遊戲時，當幼兒拿著體溫計詢問這是什麼，大人可以回答：「這是溫度計，用來量體溫用。」

(二)內在干預

內在干預係指老師實際參與幼兒社會戲劇遊戲，扮演情節中的某一角色，給予幼兒形塑該角色的機會，利用身教的影響，來幫助幼兒延伸遊戲內容。當老師發現幼兒可以自由獨立進行社會戲劇遊戲時，老師的角色可隨時抽離遊戲情節，繼續扮演觀察者的角色；而當幼兒缺乏角色扮演或想像轉換能力時，再以此種方式進入幼兒的遊戲。

四、結語

喜愛遊戲是兒童的天性，對兒童來說，遊戲是一種學習、活動、適應、生活或工作。而由於遊戲是兒童基於內在動機的選擇，是兒童主動參與，沒有固定模式的外顯行為，因此兒童在玩遊戲時，總是充滿了笑聲，歡欣溢於言表，百玩不厭。至於在兒童的眼中，遊戲到底是一種學習，還是一種工作，他們是不在意的，他們只是自由、無拘無束地徜徉在他們所營造的世界裡，享受與人、玩物之間的互動，從中獲得玩性（playfulness）的最大滿足。

在學校，幼兒教師在設計課堂教學時，必須納入相當廣泛的主題和活動，而主題與活動的多樣性也必須兼顧幼兒的總體發展，甚至於更要強調幼兒年齡發展的適宜性。因此也須著重適合幼兒年齡的學科、藝術、音樂、自由、遊戲、日常生活常規、營養、衛生的活動內容。然而在強調各種課程內容時，應有仔細的規劃。

遊戲對學齡前幼兒而言是重要的學習來源，而社會戲劇遊戲又分別屬於社會及認知性遊戲的較高層次，故其對幼兒的重要意義實不容忽視。因此老師在計畫某一課堂教學單元課程時，也應在活動中納入社會戲劇遊戲；在確定中心主題之後，可以用自由流動的腦力激盪法來構思，提出和此一中心主題有關的各種不同活動，並

建立一網狀組織，或延伸更多的次主題來建構或延伸幼兒的學習經驗。為了擴展幼兒的學習經驗，老師或父母可以利用參觀、旅遊、邀請專業人員到園所演講、看錄影帶、聽故事、看幻燈片、圖片或布偶戲等方式。

　　此外，成人也應布置環境設計良好的情境，利用玩物來吸引孩子，同時給予孩子充分的時間構思主題，思考玩物的用途，邀請同伴一起完成與主題有關的戲劇遊戲。而老師或父母在提供遊戲的設計之後，便在一旁觀察幼兒遊戲的進行，必要時可提供遊戲素材或在關鍵時刻進行遊戲的指導與干預，如此孩子在這高品質遊戲層次的社會戲劇遊戲中，自然能夠充分發揮玩性同時習得遊戲技巧，進而養成優良的認知及社會能力。

資料來源：郭靜晃、吳幸玲著（2001）。《親子話題》。臺北：揚智文化，頁283-292。

第三節　擴充遊戲策略

　　成人應引導兒童在家中或教室裡增加遊戲的經驗，以使遊戲對認知發展的正面效果能發揮到最大（**圖6-1**）。具體步驟包括：(1)提供兒童充分的遊戲資源；(2)對兒童的遊戲進行詳細觀察；(3)和兒童一起遊戲，支持他們的遊戲方式並能有充分的互動（**專欄6-5**）。

　　首先，必須提供良好的環境讓兒童能在其中進行層次較高的遊戲。只要環境良好，大人就不一定非得干預孩子的遊戲。其次，須仔細觀察幼兒的遊戲過程：是否有足夠時間、空間、讓孩子們盡情玩耍且從中獲益。最後，大人也可以加入遊戲，參與孩子們的活動。

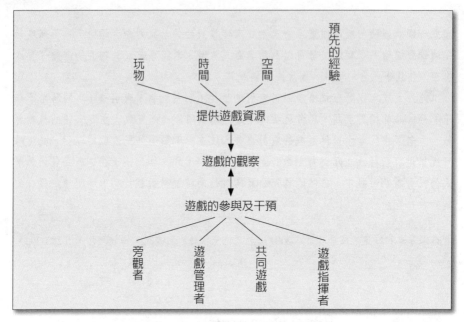

圖6-1　擴充遊戲：提供、觀察及參與

專欄6-5　應用主題幻想遊戲擴充遊戲之策略

　　下列資料建議幼兒園先進行主題幻想故事之敘述，再應用到主題角或團體互動時間來進行相關主題遊戲，以增加幼兒的認知與社會行為能力。

主題一：三個壞東西

　　主題來源：奚淞的畫作

　　適合的語言發展年齡層：六歲

【故事大綱】

　　從前有個年輕人，名叫周處。他的力氣很大，可是不愛工作，最愛跟人搗蛋，所以大家都不喜歡他。

　　有一天聽見哭聲，走過去一瞧，是一個小姑娘。他問她為何哭泣？小姑娘告訴他因為村裡有三個壞東西，所以爸媽決定搬離村子。周處好奇的問是哪三個？小姑

娘告訴他：第一個是村子南邊山上的老虎，會吃人！村人因害怕都不敢上山砍柴。周處拍拍胸脯表示不怕，並上山打死老虎。

小姑娘又告訴他：第二個是長橋下面的蛟龍，很凶猛會把船打翻，村人因害怕都不敢到河裡去捕魚。周處又勇敢地殺死蛟龍！

小姑娘再告訴他：第三個是周處，只會搗亂，不做好事，惹人討厭！周處聽了難過得說不出話，小姑娘追問，他才回答自己正是第三個壞東西，該怎麼辦才好？小姑娘點醒他為人勇敢又有力氣，只要多做好事，大家就不會討厭他。周處開始為善，幫忙村人做了許多好事，村人變得很喜歡他，改稱他為好人。

主題	角色	道具	戶外場地	相關活動
三個壞東西	周處、小姑娘、小姑娘爸爸、小姑娘媽媽、張大叔、李大媽、老虎、蛟龍	劍、樹形的紙板、山形的紙板、老虎面具、藍色軟布（借喻為河）、蛟龍面具	用桌椅布置成三間房子（代表村莊）	圖書角：故事書、圖片、製作故事小書塗色

主題二：白米洞

主題來源：曹俊彥的畫作

適合的語言發展年齡層：三歲以上

【故事大綱】

有一年鬧旱災，田裡長不出米來，大家都快餓死了。幸好出現了一位善良的小和尚，他不但救了大家，也因為他的好心，感動了天神，而賜給他白米洞。白米洞的米源源不絕，因此遭到貪心人的挖掘，最後白米洞再也流不出白米來了。還好天空已經開始下雨，勤勞的人們也回到田裡耕種，大家也不再依賴白米洞過日子了。

主題	角色	道具	戶外遊戲場場地	相關活動
白米洞	1.小和尚一名 2.老人一名 3.村民數名	大鍋子、白米、勺子、假山洞、布幕、假山、假石頭、米甕、桌、椅數張、藍色尼龍繩、鐵撬、假稻穗、蔬菜	1.禮堂舞臺 2.利用教室內的桌、椅布置成古代的樣子	1.跳蚤市場 2.節源大師 3.大家來煮粥 4.小天使遊戲 5.阿公阿嬤講古

資料來源：作者整理。

一、提供遊戲資源

Griffing（1983）認為，設定遊戲的階段與進行社會戲劇相同，成人同樣必須針對以下四項條件有充分的準備：(1)時間；(2)空間；(3)玩物；(4)預先經驗。

(一)時間

要使孩子進行高層次的戲劇遊戲，首先便要考量孩子的年齡和遊戲技巧，讓他們有充裕的遊戲時間。舉例而言，幼稚園或更小的幼兒至少需要三十至五十分鐘的遊戲時間（Griffing, 1983）才足以讓他們發揮遊戲的技巧（例如尋找玩伴、選擇角色、利用支援、計畫故事情節、展現遊戲技巧，並進而實現遊戲的戲劇性）。如果時間太短，孩子們沒辦法完成原有計畫，便只能放棄高層次的戲劇遊戲，無法從中獲得增進智力、提升社會認知等遊戲的正面效果。

不過，幼稚園老師在安排課程時，可能較難排出較長的自由遊戲時間，一種可行的作法便是一星期內安排幾次長時間遊戲，而不要每天都有遊戲時間，但每次卻只有十至十五分鐘。

研究發現，幼兒確實較喜愛三十分鐘以上的遊戲時間，長時間的遊戲可以讓孩子的認知有所成長，且長時間的活動也較能延伸社會認知與建構遊戲（Christie, Johnson & Peckover, 1988; Tegano & Burdette, 1991）。研究者進一步認為，遊戲時間還應該超過三十分鐘。一項研究中發現，孩子們在收拾玩具的時候，並沒有停止想像的活動（Enz & Christie, 1997），老師應讓孩子再享有十至十五分鐘來完成角色扮演，因此幼稚園的遊戲時間不應少於四十五分鐘，遊戲時間愈長，效果愈好。

同理，如果能讓孩子排好的積木多放一天，或讓孩子有整整一星期來改變各種遊戲活動的布置或道具，都有助於提高遊戲的品質。此外可讓孩子少看點電視、多玩點遊戲，在外上才藝課的時間也不宜太多，要讓孩子有充分的時間自己玩。

除了在家，在學校中也須為孩子安排更多遊戲時間，這在「回到基礎教育實務」（back-to-basics）運動以及隨之而來更多結構性的學習壓力

下已造成很多老師難以挪出時間讓孩子遊戲（Cristie & Wardle, 1992），在某些幼稚園，甚至只有剛上學的前十五分鐘可以遊戲，對孩子來說顯然不夠。

Cristie和Wardle（1992）認為，要讓孩子有更多遊戲時間，同時抒解老師、家長的壓力，可有以下的方法：

1. 老師和家長攜手合作，賦予遊戲更高的教育價值，家長也能瞭解遊戲並非普通的玩耍。
2. 直接把遊戲納入課程，給予更多重視。
3. 縮減午睡、點心、用餐時間，配合課程之設計，讓孩子擁有更多自由的時間遊戲。
4. 將零碎的遊戲時間整合起來，空出一段較長的時間，讓孩子能進行高層次的遊戲。
5. 遊戲時間不要安排在剛上學時，許多孩子未必早到，或是有起床氣，沒心情也沒時間好好遊戲，更難去參與較高層次的遊戲。
6. 安排輔導人員或治療師在孩子遊戲時給予支持，滿足他們的特殊需求，所有孩子都應有機會在各種遊戲中獲得最好的協助。

(二)空間

除了時間之外，寬闊的遊戲空間也不可或缺，專門的遊戲室可以讓孩子發展出高水準的遊戲。而從過去研究中可知，家裡的廚房、客廳，時常成為孩子們遊戲的小天地，飯桌下、牆角，都是孩子們玩扮演遊戲的好地方。

假裝遊戲可以豐富個人的家居生活——當兄姊在一旁看電視或做功課，媽媽在洗衣服或準備晚餐，而個人則獨自演戲或和朋友在家中的一角玩，此時並不代表不能利用私人的空間，假裝遊戲時常是在家中的公共空間進行，尤其是在小朋友呼朋引伴，或在家中的日常活動（例如吃飯）擁有充裕時間的情況下（Haight & Miller, 1993: 119）。

因此讓孩子帶朋友到家裡玩，可以鼓勵孩子進行更多的想像與扮演

遊戲。在遊戲地點方面，Segal和Adcock（1981）的研究發現，學齡前兒童喜愛在客廳或廚房玩動作性遊戲，大一點的兒童則到處都可以玩，而父母則可透過對空間的安排，讓孩子有更豐富的遊戲空間，使遊戲更加有趣。

在幼稚園裡，老師不妨在扮演遊戲區放置積木，讓孩子有機會在演戲時運用積木，使情節更豐富。Woodard（1984）則認為，幼稚園至少要提供兩個地方讓孩子們玩積木與扮家家酒，而且這些遊戲區須具備變化的彈性，可以一會兒是商店、一會兒又化身醫院，讓孩子的遊戲更豐富。

在幼稚園設置一個完善的遊戲角落，可以刺激孩子們進行更多有趣的扮演活動，這些扮演活動對男孩的效果又特別顯著（Dodge & Frost, 1986; Woodard, 1984）；遊戲角的設置也能讓孩子的劇本更有趣，刺激出更靈活的扮演行為。老師可以藉由情境的布置，讓孩子演出不同主題的戲劇，例如娃娃角和演戲區結合，可以扮演家庭生活（Woodard, 1984），或是扮演醫院，或是開車上學等（Hall & Robinson, 1995）。對孩子來說，有明顯界線的空間比開放的大空間更容易進行扮演遊戲，本書於第七章及第八章對這個主題會有詳盡的討論。

(三)玩物

除了時間、空間，遊戲中使用的玩具也有助於提高遊戲的品質。Rubin、Fein和Vandenberg（1983）的研究即指出，玩具不管是對社會戲劇遊戲（如商店、美容院、醫院的設備），或是建構性遊戲（如積木、拼圖）都有相當的影響。遊戲若能有合適的玩具刺激孩子們的想法，將會有事半功倍的效果。

依照幼兒年齡的不同，所適用玩具的真實程度與結構也有所差異：就二到三歲的幼兒而言，因為象徵性能力尚未成熟，需要真實程度較高的玩具，如煮飯玩具、醫生玩具等；幼兒四到五歲時則可鼓勵用去除脈絡化之

玩物（decontextualized materials），此時幼兒已經能使用真實性較低的玩具，並藉此刺激象徵能力與創造力的發展，如黏土、積木、箱子等，此外也可納入少部分較真實的玩具，如動物模型，若將各種玩具綜合使用，便可誘使孩子們進行更多的扮演遊戲，也具有不錯的效果。關於玩具的選擇及指引，可以參閱第十章〈遊戲與玩物〉。

(四)預先經驗

孩子在進行扮演遊戲時，必須先對所扮演的角色有些基本認識，如果完全沒概念，遊戲將很難進行。對一般孩子來說，幼兒對家庭中的角色與情節都有足夠的認識，但對各種職業角色則常是一知半解，時常發生混淆，Woodard（1984）的研究便證明了這一點。

因此老師們不妨利用參觀教學、圖書、錄影帶等方式為孩子說明各種職業究竟是什麼，也可以直接邀請該行業的人到班上現身說法；當然父母也須幫助孩子，對不同的工作角色有更多認識。Smilansky（1968）研究發現，這些事前的認識能幫助孩子更流暢地進行社會戲遊表演（相關自發性社會戲劇遊戲主題及其相關活動及情境布置請參考第八章**表8-2**）。

二、遊戲的觀察

成人必須仔細觀察孩子的遊戲，並給予必要的協助，才能真正參與孩子的世界。「觀察」的功能包括：(1)瞭解孩子在時間、空間、玩具、經驗等必要條件上有哪些需求；(2)為參與孩子的遊戲預做準備，評估是否需要加入遊戲，以協助孩子發展遊戲技巧（Manning & Sharp, 1977）。

在觀察時，須從兒童的興趣與需求出發，才能給予適切的幫助，而不能從大人的觀點進行考量。Manning和Sharp（1977: 18）舉了一錯誤示範的例子：

> 一位六歲小女孩在沙箱玩貝殼，假裝貝殼是樹跟人，手指是貓。她正自得其樂地玩著，此時老師介入問道：「這些貝殼看起來好漂亮哦！沙好軟，好柔，是不是？你做了一個好漂亮的形狀啊！要不要多放一些貝殼進去？」

　　老師的介入中斷了小女孩的想像，她無法再繼續這個遊戲。這個例子說明了如果像這位老師一樣，未經仔細觀察便貿然打斷孩子的想像，如此的介入反而造成負面影響，由此可知，觀察看似小事，卻實在不可輕忽。

三、遊戲的參與及干預

　　在參與兒童的遊戲時，參與方式比時間長短具有更大的重要性。如果大人在參與時能給予支持及回饋，對孩子將有正面助益。相反地，如果一昧掌控遊戲的進行，或是選了錯誤的參與時機，便可能干擾了兒童的遊戲，反而有不良影響。

　　最近的一連串描述性研究探討大人在參與兒童遊戲時的不同角色，及這些角色的正、負面影響（Enz & Christie, 1997; Jones & Reynolds, 1992; Roskos & Neuman, 1993; Wood et al., 1980）。以下將這些角色按照介入強度，依序列出：

1.未參與者：完全不注意兒童的遊戲。
2.旁觀者：只在一旁注視。
3.遊戲管理者：成人幫助兒童布置遊戲情境，並給予適時協助。
4.共同遊戲者：融入其中，參與兒童的遊戲。
5.遊戲領導者：除了加入遊戲外並帶領、延伸情節，以豐富遊戲的內容。
6.指揮者／教導者：掌控遊戲的進行方式、不斷給予指導，使遊戲成為學習活動。

　　從不參與到完全控制，這些角色可依序排成一列，對兒童有不同的影響。從研究可知，其中對兒童幫助最大的角色是旁觀者、遊戲管理者、共同遊戲者及遊戲指導者。而在數線兩端的未參與者與指揮者／教導者，則對兒童具有負面影響（**圖6-2**）。換言之，這些角色的影響猶如倒U型，

```
                          支持性角色
  最少                ┌─────────────────────┐              最多
  參與                │                     │              介入
├───────────────────────────────────────────────────────────────┤
  未            旁          遊          共          遊          指
  參            觀          戲          同          戲          揮
  與            者          管          遊          領          者
  者                        理          戲          導          ╱
                            者          者          者          教
                                                                導
                                                                者
```

圖6-2　成人在兒童遊戲中之角色

完全不參與及參與太多，都會產生不良效果，而採取中間程度之介入，效果則愈好（Fein & Fryer, 1995）。

　　接下來要討論的包括有成人在介入兒童遊戲時的輔助者角色（facilitative roles），以及上述有不良影響的介入角色（precarious roles）（例如未參與者及指揮者／教導者），同時指出成人在兒童不同的遊戲活動時，應扮演更具彈性的角色。接下來將對於成人在兒童遊戲的參與及干預上所扮演的角色進行敘述，並說明居於此角色的成人該如何與兒童互動，及指出哪些角色已被證明對兒童的遊戲有正面的影響。

(一)旁觀者

　　旁觀者角色（onlooker）是指只在旁觀看，不介入遊戲，只是一單純的欣賞者（Roskos & Neuman, 1993）。在兒童遊戲進行中，除了若干表情，如點頭、微笑，或是說些鼓勵的話、詢問簡單的問題，並不實際參與或干擾遊戲的進行。

　　下列的文章即是摘自Roskos及Neuman（1993: 86）的研究，最能呼應成人當作旁觀者的角色：

　　有一些孩子正在圖書角玩，翻著書並討論圖畫書中的圖片。羅老師在一旁坐著，看著孩子在圖書角看書。老師用手托著下額，對著孩子微笑並對這群孩子說：「你們看起來都很高興，你們自己一定過

得很愉快哦！」孩子們抬頭看看老師片刻，然後再繼續指著書中的圖畫，沉浸在圖畫書世界中。

旁觀者的優點如下：第一，用表情傳達對遊戲時的支持，可給予孩子相當的鼓勵。第二，可以仔細觀察兒童的遊戲，瞭解兒童的發展潛能，並思考以何種方式介入遊戲，引導孩子獲得更多的經驗。

(二)遊戲管理者

遊戲管理者（stage manager）和旁觀者一樣，都不介入遊戲的進行，但相異之處則是：管理者更加主動、積極，須幫助孩子布置遊戲情境、準備服裝、道具，並提供孩子建議與協助，幫助他們增強遊戲的效果。

Enz及Christie（1997）舉了以下例子：

一群兒童準備要玩「玩具商店」，老師建議他們列出玩具清單，並在孩子們接受這項建議後協助他們把玩具的名字寫在海報上，讓大家瞭解這是一個玩具店的告示牌。

老師：好吧！我就把玩具清單放在這裡。小明！你可以幫我拿膠帶嗎？

小明：看我寫的標示。

老師：哦！你做了標示啊！好棒哦！

（小明寫上一行標示，就在老師玩具清單旁，他寫上XXX）

老師：這是什麼？

小明：永遠打烊。

老師：哦！好吧！那我們還要做一個標示說商店是營業中。小明，你可以幫我們做一個吧！那我們就有兩個標示：一個是打烊，另一個是營業中。

小英：（靠在商店櫥旁邊，對小明說話）店員先生，我要買帽子。

小明：嘿，看那標示，這商店是永遠打烊啊！

注意

在這個例子中，老師所扮演的是典型「遊戲管理者」的角色：只在旁給予建議與協助，而不真正參與兒童的遊戲情節；兒童也可以選擇是否接受老師的建議。這個例子也可看到，老師協助小朋友製作玩具清單，正是扮演了Vygotsky鷹架理論中「近似發展區」的角色。

(三)共同遊戲者

共同遊戲者（coplayer）會參與兒童的遊戲，在其中扮演一個小角色，如顧客，和扮演主角的兒童一起遊戲。而在遊戲的過程中，「共同遊戲者」可試著強化兒童的角色扮演，運用自己所扮演角色的實地示範，藉由互動，引導孩子更活躍地參與扮演遊戲。

Roskos及Neuman（1993: 87）從幼兒教師期刊摘錄一段老師扮演共同遊戲者角色的對話，分述如下：

> 我問小明與小英是否要扮演煮飯遊戲。小明和小英齊聲說好。我坐在桌上並問：「晚餐吃什麼？」小明趕快拿一奶瓶給小baby喝，然後說他必須在吃晚餐前吸地毯。說著，他就假裝用一玩具吸塵器假裝在吸地毯。同時小英說她在煮晚餐；她用手指指在盒子後面的文字，假裝在讀著食譜上的指示。她說：「我們需要鏟子。」並用動作在鍋裡翻攪一番。我（老師）問：「這是好食譜嗎？」，「我希望是，我真的很餓。」小英繼續看看盒子的後面，好像依循食譜指示來動作，並點點頭，說：「真好吃啊！」小英給了一盤食物並說：這是海鮮墨魚麵。我說：「謝謝！」並開始要吃麵。但是小明與小英說：「停！停！你必須等到大家都有食物，才能開動。」於是，我就等著。

從上例可看出，雖然老師一開始邀請孩子來參加煮飯遊戲，但在遊戲開始後，便由兒童掌控大局，做各種決定，老師只在遊戲開始前扮演發

動者，接著就參與遊戲假裝在吃午餐。

(四)遊戲領導者

遊戲領導者（play leader）雖和共同遊戲者一樣都主動參與孩子的遊戲，但接著會採取更多方法來帶領、延伸孩子的遊戲發展。例如提出不同的遊戲主題，或是使用新的玩具。採取這種角色的時機，是在兒童無法進入較高層次遊戲或老是在玩功能性遊戲的時候。

Kiston（1994: 97）建議，當兒童對他們的遊戲失去興趣，老師就可以適度介入，提高故事的張力，重燃孩子對遊戲的興趣。他舉了一個例子說明「遊戲指導者」的角色，老師準備介入孩子們「蓋房子」的遊戲：

> 在做完一些分類的活動後，活動變成了工作，兒童不再對這類的建構遊戲產生興趣並失去專注力。從戲劇遊戲的概念，兒童遊戲不再有任何張力，此時成人的介入是必要的。我（老師）於是假裝接到老闆打來的電話來詢問我們的房子是否蓋好了？我對兒童說：「我們必須趕快把房子蓋起來哦，老闆已經在催了哦！」瞬間，兒童的注意力回到幻想的建構遊戲中，並且找到重建的目的，好像整個遊戲又有了生命力（張力）。

在Enz及Christie（1997）研究的例子中，有一群幼兒園小朋友正在玩坐飛機到佛羅里達州：

> 當兒童假裝要將飛機開到天空，好像要起飛的動作，整個戲劇遊戲便開始了。飛機起飛後，旅客吃完餐點都在睡覺（這好像是一部睡覺班機），孩子開始對此遊戲失去興趣了。老師，同時也是在遊戲中的一位乘客，提醒大家天氣有亂流，假裝飛機要墜機，重新對此扮演遊戲注入張力來延伸整個遊戲情節。
> 老師：遭到颱風，飛機在上下搖晃。哦！飛機正在搖晃哦！
> 小明：不用擔心，我們有嘔吐袋。
> 小英：飛機在繞圈圈。
> 老師：我們要緊急降落嗎？好吧！我們要降落了。可能，我們正要

　　　　　緊急降落。降落了哦！（小朋友開始尖叫）

老師：緊急降落！哦！緊急降落哦！

小英：好了，大家現在要趕快下飛機。

小明：好吧！趕快逃離飛機。

這個遊戲在小朋友下飛機時多玩了幾分鐘，他們發現他們墜毀在佛羅里達的沼澤裡。此時，老師又加入另一種危機——發現鱷魚。

(五)問題介入的角色扮演——指揮者／教導者

　　當成人介入兒童的遊戲，不管是介入太多或是介入太少，過與不及都會帶給兒童負面的影響，甚至會產生後續問題。

　　Enz及Christie（1997）發現，當老師對孩子的遊戲毫不參與、置身事外，孩子便常開始嬉鬧、打鬥。如果此時孩子正進行社會戲劇遊戲，那這個遊戲將會缺乏秩序，而且傾向吵鬧，例如男孩們扮演英雄、槍戰遊戲，女孩玩貓狗遊戲等。在這種情形下，老師得努力維持秩序及小朋友的安全（例如加墊子在凸起來的樓梯，可使小朋友當作滑梯下來），得花很多時間在爭執中擔任裁判，要求小朋友不要奔跑、推人、注意安全等等。

　　而在另一個極端，則是過多的參與，也就是扮演指揮者或教導者（director／instructor）的角色，無論是指揮者或教導者，都不參加兒童的遊戲，而是在旁進行指導與監督，指揮者掌控遊戲的進行，教導者則常發問使遊戲成為一種學習活動。

　　Enz及Christie（1997）舉了一個「指揮者」角色的例子：

一位幼稚園老師正鼓勵孩子們扮演「生日宴會」：

老師：小英，來這裡。妳要不要戴生日帽子？妳想不想？這是很特　　　別的帽子，只有生日的人才可以戴哦！把它戴上，它像個皇　　　冠。

小如：不要，我已經有這裡（指著她的髮飾）。

老師：你可以做一個六月的標示嗎？我們來假裝今日是你生日。

老師：小均、小均，你想做蛋糕嗎？誰想到做蛋糕？

小如：不是我，我是壽星。

老師：你看！她正將蠟燭放在蛋糕上。真的蠟燭哦！我們來做兩個

蛋糕，好嗎？小硯，你做一個。你拿一根蠟燭。每個人都拿一根蠟燭。然後，小庭，你也拿一根蠟燭，你也必須做一個蛋糕。做一個一個蛋糕。把蠟燭拿掉，先做蛋糕，然後再放蠟燭。六月的生日標示在哪裡啊？

而當孩子們在學習活動中以「遊戲」作為一種學習方式，「教導者」的角色便經常出現：仍不加入遊戲，而是經常詢問孩子有關遊戲之真實層面的問題，也就是Wood等人（1980）所指稱的真實情境的解說員（spokesman for reality）。將現實世界與孩子的想像世界清楚劃分，並堅守旁觀者角色，要孩子釐清真實與想像的不同。在此情形下，孩子們有時也能提出精闢的答案，並且繼續玩遊戲，但有時則會受到「教導者」的干擾，而使遊戲戛然而止。下面的是Wood所舉的例子（Wood et al., 1980: 143-144）：

大人：（看到一名男孩正在玩車子，並把車子開進車庫）均均，那是什麼？

均均：那是門。

大人：那是門？進車庫要不要先開門呢？

均均：嗯？

大人：不開門的話，車子會撞壞哦！

娟娟：對，你會將車撞壞。

大人：是呀，車子會壞掉哦！

娟娟：警察也會撞壞車子。

大人：然後警察會怎樣？

娟娟：他會修理車子呀！

大人：他會修理車子？我想他不會，他可能拿給別人去修。

娟娟：修理廠。

在這個例子中，成人嘗試讓孩子去想像遊戲行為在真實生活中會有什麼結果，這樣把遊戲和真實生活相提並論，如果運用不當，很容易阻礙遊戲的進行。因此在扮演教導者的角色時，提問應更加謹慎並運用技巧，

以使遊戲中的教導與解說能收到最好的效果。

　　本章上一節「觀察」提及的小女孩玩貝殼，就是老師運用真實情境解說員角色不當，因而打斷幼兒遊戲的例子。

　　Wood同時也發現，教導者作為現實情境的解說員，有時會使用封閉式的問句，使問答變得相當簡短，結果反而限制了與兒童間的對話。如下述例子，成人A和兩個兒童C1及C2一起遊戲，而這兩位兒童正假裝在烤蛋糕（Wood et al., 1980: 149）：

A：你有沒有在我蛋糕上面放櫻桃呢？

C2：沒有，我想做個三明治，做……

C1：（打斷對話）中間放奶油哦！

A：好好吃哦，我……

C1：我要為我自己做一個奶油蛋糕，因為我把果醬蛋糕賣完了。

A：真的？你已將所有的果醬蛋糕都賣完了？所以，你用奶油代替果醬，是嗎？

C1：是的。

A：嗯！我知道了。

C1：就像冰淇淋，冰淇淋。

A：哦！好棒哦！

C1：我正在捍麵糰哦！給你做一個好吃的冰淇淋蛋糕。

C2：我做的蛋糕比你做的蛋糕還要大喔！

　　過了不久，成人有機會教孩子有關分數比例，並將遊戲轉移成真實情境解說員的角色，為孩子進行說明（Wood et al., 1980: 150）：

A：看！我可以將蛋糕切成兩半。這是一半哦！我從這裡切的。

C1：哦！

A：然後，我再從這裡切成兩半（將其中半塊蛋糕切成兩半）。現在我一共有幾塊蛋糕？

C1：兩塊。

A：不對！我現在共有幾塊蛋糕啊？我已將這半塊又切成兩半啦！

C2：啊哈！你看！

C1：一，二，三。

A：三塊，對啊！我可以再將這半塊又切成兩半嗎？（指著另外的半塊）

C1：可以。

A：那我一共有幾塊蛋糕啊？

C1：四塊。

> **注意**
>
> 　　當成人的角色轉換之後，兒童回答的語言從一、二個字音變成片語或句子。Wood等人發現，當成人在跟兒童玩遊戲時，會比成人在擔任真實情境的代言人時，使用更多的語句。

　　由於在真實情境解說員的角色常會中斷兒童的扮演遊戲，因此成人應該減少扮演此種角色，同時縮短扮演的時間。至於扮演的時機，則應只在孩子們玩扮演遊戲時，才教導他們分辨真實與想像的界線。若能運用得宜，此角色可以增強兒童的思考技巧、學習新的概念。國小老師就常在兒童遊戲中扮演真實情境解說員的角色教導孩子們書中的內容，他們進一步認為，應把遊戲納為國小課程的一部分。Manning及Sharp（1977）已應用這種課程來教導英國的小學老師如何將遊戲及學習活動加以整合。在他們的*Structuring Play in the Early Years at School*一書中，列舉了好多的例子，教導老師如何及何時使用共同遊戲，何時用真實情境解說員的角色來教導幼稚園大班及小學一年級的兒童學習科學、算術及社會科學。

　　指揮者／教導者角色最容易干擾孩子的遊戲，卻是成人最常採用的介入方式，因此須特別注意這兩種角色的使用限制。指揮者的角色只能應用在當兒童不能也不會自己玩社會扮演遊戲時，一旦孩子進入遊戲情境，這種成人角色就應結束。而教導者角色的應用時機，是當兒童已進入假裝的角色扮演中，而成人的介入（真實情況的解說）可以產生有意義的學習時，一旦孩子瞭解其意義，就應讓兒童回到他們所扮演的虛構情境中。

(六)角色的彈性

　　要能成功地參與兒童遊戲，須仔細觀察兒童的興趣、遊戲方式，再選擇最合適的角色參與其中。如果參與的時機正確，可順利豐富孩子的遊戲內容，但若選了錯誤的時機，便會中斷孩子的遊戲。Roskos及Neuman（1993）在研究中發現，經驗豐富的老師可以交替運用各種角色，包括旁觀者、共同遊戲者、遊戲領導者等，在適當的時機介入，鼓勵孩子擴充遊戲，共同與現實產生關聯。而在老師更換角色時，則會考慮遊戲性質，孩子的能力等。

　　此外介入遊戲的時機，則要觀察遊戲的進行是否疏暢，再決定參與的時間點，建議如下：在孩子進行功能性遊戲如建構遊戲時，由於原本就缺少互動，也不會造成干擾，因此可以隨時加入平行遊戲。而當孩子邀請大人加入遊戲，便可進行合作遊戲，但在遊戲中孩子才是主角，大人干擾孩子的機會不大。Sutton-Smith和Sutton-Smith（1974）提出合作遊戲的原則是不要待太久，當你和孩子都覺得快樂，就是你退出的時候。

　　介入遊戲的時機相當重要，包括以下三種情形：(1)當孩子無法投入自己所安排的想像或遊戲；(2)當孩子無法和其他兒童一同遊戲；(3)當孩子進行想像或虛構遊戲，卻一再重複自己玩過的情節，難以向前推進。

　　上面所說的例子都在幫助孩子們繼續或維持他們的想像或虛構的遊戲。而成為真實生活的解說員是遊戲指導中最可能干預孩子想像遊戲的一種角色，在運用時要確信孩子是很安全地進入所扮演的角色中扮演，而這種學習機會對孩子有很大的意義。

　　此外，Sutton-Smith和Sutton-Smith（1974: 232）建議，成人在下述情況中不要加入孩子的遊戲：(1)不想與孩子玩的時候；(2)你覺得你在干擾孩子的時候；(3)你認為那是一種責任（為孩子好）時；(4)你不能從中享受到樂趣或有心事、太累時。唯一的例外是老師，老師有責任幫助孩子，使孩子投入高品質的遊戲中，如此對孩子的學習及發展才能有很大的幫助。

　　以上的建議，成人應該加以確實執行。但有一點要注意：幫助幼兒進行及參與高品質的遊戲以達到發展與學習的最大效果，是老師及家長的責任（Bredekamp & Copple, 1997）。所以當老師覺得參與孩子的遊戲是

他的責任時，他就該參與孩子的遊戲。此外老師還要相信自己的判斷，當覺得自己參與會干預孩子、自己太累或有心事以致無法有效干預時，千萬不要去參與或干預幼兒的遊戲。

第四節　結語

　　大人參與兒童的遊戲可能出現相當複雜的結果，其中好壞各半。支持參與的人認為，介入遊戲可以使兒童擁有更豐富的遊戲經驗，在認知發展上也有良好影響，但反對參與的人則主張，成人的介入常會干擾或抑制兒童遊戲的發展，反而有負面影響。

　　個人對於這個問題則認為，參與結果的好壞取決於成人介入時所扮演的角色及參與遊戲的方式。如果參與時能保持互動、給予支持，將可帶來正面效果。相反地，若是介入太多，完全控制遊戲或是任意干擾，那麼可能會造成負面的影響。

　　我們在此建議，父母及老師首先要提供足夠的資源，創造能進行高品質遊戲的條件，這些資源包括：

　　1.時間：兒童在幼稚園時至少要有四十五分鐘以上的自由遊戲時間。
　　2.空間：要有寬廣及設計良好的環境來玩遊戲。
　　3.玩物：適齡的道具及玩物，能鼓勵幼兒進行建構及社會戲劇遊戲。
　　4.預先經驗：參觀訪問，提供書本及錄影帶，或是邀請不同職業的人到教室讓兒童能先瞭解情節及角色，以順利進入遊戲情境。

　　一旦完成遊戲情境的設計及布置，便要仔細觀察兒童進行遊戲的過程。注意兒童是否需要特別的協助、是否難以進入高層次的遊戲而需要一些引導或成人的參與。成人必須在觀察之後，才能決定參與以延伸兒童的遊戲經驗及興趣。

　　最後，我建議成人採取旁觀者、遊戲管理者、共同遊戲者及遊戲指導者等輔助者的角色來介入兒童的遊戲。在與兒童互動時，唯有保持彈性並能敏銳察覺孩子的感受，才能提升兒童遊戲的品質，並對遊戲的效果產生正面影響。

第七章
戶外遊戲場的規劃

- 戶外遊戲場的規劃
- 遊戲場的類型
- 特殊需求兒童的調整
- 遊戲場的設計特色
- 結語

第一節　戶外遊戲場的規劃

　　戶外遊戲區域與室內區域一樣必須謹慎規劃。在戶外進行的遊戲可能會遭遇幾個特殊問題，例如活動容易受到天候的影響，同時還有額外的維修問題。此外，孩子在戶外從事的活動大多包括了肌肉的伸展，對身體殘障的兒童而言，會是一項特殊的挑戰。

　　兒童在室內與戶外參與的遊戲具不同的型態，因為戶外遊戲的區域通常比室內場地來得大，也允許有較多的空間來進行大動作遊戲，同時戶外遊戲場的空間也能容納較多的大型器材設備，如攀爬架、鞦韆、滑梯，以鼓勵進行大動作的活動。

　　至於社會性遊戲在室內與戶外場地進行時是否有所差異，目前仍不清楚。Henniger（1985）指出，學前兒童在戶外比在室內從事較多的平行遊戲。其他研究則發現在室內及戶外場地進行的社會遊戲並無任何差異（Smith & Connolly, 1972; Tizard et al., 1976）。顯然，在下任何結論之前，都需要有更多的相關研究來支持或驗證某一論點。

　　在室內與戶外遊戲情境的比較中，有些研究證實其間存有年齡、性別及社經地位的差異。研究發現，學齡前男童比女童喜歡戶外遊戲（Harper & Sanders, 1975; Sanders & Harper, 1976），且學齡前男童在戶外會從事較多的假裝（虛構）遊戲，而女童在室內的娃娃家則有較多的假裝扮演遊戲（Sanders & Harper, 1976）。另外，低社經地位的兒童較喜好戶外遊戲，在戶外時較常從事戲劇遊戲，且遊戲的時間比較長（Tizard et al., 1976）。

　　總而言之，戶外遊戲可以讓孩子們參與生理發展所需的大動作活動，此外，戶外遊戲也可以鼓勵中層階級的男孩以及低收入家庭的兒童進行假

裝遊戲。為了平衡孩子的遊戲行為，室內和戶外的遊戲都是不可或缺的。

　　孩子們花費相當多的時間在戶外玩耍，而玩的時間多長則取決於地理位置、季節、時間以及天氣等因素（Naylor, 1985）。孩子無論在設計良好的遊戲場和未經設計的場地都一樣可以玩。在本世紀開始以前，大多數的戶外遊戲都是在沒有規劃的鄰近場地或是原野上進行。直到1880年至1920年間，才真正致力於建立遊戲場網絡。支持孩子們在遊戲場運動的人都相信，貧窮的孩子若能在經過設計的遊戲設施中玩耍，將是較佳的情形。

　　近來，有愈來愈多遊戲場經過改良，有了更好的發展與設計，並更能刺激各種遊戲環境。現在的遊戲場是用原木、有外皮包裝的金屬或塑膠製品來取代原先冰冷的鐵製品與不鏽鋼（Hartle & Johnson, 1993）。並用木屑、沙、枯樹葉、塑膠等作為安全的表面材質，取代原有的瀝青、石頭和水泥以減少意外及傷害。此外也將各種不同的設施連接成一個完整的遊戲區域，例如結合鞦韆、坡道、滑車及寬滑梯增加遊戲的玩法以取代原先的個別器材的擺設。許多現代化遊戲場也提供一些具有彈性的遊戲素材，如三輪車、木製及塑膠製的大型積木、沙箱玩具及碎木材。

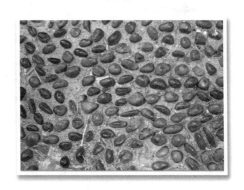

第二節　遊戲場的類型

　　遊戲場設計的考量因素包括：具有多種複雜功能的結構、依遊戲的多種形式準備不同的設備、安排可供交叉結構遊戲進行的設備、設計可整合的區域、遊戲場中雖規劃數個區域，但兒童可以跨區玩耍。除了上述，遊戲場內應提供創作藝術及自然活動的空間，此外還必須注意安全、保養以及監管的問題。有關遊戲場設計的種類可參考**圖7-1**至**圖7-4**。基本上，

吊環遊戲

隧道遊戲

循環

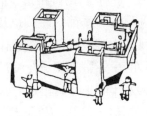

攀爬遊戲場

滾輪式滑輪

雕塑遊戲（以沙堆塑城堡）

宇宙遊戲

叢林體育館

小領土遊戲

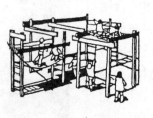

攀爬網

大型攀爬遊戲

吊橋

圖7-1　遊戲場的設計

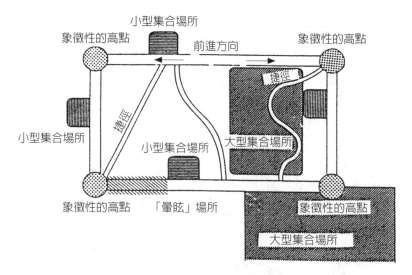

象徵性的高點　　小型集合場所　　前進方向　　　　象徵性的高點

捷徑

小型集合場所　　　　　捷徑　　小型集合場所　　大型集合場所

象徵性的高點　　「暈眩」場所　　　　象徵性的高點

大型集合場所

圖7-2　現代化的循環遊戲系統

遊戲場可以分為傳統式遊戲場、現代化遊戲場及冒險性遊戲場，茲分述於後。

一、傳統式遊戲場

　　傳統式遊戲場通常是鋪著土壤、草地或大部分是柏油的廣大開放場地，遊戲場上的設施常是零星散布的鐵製器材，典型的有攀爬架（單槓）、鞦韆、滑梯、蹺蹺板以及旋轉木馬，這種設計可回溯至1900年代早期，直到今天在美國仍然是最常見的遊戲場型態（Brett, Moore &

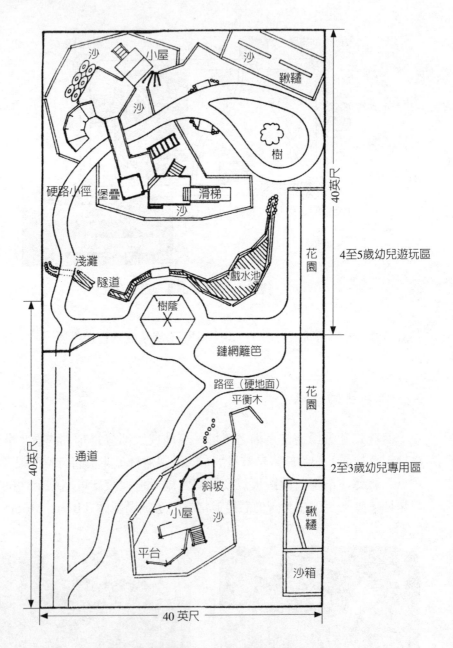

圖7-3　將2至3歲及4至5歲幼兒遊玩分區的現代化遊戲場

資料來源：吳幸玲、郭靜晃譯（2003），頁482。

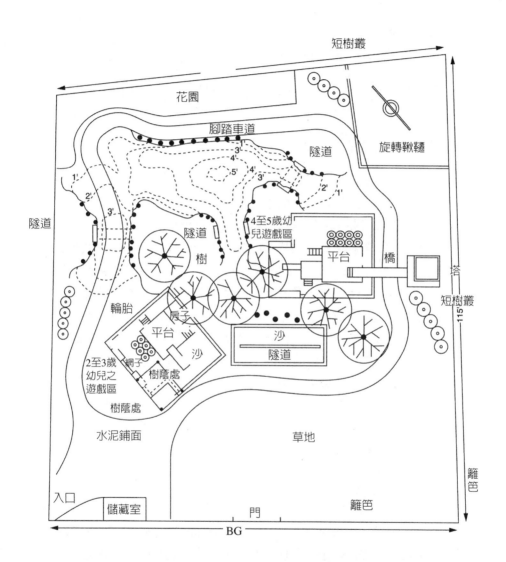

圖7-4 將2至3歲及4至5歲幼兒遊玩分區之創造性／現代化遊戲場

資料來源：吳幸玲、郭靜晃譯（2003），頁483。

Provenzo, 1993）。

傳統式遊戲場（traditional playgrounds）的優點是：

1.不需要太多的保養，因此受許多地區性學校及鄰里歡迎。
2.提供廣大空間以及設備，讓孩子進行大肌肉的活動。

傳統式遊戲場的缺點是：

1.固定的設施使用方法有限，會使人感到枯燥乏味，結果是孩子們很少使用它，或是玩一下就不玩了。在紐約市所做的研究發現，在遊玩的尖峰時間，傳統式的遊戲場有超過88%的時間是空著的，平均在傳統式遊戲場遊玩的時間僅有二十一分鐘（Hayward, Rothenberg & Beasley, 1974）。Naylor（1985）引述了一些研究顯示，若給予選擇，孩子比較喜歡在街上玩，而不是在傳統式遊戲場玩。
2.僅能鼓勵孩子做大肌肉活動，在此進行的遊戲社會層次大多很低。Campbell及Frost（1985）發現，在傳統式遊戲場進行的遊戲有77%以上都是大肌肉活動，扮演遊戲的比例甚至低於3%，Boyatzis（1985）則發現幾乎有60%都是獨自或平行遊戲。
3.最後是安全上的問題，據估計，70～80%的意外傷害都發生在傳統式遊戲場（Frost & Henniger, 1981），造成傷害的主因則是堅硬的表面及金屬設施。

二、現代化遊戲場

現代化遊戲場（contemporary playgroounds）通常也稱為創造性或有規劃的遊戲場，提供孩子更多樣化的遊戲設施。它是由木材或經過挑選的金屬物件所組成，遊戲設施通常包括木造攀爬台、圍起來供孩子進行扮演遊戲的場地、架梯、輪胎陣、吊橋、滑輪纜繩、輪胎盪鞦韆、平衡木、隧道以及溜滑梯等，這些設施並非像傳統式遊戲場上的設施般是各自獨立且散布各處，而是集中設置，通常區分為三個區域：

1.堅固的地面或柏油地面，專供三輪車、四輪車及其他有輪子的遊戲

器具行駛。

2.在遊戲設施底下或四周都鋪有沙土及木屑的柔軟區域。

3.有草地可供孩子遊玩或坐臥（Wardle, 1997）。

現代化遊戲場通常也包括了沙箱、小池塘及花園，以展示一些自然的生物讓孩子探索。現代化遊戲場的種類很多，不一定都含有以上各種設施，但與傳統的遊戲場相較，仍能為孩子提供更多樣化的遊戲經驗。

臺灣由於地窄人稠，孩子的遊憩空間不足，平均國人每人不到1平方公尺的休閒空間。在遊戲場過去皆以傳統遊戲場為主，現在漸漸發展走向現代化與傳統式遊戲場的混合（如綜合遊戲設備），有些也混合部分創造性遊戲場特徵（如沙區）（楊淑朱、蔡佳燕，2012）。

三、冒險性遊戲場

冒險性遊戲場（adventure playgrounds）是利用自然的環境及各式各樣的廢棄物規劃而成，起源於丹麥，並於第二次世界大戰後受到英國各界的歡迎，突破城市的阻礙而為這種「廢棄物」遊樂場找到了理想的場地（Frost, 1992）。冒險性遊戲場與前述遊戲場有許多重要的不同點，除了儲物架或儲藏室之外，遊戲場裡的設施都是臨時性的，由孩子們自己建築、拆掉再重新建造他們自己要的結構物，孩子會使用更多自然界的東西如泥土、池塘、花園、消防洞，以及棲息其中的小生物；另外這種遊戲場也提供了更多的材料供孩子們操弄，如木材、條板、繩索、纜繩軸、輪胎、鐵鎚、鋸子、釘子及其他舊的工具等。在這個遊戲場內可以進行的活動種類繁多，包括建造、拆解、生火、炊事、挖掘及在泥地上滑行。在這種遊戲場中，至少要有一個大人在場擔任為遊戲指導員來督導遊戲的進行。冒險式的遊戲場之所以能進行多種遊戲，主要是因為可以將各個單一設備彈性地重新組合，讓幼兒學習建造自己的環境，更能培養幼兒的責任和成就，幼兒也能在建造過程中學習到許多技巧。因此，研究結果發現孩子在冒險性遊戲場內的遊戲活動更為多樣，且這種遊戲場比傳統式遊戲場更受到孩子歡迎，也就不足為奇了（Hayward, Rothenberg & Beasley, 1974）。

專欄7-1　置遊戲場之評量系統（三至八歲）

說明：第一項的評量等級0～5分。第一組群的最高得分是100分；第二組群是50分；第三組群也是50分。總分最高是200分。總分除以2，則為最後所得的評量分數。

第一組群：遊戲場包含哪些項目？

評量每一項目的存在和功能等級0至5（0＝不存在；1＝有些基本組件，但不具功能；2＝貧乏；3＝尚可；4＝良好；5＝全部組件都存在，且功能優良）。

_____1.有一個可提供比賽用的堅硬鋪面地區，和有輪子玩具可行走於上的車道網。

_____2.沙區和玩沙的設備。

_____3.供戲劇遊戲的設備（有足夠設備的遊戲屋、車子或船，如鄰近的沙區、水區和家事設備）。

_____4.有一個綜合遊戲設備，可同時容納很多孩子，且能提供各種不同的挑戰和運動選擇（出入口和平台）。

_____5.供攀登和挖掘的小山丘。

_____6.可供樹蔭、自然學習和遊戲的樹木和自然區。

_____7.可供連續性的挑戰的區域：如連結各區、功能性的體能界線，垂直及水平的處理（山丘和山谷）。

_____8.設有噴泉、水池和灑水裝置的玩水區。

_____9.含有輪胎、條板箱、厚板、木板、磚塊和鐵打等廢棄材料的建構區；提供允許破壞和車輛建造的工具。

_____10.被安全處理過的舊的（曾建造的）車輛、飛機、水船、汽車等，但不失其遊戲價值（應該每隔一段時間即更換或改變其位置，以更新興趣）。

_____11.活動性的遊戲設備：頂上有大平台的滑梯（滑梯可沿山丘邊建構）；鞦韆可用各種方法安全地使用的鞦韆（座椅材料為軟性物質）；可攀爬的樹木（自然枯死的樹被橫放著）以及攀爬網。

_____12.一大片可供組織遊戲的軟質鋪面區（草地、樹皮、稻草等）。

_____13.兒童尺寸的半隱密小空間：隧道、壁龕、遊戲屋和躲藏處。

_____14.為幼兒提供安全的藩籬、大門、牆壁和窗戶，且適於學習／遊戲。

_____15.花園和花安置得當，不會遭到遊戲活動破壞，但是要讓兒童容易進出花園

＿＿＿區。花圃工具容易取拿。

＿＿＿16.提供寵物飼養地方。寵物和必需品易取得。

＿＿＿17.有室外至室內的轉換空間，這可能是一處有遮棚的遊戲區，避免兒童日曬雨淋，且可延伸室內活動至室外。

＿＿＿18.適當防護的儲藏室，可存放戶外遊戲設備、建構、花圃工具和維修工具。儲藏室能被分開，如輪子玩具緊臨車道；玩沙設備鄰近沙箱；一般工具靠近建構區。儲藏室可依附建築物或籬笆。應讓兒童在每一遊戲階段後，易於拿取及放回原處。

＿＿＿19.容易由室外遊戲區進入更衣室、盥洗室和飲水處。戶外遊戲區的蔭涼處和長板凳可供成人和兒童乘坐。

＿＿＿20.可提供群體活動（藝術、閱讀等）用的桌子和材料。

第二組群：遊戲場維修良好且相當安全嗎？

　　評量每一項目的存在和功能等級為0～5（0＝不存在；1＝有些基本組件，但不具功能；2、3＝尚可；4＝良好；5＝全部組件都存在，且功能優良）。

＿＿＿1.靠近危險區（街道、深坑、水等）時有保護作用的藩籬（附有可鎖上的門）。

＿＿＿2.在所有攀爬和移動的設備底下，以及墜落地區範圍內，都鋪設8～10吋疏鬆的沙（或同等物），且其周圍以小圍堵保護。

＿＿＿3.設備尺寸適合兒童。攀爬高度之限制為6～7呎。

＿＿＿4.區內無雜物（如碎玻璃和小石子）、無電器危險、無高壓線、無衛生方面的危險。

＿＿＿5.可移動的部分沒有缺失（如沒有捏夾和壓碎點，支點沒有過度磨損）。

＿＿＿6.設備沒有尖銳邊緣、突出小物、破裂部分、有毒物質，以及暴露於陽光下的金屬。

＿＿＿7.鞦韆座椅由軟或輕的物質做成（如橡膠、帆布）。

＿＿＿8.所有安全設備維修良好（如扶手、標誌、護墊區和保護性的覆蓋物）。

＿＿＿9.沒有會誘陷兒童頭部的間隙（約3.5～9吋）。設備之間應有足夠的距離。

＿＿＿10.設備架構健全，沒有扭曲、彎曲、破裂、傾斜等。大型固定和可移動的設備安全設於地面上，且水泥基地埋於地下。檢查地底下的支持架是否腐爛、

生、長白蟻。

第三組群：遊戲場應做些什麼？

評量每一項目的存在和功能的等級為0～5（0＝不存在；1＝有些基本組件，但不具功能；2＝貧乏；3＝尚可；4＝良好；5＝全部組件都存在，且功能優良）。

_____1.鼓勵遊戲：

　　　(1)吸引人、容易接近

　　　(2)開放、動線及放鬆的空間

　　　(3)從室內移至室外能暢行無阻

　　　(4)適合各個年齡層的設備

_____2.刺激兒童感官：

　　　(1)比例、亮度、材質和顏色的改變和對比

　　　(2)多功能的設備

　　　(3)各種不同的經驗

_____3.培養兒童好奇心：

　　　(1)兒童可改變使用的設備

　　　(2)實驗和建構用的材料

　　　(3)植物和動物

_____4.提供兒童基本的社會和體能需求：

　　　(1)給予兒童舒適感

　　　(2)適合兒童的尺寸

　　　(3)具有體能上的挑戰性

_____5.允許兒童和材料之間的互動機會：

　　　(1)系統化儲藏室可規範常規

　　　(2)可讀書、玩拼圖或獨處的半封閉空間

_____6.允許兒童和其他兒童的互動機會：

　　　(1)各種不同的空間

　　　(2)足夠的空間以避免衝突

　　　(3)引發兒童社會化的設備

_____7.允許兒童和成人的互動機會：

　　　　(1)容易維護

　　　　(2)足夠和方便的儲藏室

　　　　(3)允許一般監督的空間規劃

　　　　(4)成人和兒童可休息的區域

____8.增進兒童認知遊戲類型：

　　　　(1)功能的、體能的、大肌肉的、活動的

　　　　(2)建構的、建造的、創造的

　　　　(3)戲劇的、假裝的、裝扮的

　　　　(4)組織遊戲、規則遊戲

____9.增進兒童社會遊戲類型：

　　　　(1)單獨的、隱私的、默思的

　　　　(2)平行的、並肩的

　　　　(3)合作的相互關係

____10.促進社交和心智上的發展：

　　　　(1)提供漸進的挑戰

　　　　(2)整合室內／戶外活動

　　　　(3)成人加入兒童遊戲

　　　　(4)定期的成人──兒童計畫

　　　　(5)遊戲環境是充滿活力的──持續性的改變

資料來源：摘自Frost, J. & Klein, B. (1979). *Children's Play and Playgrounds*. Boston: Allyn and Bacon.

第三節　特殊需求兒童的調整

　　美國身心障礙法（The Americans with Disabilities Act, ADA）的立法目的是讓身體障礙兒童有機會到遊戲場玩。身心障礙孩子應該與一般兒童一樣隨時享有遊戲的機會。基於身心障礙兒童具有特殊的身體需求，遊戲場的設計必須顧及他們無障礙的需求，而且要考量他們遊戲時的安全：

1.門及走道至少要有44吋寬，儘量在設計上呈現：在接近任何設備中鋪一些小碎石，以讓使用輪椅或有行走障礙的兒童能夠接近遊樂設施（Goltsman, Gilbert & Wohlford, 1993）。

2.走道要加導盲磚，以利有視覺障礙的兒童行走。

3.在每一設備加裝欄杆，讓身心障礙兒童可以支撐使用。

4.在墜落區放一些堅固的素材或墊子，以利需要輪椅的兒童也可以使用這些設施。

5.設置一轉接點（15～17吋高度的階梯）讓坐輪椅的兒童可以順利移動到設施之上（Goltsman et al., 1993）。

6.設置可以進行戲劇遊戲的設備，如戲劇遊戲區及駕駛盤（以水平面為基準），如此一來，坐輪椅的孩子也可以在設施上玩戲劇遊戲。

7.安置讓坐輪椅的孩子也可以玩的鞦韆。

8.在平坦的表面放置單槓、繩子或金屬桿，讓坐輪椅的兒童也可做有拉扯動作的活動。

9.設置30吋的沙箱，在桌下有足夠的空間讓坐輪椅的孩子可以旋轉移動（Goltsman et al., 1993）。

10.任何為了有特殊需求孩子所做的調整不可以對一般的孩子產生危害。

　　肢體障礙兒童包括跛足的、先天缺陷者或神經性異常，如腦性麻痺、癲癇或其他健康受損者。美國標準協會（The American Standards Association, 1961）列出下列肢體缺損種類（**表7-1**）：

1.不能走動的殘障：指因為各種原因，而將個人限制在輪椅上的肢體缺損。

2.半走動的殘障：指那些讓個人在行走時有困難或不安全的肢體缺損，包括有心肺方面的疾病；那些需要使用支柱、拐杖和手杖的人，以及有關節炎、截肢、痙攣的人。

3.不協調的殘障：包括因腦部、脊椎或周邊神經受傷而造成的協調缺憾。

表7-1　身心障礙的種類和他們的影響

種類	特殊的障礙	社會和個人的影響
身體上	跛足 天生缺陷 眼盲和弱視 神經方面的疾病 腦性麻痺 癲癇症 對健康有損的	孩子會有下列的困難： 1.活動能力 2.使用他所有的感官以體驗世界 3.控制他周遭的自然和人文環境 4.人們過度幫助或要求 5.人們不瞭解他在試著控制他的世界時所經歷的困難 6.孤立 7.消滅的精力
溝通上	說話 耳聾和重聽 兒童期的語言障礙 重度語言遲緩 多重障礙	孩子會有下列的困難： 1.學習或用口語符號思考和溝通他所知的世界 2.孤立 3.和必須使用口語符號的學習單位打交道時
發展和學習上	智能不足 行為異常 特殊的學習障礙	孩子會有下列的困難： 1.對世界欠缺興趣 2.難以正向地與其他兒童和／或成人來往 3.發展自我（內在）控制 4.無法達成期望 5.拒絕和孤立

專欄7-2　為肢體殘障兒童設計無障礙的遊戲場

　　為了增加肢體殘障兒童的遊戲機會，在設計遊戲環境時需要特別注意，為殘障兒童設計的遊戲場，應該要有特別豐富的環境，能提供許多智力學習（符號的、概念的、問題解決的）和肢體學習（前庭的、運動知覺的、本體刺激和感官的）的機會。

　　在為肢體殘障兒童設計遊戲場時，最主要的考量是易接近性。遊戲場的各部分，包括遊戲器材和結構，都要讓兒童能夠輕易地使用，甚至包括坐輪椅的兒童。下列是對達到這個目標的幾點建議：

1.遊戲場的各個部分都要有道路相連接以允許持續的巡迴。每條鋪設的小徑至少要有36吋寬讓輪椅能順利通行，另外，這些小徑應以互相交錯成一封閉圓

形的設計貫穿整個遊戲場。

2. 小徑的坡度不應超過5%的斜度（每20呎可升高1呎）。最適合輪椅行走的小徑斜度則在3～4%之間。

3. 用以連接建築物、遊戲器具、小山坡、橋等的斜坡道，斜度不應超過8.33%（每12呎可升高1呎）。最適合輪椅上下的斜坡道斜度是6%（每16.6呎可升高1呎）。

4. 沙和水的遊戲區應在一端升高30吋且縮進36吋深×30吋寬的區域，以讓坐輪椅的兒童可以不離輪椅亦能玩得愉快。然而，仍應鼓勵坐輪椅的兒童離開輪椅去玩水和沙、溜滑梯或由山坡上滾下。

5. 在所有的斜坡道和遊戲器具上應加設扶手欄杆。

6. 應儘量避免樓梯。即使樓梯已設立了，仍不應使用。

7. 滑梯應讓各種殘障兒童皆能接近使用。

   (1) 滑梯不可有爬梯和腳柱。

   (2) 滑梯應設在有草皮的坡地處，並應安排一座斜坡道或一連串的斜坡道通往滑梯的頂端。

   (3) 可供抓握的扶欄應沿著斜坡道邊和滑梯的頂、尾部設立，以讓半走動的殘障兒童能使用。

8. 傳統的鞦韆對大多數殘障兒童而言是適用的，但對重度殘障兒童而言，他們只能使用特殊的鞦韆。

9. 可考慮讓無法下水的兒童使用。噴水池可由下列組成：

   (1) 至少可射至7呎高的噴水口，且水會落在一有良好排水系統的池中。

   (2) 在噴水池四周應設長椅，以讓行動不方便的人使用。

   (3) 為坐輪椅的兒童清出一塊空地。

10. 大門和通道應能雙向開啓，且至少有2呎×8呎寬。

11. 飲水機和洗手間均應讓所有兒童都能方便使用。

資料來源：摘自Wardle, F. (1997). *Community Playthings Catalog*. Rifton, NY: Community Playthings.

為所有兒童設計的遊戲環境指引

　　為所有兒童——包括有特殊需要的兒童——計畫、設計和管理戶外遊戲場所而發展出一套完整指引，是在1984年由PLAE有限公司（Play and Learning in Adaptable Environments）（在可調適環境中遊戲學習）所主導的。在十座美國城市中都曾組織過遊戲經驗研習會（包括YawKey在德州奧斯汀主辦的一次），在這些研習會中，殘障的成人和兒童回想他們的遊戲經驗，並提供為「多樣化而設計」，和讓遊戲場變得更安全且適合發展中兒童使用的建議。1986年，兩百所兒童遊戲代理商及相關機構的代表、專業人士聚集在史丹佛大學（Stanford University）審閱和修訂《所有兒童的遊戲指引：為所有兒童計畫、設計和管理戶外遊戲環境》（*Play for All Guidelines Planning, Design, and Manage-ment of Outdoor Play Settings for All Children*）的初稿。此份文件的定稿是一里程碑，因為它聚集了一群不尋常的專業人士，共同建立第一份戶外遊戲場的完整指引，希望滿足所有兒童的需求，包括了正常孩子與有特殊需要的孩子。

　　此份指引認同一些基本的假設：

1.兒童藉遊戲學習與發展。
2.物質和社會環境的品質與多元化影響兒童遊戲的品質和多元化。
3.遊戲領導者所處社會情境的品質與多元化直接影響到遊戲的價值。
4.身心障礙的兒童有遊戲的權利。
5.讓身心障礙和正常兒童在一起遊戲是基於以下兩個前提：孩子都能接近遊戲環境，且職員們對孩子抱持正面態度，願意提供協助，也能瞭解孩子的感覺。
6.遊戲環境的品質會受到責任負擔費用和法律訴訟等的威脅。應發展一些策略和政策以維護兒童的遊戲環境品質。

　　南佛羅里達大學職業體育教授Louis Bowers自1975年起即已開始研究設計讓各種身體、心智障礙以及正常兒童都能使用的遊戲場。他的遊戲場是為了服務所有兒童的身體、心理和社會需要而設計。他認為觸摸、聆聽、看、嚐、嗅和感覺運動方面的經驗在遊戲中是必要的。他並鼓吹將一系列動態活動——滾、爬行、攀爬、

255

走、跳、跑、溜——均納入一互相聯結的遊戲系統內。此外，這個遊戲系統還應該包括可以刺激視覺、味覺、觸覺和運動知覺的靜態活動。

有關遊戲場一般的設計原則包括：

1. 這個遊戲空間必須讓所有的兒童都能使用，且須位在社區兒童會去遊戲的地點。

2. 遊戲結構在層與層間的距離必須是安全的。

3. 遊戲結構應包含各式傾斜面，以符合具有不同能力兒童的需求。

4. 應提供半封閉的空間，讓兒童可以安全地移動，並可作為各遊戲區域間的連接處。

5. 遊戲設備應為複雜及具刺激性的，也應提供多種可移動的材料。

6. 互相連接的遊戲區域間應有能輕易往返的通道。

7. 遊戲設的設計應詳實完整，材料也應是無毒且堅固持久的。

資料來源：作者整理。

第四節　遊戲場的設計特色

近來有人企圖找出那些對小孩子具極大吸引力的遊戲場究竟具有哪些特色，雖然這方面的研究尚在起步階段，但從研究結果仍可看出，許多設計上的特點顯然與高層次的遊戲有關，包括遊戲場的布置方式、是否具有多種功能的器材、程度各異的挑戰，以及是否能產生許多不同的經驗等。所有這些特點都跟遊戲場能提供的變化性及複雜性有關；所謂變化性，是指設備可以為孩子帶來不同型式的經驗，並且足以吸引孩子去玩；而複雜性則代表了物體本身所引起的反應多寡，及這些反應的類別（Ellis, 1984）。設備愈複雜，愈能吸引孩子去使用它，遊戲場的複雜性便決定了孩子在其間玩耍的時間長短。

一、結合式的安排

　　若要增加獨立器材的複雜度，最好的方法就是將它們布置在一起（linkages），如各自獨立擺放的平台、滑梯、輪胎，若把它們布置在一起，便可以增加許多新玩法。這種將器材布置在一起的另一項好處，是可以讓孩子持續地玩，從這一項玩到那一項，同時也可以將孩子聚集在一起，增加彼此的社會互動。這些好處已經得到研究的證實。Bruya（1985）發現，學齡前孩子會花比較長的時間在布置了各種設施的木製平台上遊戲，玩各個獨立遊戲設施的時間則比較短。這種安排同時也促使孩子產生頻繁的社會接觸。黃文芳（2010）也發現遊戲上的遊具對兒童遊戲行為有所影響。

　　大多數現代遊戲場也常將多種器材布置在一起，**圖7-1**及**圖7-2**顯示各種器材在不同區域內布置在一起的方式，以及區域間以步道連結的方式。相較於此，傳統式遊戲場的特徵則是各種設施都各自獨立且散布在不同地方。另外，冒險性遊戲場也不見得會將器材布置在一起，因為所有的布置都是孩子們自己設計建造而成，但根據經驗，孩子們通常在建造自己的遊戲場時都會將它們放置在一起。

二、彈性器材的使用

　　廣義來說，彈性就是指素材可以被操弄、組合及改造，素材愈具有彈性，孩子愈可以玩出各種花樣。因此素材的彈性便影響到器材的複雜性

及是否能吸引孩子的興趣。

在傳統式遊戲場中，靜態及單獨使用的設備在使用上彈性度很低，而在現代化遊戲場以及冒險式遊戲場中的沙和水則具有最大的彈性，可以任意地操弄。冒險性遊戲場另外還有一個好處，就是它有很多零件（木片、輪胎、繩子、工具、水管）能讓孩子隨心所欲地玩耍，因此在彈性器材（flexible materials）上，冒險性遊戲場無疑是個中翹楚。至於現代化遊戲場中的沙、水以及其他一些零件，也賦予現代化遊戲場很高的彈性。在Nicholson（1974: 223）的彈性玩物理論（theory of loose parts）中指出，「在任何環境中，發明與創造力的程度及探索的可能性皆含有某些變化（variable）」。彈性玩物因結構性弱與玩法寬鬆，不會限制孩子應怎麼玩，所以會把孩子的意義及結構加於環境之上，促使環境要對孩子有所回應。因為冒險性遊戲場有較多寬鬆的玩物，所以其彈性最大，而創造性／現代化之遊戲場因有沙、水及其他組織較寬鬆（loose parts）的玩物特徵，其彈性也被評為很高。

Weilbacher（1981）的研究更進一步闡明這個主題。Weilbacher讓孩子玩同一種器材，只是有時讓器材可以移動，有時把器材固定住，看看孩子的玩法有什麼不同，雖然這個研究是在室內做的，但器材設備用的是在戶外遊戲場常見的大肌肉活動設施。固定的設備稱為「靜態的」，因為孩子不能操弄或改變任何一個零件；另一種可動的設備則稱為「動態的」，因為孩子可以分解零件並在遊戲區中用不同方式加以運用。經錄影帶的分析顯示，在靜態環境玩的孩子通常只用一種方式來使用這個遊戲設施（如爬上或爬下梯子），而且會出現突然之間大家都不玩這個遊戲，改玩其他社會性遊戲的情形，如搶椅子遊戲。相反地，在動態環境中的孩子們會將這些可移動的設施在扮演遊戲中做各種方式的運用（如把梯子擺平當作車子），因而產生更多的合作行為。Weilbacher因此結論：在動態環境中的各個獨立器材造就了一個動態的環境，引發更多不同的社會戲劇遊戲，而這些遊戲是要依賴這些器材才能進行的，靜態環境下的社會遊戲則不必依賴器材。而Weilbacher承認兩種環境都能提供很好的遊戲機會。

三、漸進層次的挑戰性

漸進層次的挑戰性（graduated challenge）指的是每個活動中都有不同的難度，可以讓不同年齡的孩子漸次發展適合他們年齡的活動。對稚齡幼兒而言，遊戲場的難度應該比較低，如低的攀爬架、斜坡、斜度不大而且比較短的滑梯、高度較小的階梯、低的平台等，同樣地，年齡層較高的兒童則應使用較高的平台和繩梯、較長且較陡的滑梯。漸進層次的挑戰可讓每個孩子找出最適合自己的難度，既不太難也不會太容易。

缺少漸進程度的挑戰是傳統式遊戲場的主要問題，因為傳統式遊戲場的每一種設備通常只有一種尺寸大小，因此僅提供一個層次的挑戰。對於有些孩子而言，它太難了，他們不是避開這些遊戲，就是會冒險去玩；而對另外一些孩子而言，它又太簡單了，讓孩子覺得無聊，或在上面亂玩（如用旋轉方式玩鞦韆、向上爬滑梯、在單槓上用走的）。所以若是遊戲場不提供有層次性的挑戰，較年長的兒童便會藉由對器材的不當使用來增加遊戲的挑戰性，因而可能遭受到嚴重的傷害。

大多數現代化的遊戲場都具有漸進程度的挑戰性，在遊戲場上結合兩種遊戲器材就至少提供了兩種不同程度的挑戰，如在圖7-2中，標示了兩個獨立的遊戲場，每個皆有其難度，其中一個的主要器材是專為二至三歲幼兒設計的，有矮平台、斜坡、矮階梯。另外一個是為四至五歲幼兒所建造，有較高的平台、階梯、滑梯及較粗的攀爬網。而後者依然有為了經驗較不足者設計的斜坡及階梯。至於冒險式遊戲場，也有相當高的比例設計了不同程度的挑戰，孩子會依自己的能力及需求做調整，來建造他們自己的遊戲場。

四、多樣化經驗的累積

多樣化是指遊戲場中必須提供多項不同的遊戲活動，才能吸引孩子的注意力並誘導孩子展開遊戲，要準備各式各樣的活動，才能讓孩子從中找出一種他有興趣的去玩。此外，多樣化可以增進環境的學習潛能。Richard Dattner說明如下（Frost & Klein, 1979: 196）：

遊戲場應像個縮小的世界，可以在這裡獲得世上各式各樣的感官經驗，每一種都不可或缺。例如要有粗糙及平滑的物品以供孩子觀看及感覺；有輕重物品讓他們試著舉起；有乾及溼的東西，有可發聲的東西（如流水聲）或可敲擊、拍打、拉扯的東西，有各種氣味（如花、土、樹皮）等不勝枚舉，遊戲環境愈多樣豐富，對孩子愈好。

冒險式的遊戲場可以提供最豐富的多樣化經驗（variety of experiences），但有流水、沙箱、花園的現代化遊戲場也相去不遠（圖7-2）。而傳統式遊戲則因為器材只有單一用法，能提供的多樣性最有限。

五、以促進不同型態遊戲為設計理念

理想的遊戲場應能提供所有型態的遊戲，首先要有足夠的運動器材讓孩子進行大肌肉遊戲並發展力量、平衡感及協調力（Wardle, 1988），其次也必須要有彈性玩物（loose parts）及自然器材如沙、小石子，以鼓勵孩子玩建構遊戲，而建構成家的遊戲又能進一步鼓勵孩子玩戲劇遊戲（Wardle, 1990），另外還要有些可增進社會互動及團體遊戲的設施。有三種器材符合此理想：(1)連接平台，可允許孩子整合及觀看其他人的遊戲；(2)寬滑梯、一整排輪胎、鞦韆，可以讓許多孩子一起玩；(3)需要一人以上才能玩的器材，如蹺蹺板。

傳統式遊戲場所提供的器材只適合小孩從事大肌肉活動遊戲，現代化遊戲場的情況比較好，能鼓勵精細動作的活動及扮演遊戲。圖7-4中的遊戲場顯示，有三種封閉式的器材可以鼓勵孩子進行扮演遊戲，另外還有給較小兒童玩的一幢房子，以及為較大兒童設計的房子與堡壘。此外遊戲場上還有一些運動器材組合，包括鞦韆、梯子、平衡木、覆以網子的輪胎以及單槓；還有一點必須補充說明的是，如果採用這種分法，遊戲場的種

類就變得很多，其中有些無法提供兩種型態的遊戲。如Beckwith（1982）提到，一般市面上賣的成品是用一些基本的零件如平板、小零件等組合而成，只有很少的運動功能，無法滿足成長兒童的運動需要。而冒險式的遊戲場則能提供所有形式的遊戲，不僅能讓孩子運動和玩戲劇遊戲，也有彈性玩物和工具，鼓勵兒童進行建構遊戲。

　　表7-2摘要出每種遊戲場在前述各種特點上的評分。冒險式遊戲場明顯地在這些指標上都獲得極高的評價，現代化遊戲場則緊跟在後。在美國，由於冒險式遊戲場有成立及維護上的困難，現代化遊戲場因此較為符合學校及社區的需要。在學校與社區，可以藉由整合冒險式遊戲場的主要設備，讓遊戲場發揮更大的功效，例如增加彈性區域將可大幅提升環境的複雜度，以刺激孩子進行建構遊戲。而為了遊戲的安全，也必須要有遊戲指導員一直在場中監督，無論是什麼種類的遊戲場，都要有一位成人在場幫助並鼓勵孩子進行遊戲，同時防止孩子不當使用器材或產生不安全的玩法。

第五節　結語

　　本書主要認為，兒童的遊戲行為會受到遊戲進行時的環境布置所影響。前面我們已討論了社會情境對遊戲的影響——成人與兒童之間的人際

表7-2　鄰里遊戲環境

遊戲場設計特色	傳統式	現代化	冒險式
結合性	－	＋＋	＋
彈性器材	－	＋	＋＋
不同程度的挑戰性	－	＋	＋
經驗的多樣化	－	＋	＋＋
促進遊戲型態			
功能遊戲	＋	＋	＋
建構遊戲	－	－	＋＋
戲劇遊戲	－	＋＋	＋
團體遊戲		＋	＋

註：1.假定現代遊戲場有所有本文內討論的正向特色（沙、不同的運動設備、戲劇遊戲、大而寬的溜滑梯和平台），否則原有＋變成－。
　　2.－表示缺點；＋表示優點；＋＋表示極優。

互動。而物理環境則是指這些社會交往進行時的環境設備及活動範圍（Wachs, 1985）。遊戲的物理環境是由無生命的環境設備所組成，如進行遊戲的空間、器材設備，以及這些空間及器材設備的規劃安排。如我們已知的，物理環境在兒童的遊戲行為上具有實質的影響，而在瞭解這些影響之後，可以幫助父母及老師設計、建構遊戲環境，以促使兒童進行更高層次的社會性及認知性遊戲。

本章開頭已比較了室內與戶外遊戲的差異，證據顯示兩者各有優點。學前機構的戶外遊戲場可讓男童及來自低社經家庭的孩子有機會產生較多的大肌肉活動，以及較高層次的扮演遊戲；學前學校的室內遊戲環境則可促使女孩進行較多的建構遊戲以及扮演遊戲。這些研究發現指出，應同時鼓勵幼兒在室內及戶外的遊戲行為。

研究同時指出，有幾種室內遊戲環境的特色會影響到兒童的遊戲類型。首先，遊戲空間的密度會影響兒童遊戲的社會層次，尤其是當每個孩子擁有的空間低於25平方呎時，對孩子便有明顯的負面影響，因此這麼擁擠的情況應極力避免。其次，空間的安排方式也是重要的影響因素；對孩子來說，將廣闊的開放空間區隔成數個較小的區域將較為有利。然而，積木角及家居扮演角這樣的補充區則應維持開放。其他有關空間安排的建議，還包括將可能產生衝突的活動角落分開、清楚區分各區域、維持明確的教室動線等。最後，由於設備太多可能會降低兒童的社會互動，因此如果要增加社會遊戲，就應減少室內或戶外遊戲場中遊戲器材的數量，或是提供一些可刺激社會互動的器材。但在減少器材時仍須謹慎，因為如果遊戲設備太少，也會引起攻擊性行為的產生。經由空間密度、房間安排、遊戲設備的數量控制，老師與父母可以提供更多室內遊戲的刺激，協助孩子發展高層次的社會認知遊戲。

許多遊戲場在設計時會特別注意促進兒童遊戲的豐富及多元。這些促進高層次遊戲的設計包括：設施的相互支援與連接、彈性器材、漸進的挑戰、多元經驗的遊戲及不同型式的玩法。冒險式遊戲場在上列的標準指標中評分最高，也是被評比為最有價值及具有最豐富遊戲的遊戲場，而創造性／現代化之遊戲場則居第二，最差的是傳統性遊戲場。但不幸的是，我們社會卻提供最多的傳統化遊戲場，每年的遊戲場意外事故高達二十萬件，其中大都是在傳統式遊戲場中發生。基於此，我們希望未來可以用現代化或冒險性的遊戲場來取代傳統的遊戲場。

第八章
室內遊戲環境的布置與規劃

- 室內遊戲空間的布置與規劃
- 遊戲空間的設計原則
- 結語

環境因子（適合遊戲的空間、空間布置）以及玩具和設備的選擇，皆可能對孩子的遊戲行為產生影響。情境布置更可能影響孩子遊戲活動之種類、數量、期間及品質（Frost, Shinn & Jacobs, 1998; Petrakos & Howe, 1996; Smith & Connolly, 1980）。幼兒環境需要有組織的精心設計（design）、規劃（plan）、布置（setup）及管理（administration），才能有系統及有條理地提供孩子最大的學習與發展的支持環境。然而環境的規劃與布置則要考量孩子的需求及發展層次，並要以適齡發展（Developmentally Appropriate Practice, DAP）、適性（Sexually Appropriate Practice, SAP）及適文化（Culturally Appropriate Practice, CAP）的觀點來加以考量。

生態心理學家使用「環境壓力」（environmental press）這個名詞代表情境中的壓力，此種壓力會塑化人在特定情境中的行為（Garbarino, 1989）。而漸進順從（progressive conformity）的原則則是指隨著時間的推移，人的行為會逐漸受環境情境所影響（Garbarino, 1989）。如規劃遊戲角的目的是要鼓勵單獨遊戲，讓孩子在那角落單獨進行遊戲（Petrakos & Howe, 1996）。在一個以書、書寫玩物及其他萌發讀寫能力玩物所營造的遊戲情境中，孩子應該將讀寫行為整合到他的遊戲情境中（Neuman & Roskos, 1997）。兒童可能一開始想要參與某種遊戲行為，但卻因情境的限制而放棄原有的想法。但相對於此，Garbarino（1989: 21）則認為，孩子的行為不應完全受環境所控制。

當環境壓力來自環境對個體與環境交換所做的貢獻時，個體會整頓個人的獨特資源，將個人的特定發展層次及其他歸因帶到所處的情境中。因此不同個體即使在相同的環境中，也有不同的行為反應。

在托兒所的空間中，往往藉由玩物、標示及隔間來清楚地標明各種不同的遊戲角落，如戲劇角是由屏障及家具來加以區隔，並提供一些道具（鍋碗盤碟、娃娃、電話、工具箱等等），讓小朋友可以一目瞭然知道這是玩扮演遊戲的地方。幼兒園中的角落基本上包括有些吵雜的動態角，如藝術角、戲劇角、積木角等，其他還有需要安靜活動的靜態角，如圖書角、科學角及美勞角等。如此的布置可以讓孩子盡情徜徉在他們所營造的遊戲世界中，毋須擔心會吵到或干擾別人進行活動。此種相關角落串聯而

成的學習區也互相增強彼此的功能，鼓勵幼兒產生正向的互動。例如在圖
書角的小孩可以到美勞角畫出他們所讀過的故事，或到寫字角寫故事對
話，還可以拿積木角的積木到扮演角來當作扮演的道具，以豐富整個遊戲
的情節。一個界定清楚及設計良好的角落，可以鼓勵幼兒參與遊戲及適當
使用玩物，在此情境中，鮮少發現孩子有攻擊行為或玩狂野嬉鬧的遊戲，
孩子基本上大都進行玩物遊戲或與同儕進行社會互動。

　　環境的物理因素——包括一個適合遊戲的空間、空間布置及玩具和
設備的選擇——皆可能對孩子的遊戲行為產生影響。情境布置更可能影
響孩子遊戲活動的種類、數量、時間長短及品質（Frost, Shinn & Jacobs,
1998; Petrakos & Howe, 1996; Smith & Connolly, 1980）。對老師而言，瞭
解環境布置對孩子遊戲的影響力是很重要的；如此一來，老師才能利用情
境布置與規劃誘導兒童進行高品質的遊戲，讓情境在遊戲中是扮演「增
強」，而不是「干擾」的角色。McLean（1995）甚至進一步提出，在以
兒童為中心的托育機構中，環境的規劃與布置才是課程的基石，老師的主
要目的在創造能支持孩子進行正向學習的環境，讓兒童可以主動地在環境

中探索學習，並在與玩物的互動中建構自我知識，解決問題，同時能自在地與他人互動。

　　本章從室內遊戲的空間布置與規劃來說明，包括空間密度、空間安排、設備多寡及活動角落等，以及有效的遊戲空間設計指引。

第一節　室內遊戲空間的布置與規劃

一、空間密度

　　空間密度（measuring spatial density）通常解釋為每一個兒童在遊戲環境中所擁有的空間大小，也就是室內擁擠程度的指標。空間密度的增加可能會影響兒童遊戲的社會品質，但在早期研究中，關於空間密度對學前兒童遊戲的影響，卻有截然不同的看法。某些研究發現，擁擠度提高會導致較多的攻擊行為（Hutt & Vaizey, 1966），社會性遊戲的層次也會降低（Loo, 1972），但有些研究卻認為，擁擠度增加反而會減少攻擊行為（Loo, 1972），也會出現更多的正面社會性互動（團體遊戲）（Fagot, 1977），甚至有研究發現，擁擠度提高對孩子的攻擊行為沒有造成任何影響，社會性遊戲的層次也沒有改變（McGrew, 1972）。

　　Smith及Connolly（1980）指出這些矛盾研究結果所造成的幾個問題：(1)當環境設備保持不變，空間的大小以及孩子的人數有所改變時，每個孩子所擁有的設備多少會影響到孩子的遊戲；(2)攻擊定義的問題，有些調查將狂野嬉鬧遊戲（rough-and-tumble play）與真正的攻擊行為（true aggression）區分開來，但有些則將這兩者視為同一種行為。為了實際瞭解擁擠所造成的影響，Smith及Connolly（1980）將空間、孩子人數、環境設備都當作變項，在有系統的控制下做了一個研究：他們將空間密度定為每個孩子平均15、25、50及75平方呎來檢驗（這些數據是遊戲可使用的空間，並不包括被家具或其他物品所占用的空間）。結果顯示：當每個孩子的平均空間越少，在遊戲時的大動作遊戲（跑、追趕、混戰）也會減少，意即愈擁擠，大動作遊戲愈少，而且當每個孩子的平均空間降到

25平方呎時，擁擠度的增加便會對孩子們的社會行為產生影響，甚至當平均空間從25平方呎降至15平方呎時，攻擊行為就會顯著增加，團體遊戲也明顯的減少。

Smith及Connolly（1980）的發現證明，空間的密度會影響孩子的遊戲行為，這項發現值得老師參考。例如當老師發現教室中有太多追趕及粗野嬉鬧的遊戲時，便能判斷或許是因為空間太大所造成，此時老師可藉由重新安排家具，將廣闊的區域區隔成較小的空間而改善此種情形。相對地，也有一種方式可以幫助孩子在小的區域中增加大動作遊戲，那就是提供攀爬的設備。Smith及Connolly（1980）發現，當使用空間愈少，孩子們愈常在攀爬架及滑梯上參與精力旺盛的遊戲。因此如果空間有限，就要有足夠的攀爬和滑梯設施來讓孩子增加大動作遊戲。此外，如果發現每個孩子可以有效運用的空間少於平均25平方呎，老師亦可採取某些步驟來降低擁擠的程度，解決方式包括：(1)重新安排家具，以便有更多空間供兒童遊戲；(2)減少教室中孩子的人數，或將他們分配到其他教室；(3)若無法獲得額外的空間，則須限制參加的人數。

Liddell及Kruger（1989）的研究則發現，幼兒對擁擠的反應會受到家庭空間密度的影響。來自居處較擁擠的幼兒與家裡較寬敞（擁擠對他們是一新鮮的經驗）的幼兒相較，遊戲時的擁擠環境對前者較可能有負面的影響。研究者假設，當幼兒在家裡有較擁擠及競爭的經驗，對於學校的擁擠環境也較容易受到傷害。

由於空間密度可能會影響兒童的遊戲行為，因此以下將提供計算教室空間密度的方式。如果整個教室的空間密度低於每個孩子平均密度25呎，那老師應嘗試減少擁擠度或紓緩遊戲的負面影響。最簡單的作法當然是增加教室空間，但是有時教室的空間分配超越了老師的責任，也不是老師可以控制，那麼老師應掌握有限的空間，加以安排布置，促使兒童的遊戲互動產生正面效益（McLean, 1995）。

〔空間密度〕指在遊戲環境中平均可供每個孩子使用的空間大小，公式為：

空間密度＝（房間大小－不可用的空間大小）÷孩子的人數

註：不可用的空間包括家具以及不適用於遊戲的空間，如家具間的狹窄區域、保留給成人的區域、不能遊戲的安靜區。臺灣室內空間的使用每位小朋友在戶內應在1.5～2平方公尺，戶外應有2平方公尺。平均每人室內外空間至少要有3.5平方公尺（約1.1坪）。

二、遊戲角

通常在學前機構的教室中會劃分出一些遊戲角（play areas）或學習區，每一個遊戲角或學習區有各自的獨特玩物及玩法。在開放式的幼兒園教室中，老師的角色是一輔助者，負責布置教室的環境，觀察兒童在情境中與玩物的互動情形，並對有需要的孩子提供支持與協助，有時還要介紹每一角落的新玩物及可能的玩法，兒童則在情境布置中獲得知識與技巧。假如能布置出合宜有效的教室情境並妥善管理，那教室環境便可以取代老師而扮演很多教導的角色。

有效的遊戲角落布置是以玩物為主要要素，玩物可以讓兒童在自由探索及實驗的遊戲中獲得學習效果（一般教室的遊戲角落或學習區包含如**表8-1**）。

幾乎沒有一間教室可以容納上述所有的角落，因此老師必須決定教室要有哪些角落，這些角落會影響兒童可以擁有哪些活動與遊戲。許多老師會依課程需要，安排、布置六至七個固定的遊戲角落，有時還會依課程需要增加一些暫時的主題角。

幼兒在不同的遊戲角中會有不一樣的遊戲型態。Shure（1963）發現，單獨遊戲常出現在益智角，而團體遊戲則很明顯地出現在積木角和扮演角，平行遊戲大多出現在美勞角及圖書角。又如Pellegrini（1984）的研究顯示，當學前兒童在不同角落遊戲的時候，語言也會有所不同，在扮演

表8-1　幼兒園遊戲角落分類及應包含的遊戲素材

1.美勞角：顏料、畫架、剪刀、漿糊、色紙、毛筆、蠟筆、黏土、麵糰。
2.積木角：單位積木、堆疊積木、鑲嵌組合積木、附屬設備，如交通工具、人、動物。
3.活動角：大型交通工具、大型中空或泡棉積木、球。
4.扮演角：廚房的模型家具、餐具盤子、桌椅、家庭用品、洋娃娃、床、手推車。
5.音樂角：風琴、錄音機、節奏樂器、豎琴、木琴。
6.圖書角：書及毯子、雜誌、書架、沙發或書本展示架。
7.益智角：拼圖遊戲、插樁板、骨牌遊戲。
8.科學角：飼養小動物、水族箱、採集物（種子、石頭）、放大鏡、沙箱。
9.木工角：玩具工作台與道具，如釘子、木頭、螺絲、虎頭鉗。
10.寫字角：鉛筆、紙、字母表、字母印章、白板及白板筆、字典、信箱。
11.數學角：數學操作用品（如數學寶盆或MPM數學）、數學遊戲及拼圖。
12.身體資源角：提供一些軟墊來促進孩子感覺統合及身體功能遊戲的練習。
13.輪替的主題角：兒童所熟悉的道具或家具，如商店、餐廳、郵局、醫院或寵物店。

資料來源：作者整理。

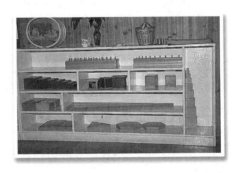

角所用的語言會比在積木角、美勞角、水箱、沙箱角的語言在詞句上更清楚、想像力更豐富及更有連貫性。而Rubin及Seibel（1979）則發現，積木角可以增強兒童的建構能力及在戲劇遊戲上的表現，而這些遊戲也擁有最豐富的團體互動機會。

　　總括來說，這些研究都指出扮演角及積木角較能鼓勵兒童產生較高層次的社會性。而扮演角的另一個好處是，它能刺激兒童發展更成熟複雜的語言。還有一個值得提出討論的角落遊戲，稱為輪換主題角（rotating theme corner），這個角落是依各種戲劇遊戲的主題來布置（如超級市場、餐廳、冰淇淋店、醫院等），並在角落中放置與主題有關的東西。有時讓孩子自己來設置主題角，會發現很多有趣的創意。在主題角中一次只介紹一個主題，且持續幾個星期。此外，要讓每個主題角都靠近扮演角，如此孩子們可以將扮演角的遊戲主題和主題角的遊戲做個統整。Woodard發現，孩子們（尤其是男孩）在主題角設立後會開始參與更多社會扮演的

遊戲。其他研究者的研究也有相似的結果——男孩比較喜歡在主題角玩而不是在扮演角玩（Howe, Moller, Chambers & Petrakos, 1994）。

筆者建議老師提供一些參觀旅行（field trips）、書籍或錄影帶讓兒童先瞭解主題內容，以擴充孩子對不熟悉之主題的瞭解及提升其預先經驗知識。當然，孩子有個別差異，有些孩子對某些主題熟悉，有的則否，完全視其過去經驗而定，因此老師更要有適齡觀點，**表8-2**列出相關遊戲主題及如何擴充孩子的經驗。

三、空間安排

遊戲空間的安排（arrangement of space）方式亦對兒童的遊戲模式有所影響（**專欄8-1**）。空間安排包括開放與分隔兩種方式，開放空間中的障礙比較少，可以提高兒童在課堂活動的自由度。相對於此，分隔空間的教室也有一些好處，如屏障或較小的分隔區域可以減少噪音及視覺干擾，使兒童較能集中注意力，也能增強課室在活動進行時的安全性。此外，較小的分隔區域可以減少大肌肉活動及狂野嬉鬧的遊戲，也較能提供親密互動的氣氛和語言互動的機會，同時會增加兒童進行假裝遊戲的頻率與和教育性玩物互動的機會（Field, 1980; Moore, 1987; Neil, 1982; Sheehan & Day, 1975），與大型開放區域相較，更容易產生具有高品質的遊戲。另外也有研究指出，小型分隔區域也會影響成人的參與行為，會鼓勵老師多與兒童互動而減少與同事的互動（Neil, 1982）。

將大型開放區域區隔成一些小遊戲區域有其正面效果。Kinsman及Berk（1979）發現，若將隔在積木角與娃娃家中的障礙物移開，空間的擴大能使許多遊戲更容易進行，而將兩個角落的玩物放在一起，也能豐富遊戲的形式（如把積木當成道具在娃娃家用），但這只適合年齡比較大的孩子。

顯然地，研究結果較支持將寬大開放的空間劃分成較小的區域，可以減少大動作活動（跑、追趕及粗野嬉鬧遊戲），鼓勵戲劇遊戲及建構遊戲。然而，在某些互補區，如積木區和娃娃角，則最好是維持開放，讓孩子的活動能流暢進行，也能把兩種遊戲結合在一起玩。此外，在空間設計上應讓幼兒能很容易看到玩具的位置，如果孩子的視野被櫃子或其他分隔物所阻擋而看不到遊戲設備，孩子便無法知道在教室中可以玩哪些遊戲。

表8-2 社會戲劇遊戲的主題角

主題	道具	區域／遊戲室	操場／戶外遊戲場	相關活動
主題一：狗醫生	報紙、水盆、啞鈴、長制約繩玩具、狗食、狗圖片、椅子、錄影機	布置一個老人休閒中心，放置動物玩具，及有關狗的圖片	大型積木、跳箱水管、飛盤	1.製作狗醫生訓練流程，及服務對象 2.圖書角說故事時間（錄影帶、圖片、書） 3.參觀旅行：到訓練中心參觀，觀察中心人員如何將主人心中的愛犬訓練成為一隻合格的狗醫生 4.拜訪有狗醫生服務的安養院
主題二：泰國新年（潑水節）	泰國國旗一面、茉莉花及花瓣、象徵泰國的一些食物、小鳥、小魚（用積木代替）、杯子、痱子粉、藤球	利用整個教室的空間來布置，讓小朋友用茉莉花水祈福並舉辦「宋干節小姐」選美比賽	1.比賽踢藤球 2.戶外潑水祈福活動，並在臉上塗痱子粉 3.讓幼兒在沙坑中推出各式動物的形狀，並放上花瓣為祈福活動	1.教室整理上帶進除舊布新的觀念 2.語文圖書角：介紹泰國新年的由來，並展示一些相關圖片，及教導幼兒簡易的泰文問候語 3.如班上有泰籍媽媽可請她與幼兒一同分享實際泰國過年經驗 4.參觀旅行： (1)帶幼兒至有舉辦泰國潑水節之類的活動場合，以親自體會泰國潑水節的氣氛 (2)參觀泰國觀光局 (3)拜訪駐臺辦事處的官員 5.由於現在越來越多外籍家庭，希望能藉由此活動讓小朋友瞭解不同文化的風俗民情，更因此能接納我們眾多的新臺灣之子
主題三：動物園	門票、各種動物指偶、地圖導覽、柵欄、西卡紙草原、湖泊、石頭、管理員指偶、長統靴、獸醫指偶、水桶、西卡紙售票亭	教室門口布置成售票亭，在教室的各個角落布置出動物園的一角，利用西卡紙做出的背景，搭配上各種指偶，分隔出可愛動物區、猛獸區、親水動物區等	有輪子的玩具車（搬運動物的物品）、在盪鞦韆上方布置出幾種動物的大型臉譜，地上鋪出以各種動物區域為主的跳格子	1.小朋友要先在教室門口跟老師（售票員）買票，再兩兩成對一起到各種角落參觀 2.一起製作自己喜歡的動物面具，做好後將之歸類，並放到所屬的動物區域裡（如兔子面具→可愛動物區）

（續）表8-2　社會戲劇遊戲的主題角

主題	道具	區域／遊戲室	操場／戶外遊戲場	相關活動
主題四：運動會賽跑競賽	邀請函、旗子、海報、運動員號碼牌、啦啦隊用道具、哨子、鳴槍、地線、賽跑區域標示、椅子、礦泉水、毛巾、杯子、旗桿、接棒、終點標語、終點線、比賽順序圖、成績、頒獎	利用大的空間或是戶外運動場。若在教室大活動區的地板，則用塑膠貼布，可拉多條直線或多條圓形賽跑線	在運動場跑步區周邊增設講台、啦啦隊表演區、選手休息區。賽跑競賽項目也可與遊戲場周遭的活動設施結合	1.介紹相關運動會賽跑競賽及啦啦隊表演的照片 2.製作邀請函、宣傳海報、會旗、運動員號碼牌、啦啦隊用道具、終點標語、比賽順序圖 3.音樂角：啦啦隊表演、會歌教唱 4.圖書角故事時間：圖片、書、錄影帶 5.語言角：選手宣誓 6.舉辦小小賽跑運動會 7.參觀大型運動場 8.拜訪賽跑選手
主題五：士林夜市	攤位：用桌子布置、攤位標示掛牌、圍裙、攤位人員的服裝、帽子、假鈔（遊戲代幣）、抹布、餐具（盤子、筷子、碗、杯子、抽取式衛生紙）、鍋子、炒菜鏟、食材（蔬菜、水果、食品模型）、水槽、桌椅（客人吃小吃時用）、菜單、塑膠布（地攤）、地攤販售物品、大紙箱、塑膠布（釣魚用）、木棒、棉線、迴紋針、塑膠玩具（魚、烏龜、海中生物模型）	靠近娃娃家的角落，有水可以洗蔬菜水果，有刀子可以料理食材或靠近大積木角	大紙箱（可布置成攤位、釣魚攤位）、可推動的拉車、行走動路線可結合跳蚤市場活動（進行舊愛新歡交換）	1.帶領孩子參觀並體驗士林夜市（吃的文化、玩的樂趣、販售物品的參觀） 2.製作攤位標示掛牌 3.製作菜單及圖片 4.布置主題角 5.布置釣魚玩樂攤位 6.舊愛新歡交換活動籌劃之可行性與實施
主題六：電視新聞台（主播、記者、氣象主播）	中空大型紙箱、高低大積木小積木、麥克風、可隨意貼字或圖的背景板、主播告示牌、新聞稿、筆、攝影機、台灣地圖大海報、雨傘、化粧品、領帶、太陽眼	在靠近娃娃家的大積木區布置一個大電視和觀眾區，並設置道具區	中空大型紙箱（當電視機鏡頭），放在可移動的平檯上／各種有輪子的玩具車、各種交通工具、小積木（可當建築物或其他象徵	1.製作新聞稿、麥克風、與新聞主題相關的文字和圖片、攝影機和相機（用大小紙盒組合後著色）、主播告示牌／觀看電視新聞台／上台說話膽量訓練 2.參觀旅行：電視新聞台拍

（續）表8-2　社會戲劇遊戲的主題角

主題	道具	區域／遊戲室	操場／戶外遊戲場	相關活動
主題六：電視新聞台（主播、記者、氣象主播）	鏡、相機閃光燈、海陸空交通工具模型玩具、安全帽、口罩、照片、球、帽子、新聞背景音樂（人聲）		物）、人偶、以鏡子在太陽下照光當成相機閃光燈效果，取大自然的素材（例如樹枝、石頭）當麥克風及攝影機或只做假裝動作	攝現場、中央氣象局、天文台 3.拜訪主播、記者、氣象主播、影片製作、攝影師
主題七：火車站	車票、駕照、燈光、標誌、鈔票、食物、電話	靠近娃娃家的角落為主販賣區、再用桌子隔成售票區，布置積木區，有火車、木偶、鐵軌，再用椅子布置成等待區	有輪子的玩具車、梯子（利用梯子連接成鐵軌）	1.製作鈔票、車票、電話卡 2.故事時間：影片、圖片、錄影帶、錄音帶 3.參觀旅行：火車站、新公園（有劉銘傳時留下的舊式火車） 4.拜訪人員：駕駛人員、驛站站員、售票（貨）員
主題八：速食店	速食店招牌、速食店制服、帽子、假鈔、收銀機、點餐櫃臺、方形盤子、玩具模型（漢堡、薯條、熱狗、炸雞、生菜沙拉、可樂等速食店食品）	靠近娃娃家角落的一個大四方形區域，有擺設桌椅可供小朋友用餐使用	有戶外桌椅提供戶外用餐區	1.學習利用黏土及模型製作速食店招牌食物，如漢堡、薯條、熱狗等 2.戶外教學，實地參觀麥當勞或肯德基等知名速食店
主題九：傳統市場	磅秤（吊桿式、傳統式）調理磅秤、電子式磅秤、假錢（遊戲用）、2公分正立方體小積木、塑膠或紙製水果、蔬菜、魚、肉、衣服、褲子、菜籃、購物袋、皮包、小圍裙、攤位圖示卡4張、箭頭標示卡5張、真的水果蔬菜	在教室布置四個用桌子排成的攤位	選用四個固定遊樂器具分別作為尋寶路徑主點，各主點分別貼上水果圖形（水果攤）、蔬菜（攤）、肉（攤）、魚（店）。並以箭頭標示路徑之行進方向，並可用現成的教學器材布置出斜坡、山洞、橋樑等	1.請幼兒剪下超市DM上喜愛的蔬菜、水果、肉、衣服、鞋等圖片黏貼於紙卡上，當作販賣用之商品，並請幼兒協助把物品擺到攤位上 2.分類遊戲：請幼兒協助把物品擺到攤位上 3.製作紙幣 4.參觀：到傳統市場拜訪攤販老闆並觀察周遭環境 5.圖書故事角時間：圖片、錄音帶、書（如《媽媽，買綠豆》、《第一次上街買東西》）、拼圖 6.校園尋寶：路徑辨識與記憶 7.校園地圖製作

（續）表8-2　社會戲劇遊戲的主題角

主題	道具	區域／遊戲室	操場／戶外遊戲場	相關活動
主題十：百貨公司	圍裙、帽子、假鈔（遊戲用的）、收銀機、查價機、手推車、籃子、貨架、桌子、椅子、購物袋、自製用品（蔬果、食物、飲料、糖果）、日常用品、食物、飲料、蔬菜、水果	1.在娃娃家的角落，提供食物的擺放 2.在大積木區布置一個超級市場，可推手推車	有輪子的玩具車、大積木、收票機，製作一個停車場	1.圖書角故事時間：圖卡、繪本、手偶、紙偶 2.製作蔬果、食物、飲料、糖果 3.製作紙幣 4.製作價目表 5.製作指示標誌 6.製作帽子、購物袋 7.參觀旅行：超級市場 8.拜訪：櫃檯小姐、補貨員

資料來源：作者整理。

專欄8-1　托兒所室內的空間規劃

　　Walling（1977）帶了一班三歲以及四歲的學前幼兒，她對在自由活動時發生的許多攻擊行為以及粗野嬉鬧的遊戲感到很困擾，她發覺孩子們很少使用娃娃家或者參與戲劇性遊戲，所以她開始覺得原本的教室空間規劃有些問題（**圖8-1**），影響了孩子們的遊戲品質，在仔細調查後，她發現幾點問題如下：

1. 教室中間太空了，使孩童跑來跑去、追打、嬉鬧。
2. 遊戲角落設置不太好，如娃娃家位於教室開放區的一角，使它看起來沒有家的感覺，也使娃娃家的器具變得散布在整個教室中。
3. 有些角落擺在一起會互相干擾，如積木角（動態）以及圖書角（靜態）設置在一起就不適當。
4. 教室沒有清楚的行動路徑，要從門到教室另一端，孩子們必須靠著積木角走，常會弄倒其他孩子的積木，又要穿越一排美勞活動用的桌子這讓孩子們有吵架的機會。

　　Walling把桌子重新排放，增加了幾個分隔物將廣大的開放空間隔起來，造出教室一條清楚的行動路徑，這些分隔物也同時將娃娃角及其他遊戲角落界定開來；再將幾個角落重新安排，使得每個角落與其他相鄰角落不產生衝突；如將積木角遠離

圖書角，搬到接近娃娃角的區域（**圖8-2**）。

經過一個星期的適應，可看到孩手們的遊戲開始有所改變，使用娃娃家以及積木角的次數逐增，粗魯以及攻擊行為顯著減少。Walling發現她花在維持孩子們的紀律時間逐漸減少，較有時間在孩子們遊戲時與孩子積極互動。如果在娃娃家與積木角間保留開放，則可鼓勵孩子在兩個區域間做整合的活動。Walling對教室的安排並沒有什麼特別，只是改變玩具爐後面分隔物的位置，就輕鬆地達到目的。

Walling的發現確實提供了室內安排的方法，包括有：

1.如果希望降低奔跑及粗野嬉鬧的遊戲，可以用分隔物或家具把廣大的開放空間阻隔起來。
2.將有衝突的角落（如吵鬧及安靜的角落）分開；將互補的角落（如娃娃家及積木角）放在一起。
3.造出教室內清楚的動線。
4.運用分隔物及家具將不同的遊戲角落清楚地劃分範圍。
5.將需要用水的角落（如美勞角、水箱）靠有水資源的附近。
6.將可能髒亂的角落（如美勞角）設在有磁磚的地板，將需要溫暖（團體討論）或較易吵鬧的積木角鋪上地毯。

上述的指引方式對於有特殊需求的兒童是需要加以調整及修正的。有特殊兒童在教室，他們反而需要較大的樓地板空間來幫助其自由移動（Winter, Bell & Dempsey, 1994），此時的指引導向就應調整如下：

1.提供有較大空間的入口處，可以讓輪椅或推車進入遊戲角落。
2.可以將玩物放在桌子上或地板上，以方便特殊兒童遊戲（Winter, Bell & Dempsey, 1994）。
3.使用較高的桌子以方便坐輪椅的兒童。
4.使用空間提示，如用膠帶或有顏色的地毯，讓有心智及視覺障礙之幼兒能找到他們要玩的遊戲角落。

Sandra Lawing的教室即是一個應用空間特性的好圖例（**圖8-3**）。注意活動角皆意義清楚及每一角落有其支援及互補的功用。安靜地、具學術功用之數學、科學、圖書及寫字角放在教室的一頭，而會吵鬧的遊戲及美勞角放在另一半的空間。活動

的重疊則利用互補角落（如積木角、娃娃角及咖啡廳主題角，而圖書角及寫字角則在旁邊）。

有時，環境的布置也可以讓兒童有參與的機會，也可建立以兒童為本位之課室情境。

記住，如果在娃娃家與積木角間保留開放空間，便可鼓勵孩子在兩個區域間做整合的活動（Kinsman & Berk, 1979）。Walling對教室的安排並沒有什麼特別，只是改變玩具爐後面分隔物的位置，就輕鬆地達到目的。對空間安排的其他詳情，請參照Kritchevsky和Prescott的研究（1977）。

資料來源：整理改作自吳幸玲、郭靜晃譯（2000），James E. Johnson等著。《兒童遊戲——遊戲發展的理論與實務》。臺北：揚智文化。

第二節　遊戲空間的設計原則

一、幼兒遊戲空間設計原則

什麼是理想的幼兒遊戲空間設計原則呢？透過空間分析與對環境的體驗與觀察，許多專家學者都在尋找幼兒與空間的最佳互動模式。根據臺北市公園路燈管理處的研究指出，安全性、管理、材料、使用及環境是評估遊戲空間的基本考量，並歸納出十點設計原則（林進益等，1977、1986）：(1)強調幼兒感官感覺；(2)瞭解空間概念；(3)挑戰性的遊戲；(4)主動性的設施；(5)想像力的創造；(6)與成人適當的隔離；(7)合乎兒童尺寸；(8)安全性；(9)設計師本身的體驗；(10)教育專家的親身參與。另外亦有專家提出環保與本土化的訴求，並鼓勵政府與民間參與。儘管如此，目前整個幼教的觀念大都是由國外引進，因此許多國外既存的遊戲空間設計模式仍值得我們借鏡，如著名英國遊戲場設計師Lady Allen的設計觀念與日本仙田滿的循環遊戲系統都可以作為布置遊戲空間的參考。

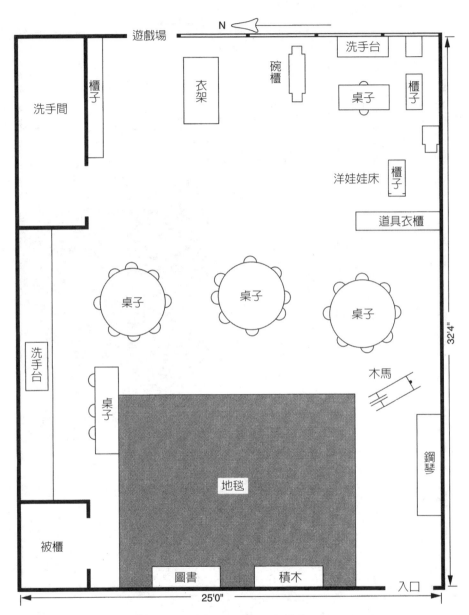

圖8-1　Walling原本的教室空間安排

資料來源：Kritchevsky & Prescott (1977), p. 50.

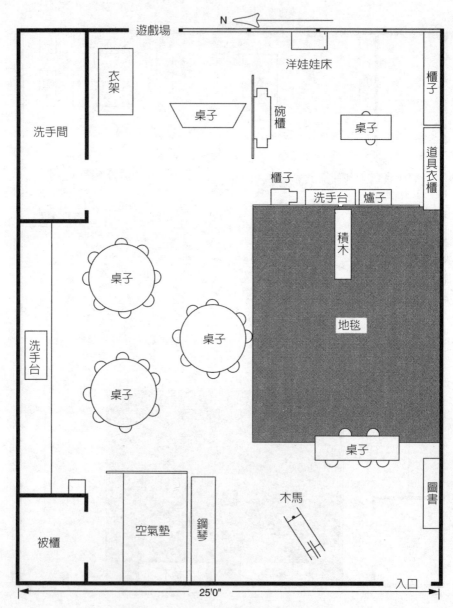

圖8-2 Walling 修訂後的教室空間安排

資料來源：Kritchevsky & Prescott (1977), p. 51.

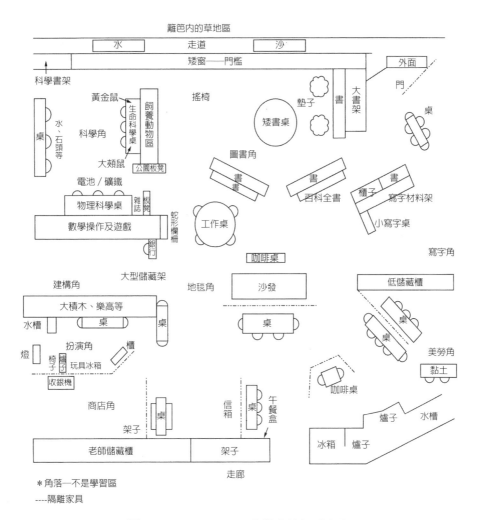

圖8-3　Sandra Lawing的教室地板計畫圖

資料來源：吳幸玲、郭靜晃譯（2000）。

綜合上述各項觀點，一個理想的幼兒遊戲空間規劃須具備下列幾項特性之要求（郭靜晃、黃惠如，2001）：

1.發展性：遊戲空間規劃與布置首要條件便是要能配合兒童的「認知」與「生理」發展特徵，在遊戲場中模擬布置這些社會生態區

域，使角落情境更能蘊涵文化意義，協助嬰幼兒身心健全發展。

2.遊戲趣味性：空間組織的趣味性與遊具的可玩性要高，以激起孩童潛在的肢體活動欲望，引發其遊玩的興趣。

3.複雜多樣性：遊具使用的複雜度與活動種類的多樣性可持續孩童的玩興，並增加單位面積內的活動總數。不管是個人單獨遊戲或群體活動均應給予包容。

4.誘導挑戰性：提供機會或調整設施，讓幼童主動參與環境、探測世界並挑戰自己的能力。

5.安全性：遊戲架構的堅固性、尺度的合宜性以及細部處理的周詳度等因素，都會影響遊戲環境的安全，攸關使用孩童的生命，故設計一個理想的遊戲環境對每一個環節都須考量周全，避免危險的發生，必要時須有指導員從旁協助監督。

6.創造性：遊戲空間的規劃最忌諱千篇一律沒有變化，一個富有創造性的托育環境，要能變化空間或光線產生新奇感，利用抽象性玩物或社會性互動鼓勵幼童在遊戲中運用想像力激發其自由創作的本能。

7.舒適性：室內環境須注意是否採光適當、空氣流通、溫溼度合宜；戶外遊戲場則要有蔽蔭，而植栽區的綠化常有賞心悅目的功能。

8.流暢性：各個遊戲設施及角落間應有清楚流暢的路徑，以避免衝突，創造寬敞充裕的活動空間。

9.藝術性：遊戲場不僅要好玩，也要好看，即所謂遊戲景觀（playscape）。一個雜亂無章的遊戲環境不僅容易蘊藏危險，也使整體環境黯然失色。

10.維護性：遊戲設施的壽命要能耐久，易維修替換，教保人員亦須注重平日的維護工作，以確保幼兒安全。

二、托育機構的空間規劃分析

托育機構的遊戲設施與布置會因收托對象年齡之不同而有不同的特色。一般而言，托嬰部門較注重感覺統合刺激之玩物與小型學步設施，也

不必拘泥硬要規劃出很多個別空間；托兒所與幼稚園的教室則會加強體能運動器材與社會性遊戲，並規劃出各種學習角落（**圖8-4**）。

(一)托嬰中心的空間規劃設計

　　就發展階段來說，出生到十八個月大的嬰幼兒正處於感覺運動初期，遊戲設施種類的選擇可以看、聽、嚐、觸摸等知覺刺激爲主，爬行翻滾等運動功能爲輔，以促進感覺統合，設備的材質則應儘量採用非硬木製造的原色木材；就空間規劃而言，則應該布置成一個「擬」家的環境，讓

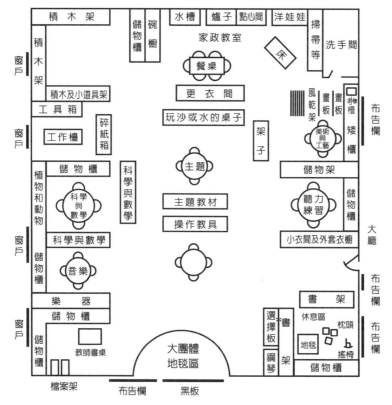

圖8-4　幼兒教室平面圖

*選擇板用來標示兒童所處之中心位置。

資料來源：郭靜晃、陳正乾譯（1998），頁174。

嬰兒有安全感。一般來說，一歲以下的嬰兒作息以睡眠為主，因此較須有獨立安靜的休息空間；一至二歲的嬰幼兒則精力旺盛，以遊戲為生活重心，改革式托嬰所則有全新的思考——無須硬性區隔出太多的個別空間，有許多空間的功能是可以重疊的，如兼做玩水的盥洗室，寢室和活動室亦可以合而為一（胡寶林，1996），如此一來，有限的空間將能做最大的運用。譬如將睡眠的地方設計成通鋪，睡眠時不一定要有嬰兒床，可以床墊、大型軟墊枕頭甚至帳棚或小木屋取代，為了安全起見，這些睡眠的地方都應低矮；遊戲時，通鋪可兼做學爬地板，床墊不僅可令嬰幼兒在其上隨意翻轉，亦能挑戰攀爬的能力，帳棚則可變成遊戲小屋，讓孩子鑽進鑽出。如果空間允許，最好仍要規劃出一個獨立的角落或空間（可以是一張嬰兒床）以隔離一些特殊的嬰兒（參考**專欄8-2**）。

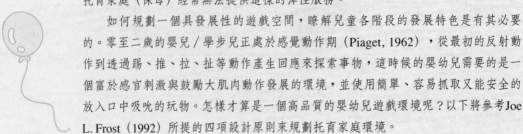

專欄8-2　托育家庭空間設計

　　一般提供零至三歲嬰幼兒的托育方式大致上有家庭托育與托兒所（托嬰部）兩種選擇，其中大部分又以家庭保母居多，因此托育品質受限於家庭型態與環境的影響相當大。

　　物理環境是幼兒發展的必要成分，因為它就好像扮演幼兒社會互動中的舞台或情境（Wohlwill & Heft, 1987）。因為氣質的不同，有些嬰幼兒需要安靜依序的發展，吵雜與擁擠會負面地影響其認知、語言及情緒發展（Wachs & Gmen, 1982），另外有些兒童卻因高度刺激的環境而發育漸佳。因此一個理想的托育環境，必須要能提供高度的選擇性，以符合兒童多元發展的需求，然而受限於居家空間的限制，托育家庭（保母）經常無法提供這樣的彈性服務。

　　如何規劃一個具發展性的遊戲空間，瞭解兒童各階段的發展特色是有其必要的。零至二歲的嬰兒／學步兒正處於感覺動作期（Piaget, 1962），從最初的反射動作到透過踢、推、拉、扯等動作產生回應來探索事物，這時候的嬰幼兒需要的是一個富於感官刺激與鼓勵大肌肉動作發展的環境，並使用簡單、容易抓取又能安全的放入口中吸吮的玩物。怎樣才算是一個高品質的嬰幼兒遊戲環境呢？以下將參考Joe L. Frost（1992）所提的四項設計原則來規劃托育家庭環境。

刺激各種感官

除了食物與安全感的需求，嬰兒正以看、聽、嚐、嗅、觸等感官來知覺周遭的世界，即使是滑球給嬰兒看或玩等普通簡單的遊戲，皆能提供嬰兒必要的刺激。光線是僅次於食物能控制身體功能的重要物（Wurtman, 1982），不同色澤的燈光會影響血壓、呼吸以及腦部活動，因此空間的採光、燈光色調皆會影響嬰幼兒的健康與發展，嬰兒床的擺設最好要靠近窗戶，使其能曝露於由窗戶穿透的光線，但又不可以緊鄰窗邊，以免發生幼兒攀爬墜窗或窗簾繩索勒頸的意外。觸覺和感官的應用則是發展形狀等洞察力的要件（Ayres, 1973），所以觸摸物或玩物最好能包括各種不同的質地，如光滑的金屬品、溫潤的木製品或粗糙的塑膠製品，目前有許多廠商已製造出不同型態的感官板，可將之固定於床邊或壁上以便嬰兒觸摸；對於學步兒，地板鋪面亦可變換不同材質，如在地磚上鋪上軟墊，亦或在木板上放塊小地毯。更有研究證實胎兒時期即有聽覺，因此市面上各式各樣的幼兒音樂是托育環境中不可或缺的精神糧食。

容許廣泛移動

嬰兒／學步兒的托育環境應是能提供廣泛肢體活動及移動的空間（Frost, 1992）。嬰兒需要柔軟精緻的鋪面以利爬行，需要溫和有彈性的地方以便滑落，幼兒則須寬敞沒有障礙的空間以利安全學步。嬰幼兒的移動能力能使他們大開眼界，尋找目標物體，經由探測環境，他們挑戰自己坐、爬、站、走、跳等能力，並開始學習掌握環境的過程。在一個居家型態的托育環境中，最難克服的，便是移動空間與路徑的問題，除非特別規劃有遊戲房，客廳通常是提供嬰幼兒大範圍活動的地方，他們大部分的遊戲也都在這裡進行，但是相對地，客廳卻又是大人們送往迎來的場所，沙發、茶几、電視櫃占掉了大部分的空間，因此嬰幼兒不是因為安全考量被限制活動，便是只能穿梭在桌椅間顯得危險叢生。對於客廳的空間與動線規劃，建議儘量將沙發靠牆擺設，並收起大型茶几代之以小圓几，如此不僅可保留客廳的功能，亦能空出較完整的活動空間以利嬰幼兒廣泛的移動。

環境安全與舒適性

居家托育環境中經常潛藏著許多危險因子未被注意，其中又以浴室、廚房為最常發生幼兒意外（滑倒、燙傷）的場所。有時候保母需要上洗手間或一邊處理廚

務一邊看顧孩子，一種專業廠商所製造的小隔門便可以讓他們「有點黏又不會太黏」，它能將孩子阻隔在危險源之外，又不至於忽視他們。嬰幼兒在搖擺不穩的學步階段，就不斷經歷「跌倒」的危機，桌子的稜角便成了隱形殺手，此時可以在稜角處加上角墊以維安全。另外，家中的插座高度正好在嬰幼兒的視線範圍內，為避免他們好奇玩弄，可以用安全插座套來隔絕。對於危險家電如微波爐、熱水瓶的擺設，也要注意放到嬰幼兒碰不到的地方。客廳沙發靠牆擺置的好處則是可以避免嬰幼兒在攀爬時不慎從椅背掉落。

另外，嬰兒／學步兒正處於口腔期，什麼東西都有可能放進口中，因此給他們的器具、玩物不能有引起窒息危機的小零件，材料亦不能含有有毒物質（如漆），甚至家中的盆栽灌木也要注意是否為毒性植物。

如果居家空間許可，將客房規劃成一個豐富、安全的遊戲房兼寢室將是個不錯的考量：藉由降低床的高度並加上護欄可以無虞嬰幼兒睡眠時從床上翻落的危險，又可以作為高度變化的移動空間，讓嬰幼兒爬上走下；收納櫃的妥善運用則可以保持活動空間的整齊通暢，亦能讓幼兒學習分類收拾玩物的技巧。通常保母在滿足嬰幼兒生理需求之餘，安全便是其最大的顧慮，但安全不是限制，藉由居家環境的妥善規劃是可以兼顧發展性與遊戲性的。至於環境的舒適性則可由光線、溫度、溼度與衛生條件來評量。

多樣性與挑戰性

在家庭托育中經常可見三個月大的嬰兒與兩歲半幼兒放在一起的組合，這樣的組合是非常不適當的。兩歲以前的嬰幼兒發展延展性非常的大，從翻、坐、爬到學會步行，從發聲期到牙牙學語，家庭保母要能因應這些變化，滿足多樣性的需求，實有賴專業訓練與妥善的居家環境規劃，如果能在住家附近輔以戶外遊戲場將更臻完善。

隨著嬰幼兒成長速度的加快，其探索環境的挑戰力亦更迅速，當他們漸能精熟地運用舊基模去面對新挑戰時，提供新奇、有挑戰的遊戲設施與玩物讓幼兒去探索將有助於其發展。

資料來源：郭靜晃、黃惠如（2001）。《托育家庭的管理與布置》。臺北：揚智文化。

(二)托兒所的空間規劃設計

托兒所收托的對象主要是以學步兒為主，但我國法規仍開放三至六歲的幼兒可以收托。在發展上，學步階段約從十三個月到三十個月大，托兒所的布置可藉由有計畫性的遊戲項目如隧道龍（鑽爬）、小型階梯（踏步）、跳箱（蹲跳）等設施，來練習更純熟的踏步技巧；三至四歲的幼兒對於體能運動興趣特別高，則需要平衡、攀爬等大肌肉動作訓練，平衡木、滑梯或其他小型綜合遊戲設施均很適合；四至六歲的幼兒已脫離單獨遊戲的階段，開始會主動與他人分享玩具，並找機會參與團體活動，因此這個時期的社會性遊戲扮演著很重要的角色，任何能促進同儕互動如辦家家酒、戲劇表演的遊戲項目，均不可或缺，此可藉由各種學習角落的規劃來達到目的。同時該階段的幼童大小肌肉的協調很好，不僅能學習操作如繫鞋帶、捏黏土等較精細的動作，運動技能的發展也更富創造性與挑戰性，若能規劃一個冒險創造式的戶外遊戲場應可滿足其需求。有鑑於都會地區之托育機構常受限於高空間密度，使得幼兒常在攀爬架及滑梯上參與精力旺盛的遊戲，因此提供攀爬與滑梯的組合遊戲設備，也不失為解決在小區域增加大肌肉活動的好方法（Smith & Connolly, 1980）（**專欄8-3**）。

最後特別要提的是保健室的設置常為一般托育機構所忽略，其中嬰幼兒的免疫功能發展尚未健全，屬感染的高危險群，他們也比較沒有危機意識，飽受意外事件的威脅，因此保健室便可提供健檢保育及意外傷害緊急處理的功能（非醫療），像是餵藥服務、臨時身體不適幼兒之安撫或隔離，最好能在保健室進行，如有必要仍應聯絡家長送醫處理，我國法規規定設有育嬰部之托育機構須設有護理人員，其用意考量即在於此。

專欄8-3　幼兒園環境規劃與布置

　　教師們應深思熟慮如何藉由改裝配置空間以提供較佳的學習計畫。教室必須有機化，如此每個活動在需要時都有必要的空間、教材和設備，即使數個活動同時進行也不會相互干擾。

　　如果希望所有的孩童在同一時間參與相同的活動，那麼比起教室內的個人或小組活動，教室布置便顯得較不重要。在個人化的課程中，教室應重新布置，如此孩子才能獨自操作而不須老師持續的監督，且他們也不會干擾相互間的活動。

組織物理空間

　　教室的基本空間要求通常由法律規定。有一些證據顯示，太狹小的空間會影響兒童的社會互動（Ladd & Coleman, 1993）。室內空間應該要光線充足、通風良好，必要時也要夠暖和，教室中的水也要便於取用。理論上，也應該要有便道從教室通往戶外遊戲場和洗手間。如果教室有一個門直接通往遊戲場或平台，那麼課程便可自由地在室內外進行。

　　老師們必須檢查教室內的物品布置，以確保它們的安全性。課桌椅及其他硬體設備都不能有會傷害兒童的銳角及突出物；走道的設計要避免互撞的可能；攀爬設備表面要覆蓋軟墊。如果班上兒童有肢體障礙的情況，那麼便必須對物理環境做額外的調整，例如桌椅可能必須重新安排，或者在桌腳下放一支撐物以防滑動。此外，教師和學生都應該建立及加強課堂上的安全守則。

　　大多數低年級的教室裡都具有較不正式的座位安排，亦即把椅子和桌子以水平線併成一列或圍成半圓形。多餘的椅子便放置在角落，閱讀教學課時才拿出來用，或把繪畫課所用的畫架和講桌擺在教室後方。也可以準備架子和櫃子來儲放書本及教材，以及作為一個科學和自然研究的展示區。不過這種形態的教室布置只適用於口語傳達的基本教學模式，且把學童視為是在老師監督下一個完整的班級或數個小團體來教導。社會科的架構以及兒童的實驗都需要其他形式的空間及教材。希望個別化教學並允許兒童以自我步調學習的老師也會覺得這種安排太缺乏彈性。正如進度表反映教師所期望發展的教學計畫類型一樣，教室布置亦同。

　　一間活動取向的教室可讓個人或小團體同時從事不同的活動，其構想源自與幼稚園相類似的教室布置。圖書中心在低年級教室中是重要的資源，也可以設計關於

數學、科學、社會科、語言藝術以及其他領域的活動中心。

　　由於學校設備及學生團體富於多樣性，所以要建議一種理想的教室布置並不容易。但是，仍有可供教師用來評斷教室中的均衡度以及物理設計支援教育設計的程度。最重要的是活動區域之間必須有充分區隔，唯有如此，兒童的操作過程才不受干擾，物理和視覺的界限也才能產生作用：而且，喧鬧與安靜、雜亂和整齊的活動才能被分隔開。

　　Elizabeth Jones（1979）曾提出可用來分析物理環境的五項要素，它們可被用來計畫物理設施以及選擇課桌椅和設備。這些要素是：

1.軟——硬。

2.開放——封閉。

3.簡易——複雜。

4.侵占性——隔離性。

5.高機動性——低機動性。

　　軟性區域即兒童可以放鬆閱讀、聆聽、交談或安靜玩耍的場所。我們可以提供一小塊地毯、幾個枕頭、一個填充動物、一張沙發椅或搖椅或甚至加裝窗簾。房間的其他區域則以硬物為主。硬質的地板和桌面有助於方便清理雜亂的教材且可以禁得起兒童操作過程中的磨損。在戶外，草地是軟的，而鋪石子的地面則是硬的。

　　大多數幼兒的教室是相當開放的。教室允許將教材置於方便取得的開放式書架上，不過老師也會將某些物品放在遠離兒童的封閉區。同時也要給兒童開放式教材和封閉式教材。封閉式教材（如圖畫拼圖），在零星的圖片之間只有受限的目標和模式；而開放式教材（像黏土），則在目標和模式上提供無限的選擇。此外，簡單和複雜的學習材料也都應該提供給學童。簡易的教材有一個明確用途且無附屬部分；複雜教材則用於操作性和即興而作的活動中，它有許多附帶部分。

　　教室裡有些區域應被隔開，闢成舒適的場所以及作為有些必須和團體喧鬧活動隔離的場地。其他地區則應鼓勵教師和兒童的「侵占」，像是老師短暫地參與戲劇表演的活動。當教室活動鼓勵大與小程度的運動時，教室布置也應具備高和低的機動性。當空間被物理限制所圍時（如地毯或課桌椅的擺設），則安靜地坐著討論是適當的；同樣地，大又開放的空間則適合機動性大的活動。不同活動所要求的走道和機動性應依照目的加以研析。

理想中，室內場地設計應輔助彈性的教育課程。在可能的地方裝設音響器材；地板可鋪上地毯或覆以有彈性的地磚；牆壁可塗以活潑但不突兀的顏色且應提供充分的展示區，包括布告欄及黑板；在窗邊裝上窗簾或百葉窗可減低強光，並於必要時使房間全暗；擺放飲水機以及裝設活動用或清潔目的的水槽可減少兒童往返走廊的次數；洗手間應毗鄰或接近教室。

教室也應有足夠的儲物櫃和裝鎖的收藏櫃以保管孩童的外套、靴子、額外的衣物以及個人財物，或配合教師的需求使用。此外，應提供較大且不同的儲物空間來擺放教材和設備。另外，有大輪子的玩具、紙張以及繪畫教具都需要不同的儲藏設備。

活動角落

學習角落、興趣角落以及活動角落（activity center）這些詞常互換著用。這些中心事實上就如名稱所示：擁有多樣教材以輔助兒童學習活動的地方。每個角落都應該被設計成以兒童興趣為基礎並提供有價值的學習活動。所提供的活動應該反映兒童的發展程度以及經驗背景，讓兒童藉由物體操作、建構、專心與他人對話、擔任不同角色等活動，以自己的步調學習周遭的事物。活動角落讓教室變成以兒童為主，老師為輔。它們有助於課程的個人化，並且讓學生的課堂參與更積極、更自主。活動角落應被謹慎使用，因為太過依賴獨立的角落會導致課程支離破碎。下列各項是為三到五歲兒童所設計的活動角落：

1. 戲劇表演角落：此角落包含關於不同主題的活動，包括家居情境、商店、餐廳或其他反映兒童社會生活的活動。當演出家庭劇時，活動應反映每個家庭成員的特色。戲劇表演角落可能包含傳統家務的主題或提供其他關於成人及社區生活不同層面的主題。此種角落可將蒐集到的戲劇表演材料置於「小道具箱」內，每一個箱子配合一個主題。用在汽車修理劇的小道具箱包括被丟棄但已清洗過的汽車零件、工具以及其他材料。老師也可以設計一個露營道具箱、美容師道具箱或其他不同的道具箱。

2. 積木角落：積木角落提供給兒童建造房屋、商店、學校和運輸系統的機會。加入小道具可加強遊戲效果，如紅綠燈控制汽車的行進，農場動物和人物的玩具有助於模擬農場實境，而玩具飛機亦可讓飛機場的建造更具真實性。

3. 拼圖及遊戲角落：拼圖及遊戲應該要分成不同的難度等級，如此兒童才能選

擇其所能順利完成的項目。拼圖靠的是組合顏色及形狀；遊戲可包括坊間及老師所設計的遊戲項目，只要適合兒童的興趣及技能程度即可。

4. 圖書角落：此角落應設於教室的靜僻處，遠離人來人往的通行要道。書本應展示出來以便兒童可以容易選擇他們想看的書。展示書可與當天研讀的主題相關聯。地毯或毛毯以及軟墊椅子或枕頭，加上圖畫和插花能使兒童覺得舒適又吸引人。

5. 數學角落：此角落應包括讓兒童專心解決數學問題的教材。計數器、幾何板、量杯以及比較用的圖形。假設問題讓兒童解答的「習作」也可以被納入，如使用天平的習作題可以設計成「幾個核桃和一個蘋果一樣重？把數目字寫下來」。

6. 科學角落：此角落讓兒童從事簡單的實驗、觀察自然現象或照顧寵物，也可以提供將自然環境中的物體做分類的遊戲，如種子、貝殼、葉子、昆蟲或食物等。

7. 玩沙和水角落：這兩個角落適合在戶外，但如果放置桌子的地區其地板材質適宜的話，也可以設在室內。

8. 視聽角落：此角落應準備放音機及錄音機。如果可準備耳機的話，聽錄音帶時便較不會受班上其他學童的干擾。市面上及老師自製的故事及音樂帶若配以書本，可鼓勵孩子聆聽並與所聽事物產生互動。

9. 音樂角落：本角落應包括簡單的樂器及其他可被用來製造聲音的教材。沙磚、鼓或鈴有助於學生發展對聲音和韻律的欣賞。

10. 美術角落：基本的材料包括畫架、大桌子、顏料、紙、漿糊、黏土等，且應具備一個適當、寬廣的儲存空間。兒童要能方便取用材料且能獨自收好和清洗。

11. 木工角落：此角落應包含一張木桌或工作檯，一些八到十盎司重的榔頭、小鑽子、銜接木片、弓鋸或短的橫式鋸、C型夾鉗、軟木以及普通釘子。此角落應設在隨時可察看的地方。

12. 玩偶角落：簡單的舞台以及數個坊間或老師以及兒童所製作的玩偶即可訓練兒童的創造力及語言發展。玩偶角落可依孩童的使用需要而定期設置。

13. 體育角落：平衡木、跳房子的厚墊、呼拉圈、跳繩、沙包遊戲以及球類都是可用的器材。如果教室沒有足夠的空間，則其他的室內場地，如多功能室、

內庭露台、操場都可以加以挪用。

14.烹飪角落：此角落也可以在需要時暫時設置。它讓孩童自己做點心並從事特殊的烹飪項目。此角落應準備一張矮桌，在那裡兒童可準備營養的食物並放置需要的用具。

活動角落必須要均衡安排。在教室裡設置活動中心時，老師應將發出噪音的區域和安靜的區域分隔開。如果音樂中心設在圖書中心旁邊而孩童又在玩樂器的話，那麼在圖書中心的孩童便很難專心。此外，美術中心應該鄰近有水的區域，以避免從教室這頭滴水滴到另一頭。如果教室中取水不便，那麼美術中心應靠近門，因為教室這部分最靠近水源（**圖8-4**）。

設備與教具

幼兒教育的教具包含了整套教材以及教師手冊，裝成一袋供課堂使用。無論是教授數學、閱讀、語言技巧、認知技能、人際關係技巧以及許多其他的學習領域的教具均一應俱全。一個班級所有的課程都可透過教具而學習。

有些教具對教師而言是很有用的。它們匯集了難以取得的教材並藉由建構活動及指引老師方向而確保合宜的教學。它們通常是容易理解且設計完善的；有些甚至實地測試過以確定其效能。然而有些教具缺乏想像力，只能用於封閉性活動，或提供的教材索價過高（如音響）或提出很少的證據證明其教學成果。事實上，教具有好有壞，有封閉性與開放性，有培育兒童學習的教具也有那些剝削金錢且只提供極少活動的教具。老師們應該像評估課堂上任何一套教材一樣去評量每一樣教具。

很多有用的學習材料不需要購買。老師可以挽救一些快被丟棄的教材，甚至可以和兒童及其父母一同參與這個過程。小豆子或小石子可用來作為數數的教材；舊衣物是戲劇表演中很棒的道具；廢棄收音機的天線底盤、壞掉的鬧鐘、修理店的丟棄物、鈕釦、紙板蛋盒以及許多其他的教材在幼兒教室中都很有用。

資料來源：作者整理。

第三節　結語

　　本章從室內遊戲的空間布置與規劃以及有效的遊戲空間設計原則來說明遊戲環境之布置對於兒童遊戲發展的重要影響。第一個部分為室內遊戲空間的有效布置與規劃，包括空間密度、空間安排、設備多寡以及活動的角落，歸納出下列幾點：

1. 兒童的遊戲行為會受到空間密度的影響，因此在規劃時應掌握有限的空間，做最有效的安排及布置，促使兒童能由遊戲的互動中產生正面效益。
2. 在室內遊戲的空間中，各種不同的遊戲角落常常會藉由玩物、隔間來標示。
3. 所安排及規劃出的遊戲角或學習區，都有其獨特玩物及玩法，其中「玩物」在遊戲角中占有非常重要的角色，因透過玩物這個媒介可使兒童在遊戲中獲得學習的效果。而各種遊戲角的連結所形成的學習區也能促使兒童在遊戲中產生互動。
4. 適當的遊戲空間安排對兒童的遊戲模式也會有所影響。障礙少的空間可以提高兒童活動的自由度；而分隔的空間較能集中兒童的注意力，不被干擾，且較具安全性。因此，在遊戲空間的設計上應適當及均衡地分配分隔與自由的空間。

　　本章第二個部分為遊戲空間設計規劃，本節歸納出設計時應注意的一些原則，包括了空間的概念、注重兒童感官感覺、設計具有挑戰性的遊戲、設施的安全性及主動性、創造力及想像力的激發、設計師本身的體驗，以及教育專家的親身參與等等。並以英國及日本著名之遊戲設計師的設計觀念為例，提供作為遊戲空間設計時的參考。

　　在本章中綜合了很多的觀點，認為一個適合兒童遊戲的空間設計具有一些特性，如發展性、趣味性、多樣性、挑戰性、安全性、創造性、藝術性等特點。在做空間規劃時應以這些原則作為設計的依據，才能提供兒童一個最好的學習環境。

第九章

遊戲安全與規劃

- 遊戲安全事故
- 兒童的遊戲環境與安全
- 戶外遊戲的環境安全規劃
- 成人的角色
- 結語

　　衛生署在1993年3月份所公布的衛生白皮書中，針對兒童意外死亡的順位，依序為交通事故、溺水、墜落及火傷，意外發生率最高的場所為家庭；另外衛生署統計處的統計資料顯示，1989年因意外死亡的十四歲以下的兒童高達一千三百四十二人（亦即平均每天有3.8名兒童死於意外事件），且有逐年增加的趨勢。在2009年，依行政院衛生署（2009）的統計資料亦顯示，我國學前兒童事故傷亡原因，交通事故占第一位，溺水為第二位（事故地點最多仍為家中）。從這些驚人的統計數字，吾人可明顯發現，近十年來，臺灣地區兒童其本身對安全意識的無知，以及成人疏忽的嚴重性，同性質的傷害事件是一而再，再而三的時常出現，也令我們深切地體認兒童安全未受到重視與保障。讓兒童玩得聰明固然重要，但要讓兒童玩得安全，以及如何預防兒童意外事故的傷害更是一嚴肅的課題。

　　人類與環境是藉著不斷地互動，得以在相互投入的歷程中，促使兒童的成長與適應，相對地，也帶動了環境的發展。而兒童的成長，其實就是個體與環境互動的持續歷程，就生態學（ecology）的環境互動觀點來看，家庭乃是兒童身心得以健康、安全發展的重要且基本之社會體系；伴隨互動頻率的增加，並逐漸擴及至與家庭以外的社會支持網絡，如鄰里學校等之互動，並由微觀系統（microsystem）至宏觀系統（macrosystem），如社會價值、文化觀念等所形成的生態學概念，正呈現出社會體系中，環境相扣的互動模式對於兒童發展上及福利的重要意義。而就教育的觀點，兒童的成長，需要良好的環境，然而絕大多數的父母卻只想到找最好的老師、最好的學校、偏重於填鴨式的學習，鮮少想到從與兒童實質產生互動的生活周遭環境，為孩童提供一個可以培養創造力以及可以學習人際成熟的場所，可以安全無虞及徜徉在實質的生活環境設施中更是兒童的權利（鄭文瑞，1991）。

第一節　遊戲安全事故

　　筆者將近年來兒童發生意外事件之類型及主要原因，也就是兒童在玩具安全及設施安全上的事故傷害事件，彙整於**表9-1**，並歸納事件主因以作為探討。

表9-1　兒童發生事故傷害事件之類型及主要原因

類型	日期	事故傷害事件	肇事原因
玩具安全	2003年2月	一男童誤食手錶電池，導致右食道化學腐蝕，造成消化器官灼傷	1.安全教育不足 2.玩具警語標示 3.使用不當
	2003年9月	一男童玩大陸製的玩具弓，傷害眼球導致右眼失明	
	2015年5月	充氣玩具過半數塑化劑超標100倍	
	2015年6月	塑化劑玩物影響兒童早熟	
	2016年2月	小嬰兒手指卡玩具球，消警出動救治	
	2016年3月	食品玩具味加註醒語，自2017年1月1日開罰	
	2016年3月	玩具文具稽查，北市有13件不及格	
設施安全	2001年1月	台北李姓學童與同伴到基隆河河濱公園玩，掉入緊鄰公園的抽水站排水閘門下，不幸溺斃	1.未有隔離設施或警語 2.安全設施設計不良
	2012年6月	北區公園鞦韆砸傷童，家屬陳情擬國賠	1.使用不當 2.未設有警語
	2012年6月	基市多處公園內兒童遊樂設施損壞未移除或維修	1.忽視兒童遊戲權益 2.未善盡維修 3.缺乏安全檢測機制
	2013年4月	高雄柯姓學童在安親班玩溜滑梯摔倒，父母向安親班求償52萬多	1.使用不當 2.缺乏安全防護
	2013年7月	速食店遊戲區未管控，缺乏安全管理，造成幼兒受傷	1.使用不當 2.未有安全管控
	2013年9月	六歲幼兒在麥當勞遊樂區玩，壓傷一歲幼兒，造成大腿骨折	1.使用不當 2.未設有警語
	2013年10月	大佳河濱公園溜滑梯縫隙大，二歲幼兒跌倒受傷	1.安全設施設計不良 2.未設有警語
	2014年4月	遊具藏危機「全該拆」，麥當勞、肯德基8店空間不足最嚴重	1.未設有安全設施 2.不符合國家安全標準
	2014年11月	高雄幼兒玩彈跳床，遭裸露鐵架撞傷	1.未設有安全設施 2.未設有警語 3.損傷兒童遊戲權益

　　Olgan及Kahriman-Öztürk（2011）從不同類型的遊戲場之遊戲行為來判斷遊戲場環境是否優質，為遊戲場評量之重要指標，除了可有效提升校園遊戲場品質，亦可兼顧遊戲場遊戲之安全性。過去國內外研究遊戲場常以傳統式（traditional）、現代式（contemporary）、創造性（creative）及

冒險式（adventure）之特徵作爲探討，然而臺灣目前遊戲場發展已由傳統式走向現代化與傳統式遊戲場的混合（如綜合遊戲設備），有些也混合部分創造性遊戲場特徵（如沙區）。楊淑朱、蔡佳燕（2012）採用觀察研究法，以時間數據作爲記錄行爲之程序，觀察中部地區兩所幼兒園五至六歲幼兒（n=52），結果發現幼兒在創造性與混合型遊戲場上的認知、社會性及非遊戲行爲皆有顯著差異；且在遊具選擇上也有所差異。證據表明幼兒在創造性遊戲場出現較多的建構及聯合遊戲；在混合型遊戲場上則出現較多的功能與平行遊戲。此外，幼兒在混合型遊戲場上的非遊戲行爲多於創造性遊戲場，而創造性遊戲場上之討論、解決問題、提供訊息行爲則多於混合型遊戲場。

專欄9-1　產品安全須知──玩具安全

　　玩具一方面可助長兒童思考及創作能力，另一方面能給予兒童無窮樂趣及滿足感，對兒童的成長十分重要。

玩具的危險性

　　兒童因耍玩玩具而發生意外常有發生。研究發現，部分是因玩具所採用的原料及設計不安全所致，有時玩具本身雖然安全，卻不當地給了年齡較幼的兒童玩耍，由於他們不懂得如何運用，安全的玩具亦可能會變成危險物體。

選購錦囊

　　家長在購買玩具時應注意：

1. 測試玩具是否發出極高的噪音，影響兒童的聽覺。
2. 避免購買用易燃材料製造的玩具，如用絨毛、軟毛或獸類皮毛製成的玩具。
3. 注意玩具上塗繪漆油中可能含有的毒素。顏色較深的玩具，可能含有較高的鉛化合物。

4. 檢查擲射性玩具，如弓、箭、飛鏢或假槍等是否具有保護套子，此類保護性套子應牢牢地套在擲射體的頂端，不能任意取下或改變形狀。其次玩具的設計，應只可供安全彈丸的發射，不可任意用削尖鉛筆或釘子替代。

5. 檢查玩具的結構，是否容易破碎、有沒有隱蔽而鋒利的尖角、表面是否粗糙、邊緣是否銳利、孔縫是否有夾傷手指的可能性。

6. 注意玩具的配件，如用以串成珠鍊的塑膠珠子，或洋娃娃的眼睛等，是否容易脫落。脫落了的小配件是否可能給兒童吞下，阻塞喉道，或塞進耳朵及鼻孔裡。

7. 留意用電力發動的玩具的開關系統是否安全。

8. 檢查玩具裡的填料要符合衛生，體積不能太小。

9. 選取適合尺碼的單車及溜冰鞋，否則兒童可能在無法控制下遭遇意外。

10. 留意附有繩索或蝴蝶結的玩具，稍一不慎，繩索有可能纏繞兒童的頸項，導致窒息。

11. 確定兒童玩具內的化學物質是否對人體健康有害。

12. 檢查戲水用具的接縫是否緊密。一般吹氣的塑膠玩具不能用作救生用途。

13. 檢查較大型的玩具冰箱或玩具屋的門窗是否裡外都可以開啟。

安全使用

除了小心選購玩具外，家長亦需要留意使用的重點：

1. 選購適合兒童年齡的玩具。

2. 注意玩具上的說明，是否註明「無毒」、「不易燃」等字樣。

3. 細讀有關玩具使用說明，教導兒童適當的使用方法。

4. 經常檢查玩具有沒有尖角、碎片等凸出，以及配件是否鬆脫。

5. 教導兒童注意安全，保持玩具清潔，玩耍後妥為收拾。

6. 不要讓兒童將家具當作玩具般玩耍。

7. 注意包裝玩具所用塑膠袋的大小及厚薄程度，以避免小孩子將袋子套在頭上，以致黏貼兒童的臉而引致窒息。

8. 確保電池不會留藏在玩具內過久，令致其腐蝕而產生毒素，對人體有害。

法例保障

「玩具及兒童產品安全條例」規定任何製造、進口或供應給本港使用的玩具，必須安全。

所有玩具及其包裝都必須符合條例內列明的三套玩具安全標準的其中一項規定。該三套標準分別是：ICTI、ENTI和ASTM F963。這些標準都是針對玩具的物理性、機械性、化學性及燃燒性做安全測試。

條例中還有一項「一般安全規定」管制未有法定安全標準的玩具，明確規定製造商、進口商和供應商有責任確保其產品在合理範圍內，符合安全。

香港海關關長負責執行這條例，除了依法對違例者提出檢控外，亦會根據玩具的危險性，對有關人士發出警告、禁制或收回通知書。

資料來源：香港消費者委員會。產品安全須知—玩具安全。http://www.consumer.org.hk/pamphlet/chinese/toy.htm，檢索日期：2011年5月5日。

綜觀這幾年來相關事件的不斷重演，是否意味著我們所強調重視的兒童安全體系仍存在相當的困難。與其說是推動不易，導致窒礙難行，不如坦言在普遍漠視中，缺乏發展性及制度性的預防而導致問題一而再、再而三的發生。此外可以明顯地發現，我們常常勇於事後的檢討，卻未能自不幸經驗中記取教訓！否則，類似事件何以在短短數年中不斷地重演？誠然，社會環境的多元化的確使兒童面臨更多傷害的機會，但是「意外」導致兒童身心安全傷害的發生豈是蓄意？幾乎都是在疏忽與漠視下帶來永久的傷害與悲痛。

基於家庭是影響兒童福利的最重要環境因素，並且社會福利服務之主要目的在於強化家庭生活及其功能，以及關心兒童與家庭的健全（Costin & Rapp, 1984: 10）等種種緣由，我們實應在深刻體認之後予以正視：目前我們所擁有的整個大環境結構，在重組與變遷中，已帶給兒童安全及兒童福利極大的隱憂和危機，相對地，也凸顯出對於更具預防性、周延性及適切性的兒童福利服務需求的殷切與必要。

　　對於「兒童福利」，我們努力的方向與依歸，除了尊重兒童各種權利、保障兒童最佳福祉之外，更應自兒童福利的發展性理念和政策環境出發，配合適切的福利服務以促進兒童發展的最佳利益。誠如Lela B. Costin所言，兒童福利是社會工作領域中的一項重要專業，用以支持、增強及補充家庭功能；所以當我們就兒童安全的現況，衡量兒童福利在執行上以及大環境中所蘊藏的困難與危機時，不難發現在推動整個兒童福利服務系統——支持性服務、補充性服務、替代性服務（Kadushin & Martin, 1988: 29）時的不夠周延與適切，更遑論落實兒童福利理念與政策。

　　在大環境的變遷如人口數量與結構、家庭體系與功能、已婚婦女就業情況、個人角色與價值觀等的改變下，家庭已不足以因應得宜地扮演社會化的角色、擔任引領與塑化的功能（鄭淑燕，1991：21）。在開發中國家所強調的經濟與工業技術快速發展之社會中，我們極需要完善的兒童福利來加強、補充因經濟發展所衍生的社會問題，我國在兒童安全方面，普遍呈現下列疏失：

1. 危機意識的普遍缺乏：由於國人對於兒童安全，往往習以為常地予以漠視及疏忽而未見重視，因此疏忽一時、遺憾終身的意外事件不僅發生頻繁，同時也一再重現。譬如就遊戲時異物吞食及窒息事件而言，前者乃零至四歲最常見的意外傷害，在臺灣每個月有九位兒童因此而喪生；窒息則最常發生在與母親熟睡的嬰兒身上，死亡原因多因棉被壓住而無法呼吸。此外，常見於冬季的幼兒被洗澡熱水燙傷事件，亦因父母缺乏危機意識或是疏忽所致。因此再安全的地方，也會因為危機意識不足轉而變成易招致傷害的環境，實不容掉以輕心。

2.安全教育未見落實於生活:「知易行難」這四個字,實足以代表兒童安全在落實預防觀念上,所遭遇到的困境;安全教育能否落實於日常生活,首重教育的養成是否能自幼內化,而兒童初始接觸的互動環境「家庭」則相對地更形重要;觀念的宣導固然必須,兒童在社會化過程中所模塑的對象與環境尤為重要;反觀當今社會,安全教育雖已或多或少地納入義務教育,然而,意外事件發生之際,群眾圍觀依舊、錯誤的處置方式依舊,如徒手救溺或燙傷的錯誤急救等;另又如食物中毒事件,根據行政院衛生署公布的資料統計,臺灣地區食物中毒人數逐年增加,中毒攝食場所多為自家、營業場所、學校,尤以學校所占比例最大,諸如此類,在在顯示出安全教育的匱乏與未見落實於生活,甚至流於備而不用或應付檢查的形式。

3.福利政策的規劃未盡完善:落實兒童福利工作,除了須有與時俱進的政策以為推展導向之外,更須訂有完備的法規以為推展該項工作的依據。唯有明確的政策、嚴謹的法令與完善的服務網絡相互配合,兒童福利的理念與措施方能做到保障的落實與關懷的深入。

兒童福利與服務的範疇含括了衛生、福利、教育與司法,政策的執行推動雖以社會行政機關為主,但仍須衛生、教育與司法等機構的配合及合作;惟實際執行時,易致分工卻無合作,或資源重疊劃分不清的兩極現象。譬如就兒童安全意外事件為例,健康幼稚園校外參觀旅行火燒車事件的悲劇發生後,教育與司法機關在同表震驚與譴責之際,當溯及事件之前的行政態度與責任時,則充分顯露自我保護的心態而互踢皮球,在兒童福利法僅規定各級行政機關職責,卻未註明各級政府之相關單位應就其職責主動配合的法令漏洞中,規避事件前的疏失與事件發生後的責任;縱使在「協商」與「法令釋疑」之後,紛紛檢討與負責,卻無法掌握緊急救助的時效,爾後不幸事件的一再發生,更充分呈現出執行機關未能落實兒童福利的預防觀念與發展理念的盲點。

第二節　兒童的遊戲環境與安全

　　最近幾年來，兒童可遊戲的環境已產生巨大的改變，從以往可以自由探索鄰里及自然環境，如抓泥鰍、挖地瓜、鄰里巷道好玩的地方（如森林、小河），到現在充滿懼怕（如綁架、街頭暴力、巷道之交通），父母的精疲力竭，取而代之是組織化之規則遊戲（如運動、競賽），及被動性的看電視或玩電動（Rivkin, 1995; Wardle, 1995）。結果是孩子有愈來愈少的機會與時間接近戶外、社區及自然遊戲，也造成兒童罹患近視比率大增，形成孤立及缺乏在社區尋根的趨向。

　　由於失去與自然環境的親近機會，今日孩子對自己的社區自然環境愈來愈不瞭解，也愈來愈不認同自己的社區，甚至產生孤離（Rivkin, 1995: 14）。都會地區減少鄰里遊戲的機會也要付出代價：

> 外在世界就是外面所發生之真實事件。除了自然事件之外，外在世界也是救火車呼嘯而過，起重機挖大洞，社區中的高樓大廈、加油站、腳踏車步道等。這些是我們童年生活的點滴，讓我們在外體驗真實世界、到商店買東西、花錢或到鄰居翻翻他們所丟掉的寶藏。這些點滴皆發生在戶外，也伴隨著我們過去的童年。而現代孩子花大多數的時間在車內，在家裡，他們完全不能體會這些戶外的體驗。

　　在臺灣，幼兒的活動範圍不外乎在住宅內外、幼兒園、社區活動中心、公園等。昔日農業社會中，無論都市或鄉（村）鎮車少馬路少，住宅四周空地多，孩童自由活動區大且相當安全，孩童白天從自然環境的互動學習來保護自己及培養適應的能力，而且身體發育健全（周美惠，1993），對村里環境也有相當認同。隨著社會經濟結構變遷、人口快速增加，很多農田與空地變成住宅區或高樓大廈，道路頓時變成停車空間，周遭車水馬龍，戶外已不再適合兒童嬉戲玩耍，兒童只有如溜滑梯、盪鞦韆的遊戲場所（目前所稱的遊戲場所係指學校或公園的戶外遊戲場所及室內

的遊戲室而言）。

　　有著較結構化的遊戲場合及開放空間，兒童是否玩得更快樂呢？事實不然，隨著兒童在遊戲場所發生事故傷害案例不斷地增加，令成人對遊戲場所的安全憂心不已。除此之外，早期在1960年代英國的調查研究就指出，72%低於五歲的兒童，居住在超過三層樓及以上的建築，他們就少有與玩伴玩的機會，進一步也影響其有高生病率及個性發展的遲緩。而在臺灣，大多數的兒童居住在公寓住宅，隔著鐵窗與隔壁的鄰居相互互動，更減少彼此人際間往來的互動。

　　從父母的期望來看，隨著空間的減少與不安全，年齡較小的兒童就被要求禁足，減少出門的機會，原因是戶外的交通狀況過於危險。美國在1986年針對二千名母親的訪談報告亦指出，96%的母親期望能有一個安全、能監督到的遊戲場，而不是一個停車場或其他可以想像的開放遊憩空間（鄭文瑞，1991）。

　　學齡兒童正值Erikson宣稱的「勤奮與自卑」的人格發展期，兒童需要發展自己的信賴及能力，而這些更需要人際的互動與訓練來培養，在此階段如缺乏與同儕一起冒險、嘗試錯誤的訓練，容易造成失去自信、不信任自己、退縮和畏懼而造成性格自卑，甚至與人群孤離。處於學齡階段的兒童，活潑好動，無聊是他們最大的傷害，他們害怕寂寞、無事可做，因此自然環境應有讓其活動及與同儕交往的機會，最重要的是要有格外費心安排的活動空間，來促成兒童與同儕自然交往，共同做一些喜歡的事，來消除其無聊感。

然而回顧我們社會正值活潑好動及需精力宣洩的青少年，他們大多在學校、安親（課輔）班及補習班K書，準備考試，加上周遭的休閒環境不足及規劃不良，青少年及兒童也只有在家中看電視、打電玩、到網咖上網打電動來消磨長假，鮮有機會讓青少年兒童有規劃良好的空間盡情遊戲與學習。

第三節　戶外遊戲的環境安全規劃

　　現代孩子大都住在公寓大樓裡，很長時間待在室內，鮮少有機會接觸大自然。此外，現有社會的戶外公共遊戲場危機重重，加上現代成人比以前忙碌於工作與生活，也較少能陪孩子一起到戶外玩。

　　孩子的童年通常有很多的限制，和大自然的接觸也有限，不過一般社會大眾卻期盼孩子要瞭解和重視周遭的環境，而且養成愛護大自然的態度和習慣（Shipley, 1998）。戶外空間（公共空間與托兒所和學校的遊戲場）的精心設計及規劃，除了吸引兒童遊戲、賦予兒童希望、驚奇、輕鬆的感覺外，最重要的是規劃安全及與其生長的自然環境的互動，以造成孩子的神奇感（magical sense）（Talbot & Frost, 1989）。Henninger（1994）更指出戶外遊戲空間應包括四個特點，能讓兒童在遊戲空間中：(1)進行有益健康的冒險；(2)接受漸進式的挑戰；(3)促進不同型態的遊戲；(4)操作設施及設備，以達熟能生巧。

　　良好設計的遊戲場除了確保兒童安全外，還能增加兒童遊戲的強度及對活力正向的遊戲行為，以促進其身心發展（Wardle, 1997）。

一、戶外遊戲與兒童發展

戶外環境與室內環境一樣,皆具有多元發展潛力,因此戶外遊戲環境的發展規劃應該包含身體、情緒、社會、精神、認知及語言方面等目標。

(一)身體發展

戶外遊戲場有很多設施和設備,可以讓孩子在遊戲時,發展動作技巧、發洩多餘的精力、強健肌肉、訓練持久力,以及練習各種身體動作技巧。

(二)情緒發展

兒童的遊戲技巧需要身體成熟及身體動作技巧,而其技巧的精熟也可增加孩子的自尊與自我概念(Hitz & Driscoll, 1988)。因此成人應多給予兒童成功的遊戲經驗,帶給他們控制情緒、伴隨著個人的自我效能(self-efficacy)。

(三)社會發展

戶外活動空間可讓兒童玩一些狂野嬉鬧的遊戲,此種遊戲可提升兒童大肌肉體能及社會接觸的機會。縝密地布置遊戲場所也可促進兒童玩社會戲劇遊戲及進行團體體能活動,進而提供孩子社會互動的機會。

(四)精神發展

戶外遊戲讓兒童有機會和大自然接觸，可讓兒童神遊於大自然環境中，並且探索、實驗，以讓其感官接受大自然的洗禮，提升他們的精神層次。

可惜的是，現代都市設計常爲了增加人爲的空間使用，破壞了大自然環境。孩子們和大人們一樣需要接觸大地，讓孩子能觸摸自然物、聞草香味、感覺土地的芬芳，並感受雨、冰、雪和冷熱等自然元素。

(五)認知發展

挑戰孩子認知的遊戲，如建構遊戲和規則遊戲等也可以延伸到戶外環境中進行。大風吹、跳房子、一二三木頭人等需要與別人合作的遊戲或策略遊戲，也提供兒童許多認知上的挑戰。所以遊戲場的結構和規則限制愈少，兒童愈有機會探索、發現、解決問題及有自我表達的機會。

(六)語言發展

兒童在戶外遊戲時，尤其能進行體能活動，說話機會較多，也比較流暢，而且戶外的環境自由，通常在室內不常說話的兒童，到戶外也會改變原來習慣，比較多話。在室內結構狹隘的居住空間內，語言會受限制，而戶外的自由空間和氣氛，可以刺激兒童多與同儕進行語言及社會互動（Shipley, 1998）。

綜合上述，遊戲場對幼兒的身心發展極爲重要，不僅是幼兒下課或休閒之功能，更具有促進其認知、情緒、語言、體能與美感發展的功能（Lester & Bussell, 2008）。黃文芳（2010）也發現遊戲上遊具對兒童遊戲行爲的確有影響。

二、戶外遊戲設備的安全性

因爲高頻率的意外事件及訴訟的威脅，安全已變成戶外遊戲場設計的最高指導原則。美國國家休閒協會（National Recreation Association）於1928年研究出北美第一個遊戲場設備的標準。這一套標準雖嫌不足，卻

開了先河，讓社會注意到遊戲場的安全問題。目前除了州政府訂定的執照要求（各州不同），美國聯邦政府也沒有訂定統一的遊戲場設計之安全約束。但相對地，美國民間組織如消費者產品安全協會（The Consumer Product Safety Commission, CPSC）及材料與檢驗協會（The American Society for Testing and Materials, ASTM）提供一些指引給許多方案及頒發執照的部門，而這些指引也是製造廠商奉行不悖的。

CPSC（1991）及ASTM（1995）所頒訂的準則，主要是以十二歲以下兒童的發展來加以規劃與考量，茲分述如下：

1. 在所有設備下面提供柔軟的表面。墜落區要以六呎為標準（滑梯及鞦韆要更寬）。
2. 防止設施會夾到手。
3. 注意一些有開口的設施（如環、網、窗戶、階梯、欄杆等），其開口應有3.5～9吋之間，以避免可能夾到頭而窒息。
4. 注意設施邊緣的尖銳度，不能低於55度，太尖銳會割到兒童身體。
5. 所有S狀的突出鉤要做隱藏式處理。
6. 鞦韆的材料要輕，以輪胎、木製最好，避免用金屬，重木頭或硬塑膠製成品。
7. 在任何鞦韆區域不要同時使用兩個以上鞦韆。
8. 所有的滑梯必須要有四邊，底端的角度要與地面平行。
9. 每一設施避免有突出狀，如螺絲、金屬片、小管或螺栓等，尤其是進入滑梯的地方。
10. 所有的角架儘量低於水平面。

11.除了出入口，不然超過地面2呎以上的表面宜設欄杆。

12.不要使用電纜、電線或繩子來拴住設施或樹。如果使用繩子，兩端必須要牢牢拴住，以防勒到小朋友。

13.不要在炎熱氣候區域使用金屬製的滑梯。

14.在交通區設有足夠的安全區域，以防兒童衝撞。

15.鞦韆必須要牢牢拴在設施上，如平台。

16.兒童遊戲場只限兒童使用，太小的年紀會有危險，太大的年紀因設備不適用，也會造成受傷。

17.隨時維修。

　　當成人愈加重視安全的遊戲安全，兒童也花更多的時間在設計良好的遊戲場遊戲，安全於是變成一重要的議題（Rivkin, 1995）。我們建議任何遊戲場必須要有遮蔭的結構體，要有樹蔭來減少孩子暴露過多日曬造成皮膚癌。孩子應避免在早上十一點至下午二點在戶外遊戲，如果皮膚更敏感的兒童則避免在早上十點至下午三點之間在戶外遊戲。在臺灣，夏天戶外溫度常超過38℃，紫外線也過強，應避免在此時段讓孩子在戶外遊戲，尤其是缺乏遮蔭的遊戲場，加上遊具又常是鐵製品，在太陽的直接照射下，孩子在玩時容易被燙傷及曬傷。

　　除美國之外，加拿大兒童健康學會（Canadian Institute of Child Health）出版《安全手冊》（*When Child's Play is Adult Business*）（1985）讓大家注意到，遊戲場的標準值得注意。此安全手冊列出五種兒童遊戲常見的意外傷害：(1)高處跌落；(2)割傷、夾傷和壓傷；(3)絞傷；(4)被陷阱所傷；(5)燙傷。加拿大標準協會（Canadian Standard Association）更於1990年6月出版《兒童遊戲空間和設備指引》（*A Guideline on Children's Playspaces and Equipment*），象徵加拿大全面管理兒童遊戲場設備的開始。

　　遊戲場的設備，應該依據兒童發展階段和體能狀況的不同來調整。在一些兒童容易掉落的地方，像是大型遊樂設施和樓梯的周圍，應該要鋪上橡膠墊子（Caples, 1996）。Esbensen（1984）認為，影響兒童在遊戲場中安全的一些主要因素為：設備的品質、設備在場中的位置，以及場內地

面的狀況。而主要的安全問題包括有：鞦韆
和蹺蹺板等設備的周圍，缺乏明確的界線；
滑梯和攀爬設施等在高處的設備，缺乏防止
兒童跌落的圍欄；破碎物品、突出的釘子、
螺絲、尖的碎片和一些頭腳可以伸進去卻出
不來的縫隙。大型設備的周圍地面雖然鋪有
安全墊子，但是有的墊子根本沒有防震的功
能，或是吸收撞擊的功能不足，這些都是兒
童掉落地面時，造成嚴重傷勢的原因。

　　檢查滑梯的階梯和滑道旁的扶手是否夠
堅固。滑道的出口應該先稍微彎曲、再呈水平狀，末端部分再微微上揚，
讓兒童能夠以坐姿滑出滑梯。滑出滑道出口時，要能輕輕地落在地上，避
免直接跌落或是彈離出口的衝擊，也讓兒童可以在下一個人滑下來之前，
快速離開出口。高的設備應該加裝圍欄，以防止在上面玩時摔下來。也要
檢查設施上的一些洞孔和附件的設計，是否考慮到孩子身體的形狀和大
小。教師要注意不要讓兒童的手腳和頭被卡在設施裡，或是衣服被突出物
或是鬆了的釘子勾住。鞦韆和需要用到大肌肉的設施，應該建置在不同的
區域。教師應該要在鞦韆地區的附近放一些圍欄，防止兒童接近，或是當
有人正在盪鞦韆時，直接限制兒童不能靠近。有關遊戲場所製作的材料可
參考**表9-2**（Wardle, 1997）。

　　有關戶外遊戲場地的地面設計常是以水泥、瀝青及石頭地面為主，
雖然方便保養，但卻也是造成兒童墜落地面的最主要意外事故。

　　加拿大房地產抵押仲介公司（Canada Mortgage and Housing
Corporation）（CMHC, 1978）建議，遊戲場地面的鋪面材料應該是軟性
的。每個區域的鋪面材質和紋路要有所不同，這樣可以很容易就辨識出不
同的遊戲區域，也提供感覺上的刺激。各種鋪面的選擇，應根據每個遊戲
區域的遊戲性質而定。在入口處、成人座位區、三輪車跑道，和下雨時用
的避雨棚，應該鋪上硬質的鋪面。

　　沙是最天然的防震材料，可以鋪在遊戲設施下面，或是任何兒童可
能會從高處掉下來的地方。要常補充沙子進去，並每天耙平沙子。加拿大

表9-2　不同遊戲場材料之優缺點比較

遊戲場之不同材質	優點	缺點
木頭（CCA松林、紅木）	1.容易使用。 2.很適合志工來建造。 3.自然、美觀。 4.容易修理。 5.容易與其他結構結合（如攀爬架、滑梯、方向盤等）。 6.不昂貴。 7.可做富於創造性的設計。 8.容易被當作捐贈物。	1.容易斷裂。 2.易燃。 3.容易看起來破舊。 4.需要維修。 5.不耐用。 6.看起來過時。
壓層三夾板（在商業上使用時有上漆）	1.顏色鮮艷，多種選擇。 2.適合用於平坦的表面結構。 3.適於用在嬰幼兒的零件。 4.可以修理。 5.耐用之自然材。	1.與塑膠及金屬材料相比，容易破舊及傷痕累累。 2.僅限於平坦的設計。 3.昂貴。 4.只有光鮮顏色，不適於幽暗的設計。
聚乙烯製之塑膠用品	1.不導熱。 2.不會斷裂。 3.明亮顏色。 4.有各式各樣安全的形狀（可以做成曲線的滑梯）。 5.與金屬合用時，可增加結構強度。 6.平坦、易握。 7.耐用。	1.時間一久會褪色。 2.濫用時，會把遊戲場商業化。 3.有限的使用及可能性。 4.昂貴。 5.會受製作方法的限制（種類及創新性）。
不鏽鋼或鋁製（有包外皮、上漆或不加特別處理）	1.耐用。 2.堅固。 3.有各種顏色的設計。 4.多種選擇。 5.不容易被破壞。	1.可以在熱天使用，但金屬容易導熱、造成燙傷。 2.欄杆及樁柱容易導熱，造成燙傷。 3.缺乏彈性，常導致孩子跌倒或碰撞時受傷。 4.不易維修或增加素材及結合。 5.昂貴。

資料來源：整理自Wardle, F. (1997).

大部分的市政廳都規定，鋪在攀爬設備和鞦韆下的沙，起碼要有30公分的高度。有一些材質鬆弛的防震地面有其危險性，因為會有害蟲、昆蟲和灰塵附著在上面，這些東西對過敏性體質的兒童有很大的威脅。有些鋪面則會刮到或割傷兒童，在濕掉時變得很滑，在酷熱的太陽下變得很燙，或是在嚴寒時變得又硬又利。幼兒常將小圓石之類的小東西，放進嘴裡吞下去（Walsh, 1988）。大部分的遊戲場專家都建議，在鋪設遊戲場的地面之前，應該先測試鋪面的材質是否有良好的防震效果。

硬質鋪面既容易保養，又能吸引人的目光，還可以有效區分不同的區域；如西班牙式中庭石頭、人行道、水泥板、連結磚，和表面光滑的嵌入式石板，這些硬質鋪面讓環境呈現多元景觀。有些地方的地上有很多霜，使得本來鋪得很平整的磚道和西班牙式中庭石頭往上翹起，造成危險。所以在春天時要重鋪突起的地面，以減少危險和排水不良的情形。柏油有彈性，接觸到霜會改變形狀，春天到了又會恢復原本平滑的表面。

學校和托兒所的人員每天要檢查遊戲場的地面，看看是否有危險的突出石頭、木塊、大釘子和其他建築物材料等外來物、動物排泄物或是不良的排水情形。若能常常檢視遊戲場設備和其周圍的安全，教師在監督兒童的安全時會比較輕鬆。

第四節 成人的角色

一個好的遊戲場，除了設計規劃具吸引力外，最重要的就是安全。而遊戲場安全良窳之主要因素，在於成人是否有效監督。

一個好的遊戲場，讓教師可以不用常常站在每個遊戲區內監督兒童的安全。即使教師願意，也無法同時監督所有的遊戲活動。安全的遊戲場設計，有不同的遊戲區域，設備堅固又豐富，可以持續吸引兒童的興趣，不需要經常地監督，就可以確保兒童的安全。只要每天檢查危險的區域、汙損或是危險的突出物，教師和兒童就可以在其內輕鬆地遊玩。教師主要的工作是去幫助兒童遊戲，回應個人的需求，和他們一起完成計畫和活動。

CPSC曾對美國五十四座遊戲場之意外作深度調查，結果發現：當成人在場監督時，意外發生率只有五十四分之四（Frost, 1992）。在美國幼教協會（NAEYC）在1996年出版的小冊子《如何讓戶外遊戲與學習更安全》（*Keeping Outdoor Learning Safe*）中就強調成人監督的需要性：

> 遊戲區應由成人監督來做一級預防及做緊急意外處理。成人的責任在於讓孩子進入遊戲前篩檢設備、門欄及地面，如流浪動物、破碎物或其他危險物。成人必須設定合理、適宜的遊戲規則來讓孩子遵循，例如在滑梯上要坐下、在攀爬架上要穿球鞋。

　　除了安檢設備及設定基本規則外，大人還要讓小朋友和平地玩、避免吵架或霸凌（bullying）行為（Rivkin, 1995）。如果不幸有上列行為發生，這也是一個機會教育（teaching for moment），要與孩子討論如何解決問題，才能和平、高興地玩。此外，要幫助孩子學習分辨無害的狂野嬉鬧遊戲與會使兒童受到傷害的真實攻擊行為之間的區別。

　　研究指出，有時老師也難於區辨此兩種行為之不同，甚至高估學校遊戲場之攻擊行為（有時孩子只是玩較野的狂野嬉鬧遊戲）（Schaefer & Smith, 1996）。有些老師因此浪費時間及努力在阻止無害的狂野嬉鬧遊戲（對孩子社會行為有所助益）（Pellegrini, 1995）。

　　有關孩子遊戲中之霸凌及受害現象已漸漸受成人注意（Smith & Thompson, 1991）。這種不幸的結果可能是：(1)兒童具霸凌他人、攻擊傾向及缺乏社會技巧；(2)受害者非自我肯定的行為。成人有效地監督遊戲可以減少兒童攻擊或受害之問題發生。有一在挪威Bergen的研究發現，老師休息的密度與孩子攻擊事件呈負相關（-.45）（Olweus, 1993）。由於這個研究，挪威學校的老師發展一抗兒童霸凌行為的計畫，其步驟如下：

1.對有關霸凌的行為，訂定清楚的規則。

2.老師與霸凌者、受害者及其家長一起討論。

3.使用團體過程策略（group-process strategies），如班級討論、角色扮演及衝突解決方法，讓整個學校一起共同參與解決中止霸凌行為。

4.分派一些中立、行為良好的學生給予受霸凌者支持。

5.教導受霸凌者在班級使用自我肯定之社交技巧。

這個方案對於中止及減少霸凌／受害之問題很有效用。

遊戲場之監督者也需要有時不要介入兒童的遊戲。Frost（1992）提醒我們要區分正向之教師監督與可能造成抑制兒童遊戲的過度熱心監督之不同。太多的規範及過多的教師介入可能導致兒童不去探索及成長的機會。因此老師需要採取去除危險、減少危險活動及停止霸凌行為的方法與步驟，且有時要放手讓孩子自己探索與遊戲。一個精心設計的遊戲場可以減少制定規則的需求及過多監督。

Wardle（1990）建議遊戲場之設計應包括小丘與隧道的特色，以讓兒童可暫時逃離成人的監督，以獲得個人的真正自由與掌控。他解釋：

> 所有的遊戲場必須要讓成人很容易回應有困難或真正需要成人幫忙的孩子，孩子要儘量不受成人干預，自由徜徉其與同儕、玩物之互動，要有自由能任其探索、冒險、犯錯、跌倒、瘋狂或幼稚地玩，並嘗試錯誤，只要在安全範圍之內。所以成人只需遠遠地觀察，在安全允許之下任其自由及自主地遊戲（Wardle, 1990: 33）。

第五節　結語

本章從遊戲安全事故、兒童遊戲環境與安全、戶外遊戲環境規劃，以及成人的角色四個部分來說明遊戲安全規劃的重要性，如同本書前面內容所述，兒童的遊戲行為會受到很多因素的影響，例如環境的空間及布

置、遊戲環境的規劃、成人的介入等因素的影響。之前我們已討論了有關於遊戲在進行時的環境空間及活動範圍，以及遊戲的設備、器材設備，以及這些空間及器材設備的規劃安排。在瞭解這些影響對兒童的重要性後，相信可以幫助父母及老師設計、建構安全的遊戲環境，以使兒童能在安全的遊戲環境中，進行更安全的遊戲。

近幾年來，從衛生署所統計出兒童意外傷害的數據可以得知，老師及成人可能因忙碌而疏忽對兒童遊戲時的安全，以及兒童本身的注意；對於安全意識的無知，也造成許多無法彌補的傷害，因此應更重視兒童的遊戲安全。

第七章及第八章分別對室內及室外遊戲場的布置規劃有很詳盡的說明，除了遊戲環境的安全，遊戲設施（如大型遊樂設施的周圍應該要鋪上橡膠墊子）、遊戲進行遊戲時的豐富性及多元性、成人的監督，以及玩物（如原料及設計不安全而導致傷害）的選擇也是十分重要的。

在臺灣，兒童活動的範圍不外乎在住宅內外、幼兒園、社區活動中心、公園等。而隨著活動腹地愈來愈少，如何讓兒童擁有最佳的遊戲品質，最重要的就是安全。從研究的結果顯示，兒童發生意外事故的場所多為傳統性的遊戲場，為何國內兒童發生事故的比例如此之高，除了本章所提到的原因如危機意識的普遍缺乏、安全教育未見落實於生活、福利政策的規劃未盡完善、未能重視兒童的遊戲環境與安全等等之外，現代化及冒險化遊戲場的缺乏也是原因之一，因國內遊戲場以傳統性的遊戲場居多，未來應可以用現代化、冒險化的遊戲場來取代傳統遊戲場，以降低兒童意外傷害的發生。

第十章

遊戲與玩物

- 玩物的分類
- 適齡玩物的選擇
- 玩物的適性選擇
- 結語

　　兒童天生喜歡遊戲，無論是學習、生活、工作，都可以使其成為遊戲，而正因兒童是自發、主動地參與遊戲，因此當他們在遊戲時，總是會充滿笑聲，歡欣溢於言表，而且百玩不厭。

　　我們常常看到兒童一玩起來就十分帶勁，玩再久也不會厭煩，不會喊累，許多兒童玩得再久也不會累，始終活力十足，難怪有人說：「遊戲是兒童的第二生命。」而在孩子眼中，遊戲到底是學習、生活或是工作呢？其實對孩子來說，這遊戲的時刻，正是他們能自由自在、無拘無束、沉浸想像世界裡的時候，他們在其中盡情享受與人或玩具間的互動、獲得最大的歡樂性（joyfulness）。

　　兒童的發展是隨著年齡的增長，在身心（如認知、語言、社會、情緒、人格等）各方面都有所成長、出現變化。再從這種發展的觀點來看待遊戲，兒童也會因為年紀較大，出現不同的遊戲行為，且這些遊戲行為是在結構上產生改變，這個論點，是個體發生論（ontogenesis）；還有一種觀點是微視發生論（microgenesis），也就是當個體在特定階段，對如何操作玩具愈來愈熟悉，愈能控制玩具，便會創造出個體的內在刺激。換言之，個體發生論是指兒童因成長所產生的變化，造成個體在遊戲行為上出現了改變，這也和其他兒童發展理論相符，它們都指出兒童在不同階段或次階段，會產生不同層次及能力的遊戲行為；而微視發生論則說明了個體在短時間的遊戲行為與經驗中，會有持續及短暫的變化。從這些遊戲行為的改變歷程中，我們可以瞭解孩童如何從對陌生世界的探索逐漸發展出各種遊戲，可以控制、創造新的刺激；我們也能瞭解隨著時間的推移，個體如何從嬰幼兒的身體、動作、知覺，逐漸進步到幼兒期的語言、邏輯及智能操作；在孩童上學之後，更進一步發展認知具體操作、社會發展、問題解決能力、策略謀略能力；青少年時期，則在抽象思考／推理，獨立生活技巧及適應新科技的發明上有長足進步，成人若要幫助兒童從遊戲中得到最大好處，就必須先瞭解兒童在特定年齡的身心發展，以及下一個階段有哪些特性（也就是兒童的遊戲發展順序），如此一來，我們才可為孩子提供最好的玩物以及情境布置，如此才能在特定的社會脈絡情境中作為鷹架，來提升兒童的遊戲行為。

第一節　玩物的分類

　　想到遊戲，即想到玩物，因為任何一種遊戲，都與物體（objects）或遊戲素材有關。例如在功能遊戲中，孩子利用感官去接觸環境，會以打、擠、滾、跳、敲，及利用操弄物體的方式來玩，各種遊戲都和玩具脫離不了關係；在建構遊戲中，則會使用各種玩具或遊戲素材去建構東西；至於戲劇遊戲，可多利用物體或道具來扮演或想像虛構的故事。此外還有許多遊戲競賽也會用到某些可以玩的器具，如骰子、球、撲克牌等。英國有一項對幼稚園兒童的研究（Tizard, Philips & Plewis, 1976），就發現在高達97%的自由活動中，孩子都是在玩某些玩物。

　　遊戲素材的確可刺激遊戲的出現，並成為一種遊戲的資源。某些特定素材會導引出某種不同的遊戲方式，例如積木、樂高、鑲嵌式組合玩具能刺激建構遊戲的產生，洋娃娃、裝扮衣服或扮家家酒類的組合玩具，可以鼓勵孩子進行想像遊戲。而玩物不僅可讓孩子單獨進行遊戲，也能和其他人一起玩社會性遊戲，因此遊戲的素材一方面直接影響了孩子遊戲的方式，另一方面也間接地影響了個人的成長。

專欄10-1　大中空積木在幼兒學習上的功能

　　父母和老師只要留心觀察，就會發現孩子在學走路和學講話時，自己可以學會許多東西。對孩子來說，學會一件事表示必須去經歷它、使用它。而我們知道幼兒的肢體發展是早於語言發展的，因此創造性的戲劇遊戲對孩子的學習來說是很有用的。本篇專欄中我們將探討大型中空積木在孩子學習上的功能。

　　遠在七十多年以前，Caroline Pratt在其他小兒科醫師的協助下，首先發明這種讓孩子們訓練手臂和肩膀的安全又多功能的積木。她很快就發現，孩子不僅喜歡堆積木，也喜歡在積木上爬上爬下，激發他們的精力、協調力、平衡感以及自尊心，他們在遊玩中更會彼此分享各種資訊。他們用積木搭房子、商店、工廠、穀倉、橋

樑和船等。而當他們將腦中所想的真真實實地搭出來的時候,他們會發現知道跟做是兩回事。玩的時候,幼兒不只一起搭積木,也一起玩爸爸、媽媽、動物、煮飯、開車、農作、釣魚等遊戲。孩子玩的時候全神投入,演出了想像和真實的情境。他們模仿真實的世界而創造了一個值得探險、生活和他們能瞭解的、屬於自己的世界。

中空大積木

大型中空積木、木塊、包裝木箱通常會有一個小支架(sawhorse)和梯子(圖**10-1**)幫助孩子搭得好、搭得安全,一個人玩時亦上下自如,這些積木、支架等也是依據孩子手臂的大小而設計的,讓孩子自己可以抬得動,但卻又夠重以支撐孩子的重量。提供給孩子遊戲的器具最好製作精良,讓孩子覺得學習是件賞心悅目的事,因此紙箱和尖銳的東西就不適合給孩子玩。而雖然父母及老師都不是木匠,也許要花費在做這些器材上的金錢時間不少,但跟孩子所能獲得的教育價值比較起來,也就微不足道了,那種邊磨得光光的、表面及每個角都十分平滑的積木真的會使你的孩子自尊心大大提高,他們也會很愛惜的去使用這些積木,小孩會很神氣的說:「這是我爸、我媽和老師做給我的」(見**圖10-2**)。

就單獨一塊積木來講,他只是一個長方形的木塊而已,但是經過孩子的想像和努力,它可變成從廚房器具到太空船的任何一樣東西,它的大小、三度空間都可讓孩子自由操弄。有一天我看到小莫在積木角忙來忙去搭她的飛機,小明問她可不可以讓他玩。「好吧!」她說,「去拿那些木塊來做機翼。」「那你要做什麼?」,「這是座椅,笨蛋!這是架波音747飛機,它要垮了」,「不會的!」我插嘴,笑著說,「你還可以搭得更好的!」「當然!」兩個小朋友自信滿滿地說,而這讓他們一天都很快樂。

大型積木室內室外皆宜

在美國寒冷的冬天裡,室內設備似乎比較合宜,孩子在沒有上學的日子裡可以玩大積木、黏土、小積木、畫畫,通常一塊10'×12'的地方,鋪上固定不滑的地毯,可以讓八個幼兒一起玩。對學前幼兒來說,只要有20塊積木(10塊長形、10塊方形)和10塊木板就足夠了,而在家裡則有10~20塊積木就夠了。由於使用到每一塊的積木只要擺上去就好了,不是長時間的把玩,因此積木的遊戲必須強調的是它在戲劇性遊戲上的利用,大積木的作用和一般標準積木是完全不同的,千萬不要搞混了。

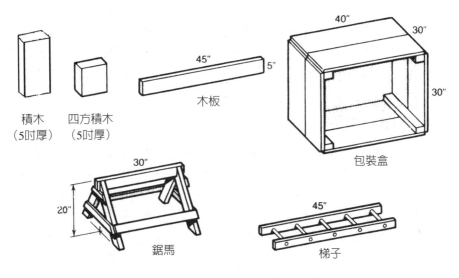

積木
（5吋厚）

四方積木
（5吋厚）

木板

包裝盒

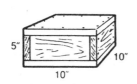

鋸馬

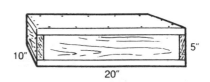

梯子

圖10-1　幼兒園中空積木與配件

註：1.材料爲白松木、＃2級（確信螺絲鎖緊及堅固）。

　　2.表面不能太光滑，避免堆積時會滑落。

　　3.木板能防水。

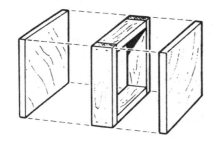

先釘及黏側面，再釘及黏上底面

表面的木板，1"×5"×40"加上30"×30"×40"
的包裝盒（見圖10-1），可用白松木的素材。
註：此積木爲Sally Cartwight 引用Pratt所設計
　　成。

圖10-2　幼兒教育的中空積木

在室外玩大積木就更有意思了，裝貨用的木箱、梯子、托車、小支架都可以拿來跟大積木配合著玩，一塊大約30'×40'的平坦地方，約室內積木的兩倍，加上兩個以上的包裝箱就是很好的遊戲了。春、夏、秋的天氣裡，大積木的課程是一個很好的課程設計。

什麼時候玩很重要

所謂尊重孩子主動的學習，是讓孩子進入課堂之後以他們自己喜歡的方式開始學習。學前兒童特別喜歡做東西，而不善於談，不管是自己一個人玩或群體一起玩，在玩之前，他們並不需要和人討論，孩子不需要先説我想玩什麼，他就會想玩什麼就去玩什麼，這整個過程中，充滿了合作、溫暖、幽默和勞動的氣氛，讓孩子覺得他們自己的選擇和探索是受到尊重的。

需要一些附件

當孩子想任意搭積木的時候，就是在進行著豐富的社會戲劇遊戲，特別是還有一些經過挑選的配件可以讓他充分利用時。這種情況説明了定了形的玩物和玩具不見得是好的。像用各種不同形狀、尺寸、布料去縫製衣飾的室內遊戲，比給孩子一件製好的衣服來得好的道理一樣：給孩子形狀固定的玩具和器材，不如給他一箱的小積木（只是用來當附件，而不是用來搭建的），孩子會把它們變成杯子、電話、工具、三明治、機器、飛機等任何東西。室外遊戲時，細樹枝、小卵石、沙、提桶、小木片都是很理想的附件，而不論室內、室外，幾條四呎長，四分之一英寸粗的繩子，一端打結，也是非常棒的配備，不過必須訂下「繩子不准纏繞在脖子上」的規定。至於蠟筆、紙張、膠帶也最好有，因為孩子常常有做自己記號的需要。

信任孩子是最重要的

若父母和老師一向十分依賴用完形的玩具和器具讓孩子照本宣科地玩，我們真的就需要勇氣去相信孩子的靈巧、創造能力和持續力。不用説，一個觀察敏銳的成人當然需要關心孩子身體上和心理上的安全，但是孩子只要有積木和一些附件，他就能從中學習到很多東西，並在操作中成長。小明的飛機就是一個很好的例子，別的孩子也主動加入這項遊戲（他們不僅去桃園機場，也爬上了桃園機場航空科學館的飛機上去探險過了），小明負責座位，小華負責機票，小莫控制駕駛盤，並和安

安爭著控制權，最後她說：「哦！去幫小均弄機翼，這是架噴射機呢！」

這件爭論就這樣結束了，安安很快的又去批評比爾：「你忘了噴射引擎了。」「不會的，否則整架飛機會掉下來的。」「你可以在每個機翼下面放一個引擎，就像書上說的那樣。」小東建議道。小東就跟他往常一樣，總是要在旁邊觀看一會兒才會加入。與小東和安安對看了一眼，點點頭，照著做了。

稍後，當男孩子們在檢查他們的工作效果時，老師聽到安安說：「小東其實沒有那麼笨。」也許他對與小東一起工作的結果很滿意，因此有這種自然真誠的流露，因為以往不管是那種遊戲，小東都比較少有意見，都聽別人的。孩子在敞開心胸和別的兒童一起玩時，會學會聽別人的意見，考慮別人，尊重不同的看法，認為對群體若能有別出心裁的提議會很了不起。在旅遊中、在討論中、在老師唸書給他們聽的過程中，可以發現孩子會以他們自己的目的來接收和使用資訊，在此不僅充斥著民主的氣息，也產生了很好的學習效果。

藉著大型中空積木，孩子可以塑造他們自己的學習環境

大型中空積木遊戲讓孩子感覺到團體歸屬和投入感，這是其他已定型的遊戲中感受不到的。舉例來說，這些大積木要模擬爸爸跟媽媽設計他們自己的遊戲空間和遊戲設施，從中就產生了一種主動、合作的學習。曾看過孩子在固定的娃娃角中，天天以同樣的方式在玩，而當引進了大積木來代替原有的洗碗槽、杯架、爐火等後，孩子便隨心所欲地擺放這些積木，有了新的及自己的玩法，遊戲的內容更具有想像力、更複雜了，以致需要更多的知識來幫孩子玩，孩子的問題更多了，很急切的要知道答案，這使他們有了團體討論、會去找書本、會去外面找答案、會做一些自己設計的試驗。最後不僅在玩積木時如此，在畫畫、玩水時亦是如是。像魔術一樣，大積木區吸引了許多的孩子進去，直到有一天小莫跟老師抱怨：「連小明都要進去玩，已經太擠了。」「也許讓他進去停一下，就像推銷員一樣？」「我們不要買東西。」「或者當他是一個遠房表弟？」她對這個主意頗感興趣。「好吧！小明」她說，「你可以和我們一起玩，你當安安表弟，你剛因癌症死了，我們要為你辦個很美的葬禮。小明，你畫一些花來，小東，你去挖個墓，大概就是這樣了。」小明看起來一點都不像死去的人：「葬禮要怎樣呢？」「你根本不要管，你已經死了！」「哦！我的棺材不好看。」

大積木的遊戲規則十分簡單

1. 要多少塊積木拿多少塊。

2. 搭的時候小心，不要互相碰撞、丟擲，或從上往下扔。

3. 不用拿它來丟人或打人。

4. 沒有得到別的孩子的允許，不可以隨便拿人家的積木。

5. 玩完之後要收拾好。

6. 除非能遵守規則，否則不要玩（這是玩積木時唯一需要的處罰方式，這樣就很有效，因為危險很容易覺察，孩子彼此也會管別人，而且孩子是那麼的喜歡玩積木）。

大積木的戲劇遊戲和小積木的戲劇遊戲不同

這兩種不同形式的積木玩起來不一樣，就像兒童塑造的活生生的世界跟小玩具的世界有別一樣。孩子用大積木玩的戲劇遊戲常常是較親近、較私人的，有時也是有點強制性的，孩子玩的時候都是全身投入。相較之下，小積木所塑造的小世界使孩子能在有距離的情況下操弄許多小玩具，因此較不能投入，孩子還能看出真實情境的整個情況，跟遊戲情境仍有距離，於是小積木和玩具在真實的生活中就有了固定的象徵意義。也因此能提供孩子日後在閱讀那些抽象的、文字的符號時的練習。另一方面，在大積木的戲劇遊戲裡，孩子本身就是一個參與者，讓孩子的潛能能即時的發揮出來。

最後要說的是，主動而有創造性的學習可以引發孩子的好奇心，產生求知的強烈渴望，而這種主動的學習會在我們的一生中讓我們的創意不斷地湧現。不過今日這種渴求似乎並不多見；或許我們在面對社會的黑暗時，需要一份內在的驅策力——求知的內在驅力——以看清事情、生命的本質及價值，並且瞭解其間的相互關係，讓它們協調得更好。

資料來源：摘自Cartwright, S. (1990). Learning with large blocks. *Young Children*, 38-41.

　　父母與教育者也承認，遊戲和玩物的關係的確十分密切，同時也投下無數金錢，讓孩子生活在玩物的世界中。Sutton-Smith（1986）及美國玩具製造工會（1996）發現，美國共有超過八百家的玩具製造商以及國外的玩具商，每年至少出產五千件新產品，而美國玩具製造協會主席最近曾估計，美國父母在爲孩子選擇玩具時，至少有十五萬種不同的選擇（Mergen, 1982）。玩具的銷售額在1996年達到二百億美金，這些公司約僱用六萬人，每年消耗二十五萬公噸的塑膠及二十萬公噸的金屬（Sutton-Smith, 1986）。在美國兒童的遊戲及美國經濟這兩方面，玩具都有十足的重要性。

　　市面上玩物的種類相當多，因而有必要對玩物進行有系統的分類、描述、辨別，幫助幼兒能有效地去使用，並發揮玩物的特性與其功能。目前市場上對玩物有很多的分類方法，包括：

　　第一，以年齡爲分類標準是最方便的。例如二歲適合重疊堆組玩具；三歲適合桌上積木；四歲適合建構玩具，如樂高。甚至有些玩具訂定的適合年齡層很廣（三至六歲）。但這個區分方法有一主要問題，便是忽略了兩個人差異及發展速率都有所不同，如果以年齡層區分，只能解決一部分的問題，因此以年齡來分是一種錯誤的方法。

　　第二，以玩物外表及物理功能來分類（Matterson, 1965）。例如臉盆、器皿或漂浮人偶、船一類的玩具，稱爲水中玩具；洋娃娃、商店組合玩具爲扮家家酒玩具。此種方法利用玩物的可能用途（即主要特徵或功能）來分類，缺點是忽略了孩子對玩物的使用方式可能會有不同的想像，而與大人的分類有所不同。例如孩子可能把可換衣服的芭比娃娃拿到積木區一起玩，做一個整合性的玩法，這就和大人的分類法不同。

　　第三，利用孩子可能使用的動作肌肉模式來分類（Community Playthings, 1981; Krown, 1971）。例如刺激大肌肉發展玩具及小肌肉發展玩具。積木是最常被以此種方式分類的玩具，如大、小積木分別屬於大、小肌肉功能的玩

物，而拼圖則是屬小肌肉發展玩物。因為小肌肉玩具可以讓幼兒鍛鍊他們的小肌肉，使小肌肉的動作、技能更靈活，如手眼協調動作等。訓練小肌肉的玩物包括：堆疊組合玩物、拼圖、釘木板玩具等。大肌肉的玩具則是可以訓練幼兒全身或大肌肉功能，包括：舉起、踢、跑、踏以及手—眼、眼—腳協調。這類玩具有滾輪玩具、三輪車、踏板、跳板玩具等。不過這種分類也有問題，因為兒童動作的發展其實是整合了小肌肉，而非個別發展。以玩拼圖為例，在外表上好像是手—眼小肌肉的協調，但其實孩子要用肌肉去拿拼圖，也需要大肌肉部分的動作。因此這種分類法會使想穿戴衣物或道具的戲劇扮演遊戲不知該如何區分了。

第四，依上述三種缺失，最好的玩物分法應是以玩物本身來分類描述。主要是依據玩物一般的功能或目的，由玩具商自行區分（Hartley, Frank & Goldenson, 1952; Yawkey & Trostle, 1982）。這種分類法除了一般的使用方法，沒有特別說明各種玩法適合哪個年齡層的孩子，也沒有說明功能，而是讓孩子在遊戲中成長，依照這種方式，玩物可分為以下四種：

1.教育性玩物（educational materials）：主要功能是教導孩子特殊的技巧與觀念，促進孩子的學習與發展，與其他類型的玩具相較，更具有教育性，結構也較完整；此種類型的教材包括Fröbel、Montessori教具，包含讀、寫、科學及社會科學等內容，教導某些技巧、觀念，如瞭解物體的部分和整體之關係、穿珠、綁鞋帶等。此外還包括認識顏色、形狀、各類物體的名稱、分類，並瞭解一對一之關係，如拼圖、穿線玩具、堆疊組合玩具、插樁板等。

2.真實玩物（real materials）：是指在成人世界有實際用途，卻被孩子拿來遊戲的東西，孩子在遊戲中模仿大人使用這些材料，如沙、水、木頭、泥土、黏土等。

3.建構玩物（constructional materials）：有許多種玩法，可以用多種不同方式加以使用，若與教育性玩物相較，建構性玩物擁有更大的彈性。例如樂高可以組合成不同的東西（車、船等），組合好的東西又可以拆掉重新組合，成為另外一種東西。而教育性玩物，如拼圖，卻要到最後一片拼圖拼上去後，才有完整的成品，其玩法也是一成不變的。

4.模擬玩具（toys）：是真實物品的縮小版，如房子、車子、動物等，大小依孩子的生理條件、社會環境設計。另外也有些玩具是幻想實物的縮小版，如太空船、明星、超級英雄或卡通人物等。由於是縮小的模型，所以在遊戲時十分方便。這類玩具大致可分為下列三種（Yawkey & Toro-Lopez, 1985）：

(1)扮家家酒玩具：在室內的人物和物品，大部分的扮家家酒玩具是娃娃屋，玩具內容包括：

　・洋娃娃和洋娃娃的配件。

　・廚房用具——鍋、碗、瓢、盆。

　・桌椅、爐子和冰箱。

　・電熨斗、燙板、掃

　　把、畚箕。

　　‧娃娃車、衣架及衣服。

(2)交通工具玩具：火車、汽車、卡車、拖車、挖土機、吉普車及船、飛機，還有一些鐵軌、飛機場、車庫、加油站等配備的玩具。

(3)擬人化玩具：任何種類之動物，包括人、野獸、昆蟲的模型玩具，此玩具大部分都用塑膠做成，在模型遊戲中常用到。其他如卡通人物玩偶、米老鼠、Hello Kitty、Snoopy、唐老鴨、哈姆太郎等。在此有個建議：真實動物玩具對大一點的學前幼兒是有其必要的，因為在遊戲行為上，它是一種具有很好效果的玩物。我們可由**表10-1**及**表10-2**中看出來。

表10-1　玩物類別可增加兒童遊戲的類型一覽表

	社會層次		認知層次		
	非社會性	團體性	功能性	建構性	戲劇性
扮家家酒		✓			✓
洋娃娃		✓			✓
裝飾打扮		✓			✓
交通工具		✓			✓
積木	✓			✓	✓
拼圖	✓			✓	
串珠	✓		✓		
工藝玩具	✓			✓	
黏土、麵糰	✓		✓		
沙、水	✓		✓		

註：非社會性遊戲為單獨平行遊戲。

表10-2　玩物的建構程度

無建構性	建構性			
泥	積木	較粗製或無特徵的玩具	細緻及有特徵的玩具	教育
沙		洋娃娃（碎布）	如芭比娃娃，或仿造原	玩物
水		交通工具	車廠的模型汽車	

第二節　適齡玩物的選擇

　　玩具與兒童發展之關係，不在於年齡、性別以及玩物的種類，而在於孩子在玩的過程中，直接感受到的外在生理的經驗。嬰幼兒（零至三歲）常對一物體做重複的功能性遊戲，他們會去操弄這些物體，同時也觀察其結果。從Piaget觀點來看，一個二至三歲左右的小孩在玩球，他必須先同化（assimilate）這些物體（球），依從前的建構知道它是可以滾的，但他必須適應或改變一些動作，以順從物體（球）的特性，例如可以跳、可以丟。孩子對球的反應也要順應（accommodate），比如小的球可以丟、大的球則可以用抱的。經過孩子自己組織經驗，得以適應智力的成長過程。

　　Piaget的認知發展論認為，兒童的發展是經由和周遭環境事物的互動產生的。這些遊戲適齡發展實務（Developmentally Appopriate Practice, DAP）則鼓勵教師，以多數兒童的發展程序和階段性為基準，設計出適合個別兒童發展及學習計畫的目標。幼教學者也發現，經過設計的遊戲、學習環境和課程，及提供適齡發展的玩物對兒童學習是有幫助的。教學者如能瞭解孩子的發展能力，並能評估發展目標，加以提供適當的環境和玩物，那對於幼兒的學習有事半功倍之效。

　　對一學前幼兒而言，兒童遊戲可能由功能遊戲，轉移至建構或戲劇遊戲。在轉變的過程中，遊戲素材的角色或功能也隨之改變。兒童開始會使用物體去代表、象徵不同的東西，透過這種過程，孩子獲取更有價值的經驗。孩子有象徵想像力後，可以選擇任何一種素材，來代表任何東西。此時孩子會逐漸忽略玩具或素材的物理特性。例如三歲的幼兒可能會使用縮小成套的組合玩具（如扮家家酒中的小碗、小盤等），但四至五歲的幼兒可能會用同樣的玩具去玩太空船戲劇遊戲。即孩子愈大，其象徵性的遊戲會愈來愈多。

　　遊戲既可促進幼兒學習，那成人如何幫助兒童達成這目的呢？最重要是要瞭解兒童的發展，針對其發展來選擇適合的玩具與遊戲。以下針對嬰兒階段、學前階段兒童、學齡兒童及青少年階段等適齡玩具（物）的選擇加以敘述。

專欄10-2　遊戲與玩物

　　遊戲與玩具或其他的玩物之間，究竟具有何種關係？玩具的種類不同，是否會引發不同的行為？假如一個玩具包含一個特別的原理或概念，這個概念是否會藉遊戲轉移到小孩身上？大部分探討遊戲和玩物間有何種關係的研究，都把遊戲當作玩物所具有的功能之一，而使用了玩具的遊戲，則始於嬰兒時代的早期。

嬰兒與學步幼兒的玩具遊戲（Toy Play of Infants and Toddlers）

玩玩具始於嬰兒時期，初期較為單純，之後則會愈益有趣，Lowe（1975）觀察初生嬰兒和初學步者（十二個月大至三十六個月大），如何把玩一組小型物品，下面就是對每一年齡所觀察的結果摘要：

1. 十二個月：嬰兒可適當地使用餐具，用杯子喝奶或使用湯匙，也可以將杯子置於茶碟上，並將湯匙置於杯中。但除此之外，不太會使用其他東西，他們也會搖動器皿、砰然地擊打杯盤，或把這些器具銜在口中。

2. 十五個月：在這年齡的嬰兒可能攪動或拾起想像的食物，接著把想像的食物送入口中，此外也可能把其他東西放進嘴巴，例如將廢物在小汽車上浸泡一下並塞入口中；十五個月大的嬰兒能在桌上來回推動小汽車或小火車。

3. 十八個月：此年齡是自我聯想、敘述的顛峰；他們會自己餵食和自己梳頭髮，並且自己洗臉，此時也開始更注意洋娃娃──使它們站立、坐下或跳躍，但是還不會定期的餵娃娃吃東西或為它們梳頭髮。

4. 二十一個月：此時期是將洋娃娃與自己視為同等重要或稍稍比自己重要的轉移時期，在此時他們可以餵食洋娃娃，或將它拭拂乾淨後放著讓它睡覺。

5. 二十四個月：孩子對待娃娃的方式在這個時期會確定下來，幼兒會餵娃娃吃東西，甚至將它視為最重要的工作，孩子也會把洋娃娃放在床上，為娃娃鋪床、蓋毛毯，並且比先前階段更小心的處理床務。

6. 三十個月：幼兒此時可以相當合宜地使用這一套玩具，不但可以讓洋娃娃坐在坐椅上，而且要推近桌邊，在娃娃面前放置一套食具。另外孩子也會尋找遊戲中缺乏的東西，甚至自己創造這些東西，例如折疊一塊布來當作枕頭。

7. 三十六個月：孩子明顯地傾向不願餵洋娃娃吃東西，寧可把洋娃娃放在坐位上，而不實際地餵它。除此之外，這個階段也開始能以拖車勾連貨車。

新奇、逼真和複雜的玩具（Novelty, Realism & Complexity of Toys）

玩具的新奇感，是引起小孩探究玩具的第一個原因，新奇的東西能引起孩子的興趣，鼓勵他們去瞭解玩具的特性，一旦他們瞭解那些特性，才會停止探究而開始玩。從探究到遊戲的玩具過程當中，兒童的情緒會明顯地從強烈而趨於緩和，這不僅表現在面部表情的改變，也表現在對玩物的行為。在遊戲中，最大的改變由發問

「這東西是什麼做的？」轉變為「我怎麼做這個東西？」（Hutt, 1966）

　　玩具的逼真性是小孩玩這個玩具的第二個重要因素。Pulaski研究五至七歲大的小孩指出，構造簡單的玩具（藝術品或簡單的碎布做成的玩具），可以使孩子在幻想的主題上產生較大的變化，構造複雜的玩具（逼真的洋娃娃、細小玩具、建築物、小汽車、完整的玩具屋）在這方面表現較差，然而幻想力好的小孩較少被逼真的玩具影響，很顯然地，這是因為孩子的幻想能力已被發展得很完全了。

　　第三個影響小孩遊戲行為的因素是玩具的複雜性。一項研究要求四至七歲大的幼童，用許多具有不同複雜程度的玩具，去做任何他們喜歡的東西；實驗顯示，年齡較大的孩子會比較小的孩子擁有更強的好奇心，他們花費較多的時間探究複雜的東西。但是一般而言，大孩子與幼童一樣，花在玩具上的時間會逐漸減少。

　　在有關遊戲與玩物關係的研究上，我們可以說：轉捩點在於玩具的複雜性和新奇程度。當一個新奇物被遇見時，它首先被探究一番，然後玩耍。孩子想玩玩具的意願強度，取決於玩具的新奇程度。當玩具較為複雜，遊戲的要旨和品質（創造的、發明的）便減少。Caplan夫婦（1974）（「創造性玩物」的發起人）適切地指出，詳細和逼真的玩具會妨礙兒童參與自己創造的遊戲，因為他只能依最初設計者的意向使用這一項玩具。

　　通常簡單而原始的遊戲材料較能讓孩子發揮創意，遊戲材料愈複雜，遊戲的創造特質就愈低。

玩具的選擇（Making Decisions about Toys）

　　新奇是小孩子願意花較多時間玩某個特別玩具的一個基本要素，然而新奇和複雜的交互作用卻會抑制遊戲的創造性。當兒童拿到一個新奇的玩具時，他們會試著探索此東西的用途，而在澈底研究、試驗這玩具的各種特性之後，兒童便開始用這個玩具來遊戲，一旦它的新奇性逐漸消失，小孩玩它的時間也就逐漸減少。

　　當你一旦發現你為小孩購買一個昂貴的玩具後，他們很快地玩膩，並將它束之高閣，你會設想為什麼會有這種情形？Pulaski（1970）指出，當玩具愈複雜，玩玩具的時間就需要更多。換言之，一個複雜、精密的玩具，反而會限制了小孩玩玩具時的創造力和想像能力，因為它只能依照原本的設計來使用。相反地，如果是給孩子一個沒有經過拼裝的玩具盒，就可以拿來當作太空站、飛機庫、堡壘、航空母艦或另一架太空船等等。最好的玩具和玩物，應該是設計簡單、可以讓孩子發揮想

像的玩具，而非那些已經限制了構造和玩法的玩具。這種理論是正確的，除了對幼兒，他們發現一次很難同時轉換物品於逼真的情況，而且他們需要逼真的東西之支持來用於他們社交性戲劇遊戲。

　　這項研究將許多實用的理論應用在玩具的設計與使用，以及評估兒童的發展情形上，並列出適合不同階段的兒童使用的玩具。Lowe（1975）的研究特別檢驗了玩玩具的能力與情境，而藉由Lowe研究中所述，玩玩具與年齡間的相關性，可以評估兒童的發展是否正常（Bayley幼兒發展智能等級也可以玩玩具為基礎）。若能察覺兒童在各發展階段特有的遊戲性質，就可建立模式，讓兒童的遊戲更豐富，進而提升到另一個遊戲階段。例如十八個月大以前，幼兒的使用物品對象通常是指自己（梳自己的頭髮）但是到了十八至二十個月大時，幼兒開始以他們的洋娃娃為對象（梳洋娃娃的頭髮），這時候，成人可加入小孩的遊戲，並且利用他對洋娃娃的興趣，幫助兒童接受和表達語言：「看爸爸梳娃娃的頭髮，來，寶寶！換你來幫娃娃梳頭。」

玩具、電視和遊戲（Toys, Television & Play）

　　受到電視影響而產生的反社會行為相當值得研究。美國兒童花在看電視上的時間，遠遠甚於其他活動，甚至超過在學校的時間還有和父母相處的時間。玩具已經進入了電視螢幕，成為表演的道具。

　　Turner和Goldsmith（1976）觀察托兒所幼童遊戲的情形，結果發現某些幼童除了玩一般玩具外，也玩新奇的玩具槍和飛機，而和其他玩一般玩具的小孩比較起來，喜歡玩玩具槍和飛機的小孩比較容易出現反社會行為，而這很顯然是由玩具槍所導致，因為小孩往往將電視和電影上的行搶與暴力聯想在一起，而電視和電影上的槍戰總是伴隨著威脅、打架和其他的暴力行為。

　　因此，關心小孩看電視的行為便顯得格外重要。1976年電視首次被引進到人跡罕至的愛斯基摩人小鄉村，短短幾星期之內，愛斯基摩小孩所玩的遊戲已經出現變化，從過去代表種族傳統的遊戲，轉而玩和電視內容有關的遊戲。如*Six Millon Dollar Man*（譯者註：內容大略為描寫一斷臂與斷腿的人裝上一套電子義肢後成為一超人的故事）和*Kojak*（譯者註：內容大略為禿頭的警察以暴制暴的故事），扮演角色的遊戲戲劇性地增加了暴力的主題。相同的玩具可使用來演出正確主題或假裝驚險的和暴力的情節。電視模式在此非常有影響力。

　　Levin和Carlsson-Paige（1994）建議，不能忽視兒童藉由玩這種「類似遊戲」（playlike）而進行的攻擊行為，尤其是對電視情節的模仿。相對於此，應試著把這些行為轉換成建構性的遊戲，更重要的是成人也要參與兒童的遊戲，在遊戲中引導孩子產生正面的行為。

資料來源：整理改作自吳幸玲、郭靜晃譯（2000），James E. Johnson等著。《兒童遊戲──遊戲發展的理論與實務》。臺北：揚智文化。

一、零至二歲嬰兒

　　零至二歲的嬰兒除了動作與知覺的迅速發展之外，其對玩物的興趣也有很大的改變；剛開始具有與生俱來的反射及知覺能力，但不知如何玩玩物，遊戲的動作完全靠後天學習的經驗，透過重複的動作基模進而類推至其他玩物。之後由於動作技巧的精熟和經驗的擴增，嬰兒能在時間與空間上操弄及控制玩具。嬰兒時期又具有多種遊戲型態，主要是相關性的動作遊戲及在後期逐漸加上一些表徵遊戲，因此此時期玩物之提供最好可增加嬰兒探索，尤其是知覺動作及感覺刺激，加上刺激語言發展及心理表徵概念之玩物（**表10-3**）。

表10-3　適合二歲以前孩童的玩物

年齡	玩物
出生至3個月	因為此時期的嬰兒尚無法抓住東西，所以適合的玩具主要是可以刺激感官的玩具，如搖鈴、風鈴、彩色圖片和壁紙、嬰兒床飾品、音樂盒和其他可以發出音樂聲的玩具。
3至6個月	這個時候開始有基本的抓取動作，故可加入適於抓取、扭擠和置入口中的玩具，如布球、柔軟的物體和可以磨牙齒的玩具。
6至12個月	可以反應兒童活動的玩具，如富有彩色圖頁的書籍、積木、海綿、鏡子、玩具電話等。
12至18個月	可以推、拉的玩具、各種球類、簡單的拼圖（大塊、易於處理的）、積木、有輪子的玩具車。
18至24個月	用於戲水和玩沙土的玩具，如瓢子、鏟子、各種大小的水桶、故事書、洋娃娃、木偶、填充式的動物玩具、積木。

資料來源：郭靜晃譯（2000），頁130。

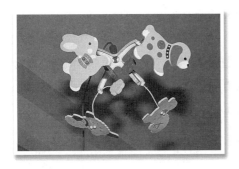

二、三至五歲幼兒

在兩歲之後，幼兒可瞭解玩物的一般使用方法並且也出現表徵能力，所以他們玩伴裝遊戲的能力增加；加上他們動作日趨穩定成熟，其大小肌肉動作發展（使用大型玩物，如積木）活動能力及小肌肉動作發展之手眼協調能力（如拼圖、插樁板、樂高等）持續發展，但仍需要不斷地刺激練習以增加這些動作技巧的熟練。在社會性互動上，三至五歲幼兒之社會特徵與嬰兒之成人玩伴的社會互動大有不同，他們逐漸增加與同儕之互動機會，透過與同儕之分享、輪流，幼兒逐漸發展了同理心及觀點取替的能力。所以在三至五歲幼兒階段宜加強其幻想與探索、語言的準備及算數的準備，茲分述如下。

(一)幻想與探索

三至五歲的幼兒是藉著實際操作來學習事物（learning by doing），因此加強其虛構能力如想像等，可幫助他們探索或瞭解成人所期許的適當

行為。此外幻想可幫助孩子抒解害怕的情緒，例如玩上學的遊戲可減輕幼兒害怕離家（或分離焦慮）的事實。

在所有的幻想遊戲中，與實物類似的道具對三至五歲幼兒幫助最大。裝扮的服裝、醫生及護士用的醫療道具、木匠用的工作檯或其他看起來真實且為幼兒所熟悉、比例適當的工具和道具，皆能刺激幼兒與玩物之間的互動。

洋娃娃可激發人在照顧和同理上的一些本能，因此它也是一項很重要的、有助於幻想發展的玩具。在三至五歲階段，柔軟的布娃娃或塑膠娃娃是幼兒們的最愛，特別是像芭比娃娃那樣可以用配件來打扮，或可幫助它梳頭髮、洗澡的洋娃娃，因為它能反映幼兒日常生活的經驗而廣受歡迎。許多父母現在也能瞭解小男生也和小女生一樣喜歡洋娃娃，而許多玩具公司如Playskool也為小男生設計洋娃娃了。

(二)語言的準備

沒人說過遊戲應該是安安靜靜的。事實上，三至五歲是幼兒的語言發展階段，遊戲是愈吵雜愈好，因此好的玩具應能提供機會，刺激兒童對聲音和語言的敏感度，以促進幼兒聽和說的能力。像是顏色的木琴、有字母語音節的玩具鋼琴等，皆可幫幼兒增進
其聽覺辨認的能力及技巧，也可增進其日後對音樂的敏感性。學齡前兒童如能常聽音樂或故事卡帶，對他們的聽力有很大的幫助，當然幼兒能一起大聲唱就更好了。

玩木偶偶爾也有助於幼兒的語言技巧，因為幼兒在玩時要實驗不同木偶的腔調或聲音說話。其他如現代的電子玩具亦可幫助幼兒的語言能力。

(三)算數的準備

幼兒對周遭的事物會加以分類及數數，並藉由詢問的方式來釐清對分類的瞭解。例如幼兒常會問那是什麼？和○○是一樣的嗎？或自言自語的數數，有時甚至會故意跳過某些數，如果因此而獲得大人的注意，那幼

兒會覺得更好玩。事實上，幼兒數的概念也是由操弄實物經驗而來，例如玩拼圖或積木，以及一對一的關係來計數（例如數了九個葡萄後再與9的數字做制約聯接）。也有一些玩具本身即可提供幼兒簡單的數概念，如建築積木組合可幫助幼兒瞭解部分與整體的關係以及空間關係，並藉由數積木來瞭解數的概念；此外也可比較哪一塊積木較大，哪一塊較小？可以怎麼分類？有多少塊紅色積木？哪一塊是三角形、圓形等？

還有圖案與數的配對遊戲亦可幫助幼兒建立數字和總數之關係的概念，例如骨牌、紙牌都可幫助幼兒建立一對一協調關係及配對的能力，又如信誼基金會出版的記憶轉轉盤也可訓練幼兒的記憶與觀察能力，此外「大富翁」也可讓較大的幼兒接受數、輪流、遵循方向的訓練。

三、六至十一歲的學齡兒童

上完幼兒園之後，兒童仍繼續在遊戲，只是在此時期不但動作臻至成熟，也具有社會能力及認知概念，所以說來，此時期的遊戲與幼兒大不相同，他們玩較激烈的動作遊戲，尤其是需要高度動作技巧的、有規則的玩類遊戲，他們時常遵守與堅持遊戲之規則及儀式，加上他們逐漸發展具體抽象概念，所以表徵遊戲及裝扮遊戲之頻率會大減。當他們與同儕互動之間愈頻繁與成熟時，他們不透過遊戲瞭解別人所期待，並創造及遵守同儕群體間相等級的結構而逐漸建立兒童文化（childhood culture）。

學齡前兒童的遊戲特性是發展井然有序的邏輯思考，需要同伴歸屬的需求及擴增自我能力及自尊的自我功效需求，其遊戲及玩物之建議如下：

(一)六至八歲

◆社會發展

　　這時兒童已進入國民小學，社會接觸面已廣增。遊戲可幫助兒童社會能力的成長，並教導兒童如何應用社會技巧及策略。利用玩具或遊戲來提升兒童間的友誼、練習分享及合作的社會技巧是很重要的。傳統的遊戲道具如撲克牌、彈珠、西洋棋（象棋）皆能鼓勵及促進團體的互動，而活動性較大的戶外遊戲如籃球、足球、棒球也可促進兒童們的團隊工作及合作精神。

　　在這年齡，他們喜歡蒐集個人喜好的物品如卡通人物、芭比娃娃、棒球明星卡片、組合機器人、皮卡丘卡、數碼寶貝卡、玩具車等，並相互比較誰擁有的收藏品較多。大人們應該利用一些方法去鼓勵兒童和朋友交換收藏品，以分享更多的玩物。

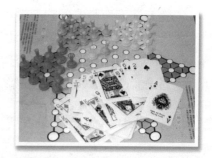

　　事實上，擁有這些玩具對這年齡層的兒童是很重要的，這是他們成長的文化之一。就像我們小時候也玩一些尢仔標、彈珠、橡皮筋等一樣，只是他們現在玩的是卡通人物或商業化的產品而已。讓父母擔心的只是這些玩具常是電視廣告的產品，但這並不表示這些都是不好的玩具。

◆認知及知覺動作技巧

　　六至八歲的兒童由於手指操作的靈活度增加，因此也可操弄富挑戰性、困難性的玩具，如此一來大大提增其認知能力、知覺及技巧。開放式建構玩具組合如樂高系統公司所出的樂高、Fisher-Price所出的Construx、

Play-Jour公司所出的Capsela及Ohio Art所出的Zaks等建構玩具組合，皆有鼓勵此年紀兒童去體驗知覺、平衡及部分與整體之關係，同時他們的手眼協調能力也加強了。何況當兒童在拼湊組合時，他的腦中也不斷在思考，想辦法解決問題。

雖然以前建構玩具的市場是男孩的天下，但近年來女孩們也愈來愈喜歡並趨之若鶩。除了建構玩具之外，鋸齒狀拼圖亦是此時小朋友的喜愛物品，拼圖讓兒童更精進其部分與整體的觀念，使小肌肉手指動手更靈活、手眼協調與認知的技巧更增進。通常此時兒童可玩一百片以下的拼圖，而除了鋸齒狀拼圖外，三度空間的拼圖讓兒童從一些小片的幾何圖形拼湊成他們所想到的立體物件，讓他們接受思考、解決問題及忍受挫折的挑戰（拼圖仍以大及廣邊爲主）。

◆創造性表達

不管兒童的藝術能力如何，都應該提供他們各種不同的玩具與經驗，來幫助他們發揮創造性思考。從兒童蓋印章（認字）、玩配對片，到芭蕾舞、短劇等視覺及表現藝術的經驗，皆可以幫助兒童表達自我、和人溝通情緒與感覺的能力。

兒童用蠟筆、水彩、黏土來做畫或黏塑時，不僅是一種情感的宣洩，也是日常生活中對實物瞭解程度的一種表達。此外多接觸美學的東西，如逛博物館或欣賞兒童劇等，亦可讓對美與藝術感受度較低的兒童創造出極爲美妙的東西來。

(二)九至十一歲

◆解決問題的能力

到小學高年級時，兒童已能用複雜的、解決問題的模式來解決其生活中所遭遇的難題。一些思考遊戲如一個船伕要載雞、狗、貓過河，但雞

不與貓同船,而貓不與狗同船等,去問兒童如何解決這類問題。這種問題不僅讓此年齡的兒童(即前青春期)覺得趣味盎然,更幫助他們應付其外在的現實環境,並由互動回饋中獲得更寶貴的解決問題的策略與經驗。

◆視覺娛樂的轉化

市面上的電動玩具如PSP、Wii、Wii Fit、NDS及Play Station III等,皆可將日常生活中角色扮演的故事或解決問題的策略搬上螢幕來模擬解決,例如運動比賽軟體可幫助兒童思考如何去獲勝。兒童可從手邊有限的資料及暗示中去想出解決問題的方法(例如CS攻略遊戲)。

◆小肌肉動作技巧

此階段兒童可處理小片的拼圖,提升其手指靈巧度及小肌肉操作技巧。除了拼圖,九至十一歲的兒童也對幾何三度空間的模型組合很有興趣,這種遊戲對他們來說是項挑戰,如遙控車、飛機、坦克、舟船等的模型組合。這些工作有時相當複雜,需要大哥哥、大姊姊或成人的一點協助,不過過於簡單卻會減少兒童玩遊戲的動機。此外真實的工藝活動如木匠、十字繡、黏貝殼畫等也需要他們這年齡所具備的耐力、集中力及手指靈巧性才能完成。

◆策略能力

因為策略遊戲需要遊戲者去做攻擊、防守的布置,須冒險及預測結果,因此這些遊戲可以加強遊戲者決斷思考能力及認知技巧。九至十一歲兒童喜歡玩大富翁、陸戰棋或CS攻略遊戲(戰爭遊戲)等,因每一步棋皆步步驚魂或充滿玄機:我應前進(進攻)或停留(防守)?我應坐牢嗎?我要機會或命運?我該置產嗎?這些兒童也喜歡賓果、井字及五子棋等這些須應用策略才能打敗對手的遊戲。另外,許多運動活動如高爾夫

球、網球、兵兵球、撞球或新的戶內活動，也提供兒童敏感性、準確性的訓練，以及一些策略抉擇的機會。而有角色扮演的遊戲中，充斥著各種謀略技巧，就像真的話劇或戲劇的角色扮演一樣，讓遊戲者以扮演的角色，在虛構世界裡解決問題（如王子如何從有大怪獸看守的城堡救出公主）。

四、十二歲以上的青少年階段

青少年階段的智力朝向代表抽象和假設推理之抽象概念化，在社會發展上，不僅對同儕群體有歸屬感的需求，而且還要分辨哪些人可以提供如朋友之親密感的需求，甚至發展異性關係，所以青少年驗證了自身正在發展一種強烈的交流溝通上的需求。此外在人格發展中，青少年正處於一種狂飆（storm and stress）的兩難境遇裡，所以要為他們自己創造一種穩定的、持久的自我意識而奮鬥，以達到自我認知與自我接受之自我認同需求。如此說來，青少年階段之遊戲（休閒）宜加強抽象思考／推理、獨立生活技巧，以及對於新科技的瞭解，茲分述如下：

(一)抽象思考／推理

此時期的青少年已發展了抽象思考的能力，這可在他們學校的課業內容或家居的活動中看出來。他們可以做思考上的運作如假設推理，而不必一定要用實物操作。此時學校的科學實驗可鼓勵青少年思考各種反應之間的關係，進而衍生出自己的假設，如化學、電、太陽能或雨水蒐集的實驗，可助青少年驗證科學的理論，而科學儀器如顯微鏡、望遠鏡、暗房或溫室等皆可促進青少年獨立學習的能力，助其概念（ideas）具體化。

(二)獨立生活技巧

有一些青少年非常想脫離父母的控制，不論是情緒上或生活上皆渴求獨立。然而在發展上，青少年前期在尋求獨立時，仍需要父母給予情緒支持，才可助其發展更好的福祉（well-being）（Kuo, 1988）。在尋求獨立時，青少年需要從事一些活動（例如戶外求生活動）來助其發展求生技巧及生活獨立的能力。因此遠足、騎自行車、露營、旅行或其他戶外冒險活動，都是培養上列技巧及能力的很好的活動。青少年自己盤算並計畫的

自助旅行（籌經費、看地圖、規劃行程）亦是幫助青少年自我依賴及離開父母控制的好活動。但是青少年可能會遭遇到惡劣的天氣、環境，影響其鍛鍊自己的能力，因此事先完善的準備及一些必要的配備如帳篷、自行車、指南針、睡袋、瑞士刀及登山鞋等是必要的。

(三)新科技發明的妥善運用

現代青少年的日常生活中充斥著科技發明如隨身聽、電動、電腦及網路等，雖然這些高科技產品主要目的在於娛人，然而其教育價值亦不能忽略。最近的科技甚至已發明可以讓青少年自己設計卡通角色並可讓其活動（Ohio Art公司）的遊戲。

此外電子琴等可以讓青少年自由的譜曲或讓不懂音樂的人也可以奏樂。這些工具經由電子程式設計可以讓青少年沉浸於音樂世界中，自得其樂。

第三節　玩物的適性選擇

玩具與兒童發展的關係，不在於年齡、性別與玩物的種類，而是在於孩子玩的過程中直接感受到外在生理的經驗（吳幸玲、郭靜晃譯，2003）。一般對於玩具的分類主要是以年齡層或玩物的物理功能為主，不過這種方法常忽略了兒童個別差異及遊戲認知層次的不同，在其發展的過程中，同一個玩物的角色或功能經常也隨之改變，例如一個嬰兒期作為聽覺刺激的搖鼓，在幼兒期也可拿來當扮演性玩物。想想看，什麼是你為兒童選購玩物的依據？價格？功能？亦或使用壽命？從一些立意訪談及經驗法則，我們發現那些孩子有玩不厭的長壽型玩物，通常具有高建構性、高彈性以及豐富想像的特色，以下筆者將試著從玩物的建構性（construction）與結構性（structure）來作為分類的指標，將之區分為功能性、建構性、扮演性、規則性、真實性玩物（表10-4），並繪成階梯圖（圖10-3），以為選擇玩物的參考。

表10-4　玩物的分類──以玩物的建構程度區分

一、功能性玩物：著重功能性操弄，或認知上的教導，結構性高，使用方式較固定，社會層次上較傾向單獨遊戲或與成人互動，可細分為下列四項功能： 　1.感覺功能：著重基本的感官知覺，如視、聽、味、觸覺等，一些嬰兒期玩物，如音樂懸吊鈴、搖鼓、填充玩具即屬之。 　2.運動功能：著重大、小肌肉活動，如爬、走、搖、跳等，推步車、滑梯、腳踏車、木馬等運動設施均屬之。 　3.認知功能：著重認知概念和技巧的教導（例如物體名稱、顏色、大小、形狀與數量等），如海報、拼圖、堆疊玩具、穿繩玩具等教育性玩物，蒙氏教具及電腦遊戲亦歸屬此類。 　4.語言功能：著重語言學習的功能，如CD、圖書類，電視的影音特色亦歸此類。
二、建構性玩物：設計成有多種不同組合的玩具，不同於教育性玩物的固定玩法，其在運用上有很大的彈性，建構性強，結構性較低，較多單獨或同儕的平行遊戲，如樂高積木類。
三、扮演性玩物：功能著重在想像遊戲（單獨）及角色扮演（群體），如扮家家酒、交通工具、擬人化玩具，可鼓勵群體戲劇遊戲。
四、規則性玩物：有一定規則的使用方式，要能瞭解、認同及接受此規則始能一起玩，經常須做進一步邏輯性思考，具競爭性，鼓勵群體遊戲。
五、真實性玩物：指一些大自然的原料，如沙和水，其結構性最低，相對地建構性卻最高。還有一些在成人世界有特殊用途，孩子卻把它拿來當作玩具的素材，如木頭、鍋碗瓢盆等日常用品，亦屬此類。 　1.自然原料：沙和水是任何年齡孩子的最愛，使用彈性最高，有無限的遊戲想像空間。 　2.生活用品：利用生活中的素材動手自製玩物，樂趣高，可以是任何層次的玩物，如以鍋子為鼓（感覺、運動）；自製手偶（扮演）、沙包（規則）等。

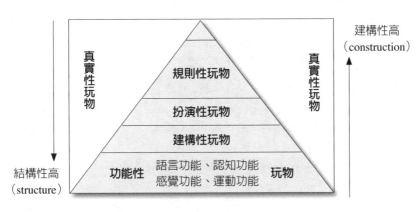

圖10-3　玩物的特性與功能

專欄10-3 決定玩具

什麼是一個好玩具，其標準是什麼？這標準會隨著孩子的年齡而改變嗎？新奇性是兒童是否會受吸引、去花時間來玩某樣特別玩具的標準。然而在孩子與新奇及複雜的玩具互動中，限制了其創造性的遊戲。兒童對某樣特別的遊戲物體，直接花費的時間是因其新奇功能的程度或在此物體中所包含的新奇要素的多寡（Hutt, 1966）。當兒童面對第一次出現的新奇玩具，他們決定這個物體是什麼，意圖來探索這個物體。一旦兒童開始去玩，這個物體的多種功能就會被徹底的探索及測試。當對這個物體的新奇度消褪了，花在這物體上的時間量就會降低。被精密設計的複雜玩具，最初是新奇的；然而，其新奇度迅速地減弱，而此玩具也就被忽視了。

為孩子買大量的玩具是沒有意義及價值的。玩具應是設計簡單，因此可由孩子來想像，重點非玩具本身。應該選擇那些可以幫助建立一種有益的、且在學校及家中進行扮演遊戲氣氛的玩具。這些有許多是可以廢物利用的，例如廚房用具、空罐和衣物。玩具有多種的功能，如堆積木，是較優於那些有固定功能的，如拼圖。當孩子會拼出拼圖，它的價值就大大減低了。

玩具選擇建議

1. 選擇多種用途的玩具：如一把槍只能有一種用途就較不符合。

2. 選擇材料讓兒童們能製作他們自己的玩具：如工具、積木、建構裝配組合。

3. 在自然的場地中（如後院等）以自然的材料組合成的玩具（沙、水等）。

4. 選擇可以擴展發現的玩具：如種子、土壤、放大鏡等。

5. 選擇安全的玩具：注意尖角、易碎的部分、會導致窒息的部分、易刺傷或割傷的部分。

6. 選擇牢固的玩具：預期被過度使用、虐待。

7. 考慮兒童的年齡：選擇那些以不同的方法在不同的發展階段中使用的玩具。

8. 平衡你的選擇：如促進身體、智能、情緒、語言、創造力的發展。

9. 配合發展興趣的玩具：如音樂、玩偶、下棋。

10. 避免兒童受太多玩具的衝擊。

11. 避免會鼓勵暴力幻想的玩具或鼓勵身體危害的遊戲。

12. 和兒童們討論玩具的選擇。

13.限制所買玩具的數量及種類，特別是那些主題特別的玩具。鼓勵兒童們製造或改造玩具。

14.考慮讓兒童們加入慈善團體的玩具捐贈活動，比如他們已大得不適於這些玩具且最好去買更適合他們的玩具。

15.確定哪些玩具能反應出道德／文化的平衡。

資料來源：作者整理。

玩物的性別差異

　　至於玩物的性別差異，根據美國一項調查顯示，除了玩具之外，男孩子的臥室擁有更多動物陳設品、教育與美術材料、時空玩具、體育器材與車輛；女孩子臥室的擺設唯一多於男孩的是玩偶、花型陳設品和摺邊飾品，書籍、樂器、動物標本及家具的數量則沒有呈現性別差異（Rheingold & Cook，1975）。另一項有關性別特徵玩具的調查，依上述之標準予以分類後發現，性別玩具之差異，女性較多扮演性玩物，男孩則較多運動、認知類（**表10-5**）。

表10-5　被認為與性別相符的玩具──依據下述標準分類

	男孩玩具	女孩玩具
一、功能性玩物 　1.運動功能 　2.教育功能 　3.語文功能	賽車組合、運動競賽設施、電動玩具、模型組合	
二、扮演性玩物	玩具兵與組件、工作台、小汽車	時裝玩偶、娃娃玩具車、扮演烹飪玩具、化妝盒、填充娃娃、玩偶家具、女式服裝
三、建構性玩物	積木、建構玩具	美術材料

資料來源："Home environments and toy preferences of extremely precocious students" by C. P. Benbow, 1986, etc；郭靜晃（2000）。

　　大多數對兒童遊戲中出現的性別差異所做的研究主要集中在四個研究領域：(1)玩具選擇；(2)幻想遊戲；(3)帶有打鬥成分的狂野嬉鬧遊戲；(4)有規則的遊戲。雖然我們無法確定為何會造成這四方面出現性別差異，不過此種差異可有兩大理論可以支持其論點。「學習論」認為，兒童是透過模仿和增強來使自己的行為符合性別規範，兒童甚至在尚未明白性別的涵義時就已經如此行為了；「認知發展論」的基本假定是，兒童之所以參加其性別相符合的行為，是由於這類活動與他們身上逐漸出現的性別概念相吻合。

(一)玩具選擇的性別差異

　　通常把兒童在選擇玩具時表現出性別差異則歸因為文化因素，尤其是兒童與成人、同伴和大眾傳播媒體等社會化代理人交往互動時所接受的影響，例如成年人可能會向年幼的兒童提供與其性別相符合的玩物，並時常透過十分微妙的方式來增強兒童玩物其性別相符合的心理。對學齡前兒童臥室陳設品的研究發現，男童和女童所擁有的玩具是完全不同的。男童的玩具不僅種類繁多，而且更側重教育功能，並強調「遠離家庭」，而女童的玩具則注重家庭。

(二)幻想遊戲的性別差異

　　幻想遊戲的性別差異出現在三個方面：(1)使用的道具；(2)扮演的角色；(3)設計的主題，玩這類遊戲主要是學齡前兒童。男女相較之下，女童具有更多裝扮能力，他們能夠無需藉助帶有其實成分的道具就能玩裝扮遊戲。與男童相比，女童更願意選擇與家居或家庭的一些角色的裝扮遊

戲，而男童則較願意扮演帶有冒險成分、富有刺激性和虛構成超級英雄的角色，他們喜歡情節曲折、驚險和險象環生的假裝扮演遊戲的主題。

(三)具打鬥成分遊戲的性別差異

在對人類和動作帶有打鬥成分的狂野嬉鬧遊戲所做的研究中，時常可以見到性別上的差異。和女性相較之下，男性會更加頻繁地參與這類遊戲。對於此類遊戲之性別差異的闡釋大都集中在增強化作用與激素之影響。

(四)規則遊戲的性別差異

規則的遊戲也具性別差異的特點，比起女童來說，男童更會積極參與此類遊戲，其遊戲內容也更複雜，具競爭性及更持久。對於這類性別差異所做文化方面的闡釋，則側重於遊戲使兒童準備好迎接成人後的競爭，以及男性在傳統社會裡對於競爭的更大需求。生物學方面則側重於激素對胎兒大腦發育所產生的影響，就其本質而言，有關胎兒的分泌激素方面所表現出的性別差異是互為因果的相關關係，但研究結果也僅僅建立在少數個案上，不足以做類推效用。

專欄10-4　如何與嬰兒分享玩具書

玩具書是兒童遊戲中的要角，它可以協助孩子學習新事物，更可為孩子帶來快樂。只要父母們用心選擇，它不但可寓教於樂，更可增進親子間的關係。

何謂圖畫書

所謂圖畫書，以最簡單的一句話來說，即以圖畫為主、文字為輔的書籍。由封面、內頁至封底，它的文字可能非常少，甚至於只有圖畫而沒有文字。

圖畫書與兒童發展的關係

圖畫書對兒童來說，具有其存在的價值及重要性。較之成人書籍強烈的認知、

娛樂、教育性，兒童圖畫書則屬於多功能的書籍，其功能分述如下：

1. 語文的功能：兒童的圖畫書透過作者的筆鋒，呈現出來的文字完整且具有美感。孩子藉由這些書籍，可接觸另一種語言的呈現方式，進而學習字彙、文句與說話。另外經由大人的解說，可培養小孩傾聽的能力及專注力，有助於孩子將來更容易接受正式的學校教育。

2. 認知的功能：孩子的生活空間狹窄，所接觸的人事物極少。而書籍在此時便扮演了重要的角色，它可以擴展孩子的認知與學習層面。圖畫書中的圖畫是抽象的，它可以帶領孩子與實際的事物做連結，並做反覆的練習，使孩子的認知達另一境界。

3. 娛樂的價值：書籍是孩子快樂的泉源。其實為孩子選擇書籍時，教育性並非必備的條件，能為孩子帶來快樂才是最重要的。

4. 美感的教育：每個孩子在接觸藝術以前，腦中都是一片空白的，他們通常先認識圖，然後才認識語文。

以上為一般圖畫書所具備的功能，但並非每一本書皆具備上述功能。其中對年紀小的嬰幼兒來說，娛樂性的功能是最重要的，知識性的功能易使孩子感到枯燥，而多樣化的功能則是最適合孩子的。但至目前為止，尚無任何一個理論基礎或研究架構來支持「什麼方式或圖畫的呈現較適合孩子」。因此，父母毋需擅自為孩子擇取，僅需提供孩子多樣式的資訊即可。

在孩子未識事以前，通常必須透過圖畫與父母溝通，它可能成為孩子最好的伴侶與精神糧食。因此，圖畫書對孩子的生活尚有以下的功能：

1. 激發基本能力：孩子對所見事物的焦點與大人是不一定相同的，因此多給予圖畫書，可協助孩子培養觀察力、增加想像力及創作能力，而書中的知識，則可增強孩子解決問題的能力。

2. 發展健全人格與培養生活習慣：有些教導孩子生活習慣的書籍，可讓孩子學習正確的生活習慣，培養獨立的能力。與心理成長相關的書籍，則可協助父母解決兒童經常發生的心理異常現象。

3. 親子互動的橋樑：有些父母不知該如何與孩子相處，而藉由圖畫書，父母可觀察孩子的表現及學習能力，孩子也可藉由書籍發洩情緒，在這些互動的過程中，可增強親子間的關係。

選擇圖畫書的原則

1. 經久耐用：為配合嬰幼兒發展及安全上的顧慮，玩具書的選擇應是耐摔、耐咬、耐撕、可以清洗、安全性高者。

2. 質地輕巧大小適中：孩子的臂力及手腳協調能力有限，因此書籍重量不可太大，適當的體積則可方便孩子抓握。

3. 色彩鮮明但不複雜：在嬰幼兒視力未發展完全以前，色彩的選擇應單一而鮮艷，才能引起嬰幼兒的注意。

4. 畫面單一，線條簡單：圖畫書中的圖畫愈大愈好，單一、清晰可讓孩子看得更清楚。內容以生活周遭事物為主，如此可增加孩子的親切感，並提高趣味性與認知性。

適合嬰幼兒的圖畫書

「孩子什麼時候可以開始看書？」這是許多父母的共同疑問。其實孩子在出生後就可以開始「接觸」書，特殊材質與功能的書籍及父母的表達方式，皆可協助孩子接觸書中的內容。

所謂「玩具書」，它的定義即可以看、可以玩的書，適宜學齡前的嬰幼兒使用。至於選擇方式，父母應先瞭解孩子的發展階段，配合其發展程度來擇取，以下便介紹適合各年齡層的圖畫書，供父母參考：

1. 零至三個月：此時嬰兒無法坐或取握物品，僅能仰臥或俯臥，視覺發育也未完成。因此具強烈對比的顏色、具五官的人或動物的畫面，較容易引起孩子的興趣。能直立並放在床邊的塑膠書，可協助孩子脖子的挺立。鮮麗對比的色彩可刺激孩子視覺的發展。

2. 三至六個月：此時期的寶寶常以口來探索事物，父母選擇圖畫書應注意色彩對比、安全性高、可咬、可玩，塑膠書、布書皆宜，操作性書籍則可訓練孩子小肌肉的發展及手眼協調的能力。

3. 七至九個月：此時寶寶已具抓握能力、會爬、會翻書且具自主能力，父母應給寶寶大小適中的書，讓寶寶自行翻閱，硬紙板書在這個時期是很適宜的。

4. 九至十二個月：寶寶在此時已會站、會走或扶著走，因此可拖拉邊走邊看的學步書、刺激五官的感官操作書、音樂書，富趣味性、變化性的書都很適宜

寶寶觀看。

5.一至二歲：此時父母應配合孩子的發展，選擇符合孩子生活經驗的書籍，藉以建立孩子的生活習慣，能加強其發展、促進心理成長的書，如生活類、幻想類、認知類、無字圖畫書皆很適宜。

如何與嬰幼兒分享圖畫書

1.共讀前應有的觀念：

　(1)因孩子的專注力差，父母應先接受孩子「玩書」的行為。

　(2)孩子專注力差，父母為增加其注意力，應採「時間短、次數多」的原則，且應懂得掌握時機，如多利用睡前，以增強效果。

　(3)因這個時期孩子的表達能力仍不夠，父母應允許孩子充分表達他的感受。

2.共讀時的策略與技巧：一至二歲的孩子，父母與寶寶共同看書時可遵循以下的步驟：

　(1)引起孩子對書籍的注意力。

　(2)對孩子提出開放性的問題。

　(3)耐心等待孩子回答，若孩子未回答，父母可協助他。

　(4)先認同孩子的回答，倘若孩子的答案錯誤，父母應舉出錯誤與正確答案兩者的特徵與差異，並重複告知正確答案。

3.父母與二歲以上的孩子共讀時應注意事項：

　(1)勿將看書視為家庭作業，以減少孩子的壓力。

　(2)選擇的題材應考慮其年齡、興趣與發展。

　(3)選擇適當的時機。

4.父母與二歲以上孩子共讀時的原則：

　(1)依孩子的能力，用自己的話來說明書中的內容。

　(2)加入適當的手勢與表情。

　(3)聲音是最重要的，但非怪腔怪調，音調應適合並有高低。

　(4)一次看完一本書，勿分段，以免孩子忘記前情。

　(5)耐心為孩子重複閱讀。

　(6)勿給予孩子太多的壓力，最好以對談方式進行。

資料來源：郭靜晃、吳幸玲著（2001）。《親子話題》。臺北：揚智文化，頁321-327。

選擇遊戲材料的條件

以下要件是教師選擇學習環境裡的遊戲材料要考慮的：實用、經濟、美觀、文化、教育發展等因素。

實用條件

選擇遊戲材料的實用性方面包括：安全、適應性、乾淨、好收納、功能廣，以及多元學習目標（**表10-6**）。

表10-6　玩具材料選擇重點

實際性	經濟性	美觀度	發展教育性
安全性	價格	線條／格式	興趣
適應性	數量所需	色彩	實際生活呈現度
衛生性	耐磨損／儲存保存性	比例	文化相容度
儲存／大小		設計／架構	熟悉度
功能性		特性	擴充性
簡單性			適齡發展（DAP）

資料來源：Shipley C. D. (1998).

安全性

政府協助的組織如加拿大玩具測驗委員會，負責監督商業製造兒童玩具的安全，玩具製造商要遵照現行的政府標準以達到基本的安全考量。但是教師也不能全部依賴政府的標準或通過系統品管的一部分市售產品、非商業性由私人公司生產製造或地方人士打造之材料，教師也應該小心地篩選以確保它們的安全性。

教師要仔細檢查的安全規定有：玩具的持久度、使用油漆的種類、可分離部分的大小、尖銳剌角存在與否、清潔和消毒的難易性。容易破裂的玩具可能留下粗糙的邊緣，也會刺傷皮膚，尖銳的破碎片可能被吞下去。較小的兒童可能咀嚼及吸收有毒的油漆，木材的保存劑可能含有殺蟲劑，由接觸未受保護的皮膚而吸收。相同地，木料有節或不能被拆下來清潔消毒的隙縫處，將滋生細菌而導致兒童感染，甚至進一步引起發炎症狀。

　　安全性也受材料或裝置的發展適當度影響，一個木製的搖椅對一位二歲能平衡抓緊的兒童來說是安全的，對另一位不能平衡抓緊的兒童則不是。

適用性

　　適用性的考量常會涉及到提高計畫預算的部分。選擇一項適用多重功用的遊戲材料將能延伸兒童的想像力，於遊戲中可以設計許多方法包含另一個設備或遊戲材料。開放式遊戲材料通常比特殊目的材料更有適用性。玩具材料在環境的適用性要靠教師發現玩具潛力的能力，老師必須瞭解在學習中心裡要設置何種材料，才能提供更多機會做更彈性的利用。

清潔性

　　清潔必須視玩具的性質來決定如水洗、乾洗、油漆或消毒。一般人工產品製成的遊戲材料如塑膠會較木製、海綿或布製的好清潔。但教師要注意平衡環境美觀及清潔方便兩者的重要性。

　　自然材料如木頭或纖維可以增加趣味、質感及美觀，清洗容易也可以常常清洗。消毒清潔的次數也和兒童的年紀及自我保護能力有關。如果在環境及中心內的兒童常把大部分的材料放入口中去實驗探索，或是某些疾病發生率高的學校，教師要選擇容易清洗及消毒的玩具。

易收納性

　　玩具材料常收放在櫃子、架子或是附近的儲藏室中。在空間有限的學校中，地點和如何收納不用玩具的問題顯得相形重要。比如說，叢林體操遊戲對提高體能發展十分好玩和有效，但在不用時就是個收納的問題製造者。因此如平衡木、跳繩、滑板、防滑墊等材料，都易收納且附加許多相同的發展技巧，是比較實用的材料。

實用性

　　兒童對於一些不能真正使用的不真實設計容易感到沮喪。許多老師可能回想起自己小時候在發現收到作為禮物的小型縫紉機或玩具烤箱，曾為不能真的使用而感到失望。給兒童團體使用的玩具材料應該要運作良好，並減少大人介入的可能至最小。玩具要耐得起兒童廣泛的探索和實驗，他們可能使用多種方式的操作或使用。譬如要用暴力才打得開的玩具收銀機按鈕，若一個內向的孩子對其施加一次敲擊卻

打不開，可想見其灰心的程度。

　　一般說來，玩具的結構越簡單，越少其他不必要的細節，實用性越高。兒童使用環境中材料的容易度高，對教師希望促進學習的自主、觀察兒童的遊戲有決定性，因這樣就不需經常停下來修理玩具或幫助兒童學習如何去使用。

多功能性

　　遊戲中的材料能滿足多重目的，對兒童來說感覺更是有趣，且對老師在計畫時也很有彈性。老師要鼓勵兒童在其他的學習中心使用遊戲材料，如此他們就可以在許多不同的遊戲活動中發現材料的多樣及價值。多功能性的材料常是有創造性的，所以兒童能自行決定要如何進行遊戲。一些材料及道具單元積木、空心積木、樂高或其他的模組套件，本身即是多功能的。其他材料如費雪人物玩具、建構組、家家酒家具等，則需稍加調整及要有聯想力，雖不屬於玩具類的材料如毛毯、備用椅子、床單、旗子、繩子、水管、輪胎、大小箱子等，在其具有多功能的考量之下，也是多數學習中心的必備品。

經濟因素

　　選擇材料的經濟因素有價格、所需的數目、堅固及耐久性等。

價格

　　一個玩具的實際價格決定於一天中或一星期中可能使用的次數，以及維持不用修理或淘汰的時間長度，貴的東西不代表高品質或高水準及效果。最經濟的做法是買能給許多兒童在不同方面進行操作越久，同時稍貴一點的材料，只能支撐一季的便宜貨其實不經濟。

　　實驗及感覺的遊戲材料的品質要更高，購買高品質單元積木和堅固的三輪車，其壽命通常較能長久，所以比較划算，使用期內也有美觀的價值，老師在其他部分如供應品：紙類、黏膠、油漆、沙則要節省支出，只需購買符合安全及健康標準的產品就可以了。

所需的數目

　　數目是另外一個教師考慮是否採用某項遊戲材料的經濟因素。有時買多代表好。如基於遊戲和學習的價值而購買的一或二輛三輪車，易引起遊戲場所裡兒童長

時間等待的問題，結果失去真正的使用動機。當團體中的物品不夠所有的兒童使用時，通常教育者必須建立明確限制和原則。半套的單元積木對一群兒童不具備任何實際作用，可能限制遊戲機會而不是擴展他們的能力。兩套對促進社交和合作遊戲創作力等內化的目的，會有較可靠的效果。若預算彈性不夠，一樣東西無法購買足夠數目，最好的做法是延緩購買，唯有足夠的量時，東西才有價值。

堅固及耐久性

兒童討厭容易故障的材料，或需要仔細處理以避免破壞細微機械的東西。玩具需要有足夠的堅硬度，能讓兒童自由遊戲不怕破壞。有時破碎的玩具會留下碎裂及尖銳的邊緣，帶來安全的問題。玩具若真因為過度使用而破碎，它們應該是要能由教師或父母修理的，以節省不必要的開銷。堅固、故障時又易維修的材料，使教師有機會教育兒童如何照顧玩具及在發生問題時如何修理。

要計畫讓兒童建立環保及資源回收的概念，透過教師有意識地選擇製作佳、耐久的產品，小心保養、故障時能將其修復完好。把玩具由一個兒童手裡傳給另一位兒童、一個團體傳給另一個團體，也教導兒童尊敬他們的玩具，因此別人才能繼續利用玩具。

美觀條件

美麗的玩具對兒童來說是非常有趣又有吸引力的。顏色、形狀、大小、比例設計和建構性質，影響玩具的外觀，也對環境的美觀性質有助益。形狀、顏色和比例影響孩子對材料的選擇和審美觀的發展。

洋娃娃、有流行感的填充玩具，及誇大配件的玩具並不如寫真的玩具對兒童更具吸引力。牆上掛著的卡通海報並不比真實動物或人物美麗的照片畫像具有美感。卡通傾向代表迪士尼及好萊塢的世界觀，此點是早期兒童教育計畫不該強化的。環境中存在的物體若能表示真實非扭曲的世界，會幫助兒童發現周遭世界的美麗及和諧，經由設計良好的教材，兒童學習線條、形狀、組成和結構，並瞭解到材料可使用的功能。

學習在有意義的事物裡去發現美感、仔細愛惜，幫助兒童對美感及原則的敏銳度，靠環境中的品質來傳達此學習，也來自成人對環境尊重及感謝的示範作用。

教育發展條件

以下兩點是決定材料對教育發展的價值：一是能提供兒童興趣；另外一個是他們與兒童日常經驗的相關性。

興趣能決定兒童在遊玩時發生的動力大小。通常最有趣的材料是簡單又能適用於各種發展階段中的兒童來進行多項遊戲的。玩具必須是有趣的，但不能只是前幾分鐘。有效的玩具必須讓兒童在幾個月或幾年中得到幾個鐘頭的樂趣。最有趣的玩具是需要兒童使用自己的能力和力量，一個玩具電話可以鼓勵兒童開口講及撥號，一個堅固的塑膠蛇要能出聲，兒童在學習如何用玩具行使更有趣和挑戰的工作中逐日成熟。

相關性指的是一個玩具和兒童文化行為及生活經驗的配合關係，如對一個城市兒童來說，一輛玩具卡車比一個紅色的救火車意義小。教室成為兒童世界的小宇宙，材料要能類似並代表日常生活的真實情境。能反應兒童經驗的遊戲機會比無關兒童經驗的材料容易被理解，比如學習家庭、鄰居比學習時間、地點、人物這類超越兒童理解力的東西更有意義。

有相關的玩具在遊戲及真實世界建立了一座橋樑。兒童能瞭解日常生活的真實觀念，如家庭關係、社區角色、文化、慶典及傳統。人造的遊戲如兒童尺寸的冰箱、爐子、櫃子、家務整理區中的洋娃娃家具、村落的模型、學校、機場、車庫代表兒童在真實世界見到的事物。這些道具強化了兒童聯想成人行為的角色扮演遊戲內容。有的材料鼓勵兒童去練習日常事件如探病、機場送行、參觀農場等，這些活動會幫助兒童更快適應陌生環境和處理潛在危險的經驗。

遊戲材料促進特殊領域的發展，如積木、家用材料、攀爬工具、正式禮服、超市道具等可以提高團體的遊戲，在此過程中，他們也學會如何溝通，體驗不同角度的看法，考慮別人的需要及興趣，兒童於社交戲劇能練習掌握社交技巧。身體內大小的肌肉加上操作空間的能力，可藉呼拉圈、豆沙包、球拍、跳繩、球類、爬山用具等的遊玩中得以發展。由靶、球、旗子、壘等的遊戲中，兒童也發展體能如心肺耐力、肌肉耐力、敏捷力、彈力及速度等，加上身體知覺和動力學概念。模組及特殊目的的材料帶領兒童發展顏色、時間、空間、大小的認知能力。

選擇玩具的方法

不一定所有的安全玩具皆安全，必須有要適齡發展實務（DAP）及瞭解幼兒個別差異，在安全考量原則下，選擇時可依循下列方法：

摸一摸：

1.材質是否易碎。

2.玩具表面是否有木刺未處理。

3.邊緣是否圓滑，或有尖角會割傷。

4.玩具本身或配件組合銜接鬆緊是否恰當。

5.間隙寬度是否會讓孩子小指頭卡住。

看一看：

1.是否有安全標誌（ST：Safe Toys，台灣玩具公會訂安全玩具之標誌為綠色ST）。

2.影像、印刷是否清晰。

3.內容是否有趣味性。

聽一聽：

1.聲音是否太尖銳而傷及聽覺。

2.音階準不準。

拉一拉：

1.配件及縫線是否縫牢。

2.玩具上的絨毛是否容易脫落。

壓一壓：

大型玩具的構造是否穩固，會不會太脆弱。

坐一坐：

1.重心穩定性夠不構。

2.搖晃的幅度會不會容易翻倒。

量一量：

1.繩子是否超過30～35公分，易造成纏頸。

2.會讓兒童放進嘴裡的玩具，是否大於3公分以上。

資料來源：作者整理。

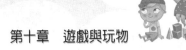

第四節　結語

　　許多的父母及教育者認為，兒童與遊戲和玩物間之間有很密切的關係。對兒童來說遊戲是他們的學習、活動、適應、生活或工作。本章從玩物的分類、適齡玩物的選擇及玩物的適性選擇三個層面來說明兒童與玩物之間的關係。另外有關如何選擇及提供不同階段兒童一適當的玩物，本章亦提供了許多相關的專欄介紹及指引（例如遊戲與玩物、如何決定玩具、如何與嬰兒分享玩具書、選擇遊戲材料的條件等）。除了本書之前所提及兒童的遊戲行為會受到環境空間、布置、設備、成人或老師介入等因素的影響之外，玩物也是影響兒童遊戲發展的一個重要因素，其在兒童遊戲的行為上具有實質的影響，清楚瞭解這些影響，將可幫助父母及老師規劃出適合的遊戲環境，以讓兒童能進行更高層次的遊戲。

　　從這些遊戲行為的改變歷程中，可以瞭解到孩童從陌生的探索行為發展到可以掌控及創造新刺激的遊戲行為，從時間上來推移，大致可分為四個階段：

1.第一階段：從嬰幼兒的身體、動作、知覺的發展。
2.第二階段：到幼兒語言、邏輯及智能操作的提增。
3.第三階段：到學齡兒童的認知具體操作、社會發展、問題解決能力、策略謀略能力。
4.第四階段：到青少年抽象思考／推理、獨立生活技巧及適應新科技的發明。

　　因此，父母及老師須幫助兒童從遊戲中獲得最佳益處，必須對於兒童特定年齡的發展有清楚的瞭解，唯有如此我們才能提供兒童最佳的玩物，以及作為最適當的情境布置及調整，以期在特定的社會脈絡情境中當作鷹架來提升兒童的遊戲行為。

第十一章

兒童遊戲輔導與治療

● 兒童輔導與治療的演進
● 遊戲的治療價值
● 遊戲治療的立論基礎及其應用
● 結語

鳥飛

魚游

車動

兒童遊戲

　　兒童並非成人的縮影，要瞭解他們及能與他們溝通，成人必須掌握兒童的需求，熟悉他們的發展，最重要的是要掌握遊戲這個媒介（medium）。兒童藉由遊戲，將其對世界的具體表徵出來，並將其所經驗過的事傳達出來。成人輔導者必須跳脫「成人的世界及思考模式」，掌握兒童最自然的溝通方式——遊戲與活動來進入兒童概念化的表徵世界。本章將逐一介紹兒童輔導、兒童遊戲治療以及遊戲如何應用在住院病童上。

第一節　兒童輔導與治療的演進

　　兒童輔導在臨床醫師及心理分析大師佛洛依德的大力推展之下，歷史淵源較早，而藉由遊戲來輔導兒童則是近五十年的事。大約源自1960年代，兒童輔導的推展基於心理問題，既然病源始於孩提時期，所以輔導及治療孩子是防止成人精神性疾病的最好方式。成人之心理失序狀態始於早期的孩提時代，此一概念由佛洛依德率先提出。之後佛洛依德的追隨者，Alfred Adler先因循此一思路，認為治療成長中的孩子或許是預防成人精神官能症（psychosomatics）及神經症（neurosis）最有效的方式。為達此一目的，Adler在維也納（Vienna）設立兒童輔導面談室，針對兒童的家人及老師進行諮商。Adler的方式是以樂觀、給予自信的方式，目的在減輕孩子的自卑感，建立兒童健全的方法型態，以獲得個體自尊與成功。之後，在1909年精神病理學家William Healy在芝加哥首創青少年精神病診所（Juvenile Psychopathic Institute，現已改為Institute for Juvenile Research），更是為兒童輔導機構的濫觴。1917年Healy將診所遷至波士頓，建立Baker輔導中心（Judge Baker Guidance Center），致力於不良適應兒童的症狀評估與治療。

　　1920年代是兒童輔導的創生期，Adler的學生之一Rudoph Dreikurs在

美國國家基金會（Commonwealth Fund）的認可下蔚爲風潮。1924年，美國精神矯治學會（American Orthopsychiatric Association）成立，旨在預防兒童的精神失序。美國在二次世界大戰前兒童輔導機構數目屈指可數，但現在則是遍布全美，除了研究及治療孩提時期的心理問題，也致力於造成孩子行爲失序的社會及家庭因素，也就是從個人輔導轉至家族治療，治療過程係由精神科醫師、心理學家及社會工作者協力進行，主要在改善孩子的家庭生態層面的因子，尤其是父母（特別是母親）才是兒童問題產生的主因。

在1940至1950年間，研究人員將孩童之心理症狀歸因在雙親的心理病理上。David Levy則是建立此關聯性的先驅之一。Levy（1943）認爲，孩童的心理問題主要源自母親的過度保護或過度跋扈而造成孩子的行爲適應不良。之後Frieda Fromm-Reichmann在1948年創造精神分裂症基因型母親（Schizophrenogenic Mother）的名詞，解釋此類母親由於跋扈、攻擊性強、具排斥性且安全性不夠的女性，又嫁給不合適、消極且冷漠的男性時，則會因病態因子的教養方式，而導致了孩子日後的精神分裂症。Adelaide Johnson更以超我間隙（superego lacunae）的詞語責難父母爲子女問題產生的原凶（Johnson & Szurek, 1954）。Johnson認爲，行爲不良或精神病患者的反社會行爲，後由其父母傳給兒童之超我爲造成缺陷的主要原因。

在此精神下的治療又由個人轉至家庭，一般安排由精神醫師治療孩子，由社工輔導母親。治療孩子爲首要目標，與母親所做的諮商則是次要的，對母親主要是減輕情緒上的壓力和焦慮，由社工人員開導其對孩子的注意，以及修正其教養孩子的態度。此種模式視家庭爲孩子的延伸，而非以孩子爲家庭的延伸。就此觀點的改變，其必然結果是兒童輔導的推展，須視父母行爲是對子女行爲有害的媒介，由此可推論，親子間互動關係的本質變成孩子問題的根源。

John Bowlby在提出依附理論之後，認爲親子互動的關係是雙向的相互關係（bidirectional relationship），其在Tavistock診所的工作例證了自個人治療至家族治療的改變。Bowlby（1949）以心理分析方式治療一孩子，由於過程緩慢，在受挫之餘，他決定在一療程期間同時與孩子及其家

人會面。在兩個小時療程的前半段期間，孩子與其雙親交相指責，彼此怪罪對方。進入療程的下半段，Bowlby對每個人解釋，就孩子的問題本身，家庭中每一分子皆有負起責任，最後經由家庭共同努力，家族中的成員對其他人的觀點產生同情與同理。

雖然家庭式會談的團體諮商可能是一種有效治療的催化劑，但Bowlby仍執著於一對一的治療模式，尤其是心理分析治療。雖然如此，Bowlby無論如何打破了堅決將孩子與母親隔離的治療方式，而且援引了家人共同會商，將個人治療引向家族治療之路。

Bowlby試探性地將治療援引至家族層面，Nathan Ackerman則堅定地使家族治療成為兒童輔導診所主要的治療型式。Ackerman（1938）就公開宣稱在處理家庭成員的困擾時，應視家庭為一整體（wholeness）的重要性。

第二節　遊戲的治療價值

遊戲治療係指透過遊戲來協助兒童（一般指三歲至十二歲）去表達他們的感受和困難，如恐懼、孤獨、焦慮、自我失敗感、自責等，從而達到治療效果，遊戲是兒童最自然方式表達自我，如同成人諮商應用談話來表達一般。

誠如本書第一章所定義，遊戲是以一種自願、自發及可自由選擇的特性來進行活動；遊戲是不受外在目標限制的，重要的是遊戲的過程，而非結果。遊戲呈現了兒童生理、心理及情緒的部分，同時也涵蓋了社會活動的層面，由此看來，兒童在遊戲時可以呈現為一完整的個體（the whole child）。遊戲治療被界定為：遊戲治療者與兒童之間的互動關係，透過良好訓練的治療者，知道如何選擇遊戲素材及發展——讓兒童覺得安全的關係下，讓兒童能用最自然的溝通方式——遊戲，來完全表達及揭露自己的情感、想法、經驗及行為。因此說來，遊戲讓兒童表達感覺，探索人與世界之間的關係，及自我充實的媒介，例如表達害怕、滿足、生氣、快樂、沮喪的感覺。兒童不像成人可以充分用語言表達並說出心中困擾，他們必

須透過覺得安全的媒介——遊戲，來表達心中的感覺。所以說來，兒童可能有相當程度的困難來表達他們的感覺，或被自己的生活經驗所影響，但如果在一個關心、敏感且富同情心的成人面前，他們會選擇用遊戲方式來表達自己的感覺，或用玩的方式說出自己所經歷過的事。透過遊戲，兒童能探索因語言限制而無法表達的事物，兒童能用玩物表達其無法表達的語言，做出其在現實當中不敢做的事及流露真正的情感。遊戲是兒童象徵的語言，並且能揭露：(1)兒童所經驗的；(2)對經驗的反應；(3)對經驗的感覺；(4)兒童的願望與需求；(5)對自我的概念。

　　每一個心理治療的學派都有一共同的信念：遊戲或遊戲的設置對診斷或治療兒童的問題是一個不可或缺的重要角色（Guerney, 1984）。近幾年來，許多心理學家（如Amster, 1943; Guerney, 1984; Gumauer, 1984; Nickerson, 1973; Schaefer, 1985; Thompson & Rudolph, 1988）皆同意遊戲具有下列的治療價值：

1.遊戲允許兒童有效溝通他們的情感，遊戲是孩子最自然的表現。
2.遊戲是孩子與外在世界溝通的工具，遊戲允許成人進入他們的世界，遊戲讓孩子覺得他們是被認同及接受的，當大人與孩子一起玩，象徵成人給予孩子一些權力及允諾，也讓孩子不覺得被大人威脅。
3.觀察兒童在遊戲中的表現可幫助成人瞭解他們。
4.遊戲是自發且具歡樂特性的，它能鼓勵兒童放輕鬆，減低焦慮與防禦。
5.遊戲提供孩子釋放情感的機會，如生氣、害怕等是很難以其他方法表達的，但兒童能藉玩物表達他們的挫折，也可讓他們脫離現實，且不會害怕被大人責罵。
6.遊戲提供兒童發展社會技巧的機會。
7.遊戲讓孩子嘗試新角色的機會，並藉著一個經過允許及安全的環境下，經歷各種不同解決問題的方式。

一、遊戲治療的歷史與發展

誠如台大心理學系張欣戊教授曾提到：「任何一個與兒童稍有接觸的人，都不免發現遊戲是兒童生活的重心。但是在成人主宰的世界裡，遊戲卻始終受到許多爭議。歷史上，無論中外，成人對『遊』、『玩』、『戲』，總是負面的評價居多。一般人對兒童的遊戲不是抱著一種不得不忍受的態度，就是想盡量排除或壓抑這種活動。」（吳幸玲、郭靜晃譯，2003）

給予遊戲正面的評價，大約始於18世紀的盧梭（Rousseau）。浪漫傾向極強的盧梭，把遊戲視為原始高貴情操的源頭與表現。他認為每一個兒童皆應盡情地發揮這種天性。承繼了盧梭對遊戲的肯定，之後的瑞士教育思想家Pestalozzi、19世紀末期的幼教創始人Fröbel及稍後的Montessori，皆大力提倡遊戲。不過他們對遊戲，在精神上到底不同於盧梭的浪漫主義。盧梭是鼓勵兒童發揮遊戲的天性，而Fröbel與Montessori則有意藉遊戲達到教育的目的。所以對Fröbel、Montessori而言，「遊戲只是達到其他目的的工具。」而Piaget更視遊戲為只是兒童過渡於學習的工具，當兒童在認知處於不平衡的同化階段，他便是利用遊戲達到訓練及精熟其認知基模（schema）。

兒童最習慣、最喜歡的東西是玩具，他們大部分的時間花在遊戲，他們可能不會用語言來表達挫折、憤怒，但他們很習慣透過遊戲來說出他們的挫折和壓力（鄭如安，2014）。

第一個描述心理學運用於兒童的個案是佛洛依德在1909年的古典案例——小漢斯（Little Hans）。這個案例描述一個有恐慌症的五歲小男孩，而佛洛依德與孩子只有一面之緣，用的治療方法是針對孩童父親記錄的小男孩遊戲內容來加以建議父親如何做反應。Schaefer（1985）指出，佛洛依德的小漢斯個案，再加上第一個強調遊戲在兒童分析的重要性的Hermine Hug-Hellmuth（她並在治療情境中提供遊戲素材幫助兒童表達自己）之後便大概發展成三種遊戲治療學派：心理分析學派、關係性學派及結構學派，茲分述如下：

(一)心理分析學派

雖然Hermine Hug-Hellmuth比Anna Freud和Melanie Klein更早使用兒童遊戲治療，但她自始至終並未將其發展成一套治療理論，不過她讓一般人注意到使用成人治療理論應用到兒童身上的困難性。

在1919年，Melanie Klein開始把遊戲技巧當成一種方法來分析六歲以下的兒童。Klein鼓勵兒童用遊戲表達幻想、焦慮和防禦，然後她再加以詮釋。她認為兒童的遊戲如同成人的自由聯想（free association）一般，如此一來，分析得以進行，所以遊戲治療提供了通往溝通潛意識的途徑。約在同時，Anna Freud開始使用遊戲作為一種鼓勵兒童與治療者建立關係的方式。Anna Freud不同於Klein，她強調在解釋兒童繪畫及遊戲的潛意識動機之前，治療者應先建立與兒童的情感性關係（emotional rapport）。他們兩人皆同意發現兒童的過去及強化本我（id）的重要性，而遊戲是讓兒童能夠最自在地表達自己的方式。

Klein鼓勵兒童藉由遊戲的方式來表達幻想、焦慮和防衛，之後她再解釋這些遊戲所表達的想法。Klein和Anna最大的差異在於Klein極端仰賴解釋兒童遊戲中前意識及潛意識的意義。她檢視大部分遊戲的象徵意義，特別是性方面的。她相信治療的主要工作在於揭露潛意識，而這能經由解釋兒童對治療者的情感轉移而發現。Klein強調把治療關係中的希望與焦慮帶回源頭——即嬰兒時代與第一個重要人物的關聯，如父母，特別是母親。重新經歷與瞭解早期的情緒及幻想，並透過治療者的解釋得到一種情感上的頓悟，從而減低兒童的焦慮。

Klein所用的玩具材料相當地簡單、小巧，沒有結構性，也不是機械性玩具。例如，小木頭男生、女生、動物、汽車、房子、球、彈珠、紙張、剪刀、黏土、水彩、膠水和筆。她把每一個小孩的玩具鎖在一個抽屜中，象徵兒童與治療者間隱密及親近的關係。Klein不允許兒童在身體方面攻擊她，但她也提供機會讓兒童發洩攻擊傾向，如在語言上進行攻擊。她認為她總是能及時解釋兒童的深層動機，故能控制住場面。

Anna Freud（1946, 1965）主要使用兒童遊戲來幫助兒童與治療者建立一種正向的情感聯結，以便進入兒童的內在世界。主要目標是讓兒童能

喜歡她。她很少直接解釋每樣遊戲，並且不認為每一項遊戲都具有象徵意義。她相信某些遊戲只有一點點價值，因為那些不過是有意識地重複最近的經驗。Anna認為兒童並不會產生情感轉移症。除非從遊戲觀察中得到充分的資料而且與父母商談，否則她不會直接解釋什麼是兒童遊戲所具有的意義。

Freud所發展出來的自由聯想在本質上是屬於認知層面，Anna則進一步以兒童的情緒經驗來對這個架構提出修正。她鼓勵兒童說出他們的白日夢與幻想；當兒童在討論感情及態度問題上遇到困難，她鼓勵孩子靜靜坐著並「想個畫面」。使用這個技巧，兒童學會說出他內心深處的想法，再透過分析者的解釋，就能進一步發現這些想法背後的意義。如此，兒童能頓悟到他的潛意識，而當兒童與治療者的關係愈來愈好，治療過程的重點就由遊戲漸漸轉到語言溝通。

對精神分析遊戲治療（psychoanalytic play therapy）學派而言，並沒有想要指導、重新教育，或強迫兒童朝某既定方向發展的企圖。從這個觀點來看，這個理論不具有指導性，並把遊戲視為與兒童建立關係的一種方式、觀察的媒介及資料的來源，及一種可導致頓悟的工具。

成功的心理分析具有以下三個條件：(1)病人須有渴望改變的強烈動機，他們來接受治療須有一個清楚的認知：他們有問題，有義務尋求解決，並相信治療師能幫助處理他們的難處；(2)病人必須能轉移（transference）到治療師，病人必須對治療師開放他們的想法，並讓治療師成為他生命中某重要人物的代替者，如媽媽、爸爸、丈夫或太太；(3)病人須能進入「自由聯想」（free association）的過程，他們在治療師的輔導下，須有足夠的語言表達內心深層的想法及感受，並在一定時間內能開放地談論心中任何事。

這三個成功心理分析的必要特質對病童而言較成人困難。根據Anna Freud（1968）指出，心理分析的第一個困難是，孩子常缺乏改變的動機，而這不只是他們自己的責任，他們的父母（即決定需要治療的人），及治療師都必須幫助孩子認清問題並瞭解他們有義務加以改變。

記得第一章曾提到，心理分析學者認為，遊戲是一個能幫助孩子因應他們客觀及本能焦慮的活動。當他們初次遭遇過度威脅、不勝抵抗、很

難同化他們的經驗時，遊戲允許孩子重複及解決特定的生活經驗。遊戲可以提供孩子心靈生活意識及潛意識的洞察力，以及提供孩子積極面對問題的線索和他們的處理機制。

◆Melanie Klein的遊戲分析

治療師Hermine Hug-Hellmuth被認為是第一位將遊戲融入兒童治療的專家。Melanie Klein早在1919年就開始廣泛地運用遊戲，深度探討孩子在潛意識層面的心理（Landreth, 1987; Schaefer, 1985）。遊戲對Klein來說等於是兒童期的自由聯想。在遊戲中，她覺得孩子會洩漏所有的祕密、他們對生命中重要人物的感覺、他們的好惡及他們敵視某些事物的原因。

Klein在她的遊戲分析（play analysis）中假設：大部分孩子的遊戲活動是象徵性地表達攻擊或衝突，可能與孩子和父母之間的關係有關，孩子對父母的感覺常存在著很多矛盾及迷惑，常會是結合愛與恨、敵視與憤恨、依賴與挫折等。如此複雜的情緒分布對成人來說都已經很難明言，要讓孩子清楚表達或將其轉換成文字，更幾乎是不可能的。然而孩子可以與洋娃娃、木偶、玩具火車、卡車玩出他們糾結的感受。

由於她相信遊戲是孩子最容易表達自我的語言，Klein在她的治療室布置了許多種不同的玩具，特別是鼓勵自我表達的玩具（如父母的娃娃、嬰兒娃娃、家具），很多玩具都與家庭互動有所關聯（Schaefer, 1985）。當一個小病人進入她的辦公室，Kien就會打開她的私人抽屜，拿出各種玩具，包括代表人的木偶、動物、房子、車子、球、大理石雕刻品，以及各種可創造的材料，如水彩、鉛筆、黏土。

當孩子玩時，Klein會仔細觀察，以傾聽他要訴說的是什麼，接著會將遊戲中隱含的象徵意義轉譯成文字。如果一個小男孩玩著一個家人的娃娃且規則地將父親埋到沙中，KIein會注意，也許男孩對父親感到生氣；若有小孩玩著車子常造成碰撞，Kelin也許會認為，這個動作指出小孩對性結合的想像，對他的生命是很重要的。每個動作的發生皆有其象徵涵義。

小孩會告訴Kelin她的翻譯是否正確。例如小男孩若對她評論他恨他的爸爸，看起來是能瞭解或微笑的反應，這表示可以證實她註解的效力；

或小女孩病人對Klein評論卡車的碰撞有性的衝擊表達激烈否認，治療師可以假定，激烈的否認是小孩已被衝擊的證據。

預測Klein解釋遊戲分析的成功是基於兩個假設。第一個假設為如果清楚地指出象徵性意義，孩子會有認出他們行為意義的洞察力。事實上這個假設是有爭議的，另一方面很多孩童分析者爭論，孩子的洞察力大於成人。而對Klein學派提出批判的學者認為，孩子並沒有能力瞭解遊戲隱含的意義，甚至是已被指出的意義。就算他們真的能有這樣的瞭解，只有洞察力並不足以解決他們的問題（Schaefer, 1985）。

Klein第二個假設是，當她的小病人已經較能理解他們的感受及需要時，他們會開始發展新的適應性行為；相較於初次尋求治療師協助時的行為，新的行為將會更為有效。

◆Anna Freud的遊戲治療

即使是心理分析治療師，也無法完全認同Melanie Klein這一套解釋方法的價值，Anna Freud（1968）就對Klein的工作內容表達嚴謹的保留態度。Freud主張，缺乏目的的遊戲在治療情境中是必須的，因為一個孩子在遊戲時，不管是在家或在治療師的辦公室，是因有趣而玩，並不因他們想去除自己情緒的困擾而玩。先前指出，成功的治療需要病人瞭解活動的目的，並且願意讓治療師幫忙才行。

於是Freud認為，因為「玩」缺乏自由聯想之有目的的態度，這是無法將兩者同等看待的理由。如果他們實際上並不相等，那Klein提供的解釋將很容易失去指標（Schaefer, 1985）。例如一個孩子讓兩個卡車碰撞可能只是演出他前幾天在街上所看到的景象；一個小孩迎接一位女性訪客到他家，打開女性的皮包，並非象徵性地表達對媽媽肚子中是否還有一個弟弟或妹妹嬰兒的好奇，也許他只是想知道訪客是否帶了禮物給他。

儘管她認為Klein使用遊戲治療的特殊方式有些不適切且其解釋也常是過度和極端的，Freud並不否認遊戲對於孩子的心理治療有所貢獻。她覺得遊戲在孩子身上的主要治療價值，是允許治療師蒐集對於孩子有用的訊息，她覺得須仔細地觀察遊玩中的孩子；一個成人在一次出擊中，可以看見孩子心靈的整個世界呈現在治療室有限的空間中。觀察在治療師辦公

室中遊戲的孩子，可以比在觀察自然環境中實際遊戲的孩子獲得更多的資訊，原因為何呢？因為玩具是可控制的，小孩可以用它們來執行那些可能只在幻想、不受控制的世界中，才有可能執行的動作。

　　Freud典型地在治療孩子的早期階段運用遊戲，當作蒐集資訊的技術。在會談過程中，父母提供的資料也可作為補充（Schaefer, 1985）。她對遊戲的詮釋較Klein謹慎，且只是在治療後期，她也主張當孩子在遊玩有時會被象徵性意義所影響，但有時他們的玩耍並不象徵任何事。

　　1930年代，心理分析遊戲治療仍處於嬰兒期，但對於病人的活動是否應結構化存在著不一致的意見。有些心理學家提倡被動遊戲治療（passive play therapy）。治療師提供孩子玩具，但並不規定應該玩哪些玩具及怎麼玩；另外，孩子有權自由選擇是否和治療師一起玩，若和孩子一起玩，治療師應遵照心理分析的傳統，自在地提供解釋及鼓勵，被動的遊戲治療較晚表達出心理分析的重要性（如用遊戲作為解釋夢想、幻想、過去經驗的基礎），且在1940、1950年代演進成今天所知的、非指導關係的治療。

　　很多反對被動遊戲治療的治療師對此有不同意見、主張。當需要主動遊戲治療（active play therapy）時，治療師依病人的問題先做選擇，並在治療中加入孩子的特別需要（Gumauer, 1984）。與開放結尾被動導向相反的是，治療師將不提供任何玩具給孩子玩，而是就已存在的特定玩具和遊戲活動提出建議。可以看到的是，主動的遊戲治療具有很多種形式，有些將在結構學派中仔細地討論。

(二)關係性學派

　　Frederick Allen（1934）的關係遊戲治療（relationship play therapy）為遊戲治療挹注第三波重要發展。關係遊戲治療哲學基礎源自Otto Rank（1936）的信念，不強調過去歷史及潛意識的重要，而看重治療者與個案關係的發展，並且保持一致的態度，注重此時此刻（here and now）及現在的情感與經驗。

　　從十年前被動遊戲治療演化而來，遊戲治療關係性學派（the relationship approach）在1940年代間出現，在心理學家Carl Rogers的激發

下，與孩子心理治療的關係部分，大力強調治療師與孩子間互動的品質。治療師努力創造一個全然接受的氣氛，治療師不批評孩子或企圖強迫治療的特別方向，他是非指導性（nondirective）的，試圖溝通並給孩子開放及尊重的感覺。尊重對孩子而言是必須的，因為遊戲治療的一般性假設是能找到方法，引導自我遠離陰影走到陽光下的人是孩子自己而非治療師。當此點已做到，孩子可以認同、表達、接受自己的感覺，孩子能整合及意識這些感覺，關係治療的重要目標之一是達到孩子的自我意識（self-awareness）及部分的自我主導（self-direction）（Schaefer, 1985）。

孩子在第一次治療時需要治療師的原因，是假設非主導性的關係治療能提供接受的氣氛，或是因為在孩子的生活中無法獲得Meador和Rogers（1984）所謂的「無條件正向關懷」（unconditional positive regard）。在治療中，治療師會接受孩子坦誠的自我表達，父母及其他人卻會拒絕孩子的特定感覺，甚至因而拒絕孩子。舉個例子，有一位三歲的個案來接受治療是因為很討厭家中新妹妹的存在。個案告訴父母他討厭嬰兒，要送她回醫院中，父母的反應是無法相信這樣一個優秀的小男孩會恨一個新寶寶，小男孩認為自己恨她，但實際上他與父母一樣愛她。現在個案迷惑了，他覺得恨的感覺是真實的，但其他人都告訴他，他是愛且尊敬她的，那是個案誤解了他自己的感覺，而更重要的是他的感覺不被接受。可以想像個案隨著年紀成長會掩飾他對妹妹真實的生氣及憤怒，而轉向其他人或其他生命中的情境，直到他已變得不知道感覺是什麼。許多兒童甚至是成人不能承認他自己生氣、害怕、悲傷的情緒，在這些過程中，他們已失去了與情緒的連結。

心理治療師Virginia Axline（1950）描述一個令人心碎的案例。有一位七歲的男孩因手術而住院，他非常害怕，而將他難以表達的害怕轉成生氣，進而形成對醫院工作人員的攻擊與敵視。他的父母從未協助男孩表達及處理他的感受，卻對他兒子的行為感到羞恥，並且對他說：他們對他的行為感到困窘，而父母希望他能學習「舉動像男子漢」。然後，他們提出：若他能停止不好的舉動，將給他一輛新的腳踏車。孩子順從了父母，將情緒穩定下來，但卻也因此造成了氣喘——用他的身體來表達無法在外表上呈現出來的害怕傷心。

根據Rogers的說法，在很難完全接受一個人時，常會產生多種形式的拒絕。拒絕的發生，如上例個案，調整對新妹妹存在的情緒，父母卻否認了孩子的感受。拒絕也發生在當成人批評孩子的感受與作為時。處罰一個打架的孩子是一回事，但是當孩子受處罰的原因是感到十足的生氣而想打架時，那又是另外一回事。而拒絕也發生在當成人試著去改變或詮釋孩子的感覺：「你說你恨你的妹妹，但我覺得問題是你因為明天學校的考試而緊張的關係。」

　　可以預期的是，非指導性關係治療師會試著在治療時期內，提供孩子在生命中其他領域所失去的成分。讓我們來檢視著名兒童心理治療師（Virginia Axline, 1947）常用的治療方法，她治療一個名叫帝伯的小男孩，由於這個例子在1947年的書中出現，因此為億萬讀者所熟知。

◆Virginia Axline的非指導性治療學派

　　Axline是一位心理治療師，也是美國俄亥俄州立大學（Ohio State University）的教授，下面列出了她關係治療中的八個基本原則。

　　第一個原則是，治療師需和孩子建立一個溫暖、友善的關係（establish a warm and friendly relationship）。需讓孩子視治療場所為一個舒服及受邀請來玩的地方。團體治療中的孩子會以友善的笑容或其他真誠有趣的方式來迎接孩子。由於信任不容易建立，孩子並不習慣跟隨社會行為所建立的規則，Axline指出，當一個治療師發出友善的微笑，初次來治療的孩子卻可能會以皺眉來回應。

　　第二個原則是，治療師不管他是怎樣的孩子都必須能完全接受（accept the child completely），不讚美也不批評。對治療師而言要能完全接受需要付出耐心及關心，特別是當孩子與治療師的目的並不相同，或在治療師想要協助但孩子不想要任何協助時。Axline曾描述此一情境，一個十二歲的女孩珍，對於治療師的友善迎接卻報以毫無感情的沉默，面對治療室中許多的玩具也沒有任何反應。珍沉默地坐著，治療師試著接受這個孩子的態度，但因她自己缺乏經驗而很難做到。最後她說：「妳知道嗎？珍，我在這裡幫妳，我要妳將我當成妳的朋友，我希望妳告訴我什麼事困擾著妳。」珍用手勢回應「沒事困擾我。」這其中難過的是治療師，因治療師

並未接受珍的感覺，於是治療受到阻礙。

第三個原則是，治療師需建立一個准許的氣氛（a climate of permissiveness），孩子可以依照自己的意願使用治療室中的玩物並自己控制使用時間。當治療師談到這個時間都是屬於孩子的，孩子看見合適的玩物皆可使用時，他須完全真誠。不企圖強迫孩子以任何特別的方法使用玩物，例如治療師應能理解，保羅會因他父母經常在家爭吵而感到壓力，且孩子可能藉玩家人玩偶來發展出對他自己問題的瞭解，但她並不強迫他這麼做。

同樣地，不應提出企圖窺視孩子生活經驗的問題，Axline以五歲的案例梅描述如此窺探的後遺症。梅在治療中試著解決由住院經歷所造成精神性創傷的影響，梅玩著一組家人的玩偶，治療師希望能幫助她，開始給予過度的鼓勵。當梅將一個小娃娃放入小推車裡，推著橫越房間，治療師問：「這個小女孩是要去醫院嗎？」梅回答她「是」。「她害怕嗎？」治療師問，再一次地，梅的回答是肯定的。「然後，發生了什麼事？」治療師問。梅只是起來走到窗戶邊，背對治療師問：「還有多久？」

第四個原則是，治療師要辨認孩子的感覺且試圖回應到孩子身上（recognize the child's feelings and attempts to reflect them back to child），要能反應孩子的感受，當他用文字、手勢或遊戲的象徵性方法表達時，他們嘗試獲得對這感受的洞察力。甚至當孩子用文字表達感受時，治療師須小心正確地辨認孩子說的是什麼，避免對孩子的陳述過度解讀。傑克說：「我對我哥哥吐口水，我對我爸爸吐口水，我正好吐在他們臉上，他們不給我我的玩具，他弄壞我的槍。我要讓他們知道，我要吐口水在他們身上。」治療師回答：「你對你的哥哥及爸爸感到很生氣，你要正好吐口水在他們臉上，因為他們也這樣對你。」（Axline, 1969: 101）

當孩子透過遊戲象徵性地表達出自己的感覺，治療師必須十分小心地加以運用。Axline指出辨認及解釋情緒是兩個不同的過程，但在病人的遊戲中卻很難將兩者分開。與心理分析師常用的解釋方法相較，Axline對過度解釋提出警告，解釋必須非常謹慎地使用。她說這樣做有兩個理由，第一，任何特定的解釋都可能是錯的，特別是由缺乏經驗的治療師所提出的解釋；第二，若解釋正中目標，治療師可能會把治療的步調加快到病人

不願意進行的速度。如果解釋是準確且適時的，孩子在治療中進步，治療時可以確實地看到病人對他的問題獲得洞察力。

　　第五個原則是，治療應對孩子保持尊重（respect for the child），認定孩子有能力解決自己的問題，治療成功的責任在孩子身上，且治療是集中於孩子而非治療師。當孩子瞭解責任是屬於他們的，他會獲得一個自信及自尊的測量方法，但若完全依賴治療師的幫助，他們可能也做不到。

　　第六個原則是，治療師須在治療中認同孩子，孩子會領導治療的方向，治療師則須跟隨其後。非指導性治療的早期指標，包括對孩子的行動無窺探性問題、無指導、無建議、無催促、無批評。Axline（1969）相信，若准許對孩子提出批評，會成為某種形式的操控，造成孩子用某種方法來取悅治療師，這些行為對他們來說並非是正確的。

　　第七個原則是，治療不應該是匆忙的（the therapy must not be hurried）。很多時候治療的成效並不顯著，特別是當孩子一節又一節安靜地坐著玩；若未看到立即成效，並不意味著沒有任何進步。在治療中催促孩子將違反上述的許多原則，且對治療師與孩子間的相對關係也是有害的。因為這並未營造一個准許的氣氛，未表達對孩子的尊重，也未做到讓孩子主導遊戲。

　　最後一個非主導性治療的重要原則，是必須設定限制（the limits must be set）。孩子生活中沒有一個領域是完全自由不受限制的，這當然也包括治療課程在內。限制會提醒孩子身處現實中，幫助他們瞭解有責任要履行。同時限制及結構也提供了安全感。

　　非主導性治療的限制通常有三種：(1)不允許孩子傷害自己或治療師；(2)不允許對治療室中的器材造成損害；(3)他們可以用他們想要的方式與治療師共度時光，但當課程結束時，他們必須離開治療室。

(三)結構學派

　　遊戲治療在早期使用的心理分析方法，主要是主導孩子的意願並提供解釋，關係學派的堅定原則是由孩子而非治療師領導治療。近代以遊戲當作治療趨勢的思維是兩種極端方法的折衷。目前尋找孩子心理治療中間立場的經驗是由Melanie Klein時期，改變心理分析方法的例證而來的

（Rutter, 1975; Thompson & Rudolph, 1988）：

1. 強調較短的治療，在開始治療時，清楚地列出特殊的目標及策略。
2. 專注目前的現實而非過去潛意識的機制。
3. 避免用強烈的表徵性解釋。
4. 強調治療師與孩子間具有重要的關係。
5. 使用表達性的藝術，包括音樂、文學、戲劇、傀儡戲、自由遊戲等來當作成長的趨勢。

現代每個哲學導向的兒童治療師，在他們的治療方法中繼續使用各種形式的遊戲。幼兒會用娃娃、木偶、縮小的生活物品玩具、藝術材料、拳擊玩具及沙箱遊戲；較大的孩子則有棋盤比賽、建構性材料、紙筆遊戲、電腦遊戲等。然而目前這些遊戲玩物及活動的使用方法，與過去有相當大的差異。現在的趨勢是，避免早期心理分析治療師的過度解釋及避免關係治療師的過度准許氣氛。取而代之的則是設立理論原則，現代治療師常在治療中融入孩子的需要。治療師的責任在提供結構，包括其中的限制、接受特殊玩具與建議的遊戲，而這些都有賴於孩子的發展程度、個人特質及特別的治療目標而定。目前強調較短的療程，並在開始治療時清楚地列出特殊的目標及策略（Thompson & Rudolph, 1988）。

我們發現結構性學派在治療中獲得廣泛地應用；我們也應注意其中全都包含了一個共同的成分：肯定遊戲是從一個安全的距離允許孩子表達最複雜、最痛苦的感受。孩子在遊戲時訴說，如同在一個幕簾後營造佯裝的情境。

二、戲服的遊戲治療

我們常因聽到有些演員描述他們自己是害羞且平凡的人而感到驚訝；戲劇中的角色在上千觀眾面前表演並不會讓他們感到困擾，但在觀眾面前展現自己卻會令他們充滿恐懼。當演員扮演他們的角色，這並不是真正的他們，不是他們以扮演的角色站在觀眾面前，在角色中是安全的，在戲服下是安全的。這就是戲服遊戲治療（costume play therapy）的前提，

這個治療法是由Irwin Marcus（1966）發展出來。

　　大部分成人會記得在孩提時代穿著戲服的喜悅，在他們飾演的角色中，沉醉在未受限的幻想中。Marcus（1966）認為，孩子在戲服中會非常自由地表達自己。心理治療的一個目標即是允許受困擾的孩子，能完全地表達自我，因此Marcus的病人穿著戲服，演出想像的衝突；如此一來，孩子可以不經意地流露出他們的問題，治療師便可以從孩子目前及過去的前後關係來解釋這些遊戲的結果（Guerney, 1984）。

(一)說故事

　　說故事在人類文化中提供許多重要功能，父母常用故事來影響孩子的行為，如藉由告訴孩子過去的某個不良行為作為警惕，提醒他們不要再犯錯（Miller, Wiley, Fung & Liang, 1997）。故事幫助我們瞭解環境，也允許我們傳達信念、價值觀與文化的智慧，或世代相傳的家庭智慧。它允許我們揭露自身的訊息來表達需求，並解決我們所面對的問題（Brems, 1993）。人們常發現，不要直接指出自己的困擾，用「假如」的方式可以較容易地討論問題，他們可以用一個假想的朋友來描述問題。有時當使用代替者來描述問題時，講故事者會對自己情緒上的困擾獲得極有價值的洞察力。如此，說故事讓人們能對自己的生活保持一段安全的距離，並對困擾的問題發展出客觀的觀點。

　　說故事是人類最古老及最有力量的一種溝通方式（Gardner, 1993），也是成人與兒童產生關聯或進行溝通的自然方法（蔡麗芳，1998）。心理學家Richard Gardner（1972）發展出一個使說故事有趣的方法，他不只是對孩子說故事，而使用共同說故事（mutual storytelling）的方法。他會先要求孩子創造不尋常、刺激的故事。當孩子說著故事，他會試著找出故事中的角色可能代表誰？主題的象徵性意義又是什麼？成人如果能用兒童的語言來說故事，孩子們聽進去的機會會比較大，孩子說完故事後，Gardner會用修正的版本再說一次。在修正的版本中，任何原始故事中的衝突會用建設性的方法解決，孩子將瞭解還有其他更有效率的方法可以解決問題。

　　最後我們應指出，說故事並不是在一個治療的情境中單獨使用。事

實上，它常與其他遊戲活動整合，如沙的遊戲（Miller & Boe, 1990）及畫畫（Gabel, 1984）。孩子對於編一個故事也許會顯得猶豫，但若在孩子玩沙子或畫畫時要求他說一個故事，孩子會覺得比較容易做到。

由於兒童的文化、社會階層及學習型態皆不同，其表達感覺和想法的能力與性質也有差異（Scorzelli & Gold, 1999），據前述，應用故事技巧在兒童諮商實務中，也形成晚近興起的治療取向。一個好的故事能夠在被說的時刻，產生足夠的假裝（make-believe）以達成心理的需要，提供實際的經驗，所以故事的功能是情緒（emotion）和指示（referential）的，因為故事題材不僅能夠與我們的經驗和生活認知相連結，而且也能反映我們詮釋事件的方法（鄭如安，2014）。

(二)圖書諮商

我們之中很多人有這樣的經驗，讀一個故事而劇中人物的生命與我們如此相似，我們會很安心地發現在經過所有事後，我們和其他人並沒有什麼不同。事實上，閱讀他人的經驗，常幫助一個人獲得對自己生命的洞察力。這個現象形成圖書諮商（bibliocounseling），也就是要求受困擾的孩子閱讀這些關於生命情境與自己類似人物的書，或由諮商者大聲地唸書給他們聽，鼓勵他們與諮商者討論劇中人物的行為、思考、感覺及難題（Thompson & Rudolph, 1988）。

Watson（1980）認為圖書諮商主要的目標如下：

1.鼓勵孩子開放地表達他們的問題。
2.教導孩子能夠分析自己的情緒和行為。
3.刺激孩子考慮一個可能的選擇來解決問題。
4.讓孩子瞭解他們的行為並非是單獨的個案，藉此來撫慰孩子並讓他們瞭解其實他們並不孤獨。
5.教導孩子積極正向的思考。

以圖書諮商為基礎的假設是，如果故事中的角色和治療中的孩子有相似的問題，孩子會有認同感且自劇中人物的經驗得到洞察力。到了結尾，故事的安排經過治療師特別選擇，來反映病人的生活經驗，常包括

各種主題，如交朋友、離婚或死亡造成家庭的改變、瞭解自己或尋找愛（Thompson, Davis & Madden, 1986）。很明顯地，孩子談論故事中的角色比談論他們自己來得容易。當他們這樣做的時候，便可以學習面對自身的感受，進而能解決他們自己的問題。

(三)藝術治療

在治療中的孩子常被提供一些無結構或開放性的玩物，而它們並沒有絕對正確的使用方法，如黏土、顏料、蠟筆、紙等，孩子可以選擇任何方法來使用，也不需要任何特定的成品。這種形式的玩物可以讓孩子創造性地表達自己。

藝術的創造對孩子的治療有幾種有益的功能（Brems, 1993）。第一，當孩子在畫圖或雕刻時，他們常對治療師流露出關於他們的心情、內在衝突以及整體自我形象等有用的訊息。依循這樣的想法，藝術一個主要的價值是當作一種評估孩子內心狀態的工具（Brems, 1993）。治療師能夠只藉由觀察藝術創造的過程學習到許多。孩子是否大膽地使用侵略性的筆觸，或小心地使用精美的線條？他是否用許多顏色或只限制自己運用黑白兩色作畫？他是否用力地摔打黏土或膽怯地操作，或是害怕弄髒？他是否畫了一幅彩色的風景，然後完全用黑色覆蓋；他是否害怕原始的圖畫會暴露太多的自我。

過度分析孩子的藝術有其危險性，單憑一個創造的工作並不足以說明關於孩子心理生命全部的故事。然而重複的形式也可充分顯示，如孩子圖畫的大小特性有其涵義，孩子畫大幅圖畫可能較外向，小幅圖畫顯然較常見於畏縮、不安全感或沮喪的孩子的畫作（Burns, 1982）。圖畫內容中形象的大小也很重要，若孩子的形象在家庭圖畫中是不成比例的小，繪圖者可能表達了與家庭成員關係的價值感（Burns, 1987）。

孩子藝術的主題有時很明顯、有時非常細微，但常常具有相當的涵

義。例如一個小女孩畫一幅圖給她的治療師，圖中有兩匹馬，兩匹馬很靠近並以一座橫跨天空的橋連接。她在其中一匹馬標上她的名字，另一匹則是治療師的名字。由於孩子的家人計畫在未來有一個四週的假期，治療師解釋，畫中指出孩子有安心的需求，即使他們將分開一個月，在他與小女孩之間的連結仍將存在（Brems, 1993）。

另外，為了幫助治療師瞭解一個受困擾的孩子，藝術是一種精神宣洩的形式，允許無法以其他方式表達的情感藉此表達出來（Brems, 1993）。此種自我表達對孩子是有益的，可以在畫布上宣洩一個人生命中的憤怒、恐懼及愛恨的衝突。

最後，藝術是一個情感成長的媒介，幫助孩子學習用創造性的方法來解決問題（Brems, 1993）。當他們瞭解在創造一幅圖或雕刻的過程中，可以得到很多不同的可能性，孩子們便可以看見在解決他們生命中面臨的任何問題時，有無數的解決方法。此外在操作玩物及創造的過程中，能提供孩子成就感、涵養、自尊等受困擾孩子常缺乏的部分。

三、遊戲治療的療效

我們已經看到許多不同哲學導向的兒童心理治療師將遊戲當成一種工具來使用。現在我們要探討遊戲的治療效益是否具有科學證明作為結尾。在企圖描繪關於遊戲之治療性效應的結論之前，我們須記住，「遊戲」不像心理分析、行為治療或關係治療，本身並沒有一種特定的哲理。在此處統計證明無用的前提下，要認定遊戲治療的確切效果十分困難。由於並不是每一技巧都能完全適用所有個案，因此要在科學上證明任何一種治療形式的效果都是很困難的。遊戲對這個一般性的規則來說也不例外；至於該如何及何時正確地將遊戲融入治療，也須依賴個案的個別需要而各有不同。我們從運用此種方式治療師的證詞裡，可以獲取在治療互動中確能由遊戲活動得利的證明。

許多文獻描述了兒童心理治療師的個案研究，證明遊戲在諮商情境所具有的效益。治療師使用木偶遊戲（James & Myer, 1987）、沙箱遊戲（Allan & Berry, 1987; Vinturella & James, 1987; Weinrib, 1983）、詩和特

別的音樂（Mazza, 1986）及互相說故事（Kestenbaum, 1985）等方法，皆在遊戲的治療層面擁有成功的紀錄。近來還出現了一則關於電腦藝術效益的報導，電腦幫助一個十歲男孩開放地討論對於他父親死亡的痛苦感覺，並藉此獲得自信，減輕他在他媽媽外出時的焦慮（Johnson, 1986）。近年來，臺灣經歷九二一大地震、八八水災等重大災難，有關災區小孩的心理輔導也是透過遊戲治療來幫助他們做心理復健。

　　總而言之，遊戲所具的治療效果是不容置疑的，心理學家Charles E. Schaefer（1985）指出，遊戲能釋放緊張及被拘束的情感，讓孩子以夢想來補償現實受傷的經驗、鼓勵自我探索（self-discovery），也提供孩子學習選擇更成功解決問題方法的可能性。它是孩子溝通的自然媒介。Ariel（1992）指出，假想遊戲（make-believe play）基本上是一種複雜的心智活動伴隨外顯的行為，兒童將其內在的想法和情緒，以口語或非口語的方式轉換成遊戲、活動，是兒童內在情緒世界和外在世界、人際做溝通與協調的過程。在轉換的過程有三種心智活動（mental claim）在運作，分別是將內在影像世界投射於外在的生命化，對外在實體與行為認同及降低緊張、去除防衛的玩性（趣味）。也正因為如此，遊戲成功地融入了今日孩子的各種心理治療的形式。

　　遊戲療法是成人輔導孩童遊戲最為人所知的一種型態，其歷史可追溯到20世紀初期。它的主要目標是要幫助有社會情緒困擾的孩子，解決內心的矛盾，整合個人的文字以掌控自身的認知，進而讓獨特的自我臻至較吻合現實的層次（Singer, 1994）。雖然遊戲療法課程主要是在診所或診間進行，但其基本原理與程序仍可應用在教室或其他環境裡。

專欄11-1　遊戲應用於住院病童

前言

　　遊戲是兒童生活的重心，更是他們的第二生命，兒童從遊戲中瞭解生活，並整合其認知與情緒發展，同時亦藉由遊戲來達成需求。因此遊戲讓兒童從生活互動中獲得自我控制、刺激及想像的平衡。缺乏遊戲，兒童的學習潛力及技巧專精將受到阻礙（Chance, 1979）。當兒童在承受暫時或強烈壓力時，可能會因害怕、退縮而停止遊戲行為，此時若能藉由遊戲來轉移其注意力，並抒發緊張的情緒，對兒童的壓力因應將有所助益。例如住院病童不要要承受疾病所造成的生、心理壓力，更因與家人分離的焦慮，以及醫院情境中缺乏熟悉的人事物，甚至可能面對的醫療處遇（如打針、開刀），這些都將使得病童蒙受莫大的壓力。當兒童在面對壓力時，若能透過遊戲與他人及環境建立關係，並在遊戲中抒發自己的情緒，將能有淨化（catharsis）心靈的功能（郭靜晃，2000）。遊戲不僅可視為一種媒介，幫助一般兒童溝通、發展及掌握生活情境，更可以成為病童住院時溝通與發洩的管道，協助其因應及掌控壓力經驗以健全身心發展（Chambers, 1993），醫院若能重視遊戲對兒童的意義，並藉助其功能來抒解兒童因病住院時的壓力，增加病童醫療配合行為，相信對於醫療滿意度與住院生活品質的提升將有所裨益。

　　所謂對症下藥便是要能針對要點提出解決之道，始能有藥入針砭之效。因此在設計醫院遊戲活動方案之前，便有必要瞭解住院病童之壓力源，以及住院期間之遊戲特徵和需求。以下將描繪相關研究與文獻之論述，以及現階段醫院遊戲研究之初步結果，並參考國外醫院遊戲活動方案，以為本文章之核心論點。

住院病童的壓力源

　　由於醫院是一種龐大及複雜的組織環境，必然讓兒童及其家庭油然升起莫名的恐懼，尤其年幼兒童更因其對自我身體功能失去自主及控制力，加上認知不成熟，將使他們在住院治療中產生極為焦慮的情緒（黃惠如、郭靜晃，2001）。對於幼兒來說，住院治療（hospitalization）是一種令人緊張不安的經驗，會造成幼兒性情冷漠、行為退化、哭鬧不休與睡眠失調，當兒童在面臨這種強加給他們的不愉快經驗而發洩心中的怒氣時，他們便會做出種種搗蛋不合作的行為（Bolig, 1984;

Wilson, 1986）。住院治療常被兒童歸因為與主要照顧者產生分離焦慮（separation anxiety），或是因為初到陌生情境，及醫院冰冷的人事與行政措施而致使病童產生害怕與焦慮的情緒，而住院之所以會引起焦慮不安情緒的主要原因則在於：住院意味著要告別其生活中一切令人感到舒適、安全和熟悉的事物，不僅要暫時失去家人和朋友，而且還要失去許多兒童習以為常的生活模式，從吃飯、睡覺到喜愛的電視節目，都要割捨；對於一名兒童來說，玩遊戲莫過於是他日常生活中最正常不過的內容了，因此缺乏遊戲便也成為醫院環境使孩子退避三舍的主要原因（Hughes, 1999）。

　　兒童在面對住院壓力時，常呈現的症狀有：黏人、哭鬧、無精打采、不發一語、退化或抗拒等行為（Gellert, 1958），而壓力呈現的程度則與兒童的發展、年齡、住院經驗、因應方式及在醫院所發生的情境（如生病情形、父母是否相陪、預先準備、遊戲及醫療處遇）有關。Bowlby（1969）便指出兒童在住院時有三種壓力階段——抗拒、失望與否認，這種反應在其熟人不在身邊時，更容易發現（Robertson & Robertson, 1971）。對兒童而言，因病住院是一件重大的壓力事件，會帶給兒童恐懼、焦慮、緊張與不安等負面情緒，甚至會引起社交能力與情緒行為的退化（張玉俠、施媛媛、顧鶯，2007）。Melnyk和Alpert-Gillis（1998）提出兒童對住院會產生焦慮、退化、悲傷冷漠或退縮的反應；李淑琦、徐儷瑜（1997）研究歸納住院病人常出現的問題為焦慮、哀傷的情緒反應和短暫的退化行為；Board（2005）指出，住院兒童會產生焦慮、退化等反應是因為面對醫院陌生環境、分離焦慮而造成他們抗拒治療行為。

　　郭靜晃（2001）在現階段針對國內病童住院壓力與醫院遊戲活動現況所進行的國科會專案研究中，便初步發現我國病童在住院期間的行為特徵為黏人、缺乏安全感與退縮安靜等，其壓力源除了侵入性治療所引發的疼痛不適外，很多病童均表示住院期間「不能玩玩具」、「不能看電視」、「想回家找哥哥姊姊」、「沒有人陪我玩很無聊」、「不熟悉環境」等等因素讓他們心情低落提不起精神來，而對住院

生活百般無奈。

尤有甚者，若因疾病與治療因素而須長期住院或反覆出入院者，他們不僅要面對疾病所造成的不適，由於病情變化無法預期，加上治療過程漫長，需要多次往返醫院，所以承受的壓力將更高。如病童常因為症狀困擾（如疼痛、禿髮等身體心像改變）造成自我概念混淆；因為心理困擾（如不確定感和焦慮）造成情緒障礙；因為人際困擾（如手足、同儕的分離）而造成社會的隔離（黃惠如、郭靜晃，2001）。由於長期住院使病童無法像日常一樣地遊戲、學習，及適切地發洩情緒，造成壓力知覺升高（彭美姿、蔣立琦，1991），因而影響兒童身心發展，並對未來生活的調適產生障礙。

郭靜晃（2002）在現階段醫院遊戲研究中也發現，癌症病童或洗腎患者等因長期住院而承受著莫名的壓力，而主要壓力源不再是對醫療行為的畏懼（習以為常了），而是對病程未知的疑懼，以及對排遣漫長住院生活的無奈。由於感染控制以及缺乏遊戲規劃等因素，這些長期住院的病童沒有合適的遊戲場所或適性的遊戲活動，因而自行發展出一套特有的床邊遊戲文化，如電玩、畫圖、積木等，以消磨漫長的住院生活。遊戲依然是兒童住院時的生活重心，只是這些以單獨、功能遊戲為主的遊戲活動，是否對病童幸福感與身心發展有所助益仍需評估。

住院病童在醫院情境的遊戲行為

遊戲是需要空間、時間與玩物的（Johnson & Ershler, 1981），為了減輕兒童住院治療所帶來的壓力，必須盡可能把兒童所熟悉的外在世界帶入醫院中，包括兒童所熟悉的人、物、喜愛的玩具等，以及有能與其他兒童或成人遊戲的機會，以減緩兒童住院的壓力。但是兒童在住院時，由於疾病因素造成兒童的不舒適，一些醫療措施也使得他們的身體活動受到相當限制，因而造成某些病童甚至失去了遊戲行為，或有不同的遊戲行為方式。基本上，病童大部分時間必須待在病房中等待醫療處遇，或因為醫療處遇而造成其不能自如地運用肢體來遊戲，而且他們可以遊戲的地方也隨著醫院設施的不同而有所差異。

郭靜晃（2002）在現階段醫院遊

戲研究便發現病童住院期間大都在自己病房的床邊遊戲，或是在醫院的走道上閒逛，至於遊戲室的使用情形則因病童病情、家屬態度以及遊戲場所的規劃配置而有差異。遊戲的種類也隨著兒童的年齡、發展層次以及醫院所提供的設施有關；一般年齡較小的幼兒會玩一些感覺動作遊戲，如玩黏土、拍打滾輪，或探索一些玩物，在功能上也會使用一些醫療用的表徵性玩物，如聽筒、溫度計，多為單獨或平行遊戲，玩伴則以父母親居多；學齡前期的幼兒則會玩一些扮演遊戲（包括社會戲劇遊戲），或做一些繪畫、拼圖、積木等表達性或建構遊戲，甚至玩一些規則性遊戲（如電動、下棋或撲克牌等），玩伴除了父母與病友外，遊戲室志工有時也會主動參與活動；學齡期與少年期的病童在住院期間的遊戲活動則以閱讀、電玩、看電視等單獨、娛樂型遊戲居多，他們反而因為遊戲室的缺乏而導致他們對於有興趣的人事物減低而較少造訪遊戲室，大多留在床邊活動。

　　除了自發性的遊戲之外，醫院也會安排一些活動，如變魔術、說故事等活動來讓兒童轉移病痛的注意力，有些醫院甚至規劃有Room In的床邊遊戲與教學，陪伴那些無法下床活動的病童，但是執行者多為沒有經過兒童發展專業訓練的志工，因此所能提供的遊戲活動也以活動／轉移注意力居多。

遊戲對住院病童的助益

　　為了減輕兒童住院治療所帶來的壓力，必須盡可能多把兒童所熟悉的事物帶入醫院病房，並製造與其他兒童一起遊戲的機會，將遊戲與醫院的治療作息結合在一起，可為正在接受治療的兒童帶來正面積極的效益（Hughes, 1999）。不僅如此，醫院中的兒童遊戲可充權使能（empower）孩子有效因應困難及壓力情境，如此一來便讓父母有喘息、放鬆的機會，進而有效應付孩子住院的困境；另一方面，醫院中的遊戲活動亦可幫助護理人員評估病童的病情與溝通方式，進而提供護理照顧（Hall & Reet, 2000）。由於遊戲是兒童最自然的一種自我表現方式，因此藉由遊戲來探索病童的感覺和態度，將能消除其鬱積的情緒，進而幫助他們學習生活適應困難的因應技巧（賴倩瑜等，1994）。因此遊戲在病童抒解壓力上有其優勢的價值，

它不僅提供一個難得的機會讓成人由病童的觀點來窺見孩子的觀點，另一方面亦能鼓勵病童放鬆，降低他們可能的防禦，進而開放地表達內心的感受，同時也幫助他們在醫院陌生情境中發展有用的社交技巧，以抒解各種壓力情緒。

　　Thompson（1985, 1988）從過去的相關文獻檢閱中指出，病童在住院時，有些仍會有遊戲行為，但有的則選擇不遊戲。為何病童會有如此的差異存在，其各有理論根據。病童會遊戲的原因主要在於降低住院壓力的焦慮（Erikson, 1963; Piaget, 1962），而病童之所以終止遊戲乃因其住院壓力過大，所以大多花費精力在抗拒、退怯等防禦行為，造成他們對遊戲興趣缺缺；如Bursteinhdr Meichenbaum（1979）與Cataldo、Bessman、Parker、Pearson和Rogers（1979）以及Pearson、Cataldo、Tureman、Bessman和Rogers（1980）之研究均指出，住院病童會因病痛而造成一些行為中斷，但藉由遊戲機會可以幫助兒童對醫院的適應。

　　遊戲提供兒童與成人及其他兒童建立支持性關係，提升自我控制感及與外在生活的連結。遊戲對住院病童更有其重要的意義，因為它除了能繼續維持病童正常的身心發展外，亦能讓他們在陌生的醫院環境中保有安全感，在處理新的及困難的經驗時建立起自尊，當面臨各種侵入性治療時增加醫護配合行為（顏貴紗，1989）。Cataldo等人（1979）及Pearson等人（1980）的研究也發現，即使被隔離在加護病房的病童也可從與成人一起遊玩而獲得好處，但是當他們獨自一個人時卻較少有自發性遊戲行為的發生。所以說來，住院病童可以從大人的陪伴而增加其遊戲行為，並從中獲得益處。

　　醫院遊戲的種類大致包括有功能性、表徵性及社會性等類型，其功能除了轉移病痛之注意力，也能表達恐懼驚慌的情緒，瞭解扮演角色的經驗及角色互換的情形，更能藉由學習獲得控制，以促進生活經驗之能力。以下將分別針對遊戲對病童情緒發展與社會發展兩部分的影響做一論述。

遊戲與情緒發展

　　有關遊戲對兒童情緒發展的影響，晚近已有不少研究以遊戲來作為兒童情緒診斷的工具，藉以探討遊戲在情緒發展中所扮演的角色，如Axline（1969）根據遊戲理論來幫助兒童解決其情緒困擾；Barnett及Storm（1981）已發現遊戲與兒童焦慮的解除有關。Burstein及Meichenbaum（1979）在對病童壓力的相關研究中便發現，開刀前較少防禦行為之住院病童，他們有較多與其病況有關的醫院遊戲活動，且較少

發生開刀後焦慮，反之，高防禦性的病童則較少參與手術前的遊戲活動，其在住院中也有較多的焦慮反應。此研究也證實醫院遊戲可以增加病童之認知期待與行為預演，因而減少病童的焦慮反應。

　　Chambers（1993）及Russ（1998）認為觀察孩子的遊戲行為可以幫助醫護人員瞭解處遇的必要性和效果，進而幫助病童因應困難的經驗；藉由遊戲觀察，臨床醫護人員可以蒐集更多有關孩子認知、社會、語言、動作、人格及內心世界的發展，以幫助醫護人員做有效的病理評斷的工具。我國心理學家程小危也做過這方面的研究，並最早應用遊戲治療到教育及臨床醫學。如果以上述觀點來建構住院病童的情緒發展或壓力調節，那麼遊戲在住院情境的運用將是十分有前途的。

遊戲與社會發展

　　在社會戲劇遊戲方面，角色互動可以促進人際關係，角色的扮演也能幫助兒童發展另一項重要的社會技巧——去除自我中心（decentration）及培養角色取替（perspective taking）的能力，這是一種由他人的觀點來看事物的能力，目前的遊戲治療學派有很多便是利用此一功能。Bolig（1990）提及當兒童住院時，特別是非結構及非指導性的遊戲活動最能抒解孩子之負向情緒；Connolly和Doyle（1984）的研究中也提出，當孩子在玩團體戲劇遊戲時會有機會去練習及熟練社會技巧並加以運用。Piaget在其發展理論的前操作期也提到，當孩子參與戲劇遊戲時，他們會去嘗試一些不同的角色（如父母、孩子、醫生或護士等），並從活動中學會分享與溝通，進而在角色互動中建立起人際關係。這點對處於醫院陌生情境的病童，甚至是他們的手足來說十分重要，因為不僅可以協助病童建立新的人際關係，亦可讓病童手足更為同理親近他們（黃惠如、郭靜晃，2001）。在病童面臨住院治療所帶來的精神壓力時，這類非結構性及非指導性社會性遊戲的治療效果，實不容被忽視。

國內、外「醫院遊戲活動方案」的發展與現況

　　Davidson（1989）的研究報告指出，並非所有精心設計過的遊戲活動都能達到情緒宣洩之目的（陳月枝，1975），一個合宜的醫院遊戲活動必須要能配合孩子的先天氣質、發展階段與身體的狀況，避免增加其挫折感（孫懿英等，2000），並讓病童感興趣且又有益的，才能發揮遊戲的功能（陳季員，1985）。因此須經由受過專業訓練的人員（可能是醫護或醫療社工成員中的任一成員），從兒童遊戲發展的角度及病童住院時的壓力知覺來評估病童的需求，始能設計合宜的遊戲活動以減輕

住院壓力，維持身心正常發展，而美國近二十年來顯著發展的「醫院遊戲活動方案」便植基於此。以下將先介紹歷年來美國醫院遊戲活動方案的發展軌跡，接著再簡介本階段醫院遊戲研究中對我國目前醫院遊戲活動現況的初步調查結果，最後再針對開展醫院遊戲活動所需的條件做一整體的論述。

美國醫院遊戲活動方案的發展軌跡

有關醫院遊戲活動方案的發展，早在20世紀來臨之前，美國的醫院便已經出現有組織的遊戲活動方案，但這些遊戲得到空前的發展還是在60、70年代（Wilson, 1986）。活動內容主要是以病童為主的遊戲環境與氣氛中，提供適當的遊戲材料與方案，並讓兒童生活專家（Child Life Specialist）或指導員進行輔導性的協助，以抒解孩子因住院所產生身心功能之負向影響（Bolig, 1990; Hughes, 1999）。

美國的醫院遊戲方案五花八門，可以依遊戲的功能排成一數線連續圖（**圖11-1**），從最簡單的以轉移兒童注意力為目的的兒童遊戲，到整合兒童生活型遊戲（Bolig, 1984）。遊戲方案劃分的依據主要取決於：(1)該遊戲是否承認兒童具有發展方面的特殊需求；(2)是否能夠透過遊戲產生最大程度的兒童心理發展。以下將簡介各種不同遊戲方案的內涵（Bolig, 1984）。

◆娛樂型遊戲方案（diversionary play programs）

早期的醫療單位基於疾病感染控制的考量，並不鼓勵病童間有互動，也限制

圖11-1　遊戲活動方案的數線連續圖

資料來源：Bolig (1984).

他們對醫院環境及玩物的探索，導致住院病童常顯得較為抑鬱及退縮（Bowlby, 1969），此時，醫院遊戲最簡單的類型就是僅把遊戲作為轉移注意力的娛樂手段，這類與住院治療比較沒有直接關聯的娛樂型活動，主要在於使住院的兒童有事可做，獲得樂趣並放鬆身心。美國此類型的遊戲方

案並不多，它們僅出現在那些缺乏兒童遊戲專業人員以及沒有指派指導員對遊戲室進行全程照顧的醫院。

◆**活動／休閒型遊戲方案**（activity/recreation play programs）

　　第二類的遊戲方案是基於認為活躍的兒童就是快樂的兒童。這類活動／休閒型遊戲方案側重於「做」事情，即強調兒童運用手工藝材料動手做，以便使兒童從活動中產生成就感。這類遊戲不以簡單地分散孩子的注意力為目的，而是注重「提高住院兒童的幸福感」，其形式種類繁多，包括：塗鴉、繪畫、做木工、穿珠子、看書、玩紙牌、彈奏樂器和折紙等。

◆**治療型遊戲方案**（therapeutic play programs）

　　遊戲治療已被廣為運用到健康照顧實務的專業，以幫助兒童因應住院或醫療程序所產生的壓力，如面對恐懼及掌控負面情緒，進而修正因住院經驗所產生的迷思。許多醫院主要根據從心理分析的角度對兒童遊戲所做的闡釋，把遊戲作為替他們治療的一種手段，其主要認識在於：如果兒童能夠自由發洩其情感，那麼他們就更能適應外部環境，兒童只有面對這些情感，才能克服住院所帶來的各式各樣的焦慮情緒。在參加治療型遊戲方案的過程中，兒童能夠獲得專為鼓勵他們表達情感而設計的材料，如玩偶、傀儡、小型醫療用具和能夠激發想像力的材料，藉助這些材料，兒童能夠面對和淨化心中的恐懼和敵意，並以一種安全的方式排除自己的憤怒情緒，在遊戲過程中逐漸增進對自己感受的瞭解。

◆**兒童發展型遊戲方案**（child development play programs）

　　在1960年，由於醫療單位對疾病與感染控制的成效增加了，加上兒童研究運動

（child study movement）強調遊戲對幼兒發展的重要，並重視全人發展，因而刺激了以兒童為本位或遊戲為導向的相關課程的產生，此觀點也影響了醫院對住院病童的政策及管理實務（Bolig, 1990）。在醫院中，父母被允許經常出現，住院病童也可以有機會與同伴到遊戲室去玩，因而減少住院的壓力，同時有的醫院還提供遊戲專家及遊戲空間以迎合兒童生活的需要（Bolig, 1984）。此類型遊戲的重點集中在兒童整個的認知、社會、身體與情感發展，規劃遊戲方案的人則應既是顧問也是教育家，強調兒童正常發展的重要性，遊戲的內容則包括學校的課程，兒童可以聽故事、塗鴉、繪畫、拼圖、疊積木等，並學習掌握各種數量、自然和語言等方面的技能。從這個意義上來看，住院生涯開始產生與外部世界生活相像的地方，由於住院經歷對兒童而言顯得較為正常，因此住院治療的體驗便不會那麼令人望而生畏了。

◆整合兒童生活型遊戲方案（comprehensive child life programs）

60年代在兒童保健協會（Association of Care of Children's Health）的努力下發起了一種整合兒童生活型遊戲方案，其著重點是把住院兒童既看成是一個個體，也把其放到全社會的背景下對待，從而促進其全身心的發育。這類遊戲的目的是減輕兒童以及家人的焦慮心理，幫助他們在住院過程中始終保持自信。為了達到這個目的，便須成立一支包括兒童生活專家在內的保健小組，這名兒童生活專家必須是一名經驗豐富的顧問，並接受過教育學、心理學或兒童發展學等方面的養成教育。兒童生活專家並不僅只與病童本人單獨相處而已，必須與家裡的所有人一起合作，向他們傳授有關兒童罹患病症的知識以及治療方法，並鼓勵他們互相溝通以度過心理上的難關。顯而易見地，遊戲已不全然是這類整合型遊戲方案的重點了，兒童、手足及其父母都被鼓勵參與遊戲，以便促使其智力、社交和情感都能在住院過程中不斷發展，並且促進感情交流，這樣他們就更能相互理解。在這種情況下，整合型兒童生活遊戲方案就成為兒童發育和宣洩情感的綜合體。

我國醫院住院病童的遊戲活動現況

過去，我國兒童的健康照顧政策是以治療成效為導向的，醫療體系重視的是病童存活率的延長，所以鮮少從全人的觀點來觀照兒童的需求，有關醫院遊戲活動的文獻探討，皆以醫護人員所從事的遊戲治療為主，對於整體性的遊戲方案規劃幾乎付之闕如。近年來，為因應醫療生態環境的急速變遷，醫療體制的改革已逐漸加溫展開（尹祚芊等，2000），基於醫療品質與病患結果的考量，我國各大醫院小兒科

門診或病房均紛紛設置遊戲角或遊戲室以供病童玩耍，但其環境規劃與使用情形並不盡相同。目前遊戲活動在我國醫院情境中的運用，有以遊戲治療取向為主的護理過程與精神科治療，以及轉移注意力為輔的醫院遊戲活動。前者主要由專業醫護人員負責籌劃執行，以兒童的發展為基礎，遊戲治療為手段，藉以抒解病童住院壓力，或是達到醫療配合行為。後者則大都由醫院社工部門規劃，招募志工施予短期訓練後，在遊戲室服務值勤，遊戲功能主要在於管理遊戲設施，或陪伴病童玩耍以轉移注意力，獲得幸福感。

　　整體來說，遊戲活動在我國目前醫院情境中的運用並不普遍，也未如美國般發展出系統的遊戲活動方案。根據研究者現階段醫院遊戲之先趨研究的初步結果顯示：目前國內各大醫院大都設置有遊戲室，但是配置情形則因醫院病房規劃而有不同，有些醫院的遊戲室乃多科共用，有些則針對不同科別配有專門遊戲室，由於遊戲室的配置地點將影響護理工作與病童遊戲活動的動線，甚至感染控制均有影響，此部分將再做進一步闡述。玩物部分，由於醫院財務納編甚寬或相關公益團體（如兒心、兒癌）與財團（如麥當勞）的贊助，玩物大都不虞匱乏，但因為在規劃時未能納入兒童發展的特性來做整體的考量，且缺乏相關兒童生活或遊戲專家在場引導，導致不是有些單位的玩物「大而無當」——數量雖多種類卻未能滿足不同發展階段兒童的使用需要，就是缺少遊戲的「靈魂之窗」——一個專業、溫暖的督導人員。目前國內醫院的遊戲活動，除了部分的治療性遊戲方案是在醫護人員的個案研究之下執行，大部分的遊戲活動都是在病房或遊戲室中進行，少數不定期安排有公益／娛樂團體進行表演，陪伴者不是父母就是志工，由於受限於缺乏遊戲專家的引導，遊戲功能則大都仍停留在以轉移注意力／增加幸福感為主的娛樂／休閒型活動。

發展醫院遊戲所需的條件

　　無論遊戲方案具體名稱為何，最有效率的醫院遊戲都應當為遊戲的開展創造最充分的條件形式。為了確保遊戲能在醫院中順利展開，Chance（1979）提出醫院遊戲環境必須具備有以下三項要件：

1. 營造以兒童為主的環境氣氛：利用海報、壁畫和擺放各類遊戲玩物將兒童病房布置為一個既溫暖又引人入勝的環境。並不是所有的情境皆可誘發兒童的遊戲，在醫院中任何的遊戲行為甚或遊戲治療，均須醞釀於合宜的遊戲環境與情境中，而一個人性化的「擬家情境之遊戲室」布置正可以滿足這些病童與家屬的需要，因此最好能夠空出一間遊戲室充當兒童解除壓力的庇護所，其介於家庭和醫院之間的緩衝地點，讓兒童能自由徜徉於玩物中，隨意及公開表達自己的情感，或與其他患者、手足有社會互動的機會。

2. 適當的遊戲材料：醫院應提供兒童熟悉，吸引兒童注意並滿足各種不同年齡層的各式玩物，以縮短兒童在家庭與醫院之間的差距，如美勞材料、書籍、扮演玩物、樂器或電玩器具，如果允許的話，亦可以提供一些戶外活動的遊戲器材。此外，與醫院主題相關的遊戲素材亦具有幫助兒童抒解壓力及治療的目的，如聽診器、針筒、繃帶、血壓計與玩具救護車等各種可以被用來誘發或扮演與醫院有關角色的玩物。兒童透過不斷地重複練習即將接受治療的過程，以增加對醫療程序的認識，進而減低因未知所產生的畏懼心理。

3. 熱情而善解人意的督導人員：醫院遊戲室應當由熱情、善解人意、寬容且態度如一的成年人照料，同時亦可扮演如父母般的角色和病童一起參與遊戲，作為孩子遊戲的玩伴（Wilson, 1986）。由於住院病童與其熟悉、安全、依戀的家庭隔絕，兒童某些程度上會因住院而產生負向情緒反應，因此，一個固定的醫院兒童生活專家（child life specialist）或遊戲監督員是相當重要的，這種連貫性能夠促進照顧者與兒童之間關係的發展，從而減輕兒童心中與父母分離的憂慮，所以在醫院遊戲情境中這個督導員所提供輔導與陪伴角色的功能也就益形重要。

結語──醫院遊戲活動方案之組成要素

　　在健康照顧中心日常生活的觀察及相關研究證實，遊戲有助於住院病童有效因

應壓力。當然，研究結果並不是對所有住院病童皆有同樣的發現，而是針對某些住院病童及某些遊戲。醫院遊戲活動方案之組成要素應包括：

準備

在住院前的準備（preparation）可以用專業人員（通常是護理人員）的口頭教導、參觀醫院，或利用玩物，如布偶、影片、娃娃、醫院玩物，或其醫院設備來幫助住院病童熟悉未來所要進行的醫療處遇。Bates及Browne（1986）指出在預先準備的階段，醫療人員或兒童生活專業人員藉著訊息的提供，鼓勵病童表達感受及建立彼此的關係，以幫助住院病童及家庭瞭解即將住院的訊息以充權（empower）病童及家庭的知能。他們最常使用參觀醫院及醫療設施，以減低住院病童因認知受限而產生的焦慮，通常在參觀醫院的同時，也會利用布偶或娃娃的角色扮演來增加其教導的效果。Bates及Browne（1986）發現準備的效果呈現與病童的年齡、發展層次、準備的時間、病童的住院經驗、父母的焦慮移轉以及相關的護理照護有關。

Wolfer、Gaynard、Goldberger、Laidley及Thompson（1988）在美國鳳凰城兒童醫院針對三至十三歲住院病童，利用住院前的準備過程來幫助兒童因應住院壓力。結果發現此過程對急性症狀的病童因應住院壓力及住院後的適應，與生理恢復後皆有很好的效果。此外，住院病童在醫療前允許他們在遊戲室玩醫療的角色扮演遊戲亦有助於兒童對醫療的瞭解，並減低其住院壓力。

成人介入

在健康照護中心使用遊戲是兒童生活專業人員最主要的角色任務。兒童生活專業人員是專業的從業人員（通常是護理人員、兒童發展專家及兒童遊戲專家、社工人員等）幫助兒童降低醫療過程的焦慮及壓力並增加兒童發展的能力。他們需要瞭解家庭、文化及系統之影響，瞭解壓力管理，評估壓力來源及提供資源。

Milos及Reiss（1982）的研究證實成人介入有助於兒童降低住院的壓力，並發現住院中成人與病童一起玩遊戲將有助於病童增加問題解決能力，透過遊戲讓病童重複遊戲主題以讓住院病童減敏化，並增加行為的控制功效（Erikson, 1963; Piaget, 1962; Bandura, 1977）。在一病童分離焦慮的臨床研究中，有六十四位年齡二歲半到五歲半被隨機分配到三種遊戲情境：(1)使用娃娃學做扮演遊戲；(2)用娃娃扮演其家與學校的情境；(3)使用拼圖、積木及畫圖做非主題的遊戲。這三種遊戲情境伴隨著三個不同成人角色：

1.依據兒童的需求，讓兒童做有關分離情境的自由遊戲。

2.直接教導兒童做有關分離的遊戲。

3.成人扮演有關分離的情境遊戲給病童看，並讓他們模仿。

研究發現，雖然此三種遊戲型態在分離焦慮前後測差異考驗中並沒有顯著的差異，但是成人的陪伴卻有差異存在。其結果不在於病童如何說、說什麼，而是成人都直接教導與提供支持，增加遊戲的表達及處理分離的經驗所造成明顯的差異情形（Oremland, 1988; McCue, 1988）。

玩物

醫院裡所提供的遊戲玩物應當為病童所熟悉，以便縮短家庭與醫院之間的心理差距。且玩物應當要種類齊全，以便滿足不同發展年齡層次兒童的需求與興趣，這些兒童所喜歡的玩物包括美術材料、手工藝品、書籍、運動器具、樂器和類似於影片、錄音機、收音機、電視和電動等電子媒體。此外醫院遊戲玩物也應包括有利於治療目的之玩物，如聽診器、針管、繃帶、血壓計、護士和醫生服裝等，以及各種可以被用來在與醫院有關的遊戲中扮演的玩偶和布娃娃，以便讓兒童透過反覆練習自己即將接受的治療過程，增進其對這些療程的認識，以減輕畏懼心理。

以兒童爲主的環境

與醫院裡的其他區域不同，兒童病房應當是一處溫暖而引人入勝的地方。其中可以加以布置一些海報、照片和壁畫，擺放著各類玩具遊戲玩物。可能的話，應該單獨闢出一間遊戲室，其擺設及玩物更要能夠吸引兒童，並被兒童視為介於醫院和家庭或學校之間的橋樑。遊戲室應當是兒童的庇護所，因為醫院通常不會在這裡進行治療，理應接納所有兒童，甚至於有一部分不能行走的兒童或需接受特殊治療的兒童也一樣。兒童可以在遊戲裡獲得自由的遊戲行為，隨意而公開地表達他所有的情感，並有與其他患者或兒童生活專業人員一起做遊戲的機會（Bolig, 1984）。

資料來源：郭靜晃（2002）。「建構以病童健康生活品質爲考量之醫院遊戲活動方案」。臺北：行政院國家科學委員會。

第三節　遊戲治療的立論基礎及其應用

最早的遊戲療法是從心理分析學派獲得靈感，因為心理分析學派中的Anna Freud以及Melanie Klein在治療孩子時，就是用遊戲表達法來取代治療大人時所用的自由聯想法（free association）。藉著遊戲，有情緒困擾的孩子可以從無意識、痛苦不堪的掙扎與負面感受所造成的混亂移轉到澄澈的明確。一般認為，遊戲是孩子將堵塞在心中的矛盾與情緒直接釋放的方法。

1960年代，小學的諮商人員受到自行執業的幼兒治療師影響，也開始將遊戲納入工作範疇。根據Carl Rogers非指示性、以當事人為基礎的治療方法，Virginia Axline（1947）的治療理念特別具有影響力，因為在治療諮商中，遊戲的重要性就是由此而來。此外在1960年代，治療師採用遊戲來促進社會技能時，也都漸漸使用起玩偶、音樂、戲劇等方式。一般認為，這和引導性玩具逐漸商業化的發展很有關係。到了1970和1980年代，各式各樣針對遊戲使用及遊戲手段的方法更是不斷多元化地增加，這些都是希望能為有情緒困擾的孩子做出最好的輔導（如Gardner的說故事療法、Mitchell關於玩沙遊戲的作品、Schaefer的遊戲療法技巧）。

遊戲療法的執業人員以及與遊戲有關的治療、輔導（不論是私人執業、學校還是家裡）人員一致同意，在有限的環境中，表達的自由非常重要。遊戲療法以各種不同的形式出現，其中包括了書本療法、園藝療法、故事療法、舞蹈療法、藝術療法、動物療法以及比賽療法等。治療對象有個人偏差行為、住院病童、親子互動問題、受家暴兒童之個案上頗有成效（鄭如安，2014）。Axline（1947）以孩童為中心的治療原理明確地表示，治療師是否能發自內心，表現出全然的包容，並與孩子培養出溫馨、關懷的關係，這點十分重要。治療師要給孩子安全感、包容心（不要隨意給予行為的約束，除非是要幫助孩子扛起關係中必要的責任），尊重孩子內心的意向，讓孩子自行引導，與孩子的內心世界產生共鳴，再將孩子的感情反映給孩子知道，幫助他們發展自我瞭解的能力。治療師十分明白，

治療是一個漸進的過程，不過他們也知道，孩子確實有能力解決個人的問題。在治療的關係中，治療師、諮商人員、老師或父母，都要努力陪著孩子，一起體驗各種感覺，在回應孩子或與孩子互動時，一定要讓孩子感覺到無論他們在做什麼，大人也是其中的一分子（Landreth, 1993）。

一、遊戲課程

若依循以孩童為中心的治療方法，遊戲課程最好使用在四歲到十一歲之間的孩子身上。一開始至少要排出三十分鐘的遊戲課程，之後再漸漸加長時間。至於地點，則應該要安排一個安靜、不會受到打擾的地方，一旦有潑灑或髒亂的情形，必須便於清理；此外，空間一定要足夠，這樣才能讓孩子移動和玩玩具。Schaefer（1983）在挑選玩具時的標準有：(1)要能以多種方式使用的玩具；(2)要能激勵出生活中最不容易處理的感覺（如侵略性、依賴性、嫉妒等）；(3)要能讓一個或多個人同時玩的玩具。

玩具的耐久度很重要，不過有些重要的器材如畫紙、彩色筆和拳擊袋等，顯然需要多加補充。Axline（1947）建議，遊戲課程的玩具應該要包括：一個娃娃的家、家裡要有家具，另外還要有黏土、蠟筆、紙張、玩具動物、阿兵哥、嬰兒娃娃、電話、奶瓶、家庭手偶、建造的材料，以及一張玩沙的桌檯。Guerney（1983）再加上水和水裡玩的玩具、塑膠小刀、狼造型的玩偶、卡片、玩具錢、顏料、畫架及面具等。對於年紀大一點的孩子，也可以使用馬蹄鐵、棋盤遊戲、小型保齡球、打擊目標的比賽、籃球比賽等（Simmons, 1996）。

在遊戲課程一開始就要讓孩子知道，遊戲區是一個特別的地方，一般而言，孩子在那裡可以想做什麼就做什麼，但是如果有任何不允許的事項，也要先讓孩子知道（系統化）。基本的限制通常都是針對肢體上的侵略性、破壞貴重物品、無視時間的限制，以及擅自離開遊戲區（O'Connor & Schaefer, 1983）。用以治療的藝術，其精神與精華在於深刻有共鳴的回應（也就是說，接受、瞭解孩子的情感與活動），所以在回應孩子，以及把孩子的內心世界（沉默、社會交談受到挫折）反映給孩子自己時，一定要謹慎地表達。這項技巧需要練習及持續延伸的訓練，並且

需要一位有經驗的掛牌遊戲治療師來協助督導。回應時小心的措辭，以及用非語言的方式表達對孩子包容都是很必要的。在這些遊戲課程裡，治療師要把自己放在和孩子同樣的水平，這樣的定位不但能有效加強非語言的溝通，並且能減少權力的落差感。依一般經驗而言，治療師和小孩之間應該要有三呎的距離。

　　大體來說，幼兒課程大致都是在處理系統化事項、確立關係的基調，及行為可接受程度的上限與下限。在幼兒課程中，一般也很常見的是孩子在遊戲區的探索，以及偶爾需要大人對遊戲活動的鼓勵與稱讚。侵略性行為也很常見，不過當孩子面臨了獨立、依賴這些議題時，侵略性行為的程度通常會因原始行為的啟發而有所減低。只要能信任治療師，對自我的接受與個人的幸福就指日可待。到了後期階段，社會行為會比反社會行為更常出現；也可隱約看出孩子侵略性的降低以及挫折忍受度的提高。遊戲已愈來愈轉變為現實取向（Simmons, 1996）。

二、幼兒教育的應用

　　遊戲療法通常會讓人聯想到治療師或諮商人員的辦公室，其實它也可以由老師與專業人員的助手依據基本原理和程序在教室裡使用。進行幼兒教育的教室，要有多個區域可引導做治療的互動（如積木區、藝術區、玩具房子等），遊戲療法的玩具也可以放在遊戲中心。Guerney（1983）曾建議在遊樂場使用遊戲療法，而Axline（1969）則用了一群在玩遊戲的孩子來使用遊戲療法。Vivian Paley（1990）的說故事和遊戲技巧，其實也具有治療的意義；她曾以她的遊戲／故事治療教學，幫過許多幼稚園的孩子處理自己的感覺（feelings）、恐懼（fears），以及對友誼（friendship）、公平（fairness）的關切（這稱為F四主題）。感情細膩、能與孩子產生共鳴的老師，都可以在遊戲單元中，將孩子的感受和社會動機反

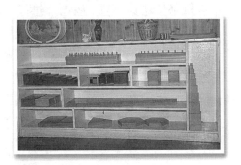

映出來，藉此幫助在社會與情緒上受傷的孩子，加強他們看待事物的能力以及對自我的認知。

　　老師和專業人員的助手當然不是專業治療師。老師不像幼兒心理師或其他受過治療訓練、教育的專業人員，他們必須要能夠清楚區分自己分內的角色（一如前段所提）與能夠名正言順從事遊戲療法的專業掛牌遊戲治療師之間有什麼不同。因此老師一定要隨時注意，什麼時候適宜使用心理健康專業，可千萬不要匆匆忙忙就脫口而出。

第四節　結語

　　特殊教育有許多根源都是來自幼兒教育，也難怪會有那麼多分歧不同的遊戲觀點。幼兒教育認為遊戲是學習、發展、教學的重心，然而幼兒特教或幼兒輔導卻一直認為遊戲是次要的，有系統的學習輔導與治療行為才是重點。近年來，由於大家對遊戲的重要性已有進一步的瞭解，終於讓遊戲有機會成為障礙兒課程、教學與評估的一員。特殊教育的人員可能會認定遊戲的認知層面比社會層面重要。修訂課程活動（如空間、時間、玩物素材、特殊輔助、安置及設備等）可促進社會和認知的遊戲。

　　兒童生活方案及遊戲療法十分適合現代的教育人員。由於充分配合住院孩童的需求，兒童生活方案已愈來愈受人矚目。在這些方案中，遊戲是個十分重要的角色，而兒童生活專業人員則有基本義務必須執行：要與孩子站在同一條線上，要維護孩子、要帶領遊戲。遊戲療法是最古老、也是最有名的一種輔導，成人必須進入孩子的遊戲世界來進行。原本以佛洛依德為依歸的小學諮商人員及心理醫師，在受了Carl Rogers以及Virginia Axline的影響之後，漸漸將臨床的遊戲療法移轉到其他場域。自我表達、自我瞭解、包容、看待事物的社會技能等，這些全都是遊戲療法的目標。佛洛依德應用於遊戲的主要概念是防衛機轉（defensive mechinism），如認同作用、替代作用、壓抑作用、投射作用、抗拒作用、潛意識作用、移情作用、反移情作用等，遊戲可讓兒童淨化心靈。Carl Rogers不注重個體過去經驗的闡釋的頓悟，而是強調治療者與被治

療者所建立的關係，其特色是一致性、溫暖、同理心和無條件的關懷。
Freud及Carl Rogers被Axline類屬爲非指導性遊戲治療，尤其是在治療過程遇見被治療者的拒抗作用。

Axline（1947）指出非指導性遊戲治療之八大原則：

1.治療師必須與兒童建立溫暖友善關係。

2.安全接納兒童眞實的一面。

3.建立寬容關係。

4.辨識與反應兒童的內在感覺。

5.尊重兒童自我解決問題能力。

6.讓兒童得到頓悟（insight）。

7.不要催促治療進展。

8.訂定治療的必要規則。

第十二章

遊戲與幼教課程

- 幼教課程的概念
- 幼兒教育課程的起源
- 遊戲與學習活動
- 導引教育性遊戲
- 學術遊戲課程規劃
- 學校遊戲的阻礙
- 結語

　　幼兒所上的學校或一些托教機構常是為達到特定的目標來專門設計，成人期望幼兒接受專業訓練下的機構的經驗會比沒有此經驗的幼兒在發展及學習能力會有所不同。幼教機構或學校就是為兒童達到組織的學習經驗來設計課程（curriculum）。課程為在學兒童提供正式及非正式的學習機會。

第一節　幼教課程的概念

　　兒童發展理論和教育理論兩者已成為幼兒教育課程的法則，如在最早G. S. Stanley Hall於1890年代所領導的兒童研究運動中，便促進幼兒教育與兒童發展的密切聯結（Weber, 1984）。雖然Fröbel早在其創設的幼稚園的課程中，就已將幼兒想像成一個生長變化中的個體，但在他所提及的幼稚園課程中，並沒有以發展理論為基礎（Spodek, 1988）。

一、發展理論與幼教課程

　　Kohlberg和Mayer（1972）認為教育課程與人類發展觀點有關，這些觀點可以分為三類：浪漫主義（romanticism）、文化傳承（culture transmission）以及進步主義（progressiveness）。浪漫主義的思想，乃依據Rousseau、Fröbel、Gesell與Freud等人的學說與研究，視成熟與教育為內在美德及能力的展露（upholding）。持此論點者通常很注意孩子的成熟，通常建議老師及家長們要等待幼兒「準備」（readiness）好了，再開始教育。

　　文化傳承的思想認為，教育與代代相傳的知識、技能、價值觀及社會和道德規範有關。在這波思潮中，行為主義為教育提供了學習原理與原則。

　　進步主義的思想則主張，兒童透過個體成熟及與社會環境產生有結構及自然的互動經驗，再產生個體的結構（如基模）的成熟。教育者應協助幼兒達到最上一層樓，但學習的主宰在兒童本身。這個主張說明人類發展與教育的密切關係，亦開創老師即幼兒發展專家的觀念。

　　雖然教育理論和發展理論是各自獨立的，但它們也相輔相成，它們

有時可相互替換，但有時它們又持不同的理論主張和形式。然而發展理論深具普通性，它可適用各種背景的所有兒童，同時也是最低限度的要求者；相反地，教育理論具特殊性，它們探討特定背景下的特定學習，它們也是最大化的主張者。兩種理論的型態可以互通，但不能相互衍生。

雖然課程可能被認為源自於某一個特別的發展理論（認知發展），但事實上實施方式可能大有不同。例如某課程設計者標榜他們是採Piaget理論模式（Piagetian），但當我們分析其課程，可能會發現即使有相同的課程名稱，但在內容卻大有出入（Forman & Fosnot, 1982）。這些差異是由於每一個課程設計者只從發展理論中擷取一些原理作為課程宗旨，再依實務經驗加一些可衍生的內容，所以說來，發展理論對於幼兒課程而言，應該是一項資源，而非它的起源（Spodek, 1973a）。一個教育課程的起始點是「兒童應如何被塑造的重要聲明」（Biber, 1984: 303）。

二、幼教理論與幼教課程

幼教課程是透過每日生活經驗來瞭解其社會文化的生活知識。孩子透過日常活動設計，如所唸的書、說故事、所唱的歌以及提供的教學活動中，在成人與兒童的社會化過程培養真實情感及學習知識。

幼教課程最重要的是語言與讀寫能力，這些課程內容必須配合年齡發展，也必須反映文化價值觀及兒童所需知識的本質，以達到適齡教育的目的（Spodek, 1986）。Elkind（1988）建議幼教師們要介紹幼兒不同學科領域內容和概念知識（如科學、社會及歷史），也需要與成人及同儕互動學習社會知識，當然也必須學習不同的顏色、形狀、大小，及依物體的相似與差異來做配對、分類、區別以及排列。

除此之外，Elkind和20世紀初期幼教改革派的論點一樣，建議幼教師要運用教育計畫來教導幼兒（Weber, 1984）。幼兒應透過日常生活體驗──從遊戲、美勞操作、故事分享與對話中獲得此時此刻（here-and-now）的真實體驗。因此，幼教學科知識應圍繞著主題、單元或透過教育活動組織起來成為整體的經驗，而不是以科目或類別獨自教授，而要兒童自己整合其經驗。

第二節　幼兒教育課程的起源

一、以兒童為起源

以幼兒為本位的課程，才能滿足符合幼兒的需要及興趣。Fröbel和Montessori這兩位幼教先驅，就是以幼兒為課程的最主要來源，並藉著遊戲來達到教育的目的。Fröbel創造思物（gifts），其幼稚園即是有順序應用操作的活動、手工，以及歌曲和手指謠的遊戲活動來達到幼兒教育的目的（Lilley, 1967）。同樣地，Montessori提供教具，並從那些組合中擷取一些學習原理成為Montessori教學方法。

這種以「自然的」的兒童活動及遊戲成為課程本源是一種浪漫主義的理想，可追溯到18世紀的法國盧梭的精神，他說「童年時光消逝無蹤矣」，兒童的童年只有一個，稍一荒疏，已消逝無蹤。可惜的是現代的學校，尤其是學齡前機構，皆少提供孩子最自然的活動，在教育情境中，所有的遊戲活動，大體皆是老師所修正過、甚至更直接介入兒童的遊戲活動，目的是要改變兒童成為文化的產物。

二、以發展理論為起源

幼兒發展理論是幼兒教育學者採用的第二個課程來源。這樣的理論出自於Arnold Gesell的研究，基本上，此理論將兒童的發展視為基因的成熟。Gesell和他的同事根據許多不同年齡層的兒童做大規模的抽樣，並觀察兒童行為的數值及標準值，基於這些標準值，兒童可依年齡歸類（尤其與常模做比較），並提供那些被認為適合他們年齡階段的經驗（不過這種比較僅供參考之用，因為每個孩子有其個別差異，加上近年來，孩子的年長之百年趨勢也造成現在與過去兒童之比較的差異存在）。

心理的研究如佛洛依德、Carl Jung和Erik Erikson已用幼兒來規劃課程，如活動、戲劇表演和團體互動的重視。但是幼教學者如果太過於強調

情緒的宣洩（catharsis），那以此理論爲基礎的教育實務與兒童治療並沒兩樣。然而在Erik Erikson對自我發展的重視下，也使得幼兒課程比較內心個人建立一個統合自我的能力，而較減少行爲的輔導。

　　Piaget的理論在60年代之後也漸漸成爲幼教課程的基礎。George E. Forman和Catherine T. Fosnot（1982）即以Piaget的建構理論爲基礎，主張：(1)知識是我們本身所推理的解釋；(2)相信個體內在「自我調整」的機制；(3)知識是源自於個體的行動（包括活動與反應）；(4)知識源自於行動的解決。如此，每一個活動皆有不同主張的關注，並以各種活動原則來詮釋理論。例如Constance Kamii（1973）就依據Piaget理論架構來定義五種認知知識的類型以作爲幼兒教育的目標：

1. 物理知識（physical knowledge）：關於可用自己感官觀察物體特性及事物的物理作用。
2. 邏輯—數學知識（logic-mathematic knowledge）：關於事物間的關係，如分類、排序以及數字概念。
3. 時間—空間知識（time-space knowledge）：關於時間和空間在外在事實世界中可被觀察，但必須藉助理則學來建立此觀念，例如可用社會戲劇扮演來讓幼兒瞭解何種事物發生在前，何種事物發生在後。
4. 社會知識（social knowledge）：是由自然互動過程中，瞭解世俗約定的觀念，並由實際的人們互動的回饋來形成社會概念。
5. 概念知識（concept knowledge）：藉著活動來瞭解事物的符號及代表意涵。

　　之後Constance Kamii及Rheta DeVries（1982）用此基模來設計活動，教導兒童邏輯數學知識及物理知識（Kamii & DeVries, 1993）。而Piaget的認知課程被廣爲相傳的，有位於Michigan的Ypsilanti，由High/Scope教育研究基金會所推廣高瞻（High/Scope）教育計畫及位於美國東岸的河畔街教育學院方法（Bank Street College of Education）。

　　Greta Fein和Pamela Schwartz（1982）對發展理論和幼兒教育的討論中，認爲發展理論對人的成長提供了寶貴的詮釋與資源，但不足以衍生教

育實務。

三、以學習理論爲起源

　　學習理論之所以成爲課程來源，主要受到了Edward L. Thorndike的行爲聯結主義所影響，現今已有幼兒園教師設計針對爲五歲幼兒養成良好習慣及給予適切的刺激所擬定的教育方針與目標。

　　今日，行爲主義理論學者B. F. Skinner的操作反制理論也有著類似影響，它主要來自下列六個主要觀念：

1. 操作制約（operant conditioning）：動作或反應是可以被增強的。
2. 增強（reinforcement）：當動作發生時，增加其發生比率的刺激物爲增強物，如食物、玩具。
3. 立即增強（primary reinforcemet）：在操作行爲和其增強作用之間的延遲時間要盡可能的縮短。
4. 區辨刺激（discrimination stimalus）：當刺激在特定的情況下，行爲才能被增強，此種刺激是謂區辨刺激。
5. 消弱（extinction）：當一個反應不再被增強（常常是制約刺激），反應會漸漸減少發生比率，除非制約刺激再度出現，不然反應會逐漸減少產生；而一旦制約刺激再度出現，反應便會自然恢復。
6. 塑化（shaping）：複雜的行爲可以被分析成簡單的成分，而這些簡單的成分也可以嵌入複雜的行爲中（Bugelski, 1971）。

　　行爲主義的學習理論可成爲幼兒教育發展教學方法的基礎，它被當作是一種技術（一種教學方法），特別對有學習困難或特殊幼兒的個體。然而也有些人認爲，行爲主義可適用於任何題材內容中（Bijou, 1977）。雖然學習理論帶給幼兒在學習上的一些準則，而且頗具效果，但這種方式對於學習的遷移，尤其在不同的情境運用，會有一些困難，加上孩子常對高層次的學習過程，如問題的解決或創造力也的確有困難，至於學習的內在動機也是難以操控的。

四、以有組織的知識爲起源

Jerome Bruner（1960）提出組織化領域應爲兒童在各階段的教育課程基礎。Bruner的論點是「學科的結構」可提供一種學習工具，並確保學校教育學習對智力提升的關聯。他的理論指出孩童對於更成熟的學習階段會以更練達的方式來統整過去學習的關鍵概念。這些關鍵概念也應在每一階段中以全然智育的方式來教導。

成熟學科的概念架構與兒童不成熟的理解力的關係比原先所想的還要複雜。因此學科的內容即知識的領域，有助於學校決定教育內容，但其內容本身不足以決定學校任何階段的學習，尤其是幼兒階段。

五、以學校教育內容爲起源

幼兒教學計畫的來源是爲了往後教育的內容，而在此起源代表孩子的準備度很重要，因爲它讓兒童準備好接受教導，例如孩子進小學才有寫字課程，那是因爲其手腕握筆寫字臻至七歲才至成熟階段。

在Bereiter和Engelmann（1966）教學計畫中就是持著如此的觀點。它的教學內容如閱讀、語言和數學是依照低年級學童的需要而決定的，這些讀寫、算的技巧爲學校課程的重點，也是孩童在往後學校教育的生活上爲適應日後文化所應做的準備。但是生活的知識變化快速，現有教育的準備度是否能適應未來學童的生活卻備受爭議，而且以往後的學校教育課程來訂定幼兒現實的教學計畫內容也許會給予孩童在生活和學校教育的壓力，甚至也會誤導課程的內容。

第三節　遊戲與學習活動

事實上，如Judith Van Hoorn（1993）等人所指出的，遊戲早已被視爲幼兒教育的核心，遊戲能夠提升兒童在藝術、科學、數學、社會科學、語言和文藝等各領域的學習成效，值得注意的是：遊戲究竟如何協助兒童

達到各領域的幼兒教育目標。

一、遊戲與語言學習

　　許多研究證實，學齡前兒童的遊戲能力與閱讀能力有關（如Gentile & Hoot, 1983; Pellegrini, 1980; Wolfgang & Sanders, 1981）。戲劇性遊戲和閱讀、寫作一樣，皆是一種符號象徵活動。在戲劇遊戲中，物體及人物具有豐富的象徵意義，而聲音、閱讀及寫作藉由符號文句傳達抽象的觀念，因此若能在戲劇活動中學習到運用符號的能力，將能同時強化語言及文字的掌握能力。當孩子逐漸長大，他們所說的故事，便很可能是早期他們在小時候所玩的或所扮演的故事。

　　教師可以透過戲劇遊戲來強化兒童在語言、文學方面的學習，如戲劇遊戲活動中的打電話、閱讀或書寫等活動，皆可以讓孩子熟悉並培養其聽說讀寫的能力。當兒童年齡稍長，教師便可以設置一模擬出版中心，在遊戲中出版幼兒所寫出來的作品（Hartman, 1991）。

二、遊戲與數學學習

　　幼兒在教學活動中應該要有許多機會可以操作教材或是使用相關物品，而大多數為兒童設計的操作性遊戲都能協助兒童學習數學，如數字的基本概念、計數方式與數量比對，同時能讓他們學習辨識形狀的大小等。教師也可以自己設計教材和遊戲來達成相同的教學目標。

　　此外老師可以透過靈活的戲劇遊戲區，協助兒童學習數學，例如在扮演商店或餐廳老闆作為演戲主題時，兒童便能試著計算或秤出商品的重量，以及比對盤子、刀子、餐巾與顧客的總數等，並且開始進入關於使用金錢的領域。教師還可以開發其他機會協助兒童發現及運用數學。

三、遊戲與科學學習

遊戲是一種很好的科學學習。David Hawkins（1965）認為，科學學習的其中一個階段就是「任意玩弄科學器材」。兒童必須先對事物的性質進行探索，再針對教材或是他們實際的經驗提出問題並試著尋找答案。逐漸地，他們會如同科學家一般擬定假設、設計實驗、操作器材，最後透過實驗來驗證假設。如果讓孩子以遊戲的態度接觸科學，兒童會從中獲得很多，而不只是死背書中的科學定理而已。

四、遊戲與社會科學學習

戲劇遊戲可以幫助兒童探索真實的世界，具有極高的重要性。兒童會將他們在家中、學校或其他地方所看到的角色演出來，因而對世界有了初步的認識，而為了維持遊戲的順利進行，孩子們必須彼此互動，在互動中學習到更成熟的社會技巧；而如果他們不是遊戲團體的一員，那麼就需要學習一些策略以進入遊戲情境，同時他們也會瞭解自己與他人的世界觀，並且開始求證是否與他人擁有相同的想法。以上所述都是孩子透過戲劇遊戲所能獲得的能力，而藉由觀察兒童的戲劇遊戲，教師可以瞭解兒童對世界的概念與理解程度，並進一步評估他的社會能力。

五、遊戲與藝術創造

創造性藝術與兒童遊戲兩者聲氣相通，它們都能幫助兒童表達內心的想法與觀念，並進一步促使兒童發揮創造力。由課程中可以發現兩者之間的關係似乎已成定論（Eisenberg & Jalonga, 1993），然而卻很少人針對教育者規劃的課程進行研究以證明上述看法，因此對於這個領域仍然需要累積更多的研究。

長久以來，遊戲在幼兒教育中具有舉足輕重的地位，對幼兒來說，有許多理論鋪陳遊戲所具有的重要功效；對老師來說，則須扮演更主動的角色、設計具有教育性的遊戲；藉由兒童喜歡玩遊戲的天性，指導孩子玩

這些遊戲，並從中學習，最後兒童應該要有能力掌控自己的遊戲。

　　老師在應用遊戲成為課程的一部分時，應掌握活動規劃與實施。只要課程架構一決定，遊戲與學習規劃就是透過活動設計，所謂活動就是有時間範圍、來龍去脈，或特定場合等限制的活動。在自發性的遊戲情境中，大體環境是由老師有組織及系統地規劃，再給孩子很大彈性、自由自主使用玩物；老師規劃器材給兒童玩則稱為「學習經驗」，而非活動。老師最重要的角色在規劃學習情境、有系統的介入、鼓勵兒童與同儕或器材互動、提供他們學習的鷹架、幫助他們發展學習技巧、發現意義並表現自己。

　　活動規劃之後要有組織、系統及規律，所設計的架構要讓兒童能穩定發展，而兒童最有可能透過與器材及工具的互動達到練習效果，提放最高瞻模式或學習得更上一層樓。老師要精心布置、設計、規劃學習情境，仔細選擇遊戲所需要的素材，並且注意兒童是否能從這經驗中學習，以達到延伸舊經驗，建立新經驗的學習。老師必須掌握兒童需求及發展狀況，透過有組織的規劃活動、引導兒童達到特定學習效果、有系統地觀察兒童，並掌握機會教育來達到教育學習目標。

第四節　導引教育性遊戲

　　如果遊戲可以被教育，那麼教師就必須扮演布置遊戲舞台、建立指導方向同時進行修正的主要角色。1982年，Sponseller回顧有關遊戲與幼兒教育的相關研究，敘述了一些兒童遊戲中的影響關係：

1. 遊戲空間的物理因素會影響社會性遊戲、性別角色的學習、活動的層次和品質。
2. 兒童與父母間的親子互動會影響遊戲的能力。
3. 兒童與同儕間的互動情形會影響社會遊戲、性別角色的學習、遊戲的層次與品質，以及兒童減低自我中心的發展過程。
4. 教師直接或間接的協助會影響兒童遊戲的類型及品質，這也可以顯現出學校中遊戲的適當性與不適當性。

5.某些類型的遊戲訓練和經驗，會影響教室中的遊戲行為，同時會改善學校中課業技巧的學習，尤其當兒童需要發展更高的認知歷程時。

　　因此當教師無法對某些遊戲產生影響的時候，它們便會控制其他的影響層面，為了確定教室中的遊戲可以產生正面的教育結果，老師必須有所準備，並進行仔細的規劃和指導。教師可以指導兒童從事教育性遊戲，包括規劃遊戲以及指導遊戲本身活動的進行。

一、規劃教育性的遊戲

　　儘管令人滿意的遊戲會在學習過程中自然展現而予人驚豔之感，然而先有充分的準備才能促成建設性遊戲的產生。教師應注意什麼樣的遊戲主題是兒童的最愛，如此才能提供豐富的教育性經驗，包括各種不同社會角色的遊戲活動，如此能夠協助兒童在遊戲中探索這些角色的功能和限制。與商店相關的遊戲能幫助兒童瞭解經濟原則，積木遊戲可以讓兒童對社區等地理關係有所瞭解，而扮演一位建造者往往可讓兒童演練在測量方面的技巧。

　　就遊戲的規劃而言，教師應該提供資源以援助遊戲的進行，包括遊戲的時間、各種特定的遊戲區域，以及充分的教材，並且對於希望從事遊戲的兒童要能妥善管理。1992年，James F. Christie和Francis Wardle指出，遊戲所需的時間至少要有四十分鐘。在這段時間裡，兒童可以體驗遊戲活動的準備過程，同時細心規劃戲劇遊戲的主題。如果可以將教室組織為活動中心，那麼應提供充足的空間給各種不同型態的遊戲，同時也應有系統地整理各種遊戲道具，如此一來，兒童便可以很容易地辨識並拿取他們在遊戲中所需的物件。至於遊戲團體的大小，則要視活動種類、室內可以容納遊戲進行的空間大小，以及兒童的性別而定，如之前所提及的，女孩較男孩傾向於以小團體進行遊戲。

　　教師必須仔細評估遊戲所具有的學習潛力，然後尋求可以協助兒童進行此遊戲主題的相關資訊，如參考書籍、影片、電影、圖片、紀錄都是很有用的材料；到社區中找尋相關訊息也將會是很好的區域性旅遊；或是

請閱歷豐富的人協助教學，博物館和教育資源中心都可以借到一些相關教材。教師也許無法將所有的資源用在教室中或全部介紹給孩子們，但是細心地搜尋教材將可讓教師在選擇教材時獲得足夠資訊以刺激遊戲的進行與變化，同時能夠更順利地發展。

在規劃上，教師也應該能辨識使用教材的優劣，如戲劇性遊戲的衣物、操作性物品，以及能促使兒童創造、組成他們遊戲所需道具的原料。這些東西可以使用很多年，而且教師常要擴充、蒐集新的遊戲教材，而這些教材由老師們帶入教室後，便會影響兒童的遊戲活動。Singer（1973）指出，太過寫實或是太不眞實的玩具由於沒有明確的結構，將會限制兒童發展創造性的遊戲，例如積木相當具有彈性同時沒有特定用途，它因此比結構性的玩具更能夠長期使用。無結構性的玩具可以和具有特定用途的玩具共同使用以刺激「假想」遊戲的進行。

教師應透過策略性思考以激發遊戲並達成他們的教學目標，對這些目標的瞭解有助於持續提供他們有關後續教育與遊戲活動的指導。

就如同爲兒童的遊戲做規劃一樣，教師也應該協助孩子自己做規劃。他們可以問兒童一些關鍵性的問題，以口頭方式給予提示，例如：「你要如何堆這塊積木？」或「你進行這個遊戲的計畫是什麼呢？」如此的規劃將有助於兒童控制自己的活動，並且提升自重與責任感（Casey & Lippmann, 1991）。

二、激發遊戲活動

簡單布置教室中的情境與新教材都很容易讓兒童展開遊戲，如果教師同時介紹兩個有新玩具的活動中心，提供兒童選擇的機會，並且使得教室中的課程進行不只集中在一個令人興奮遊玩的角落，同時孩子能自由發展小團體遊戲而不受到過度抑制，孩子都能更容易地發展遊戲。在介紹新教材或設備時，也有一定的方式，教師必須告知學生們這些設備的使用方式以及使用限制。在介紹教材前如果能先舉行簡短會議，將有助於避免未來的可能問題。

在一般性的遊戲活動中，教師可以試著激發兒童的興趣與想像方

式；老師通常會藉著小規模旅行、影片展示，或閱讀一些相關主題的書籍以便激發兒童扮演有興趣的戲劇性遊戲。這些經驗可以幫助兒童學習使用教材，同時激發新的遊戲主題。

三、指導兒童的遊戲

教師應注意遊戲的過程，並且藉觀察所獲得的線索來協助或修正兒童的遊戲。教師可以觀察兒童是怎樣玩的，然後判斷在那個情況之下，什麼樣的技巧才是最有效的。有時教師可以告訴孩子他們正在做什麼，並儘量與他們談論同時提出建議；如果某一項遊戲十分具有建設性，那麼教師會鼓勵兒童繼續進行這項遊戲。

關於激發兒童遊戲的基本策略，有下列四點：

1. 教師花點時間等待「令人訝異的孩子脫離了含糊的情況而進入目標性的活動」，有時在引導兒童進入他們的遊戲活動一段時間之後，教師可以自行退出（就如同是在遊戲情境中教導他們如何去玩一樣）。
2. 如果遊戲需要再延長進行，教師可以增加新的物件。
3. 教師可以在遊戲中間問一些問題以促使兒童更仔細地觀察，同時協助兒童回憶一些先前的相關經驗。
4. 有些老師會設計出能激發討論的問題，促使孩子更仔細地觀察與遊戲，他們也透過書籍、旅行和類似的方式來提供兒童額外的資訊。

教師必須要有高度的敏感性，並應配合設計、商議與介入，才有助於引發兒童進行教育性遊戲。因此學習乃是由玩樂所致，良好的教學本質乃決定於教師為兒童計畫學習目標的能力，而且在避免不必要的干涉與曲解中反應、介入，同時也能適時改變教學方向。或許一位好的老師便是帶著一顆赤子之心的特質來到教室，並且能夠真正地尊重兒童。

第五節　學術遊戲課程規劃

在學術課程中，遊戲具有多層面的關係。Van Hoorn、Nourat、Scales 及 Alward（1993）在課程導向遊戲（curriculum-generated play）及遊戲導向課程（play-generated curriculum）之中提出一些可能的連接關係，分述如下：

1. 課程導向遊戲：老師從正規課程中提供一些遊戲活動，讓兒童藉由讀寫或數學遊戲，學習相關的經驗和技巧，提升孩子們在科學、數學及語文的能力。例如在開放式的遊戲角落情境中，兒童可以在遊戲角落中學習認識數字及數數。此種課程導向與主題學習或角落學習的開放教學較為相似。

2. 遊戲導向課程：老師可從孩子的遊戲中發展出新的學習活動。假如兒童在遊戲中表現出對海洋生物的興趣（如扮演鯨魚或鯊魚），老師可再設計一海洋生物的角落，讓兒童有機會在這個角落學習有關海洋生物的技巧與概念，這也包括了讀寫能力、數學及科學。此種遊戲導向課程較為開放，老師要先瞭解孩子的興趣及能力，再依他們的興趣來建構主題學習區。

如果有可能，可以兼顧上述這兩種導向，同時運用課程導向與遊戲導向課程，至於何時使用何種導向，則依老師所希望達成的教學功能而定（**圖12-1**）。

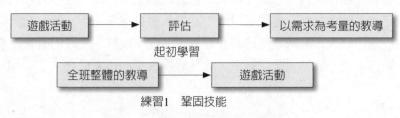

圖12-1　課程導向遊戲：兩種功能

資料來源：吳幸玲、郭靜晃譯（2003）。

一、課程導向遊戲

由於教育哲學的不同，老師們在遊戲活動的應用上也會有所不同。較傳統的方式是在遊戲中讓兒童從練習老師所教導的技巧中，學習到新的技巧。而提倡建構主義的老師則會將遊戲作為孩子最初的學習方式。

1.初步學習：在讓兒童展開遊戲活動之前，要先讓他們學習基本的技巧與概念。在兒童有遊戲的機會之後，老師先評估他們對特定技巧的瞭解程度，再透過遊戲讓兒童能熟悉相關技巧。例如老師先在自由遊戲中進行觀察，瞭解孩子的興趣與能力，再利用個人或小組活動的機會給予教導，接著利用自由活動的時間來檢驗、瞭解孩子是否確實獲得了技巧，個人建議老師可以先使用前述方法，若沒有效用，再利用後一種方法。

2.練習與鞏固技巧：在老師說明、指導遊戲應如何進行之後，給孩子一些時間進行練習；臺灣本土的當代教學大都採取此種方式，而且大都應用到小組教學之後的自由遊戲。

我們希望強調，課程導向遊戲所具有的評估與需求功能，是檢測教導成效的重要角色。遊戲讓兒童有機會學習廣泛的學術概念，並且發展適齡的技巧。然而強調學習機會是很重要的，不管學習過程有多豐富或與眾不同，誰也不能保證在遊戲中一定會產生學習的效果。基於這個緣故，有需要對遊戲進行評估以決定兒童在課程導向遊戲中是否獲得應有的技巧與概念。假如有些兒童不能從遊戲中獲得應有的概念與技巧，那麼老師可能再使用較直接的教導方式來幫助這些特定學生學習這些概念與技巧。但需要注意，這種教導只針對在遊戲中未獲得相關概念技巧的學生（這與完整的課堂團體教學不同，因為完整的課堂教學是針對全部的學生，而以需求為考量之教導是針對特定的學生）。

二、遊戲導向課程

遊戲導向課程（play-generated curriculum）是以遊戲作為學習的媒

介，藉由符合幼兒年齡的活動，讓他們在自然的情境中獲得豐富的刺激。舉例來說，在幼稚園裡，遊戲就等於上課，老師必須妥善地設計遊戲活動，讓孩子們從中獲得學習。

　　而要評估這些遊戲是否具有良好的品質，應特別注意這些遊戲之課程環境規劃是否符合孩子們的連續經驗（Cuffaro, 1995）。所謂連續的經驗（continuum of experience）為John Dewey的教育哲學，意思為能讓兒童所熟悉或是記憶猶新的過去，並發展出現在與未來，相互連結，孩子的經驗也因此能延伸、擴大。這樣的做法避免了「教育的謬論」（educational fallacy），所謂教育的謬論是指在自由遊戲中直接把經驗給予孩子，而非孩子親自獲得。但經驗必須是孩子自己擁有（had），而不是來自成人的給予（given）。因此在設計遊戲環境時，須注意情境中不能在時間或空間布置上給孩子任何的壓力，並應提供適齡之玩物及社會期望，以使兒童在課程與學習上能夠充分發揮創意。

　　除了連續經驗，評估教育性遊戲是否擁有高品質的第二個指標為互動。老師應藉由良好的互動，讓孩子能在自己的想像遊戲世界與外在現實環境中取得平衡。

　　至於老師在教育性遊戲中所扮演的角色，之前已經有所討論，老師應仔細觀察每個孩子如何單獨遊戲，以及在各種遊戲情境中如何與他人互動。老師更應有敏銳的感覺，作為鷹架來延伸孩子過去的經驗，並繼續擴大。除了提供合宜的時間、空間、玩物，老師更須給予孩子適當的指導，以及能延伸經驗的遊戲主題，讓孩子能從中學習（Bodrova & Leong, 1996）。

　　若將遊戲當作一種學習的方式，其中必然會產生一最佳學習點（entry points）。Cuffaro（1995: 82）就這一點提出有關學習的一些問題如下：「對老師而言，遊戲中是否有最佳的學習切入點？是否應在兒童遊戲時介紹主題？是否應以詢問、討論及參觀旅行等方式來引導／形塑兒童應如何遊戲？要如何引用遊戲來瞭解社會個體的潛在特質，進而發展社區中的凝聚感及瞭解個人的問題及興趣。」老師可依照之前所談到Dewey所提出的連續與互動原則，藉由與孩子的經驗相連結，獲得教育的效果。依Cuffaro之見，以兒童的興趣作為遊戲課程的導向，比起由老師直接為孩

412

子設定遊戲主題，更加具有挑戰性。

　　Cuffaro（1995: 86）以河畔街幼稚園的方案為例，說明如何運用遊戲為兒童建構課程。在學期中，兒童遊戲已經變成重複日常生活的固定行為模式。老師詢問兒童是否要參與他們以前沒有玩過的遊戲，企圖吸引孩子的注意。其中有一位兒童想到要讓整個教室變成海洋！

　　老師：我想——如果我們的積木角變成一條河，那我們將會變得怎樣？

　　小如：那我們怎麼辦，整天游泳？

　　小晏：你也可能釣魚。

　　小如：我不想釣魚，我想要建學校。

　　小晏：你可以建學校啊！

　　小如：（用懷疑的口氣）在河裡？

　　安安：等一下！我有一個辦法。海洋，海洋，整個教室都變成海洋。

　　老師和其他小朋友都接受了安安的想法，接下來他們就開始扮演一個島國的生活，在這個遊戲中設想水中交通、颱風如何形成，還有其他與海洋相關的主題。在這個例子中，兒童已在遊戲中發展出一些與遊戲主題有關的社會科目的概念，不過，課程導向遊戲與遊戲導向課程的界線則不太清楚，如果當老師較重視兒童的社會情緒管理，而非達成學習上的目標，就可在課程中融入遊戲；但如果老師以認知學習為目標，便可從兒童的自由遊戲中抽離出一些想法，延伸到日常生活中安排相關的學習活動。這是遊戲與課程的並列模式（a juxtaposition model）。除此之外，還有遊戲與課程的整合模式（integration model），也就是老師可在兒童的自由遊戲中擔任現實的代言人（spokesperson of reality），掌握可教育的時刻（teaching for moment），引導兒童自我探索。至於分離模式（segregation model），則是指只讓兒童在下課時間玩遊戲，而且不會特別安排教育性遊戲。

　　許多老師在課程中會混合使用整合模式與並列模式，這兩種模式在運用時也不全然對立。例如在高瞻式（high/scope）之Piaget式認知導向

課程中，使用了計畫—執行—回憶（plan-do-recall）的遊戲與學習循環（Weikart & Schweinhart, 1993）。兒童先說出他們在自由遊戲中想要做什麼（他們將使用哪些遊戲或活動角落），參與他們所想做的行為（在安全範圍下及考量適齡發展），然後在團體時間集合再討論自由遊戲的情節（過去的經驗），並翻新自由遊戲的事件（延伸新的經驗）。在上述過程中自然發展出計畫（planning）、再建構（reconstruction）與溝通技巧（communication skills）。這種循環模式可以幫助老師在執行（do）層面指導兒童進行遊戲與學習。

還有另一個例子同樣說明了老師如何在自由遊戲時間將兒童的經驗當作討論與學習的基礎，那就是全班（大團體時間）在遊戲時間中對發生問題的討論。Vivian Paley（1997）建議老師仔細觀察兒童自由遊戲的情形，並認為應該將兒童在自由遊戲中所發生的問題在團體討論中加以回顧與討論；例如可能有一位兒童在使用某玩具或參加團體、或用畫架產生棕色色彩上產生困難。Paley（1997）認為，缺乏創新的課程比起沒有檢驗的課程還要來得糟（Paley, 1997）。藉由她一位學生Reeny的幫忙或啟示，Paley將一整年的課程環繞在Leo Lionni故事書的相關情節，而這個主題也是Reeny與同學在遊戲中探索故事書情節時所萌發出來的。

至於方案模式（The Projects Approach）（Katz & Chard, 1993）則是指運用自由遊戲與相關方案，或是對非正式課程進行持續調查。方案根源於兒童的興趣，老師同樣必須對遊戲中的兒童進行觀察與推測。方案模式也舉例說明遊戲如何激發課程，以及遊戲、學習與教學如何產生互動，並促使兒童在此種幼教課程中與老師共同決策及建構知識。世界聞名的義大利瑞吉歐（Reggio Emilia）也是採用方案模式的課程之一。

此外，老師也可以設計及運用整合性或主題單元（integrated or thematic units）來延伸兒童在遊戲中所展現的興趣。讀者對此主題如果有興趣，可再進一步參閱Neuman及Roskos（1993）所討論，以兒童為本位的活動規劃（discussions of child-centered activity planning），及Christie、Enz和Vukelich（1997）規劃科際整合性課程活動指引（directions for planning integrated, interdisciplinary curriculum activities）。**圖12-2**及**圖12-3**說明Hall及Rhomberg（1995）如何以網狀方式來建構遊戲課程，可分為兩

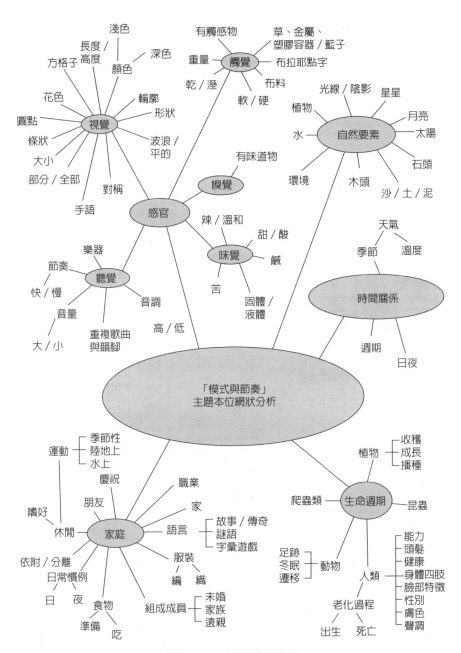

圖12-2　主題本位課程網

資料來源：Nadia Saderman Hall and Valerie Rhomberg (1995), p. 59.

兒童遊戲與發展

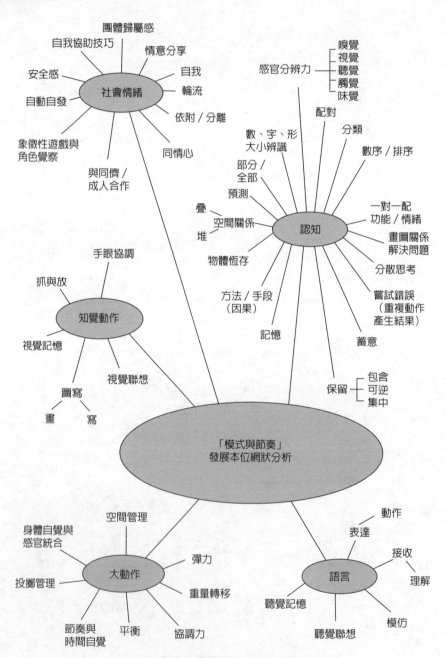

圖12-3　發展本位的課程架構圖

資料來源：Nadia Saderman Hall and Valerie Rhomberg (1995), p. 63.

種方式：一是以主題爲本（圖12-2），另一是以發展爲本（圖12-3），其中以主題爲本的方式較能配合教育目標，而以發展爲本的方式則是以有系統的方法來促進兒童的發展與學習。

國內幼教界相關書籍相繼出版全語言、戲劇遊戲、創造性遊戲、故事戲劇等概念，甚至倡導這些教學課程對幼兒讀寫萌發（emergent literacy）有所助益，然而林惠娟（2002）應用其評鑑幼兒園經驗，指出台灣幼兒園所應用眞正讀寫萌發觀點去支持幼兒閱讀發展，或懂得以戲劇遊戲去引導和維持幼兒閱讀興趣的教育，也極爲稀少。其實幼兒的扮演遊戲無時無刻不自然發生，幼教老師需要在幼兒園布置讀寫環境（例如文字、圖形），掌握「全語言」的情境，幼教師也需在課程中穿插「演故事」的活動，這些因子皆是促進幼兒閱讀發展的重要因子。然而台灣大多數幼兒園教師卻忽視上述因子的重要性，繼而可能轉以片段、零碎的「字卡」練習，或徒以「語文角」作爲提供閱讀環境的手段，或以偶爾說說故事或聽故事等受容遊戲，而非主動性或自發性戲劇遊戲，所以萌發讀寫未能深入孩子的內心，甚至刺激孩子的玩性趣味（playfulness）。

讀寫能力的發展涵蓋了精通一系列與書寫、語言的有關態度、期待、感覺、行爲等技巧（林翠湄等，1996），Morrow（1993）指出萌發讀寫是語言發展的一部分；語言發展是符號發展的一部分；符號發展又是社會文化意義發展的一部分。因此，從認知建構論觀點，誠如Vygotsky（1978）所指出，書面語言是象徵和符號的特定系統，其學習過程是由傾聽成人、手勢、象徵、遊戲、畫圖，而再轉接到書寫，這樣的過程必須在社會文化中經驗，才能使其習得的語言發生社會功能。Piaget認爲只有透過生活中的經驗，不斷同化、調適以達成平衡的機制，透過不斷操作以建構其精熟的基模。

Christie（1983）則認爲從建構觀點或社會建構觀點，幼兒爲了發展萌發讀寫能力，必須透過眞實的社會文化經驗，與他人互動，增加練習（遊戲）機會，在逐漸擴張的近似發展（zone of proximal development），透過成人及友伴的鷹架（scaffolding），不斷建構自己對社會文化中的符號系統之理解和掌握，以精通語言文字的涵意。

第六節　學校遊戲的阻礙

　　我們已說明了一些用遊戲來支持及加強學科課程的方法，不幸地，當老師想要在教室使用遊戲時，他們有些猶豫，並徘徊在用與不用的十字路口，尤其是小學這種情形更是十分普遍，除此之外，也有許多幼兒園之保育人員或教師在應用遊戲導向的課程時有其困難與限制。

一、幼兒園

　　長期以來，幼兒教育在傳統上是利用遊戲來幫助及促進幼兒的學習與發展。但從英國（Moyles, 1989）及美國（Polito, 1994）近年的研究中可以看出，在理論與現實之間，遊戲的角色存在一些矛盾與差距。雖然老師大都認為遊戲應在課程中扮演重要的角色，但實際上，老師採用最多的卻是督導與指導性的活動，其次才是讓孩子自由選擇的遊戲。

　　為了瞭解遊戲為何在理論與現實間存在如此大的誤差，Bennett、Wood及Rogers（1997）針對英國幼兒學校的九名教師進行一整年的縱貫研究，研究的執行步驟如下：老師在做遊戲觀察前，先填寫有關遊戲活動目的的問卷，然後錄製所有兒童的遊戲活動，看完錄影帶後再訪問老師們關於遊戲的問題。

　　雖然老師都表示應該將遊戲加以整合為課程的一部分，也相信遊戲可以提供兒童理想的情境學習。但在實際執行上，老師卻往往忘記了他們所認為遊戲的好處，反而非常著重較正式、類似工作的學習活動。而在事後的訪談中，老師解釋他們之所以不安排遊戲，是因為受到時間、空間、師生比率及課程強調必須要教導基本技巧，和老師不應該介入兒童遊戲等種種因素的限制。也因為必須在課程中指導給孩子們許多基本技巧，而且老師不應介入兒童的遊戲。除此之外，老師常常會假設：兒童應會對遊戲有所回應，有時又高估或低估了兒童的實際能力，或兒童在實際遊戲上的挑戰程度。這些假定往往不切實際，而且會漸漸腐蝕老師以遊戲作為學習媒介的信心。

　　Bennett等人（1997）則發現，最成功的遊戲活動必須有老師的介入。老師的介入似乎可以減少這些對遊戲的限制，進而有助於學生的學習。當老師列舉他們對遊戲的期望及協助兒童將遊戲與學習結合起來的時候，對於兒童的學習便有所助益。下列是Bennett等人（1997: 130）對提升學校遊戲品質所做的建議：

1. 透過清楚地訂定遊戲目標，將遊戲整合到課程之內。
2. 找出高品質的互動時間，透過遊戲來加強學習。
3. 透過遊戲讓兒童有機會學習，而不是只期待兒童自發性的學習。
4. 提供一些討論的機會，讓兒童清楚時間結構，如此一來，兒童才會清楚知道他們在遊戲時可以做什麼，什麼是他們要達到的學習目標。

二、小學

　　在小學階段，遊戲的不受重視往往讓人感到沮喪。在美國，小學的主要責任是指導兒童準備如何適應日後進入成人社會的角色，主要工作包括：學習讀、寫、算的學科基本技巧及工作習慣（Fernie, 1988），而根據一般的看法，要達到上述目標，最好的方法是直接教導而非遊戲（Glickman, 1984）。

　　Klugman（1990）使用問卷調查國小校長對遊戲的看法，結果發現絕大多數校長都認為遊戲不重要，其中89%的校長認為遊戲不過是幼兒園的課程之一，只有9%的校長認為遊戲在國小三年級應扮演很重要的角色。大多數校長認為幼兒園才是遊戲的地方，而小學課程應強調真正的學習（real learning）（Bowman, 1990）。

　　除了遊戲哲學不受重視之外，幼兒教育課程受到阻礙的因素是時間的不足，而非空間問題或師生比率太高。而課程太強調教導讀、寫、算的基本技巧，也是現今小學所面臨的問題之一。例如Goldhaber（1994）指出，目前小學課程中有太多不同的課程領域。在每段上課時間中（通常一節是四十分鐘），又夾雜了一些特別活動（如體育、美勞與音樂），造成無法設計長時間且不會受到其他活動干擾的課程導向

遊戲；小學的課室中也無法準備許多遊戲中會使用到的玩物，如沙子。Goldhaber（1994: 24）解釋：「沙與水太髒、導管膠帶太黏、天花板的瓷磚支架又太脆弱了。」

儘管缺乏環境的配合，但在美國小學，兒童還是照常遊戲。在King（1987）的研究文獻檢閱中，兒童在小學會玩的遊戲形式區分為三種：

1. 工具性遊戲（instrumental play）：這也是之前所提的課程導向遊戲，遊戲在此作為幫助兒童學習技巧與知識的媒介。

2. 休閒遊戲（recreation play）：這是指發生在上課前、放學後或下課時在教室外進行的自由遊戲。這種遊戲主要是規則性遊戲（如下棋、撲克牌、跳房子）、運動（踢球、足球、躲避球）及狂野嬉鬧活動。這種形式的遊戲在以工作為取向的小學只是閒暇活動，因此無須訝異於小學想要刪減休息時段（Johnson, 1998），目的就是要刪減無意義的遊戲時間以增加有意義的工作學習時間。

3. 惡劣遊戲（illicit play）：這是一種在老師背後所做的，看不見的玩笑或遭到禁止的遊戲，如傳紙條、射橡皮筋（飛鏢、紙球）、做鬼臉、假裝嚼口香糖、扮小丑或故意遲到等。老師很想禁止這類活動（遊戲），但從來沒成功過。惡劣（禁止）遊戲在國小高年級很盛行，可能是為了表達老師減少他們休閒遊戲機會的不滿（Everhart, 1987）。

King（1987）認為此種惡劣（禁止）遊戲可以讓兒童在這個由成人掌控的世界裡獲得一些自主性與控制感。因此當老師愈偏重課程，學生就愈可能產生更多的惡劣遊戲。而這也進一步使老師對遊戲抱持負面看法，視遊戲為「敵人」（the enemy）（Perlmutter & Burrell, 1995），並且禁止所有在教室內的遊戲。

另外，也有研究抱持正面看法，指出老師若能為小學學童在教室提供休閒或工具性遊戲的機會，孩子們就會報以高品質的遊戲。Perlmutter及Burrell（1995: 16）觀察小學學童的遊戲，認為和幼兒園的小朋友相較，小學生的遊戲更有焦點，同時也更為簡明。

在沙坑玩的二年級學童想要擁有明確的地盤及玩物。遊戲的建構動

作與行為愈複雜，兒童的能力與經驗也愈能獲得成長。在戲劇遊戲中，孩子們對一複雜的故事可以玩上很長一段時間（超過數週），並且可以把情節不斷延伸。

當孩子們在一學科取向的遊戲角落玩耍，小學學童會比幼兒更常參與有深度的讀寫與數學活動。例如在Hall及Abbott（1991）所著*Play in the Primary Curriculum*一書中，就以圖片舉例說明有許多英國的小學學童會在擴充讀寫能力角落以一些相片（如旅行社或機場）進行文字方面的學習，顯示出學童參與很多文字的活動。

課程導向遊戲也提供許多機會讓孩子從事社會互動與共同學習——這些遊戲可以讓不同年齡的孩子共同參與，而孩子在互動中可以學習到更多，更是混齡的優點之一。Stone及Christie（1996）就說明了在包括幼稚園到小學二年級的混齡教室中，年長、有經驗的兒童如何幫助年齡較小、新來的幼兒（同學），在擴充讀寫能力的角落進行讀寫活動。

以上所提出的是許多在小學裡運用「課程導向遊戲」的優點，至於遊戲可能帶來的缺點，如遊戲的壓力與限制，老師們又該如何處理？Stone提出一些有用的建議，茲列於下：

1. 老師需要瞭解遊戲的價值並與其他人溝通此訊息。
2. 老師應是遊戲的倡導者，並在教室的明顯處明列遊戲的價值，明確標出兒童可學習到各種特殊技巧與概念的遊戲角。
3. 老師應鼓勵親師合作，可用聯絡簿或其他方式告知父母課程導向遊戲活動的價值與理念。同樣地，在親職日或親師會議中，老師可描述能夠提升兒童成長的遊戲經驗。父母也要有機會幫忙老師規劃及布置課室的遊戲角落。

此外，老師可在早上團體討論的時間，讓兒童描繪戲劇故事情節，或用相片記錄兒童建構遊戲的方法，鼓勵兒童談論他們的遊戲活動，並對兒童的遊戲表現給予讚美（Polito, 1994）。

Cohen（1997）也倡導可以為遊戲中的孩子拍照，使兒童能從這些照片延伸自己的經驗。底片及沖洗的花費可能有些昂貴，所以她也建議，這些活動可以請父母當作贊助者來幫助兒童延伸學習經驗（可用數位相機，

並利用電腦圖片存檔，以節省一些沖洗費用）。在活動結束後，可以在教室的明顯處展示孩子參與教育性遊戲時的相片。尤其是在親師座談日或懇親會。相片的標題應該簡明並採取粗字印刷，而且要說明遊戲活動的特質，解釋兒童可以在遊戲中學到什麼。老師、行政者、父母及兒童因此可以從課程中瞭解遊戲的重要性及剩餘價值。最後可以讓兒童把遊戲的相簿帶回家，展示他們在學校玩什麼及學到什麼。

　　老師也可以遊戲為主題，在課堂上進行行為研究。藉由和其他老師、行政人員、學術專家、家長，甚至兒童的合作，可使大家都能瞭解遊戲對於學習的重要性。例如老師可請家長幫忙，瞭解孩子們在家裡玩哪些遊戲，以瞭解兒童在家裡與學校這兩種不同的情境中，會進行哪些不同的遊戲。老師的行動研究也可以和課程鑑定與評估加以結合來設計課程活動。老師一方面是兒童遊戲研究的製作者，另一方面也是兒童遊戲研究的消費者，最能夠將研究化為技術上的知識，促進理論（概念瞭解）及實務（掌握如何執行之know-how）的結合。

　　兒童也可能不在家中或學校生活，而是生活在類家庭的安置機構，遊戲是兒童的生命、生活與工作，安置機構除了生活照顧外，不妨也可規範一些遊戲活動方案，請參考**專欄12-1**。

專欄12-1　安置機構中的兒遊戲活動方案計畫

壹、前言

　　「眼睛是靈魂之窗；遊戲是兒童發展之窗」，兒童的行為除了吃、喝、拉之外的行為都是「遊戲」，遊戲不僅彰顯兒童的發展，提升兒童的各層面發展，如促進身體發展、認知發展、語言能力、社會情緒。豐富的遊戲可以增加兒童的創造力、想像力。Vygotsky（1967）認為兒童從遊戲中發展「從行為與物體中分離思考的能力」，從遊戲中發展表徵思考，也是Piaget遊戲理論的要素。遊戲也可以促進記憶和使用記憶策略，提升說故事和推理能力；遊戲也助長溝通發展，如遊戲重要成分之

一後設溝通技巧；遊戲也強化兒童的社會發展；也幫助兒童情緒得以發展；「遊戲是兒童的第二生命」。

貳、動機

生活在機構中的幼兒由於比較缺乏環境的刺激及與人的互動，通常比一般正常家庭的幼兒發展較緩慢。也因為這些特殊背景的幼兒需生活在機構中過著團體式的生活，而早期的生活經驗往往會影響未來的社會情緒行為發展。因為長期擔任志工服務這些幼兒的緣故，因此，希望能設計一些適合他們的遊戲來改善這種情形。

參、需求

遊戲是兒童的第二生命，在機構中過團體生活的幼兒，可能因照顧者的工作量大，時間不夠或失去熱誠，而無法提供足夠的遊戲與互動。遊戲可以使兒童再次經驗過去個人的事件並伴隨當時的情緒及心情，遊戲化的重複再現被認為是概念重整（包括自我概念）的最佳步驟與方法。假定兒童相對於成人是一種弱勢觀點，遊戲可以幫助兒童瞭解並提供機會強調自己和成人般一樣的強勢。人生而平等，這些特殊背景的兒童更需要透過遊戲的好處來刺激並提升幼兒的心智成長及語言發展，培養自信心，為他們將來的社會互動定下良好的基礎。

肆、目的

一、透過遊戲設計發展幼兒的認知、語言及肢體動作能力的發展。
二、透過多元的遊戲設計，培養幼兒自主的能力，發展自我認同。
三、透過扮演遊戲穩定幼兒情緒，使其獲得正向的情感。

伍、預估成效

一、幼兒有能力瞭解玩具的用途及參與遊戲。
二、穩定情緒，學習輪流及等待。
三、提高幼兒的認知、語言及大小肌肉的發展。

陸、方案規劃

一、列出方案宗旨與目標，訂定次目標（標的），依方案標的，設計適齡、適性活動。

兒童遊戲與發展

二、掌握活動特性，有效組織、布置環境及提供安全玩具。

三、掌握帶領活動者的專業及玩性。

四、訂定個人遊戲活動的需求及評量工具。

柒：成效評估

一、觀察記錄：特定兒童之行為評量。

二、訪談記錄：訪問社工、志工及活動指導者。

三、效益評估：幼兒情緒與行為。

捌、結論與建議

一、應正視遊戲對兒童的重要性，當教育於活動，當活動於遊戲。

二、增加兒童遊戲時間，設計環境，提供幼兒自由探索的機會。

三、充分利用所募得的玩具及童書。

四、加強員工的專業知識，尤其是關於「遊戲」對兒童發展的重要性。

五、利用志工資源，陪伴幼兒遊戲。

六、多利用政府資源，如親子館，增加幼兒探索的機會。

 ## 第七節　結語

　　本章先介紹幼教課程概念，說明幼教課程、發展理論和幼教理論的關係，接著從幼兒教育課程之起源——從兒童本位、發展理論、學習理論，有組織的知識及學校教育內容來建構幼兒教育的內涵。

　　接著從遊戲與課程連接的聯繫，討論幼教專業如何利用遊戲來建構幼教課程活動，並介紹遊戲如何和語言、數學、科學、社會學科及藝術創造科目的活動相連接，以遊戲當作兒童表達觀念和感情的媒介，設計幼教遊戲教育的方案。

　　其次，本章介紹兩種普通幼教學術遊戲課程的規劃，一是課程導向遊戲，另一是遊戲導向課程，作用在幫助幼兒增進各學科上的學習技巧。

在本章的最後，討論了在幼兒園及小學中在現實課程上運用遊戲活動時遇到的阻礙與限制。不僅是老師要克服對遊戲的負面情感，而且也必須與缺乏時間、遊戲空間、高師生比率及過於要求教育基本讀、寫、算技巧等阻礙兒童遊戲的因素奮戰。為了要克服這些阻礙，老師必須要鼓吹遊戲，並且讓父母及行政人員瞭解有關遊戲的學術價值及重要性。

參考書目

一、中文部分

尹祚芊、張念慈、陳兪琪、巫菲翎（2000）。〈以病患結果為考量的照護模式——整合式健康照護系統〉。《護理雜誌》，47(2)，頁33-42。臺北：臺灣護理學會。

王榮德等（2000）。〈21世紀健康照護效性評量：生活品質與生活品質調整後之存活分析〉。《臺灣醫學雜誌》，4(1)，頁65-74。臺北：臺灣醫學會。

伍曼麗（1992）。《舞蹈教學預防傷害之研究》。臺北：麗力。

朱敬先（1988）。《幼兒教育》。臺北：五南。

行政院衛生署（2010）。衛生署統計。臺北：行政院衛生署。

余民寧（1997）。《有意義的學習——概念構圖之研究》。臺北：商鼎。

吳幸玲、郭靜晃譯（2003）。《兒童遊戲——遊戲發展的理論與實務》。臺北：揚智文化。

吳凱琳（2000）。《幼兒遊戲》。臺北：啓英。

吳緒筑（1994）。《幼兒教育設計與活用》。臺北：五南。

李明宗（1993）。《兒童遊戲》。兒童遊戲空間規劃與安全研討會，第二冊，頁1-5。

李淑娟（2007）。〈質化的兒童行為觀察記錄法〉。輯於陳李綢、李淑娟、保心怡等著，《兒童行為觀察與輔導》。台北：空大。

李淑琦、徐儷瑜。（1991）。《心理學與心理衛生》。台北：華杏。

周美惠（1993）。《環境設計對兒童行為發展之影響》。臺北：空間雜誌社。

幸曼玲等（1999）。《幼教課程模式》。臺北：心理。

林清山譯（1993）。《教育心理學：認知取向》。臺北：遠流。

林惠娟（2002）。〈故事戲劇、戲劇遊戲和幼兒閱讀發展之關係脈絡〉。《幼教資訊》，142，頁5-12。

林進益（1977）。《公園計畫與設計》。臺北：中正書局。

林進益（1986）。〈公園綠地基本型態之探討〉。《造園季刊》，第3期，頁5-10。臺北：中華民國造園學會。

林榮第、姚開屏、游芝亭、王榮德（1997）。〈健康相關生活品質之效用測量方法信度與效度的評估：以血液透析之末期腎病患者為例〉。《中華公共衛生雜誌》，16(5)，頁404-416。臺北：臺灣公共衛生學會。

林翠湄、王雪貞、歐姿秀、謝瑩慧譯（1996）。《幼兒全人教育》。台北：心理。

金瑞芝（2000）。《幼兒遊戲》。臺北：華騰。

洪麗真（2000）。《癌症病童生活品質量表（QOLCC）之發展及信度和效度檢定》。臺北：長庚大學護理研究所碩士論文。

胡寶林（1996）。「托育機構空間設計之研究」。臺北：教育部委託研究。

香港消費者委員會。產品安全須知──玩具安全。http://www.consumer.org.hk/pamphlet/chinese/toy.htm，檢索日期：2011年5月5日。

孫懿英、王浴、高玉玲（2000）。〈運用「遊戲」協助學齡前期白血病童緩解住院壓力的護理經驗〉。《護理雜誌》，47(2)，頁95-102。臺北：臺灣護理學會。

消費者委員會。產品安全須知──玩具安全。http://www.consumer.org.hk/website/ws_chi/shopping_tips/products/toy.txt，檢索日期：2011年5月5日。

高敬文、幸曼玲（1999）。《幼兒團體遊戲》。臺北：光佑。

張玉俠、施媛媛、顧鶯（2007）。〈情境遊戲對住院兒童操作性疼痛及檢查依從性的影響〉。《中華護理雜誌》，42(11)，頁969-971。

張欣戊等（1989）。《發展心理學》。臺北：空大。

張翠娥、吳文鶯（1997）。《嬰幼兒遊戲與教具》。臺北：心理。

張瓊云（2008）。〈同儕、遊戲和人緣〉。收錄於郭靜晃等譯，《兒童發展》。臺北：華都。

許月貴、鄭欣欣、黃靜瑩譯（2000）。《幼兒音樂與肢體活動：理論與實務》。臺北：心理。

郭靜晃（1982）。《遊戲對幼兒合作行為之影響研究》。臺北：中國文化大學青少年兒童福利研究所未出版碩士論文。

郭靜晃（1993）。〈皮亞傑與蒙特梭利的幼教理論與實務之比較〉。《幼兒教育學報》，2。花蓮市：國立花蓮師範學院幼兒教育學系。

郭靜晃（2000）。《兒童遊戲：兒童發展觀的詮釋》，頁130。臺北：洪葉文化。

郭靜晃（2015）。《幼兒行為觀察與記錄》。臺北：揚智文化。

郭靜晃、吳幸玲著（2001）。《親子話題》（第二版）。臺北：揚智文化。

郭靜晃、陳正乾譯（1998）。《幼兒教育：適合3～8歲幼兒的教學方法》。臺

北：揚智文化。

郭靜晃、黃惠如（2001）。《托育家庭的管理與布置》。臺北：揚智文化。

郭靜晃、黃惠如（2001）。「建構兒童身心健康品質之醫院遊戲活動」。臺北：國科會委託研究。

郭靜晃譯（1993）。《兒童遊戲：遊戲發展與理論實務》。臺北：揚智文化。

陳月枝（1975）。〈與兒童溝通的一種方法〉。《護理雜誌》，22(1)，頁2-7。臺北：臺灣護理學會。

陳正克（2000）。〈馬偕紀念醫院安寧療護教育示範中心簡介〉。《安寧照顧會訊》，38，頁29。臺北：財團法人中華民國安寧照顧基金會。

陳季員（1985）。〈一位學齡前期兒童對住院遊戲的反應〉。《護理雜誌》，32(2)，頁51-57。臺北：臺灣護理學會。

陳淑琦（1994）。《幼兒教育課程設計》。臺北：心理。

陸玓玲（1998）。〈台灣地區生活品質研究概況〉，《中華公共衛生雜誌》，17(6)，頁442-457。臺北：臺灣公共衛生學會。

彭美姿、蔣立琦（1991）。〈應用遊戲治療於病童服藥之護理經驗〉。《榮總護理》，8(1)，頁19-25。臺北：榮總護理雜誌社。

黃世鈺（1999）。《幼兒學習區情境規劃》。臺北：五南。

黃文芳（2010）。《探究幼兒戶外遊戲行為——加入鬆散遊具之行動研究》。國立台南大學幼兒教育系教學碩士班，未出版碩士論文。

黃秀瑄（1981）。〈從輔導觀點談休閒活動〉。《輔導月刊》，第17期，頁11-12。

楊淑朱、蔡佳燕（2012）。〈創造性與混合型遊戲場上幼兒遊戲行為差異性之研究〉。《戶外遊憩研究》，25(1)，頁57-83。

詹棟樑（1979）。〈從兒童人類的觀點看兒童教育〉。載於中國教育學會主編，《兒童教育研究》，頁59-86。臺北：幼獅書局。

雷玉華、丘周萍（2000）。〈生活品質概念分析〉。《國防醫學》，31(2)，頁163-169。臺北：國防醫學院。

劉玉燕譯（2002）。《兒童、空間與關係》。臺北：光佑。

劉淑英譯（1998）。《幼兒動作探索》。臺北：華騰。

墨高君譯（1995）。吳幸玲校閱，《幼兒文學》。臺北：揚智文化。

蔡麗芳（1998）。〈說故事在兒童諮商中的應用〉。《輔導季刊》，34(3)，頁33-39。

鄭文瑞（1991）。〈豐富開放空間的規劃內涵——從重視兒童遊戲空間開始〉。《開放空間》，第8期，頁89-91。

鄭如安（2014）。《遊戲治療研究與實務》（初版）。高雄：麗文文化事業。

鄭淑燕（1991）。《兒童福利新課題之探究》。臺北：中華民國社區發展研究訓練中心。

賴倩瑜、黃珮玲、熊秉荃（1994）。〈以遊戲治療協助一位學齡期「週期性嘔吐」孩童度過身體─心理─社會危機之護理〉。《護理雜誌》，41(4)，頁49-55。臺北：臺灣護理學會。

鍾騰（1989）。〈兒童休閒活動面面觀〉。《師友月刊》，第266期，頁11。

顏貴紗（1989）。〈住院兒童之衛教與治療性遊戲〉。《護理雜誌》，36(4)，頁33-39。臺北：臺灣護理學會。

羅雅紋（2002）。《教師即研究者──實習教師專題研究研討會論文集》。中國文化大學教育學程中心。

二、英文部分

AcKerman, N. W. (1938). The unity of the family. *Archives of Pediatrics, 55*, 51-62.

Allan, J. & Berry, P. (1987). Sandplay. *Elementary School Guidance and Counseling, 21*, 300-306.

Allen, F. (1934). Therapeutic work with children. *American Journal of Orthopsychiatry, 4*, 193-202.

American Academy of Pediatrics (1994). *Playground Safety: Guidelines for Parents*. ELK Grove Village, IL: Author.

American Society for Testing and Materials (ASTM) (1995). *Safety Performance Specifications for Playground Equipment for Public Use*. West Conshohocken, PA: Author.

Ammar, H. (1954). *Growing Up in an Egyptian Village*. London: Routledge & Kegan Paul.

Amster, F. (1943). Differential uses of play in treatment of young children. *American Journal of Orthopsychiatry, 13*, 62-68.

Anderson, D. R., Huston, A. C., Schmitt, K. L., Linebarger, D. L. & Wright, J. C. (2001). Early childhood television viewing and adolescent behavior: The recontact study. *Monographs of the Society for Research in Child Development, 66*, (Serial, No. 264), 1-156.

Angell, D. (1994). Can multicultural education foster transcultural identities? In K. Borman & N. Greenman (Eds.), *Changing American Education*. Albany, NY: State University of New York Press.

Ariel, S. (1992). *Strategic Family Play Therapy*. New York: John Wiley & Sons.

Arnaud, S. H. (1974). Some functions of play in the educative process. *Childhood Education, 51*, 72-78.

Axline, V. (1947). *Play Therapy*. New York: Ballantine.

Axline, V. (1950). Entering the child's world via play experience. *Progressive Education, 27*, 68-75.

Axline, V. (1964). *Dibs: In Search of Self*. New York: Ballantine.

Axline, V. (1969). *Play Therapy* (rev. ed.). New York: Ballantine Books.

Ayres, A. J. (1973). *Sensory Integration and Learning Disorders*. Los Angels: Western Psychological Services.

Bandura, A. (1977). *Social Learning Theory*. Englewood Cliffs, NJ: Prentice-Hall.

Barnett, L. A. & Kleiber, D. (1984). Playfulness and the early play environment. *Generic Psychology Monographs, 144*, 153-164.

Barnett, L. A. & Storm, B. (1981). Play, pleasure, and pain: A reduction of anxiety through play. *Leisure Sciences, 4*, 161-175.

Barnett, L. A. (1990). Playfulness: Definition, design, and measurement. *Play and Culture, 3*, 319-336.

Barnett, L. A. (1991). Characterizing playfulness: Correlates with individual attributes and personal traits. *Play and Culture, 4*, 371-393.

Bates, T. A. & Browne, M. (1986). Preparation of children for hospitalization and surgery: A review of the literature. *Journal of Pediatric Nursing, 14*, 230-239.

Beal, C. R. (1994). *Boys and Girls: The Development of Gender Roles*. New York: McGraw-Hill.

Beaty, J. & Tucker, W. (1987). *The Computer as Paintbrush: Creative Uses for the Personal Computer in the Preschool Classroom*. Columbus, OH: Merrill.

Beckwith, J. (1982). It's time for creative play. *Parks and Recreation, 17*(9), 58-62, 89.

Bender, J. (1971). *Creating a Learning-Centered Classroom*. New York: Hart.

Bennett, N., Wood, L. & Rogers, S. (1997). *Teaching Through Play: Teacher's Thinking and Classroom Practice*. Buckingham, United Kingdom: Open University Press.

Bennett, N., Wood, L. & Rogers, S. (1997). Teaching through play: A cross-sectional study of infant free play behavior. *Developmental Psychology, 17*, 630-639.

Bereiter, C. & Engelmann, S. (1966). *Teaching Disadvantaged Children in the*

Preschool. Englewood, Cliffs, NJ: Prentice Hall.

Bergman, A. & Lefcourt, I. (1994). Self-other action play: A window into the representational world of the infant. In A. Slade & D. Wolf (Eds.), *Children at Play: Clinical and Developmental Approaches to Meaning and Representation* (pp. 133-147). New York: Oxford University Press.

Biber, B. (1984). *Early Education and Psychological Development*. New Haven: Yale University Press.

Bijou, S. W. (1977). Behavior analysis applied to early childhood education. In B. Spodek & H. J. Walberg (Eds.). *Early Childhood Education: Issues and Insights* (pp. 138-156). Berkeley. McCutchan.

Bishop, D. & Chace, C. (1971). Parental conceptual systems, home play environment, and potential creativity in children. *Journal of Experimental Child Psychology, 12*, 318-338.

Black, B. (1989). Interactive pretense: Social and symbolic skills in preschool play groups. *Merrill-Palmer Quarterly, 35*, 379-395.

Bloch, M. & Walsh, D. (1983, April). Young Children's Activities at Home: Age and Sex Differences in Activity, Location, and Social Context. Paper presented at the biennial meeting of the Society for Research in Child Development, Detroit, MI.

Bloch, M. (1989). Young boys' and girls' play at home and in the community: A cultural-ecological framework. In M. Bloch & A. Pellegrini (Eds.), *The Ecological Context of Children's Play* (pp. 120-154). Norwood, NY: Ablex.

Bloch, M. N. & Adler, S. M. (1994). African children's play and the emergence of the sexual division of labor. In J. L. Roopnarine, J. E. Johnson & F. H. Hooper (eds.), *Children's Play in Diverse Cultures* (pp. 148-178). Albany: State University of New York Press.

Bodrova, E. & Leong, D. (1996). *Tools of the Mind: The Vygotskian Approach to Early Childhood Education*. Englewood Cliffs, NJ: Prentice-Hall, Inc.

Boehm, H. (1989, Sep.). Toys and games to learn by. *Psychology Today, 23*, 62-64.

Bolig, R. (1984). Play in hospital settings. In T. D. Yawkey & A. D. Pellegrini (Eds.), *Child's Play: Developmental and Applied* (pp. 323-346). Hillsdale, NJ: Erlbaum.

Bolig, R. (1990). Play in health care settings: A challenge for the 1990s. *Children's Health Care, 19*(4), 229-233.

Bolig, R., Brown, R. & Kuo, J. H. (1992). A comparison of never-hospitalized and previously hospitalized adolescents: Self-esteem and locus of control.

Adolescence, 27(105), 227-234.

Boutte, G., Van Scoy, I. & Hendley, S. (1996). Multicultural and nonsexist prop boxes. *Young Children, 52*(1) 34-39.

Bowlby, J. (1969). *Attachment and Loss. (Vol. 1): Attachment*. New York: Basic Books.

Bowlby, J. P. (1949). The study of reduction of group tensions in the family. *Human Relations, 2*, 123-138.

Bowman, B. (1990). Play in teacher education: The United States perspective. In E. Klugman & S. Smilansky (Eds.), *Children's Play and Learning: Perspectives and Policy Implications* (pp. 97-111). New York: Teachers College Press.

Boyatzis, C. (1985, March). The effects of traditional playground equipment on children's play interaction. Paper presented at meeting of the Anthropological Study of Play, Washington, DC.

Boyatzis, C. (1997). Of Power Rangers and v-chips. *Young Children, 52*(7), 74-79.

Boyd, B. (1997). Teacher response to superhero play: To ban or not to ban? *Childhood Education, 74*, 23-28.

Bredekamp, S. & Copple, C. (1997). *Developmentally Appropriate Practice in Early Childhood Programs* (rev. ed.). Washington, DC: NAEYC.

Brems, C. (1993). *A Comprehensive Guide to Child Psychotherapy*. Boston: Allyn and Bacon.

Brett, A., Moore, R. & Provenzo, E. (1993). *The Complete Playground Book*. Syracuse. NY: Syracuse University Press.

Bruner, J. S. (1960). *The Process of Education*. Cambridge: Harvard University Press.

Bruner, J. S. (1972). The nature and uses of immaturity. *American Psychologist, 27*, 687-708.

Bruner, J. S. (1974). The nature and use of immaturity. In K. Connolly & J. Bruner (Eds.), *The Growth of Competence*. London: Academic Press.

Bruner, J. S. (1983). *Child's Talk: Learning to Use Language.* New York: W. W. Norton.

Bruner, J. S. (1996). *The Culture of Education*. Cambridge, MA: Harvard University Press.

Bruya, L. (1985). The effect of play structure format differences on the play behavior of preschool children. In J. Frost & S. Sunderlin (Eds.), *When Children Play* (pp.

115-120). Wheaton, MD: Association for Childhood Education International.

Bugelski, B. R. (1971). *Psychology of Learning Applied to Teaching* (2nd ed.). Indianapolis: Bobbs-Merrill.

Burns, R. C. (1982). *Self-Growth in Families: Kinetic Family-Drawings Research and Application*. New York: Brunner/Mazel.

Burns, R. C. (1987). *Kinetic House-Tree-Person Drawing (K-HTP)*. New York: Brunner/Mazel.

Burns, S. & Brainerd, C. (1979). Effects of constructive and dramatic play on perspective taking in very young children. *Developmental Psychology, 15*, 512-521.

Burstein, S. & Meichenbaum, D. (1979). The work of worry in children undergoing surgery. *Journal of Abnormal Child Psychology, 7*, 121-132.

Caillois, R. (1961). *Man, Play, and Games*. New York: The Free Press.

Caldera, Y., Huston, A. & O'Brien, M. (1989). Social interactions and play patterns of parents and toddlers with feminine, masculine, and neutral toys. *Child Development, 60*(1), 70-76.

Campbell, S. & Frost, J. (1985). The effects of playground type on the cognitive and social play behavior of grade two children. In J. Frost & S. Sunderlin (Eds.), *When Children Play* (pp. 81-89). Wheaton, MD: Association for Childhood Education International.

Canada Mortgage and Housing Corporation (CMHC) (1978). Play spaces for preschoolers (Advisory document prepared by P. Hill, S. Esbensen, and W. Rock). Ottawa: CMHC.

Canadian Standards Association (1990). A guideline on Children's playspaces and equipment (CANICSA-Z614-M90).

Caplan, F. & Caplan, T (1974). *The Power of Play*. New York: Anchor Press/ Doubleday.

Caples, S. E. (1996). Some guidelines for preschool design. *Young Children, 52*(5), 14-21.

Carlsson-Paige, N. & Levin, D. (1987). *The War Play Dilemma: Balancing Needs and Values in the Early Childhood Classroom*. New York: Teachers College Press.

Carlsson-Paige, N. & Levin, D. (1990). *Who's Calling the Shots? How to Respond Effectively to Children's Fascination with War Play and War Toys*. Philadelphia:

New Society.

Carpenter, C., Stein, A. & Baer, D. (1978). The Relation of Children's Activity Preference to Sex-Type Behavior. Paper presented at the twelfth annual convention of the Association for Advancement in Behavior Theories, Chicago.

Carter, D. & Levy, D. (1988). Cognitive aspects of early sex-role development: The influence of gender schema on preschoolers' memories for sex-typed toys and activities. *Child Development, 59*(3), 782-792.

Cartwright, S. (1990). Learning wit large blocks. *Young Children , 45*(3), 38-41.

Casey, M. B. & Lippmann, M. (1991). Learning to plan through play. *Young Children, 46*(6), 52-58.

Cataldo, M. F., Bessman, C. A., Parker, L. H., Pearson, J. E. R. & Rogers, M. C. (1979). Behavioral assessment for pediatric intensive care units. *Journal of Applied Behavioral Analysis, 3*(12), 83-97.

Cazden C. B. (1976). Play with language and meta-linguistic awareness: One dimension of language experience. In J. S. Bruner, A. Jolly & K. Sylva (Eds.), *Play: Its Role in Development and Evolution* (pp. 603-608). New York: Basic Books.

Chambers, M. A. (1993). Play as therapy for the hospitalized child. *Journal of Clinical Nursing, 2*(6), 349-353.

Chance, P. (1979). *Learning Through Play*. Piscataway, NJ: Johnson & Johnson Baby Product Co.

Christie, J. (1983). The effects of play tutoring on young children's cognitive performance. *Journal of Educational Research, 76*, 326-330.

Christie, J. F. (1983). The effects of play training on young children's cognitive performance. *Journal of Educational Research, 76*, 326-330.

Christie, J. F. (1983). The effects of play tutoring on young children's cognitive performance. *Journal of Educational Research, 53*, 93-115.

Christie, J. & Johnsen, P. (1983). The role of play in social-intellectual development. *Review of Educational Research, 53*, 93-115.

Christie, J. & Johnsen, P. (1985). Questioning the results of play training research. *Educational Psychologist, 20*, 7-11.

Christie, J. & Wardle, F. (1992). How much time is needed for play? *Young Children, 47*(3), 28-32.

Christie, J., Enz, B. & Vukelich, C. (1997). *Teaching Language and Literacy:*

Preschool Through the Elementary Grades. New York: Longman.

Christie, J., Johnson, P. & Peckover, R. (1988). The effects of play period duration on children's play patterns. *Journal of Research in Childhood Education, 3*, 123-131.

Clements, D. & Nastasi, B. (1993). Electronic media and early childhood education. In B. Spodek (Ed.), *Handbook of Research on the Education of Young Children* (pp. 251-275). New York: Macmillan.

Clements, R. (2004). An investigation of the status of outdoor play. *Contemporary Issues in Early Childhood, 5*(1), 68-80.

Coates, S., Lord, M. & Jakabovics, E. (1975). Field dependence-independence, social-nonsocial play and sex differences in preschool children. *Perceptual and Motor Skills, 40*, 195-202.

Cohen, L. (1997, November/December). Documenting play. *Child Care Information Exchange, 118*, 61-64.

Collins, M. & Kimmel, M. (1996). *Mister Rogers ' Neighborhood: Children, Television, and Fred Rogers*. Pittsburgh, PA: University of Pittsburgh.

Collins, W. A. (Ed.). (1984). *Development During Middle Childhood: The Years from Six to Twelve*. Washington, DC: National Academy Press.

Community Playthings (1981). *Criteria for Selecting Play Equipment for Early Childhood Education: A Reference Book*. Rifton, NY: Community Playthings, Inc.

Connolly, J. A. & Doyle, A. B. (1984). Relation of social fantasy play to social competence in preschoolers. *Developmental Psychology, 20*, 797-806.

Connolly, J., Doyle, A. & Reznick, E. (1988). Social pretend play and social interaction in preschoolers. *Journal of Applied Developmental Psychology, 9*(3), 301-313.

Cook, J. L. & Cook, G. (2005). *Child Development: Principles and Perspectives* (1st ed.). Boston: Allyn & Bacon.

Costin, L. B. & Rapp, C. A. (1984). *Child Welfare.* New York: McGraw Hill Book Company.

Crick, N. & Grotpeter, J. (1995). Relational aggression, gender, and social-psychological adjustment. *Child Development, 66*, 710-722.

Csikszentmihalyi, M. & Larson, R. (1984). *Being an Adolescent.* New York: Basic Books.

Cuffaro, H. (1995). *Experimenting with the World: John Dewey and the Early Childhood Classroom*. New York: Teachers College Press.

Cunningham, C., Jones, M. & Taylor, N. (1994). The child-friendly neighborhood: Some questions and tentative answers from Australian research. *International Play Journal, 2*(2), 79-95.

Curry, N. (1971). Consideration of current basic issues on play. In N. Curry & S. Arnaud (Eds.), *Play: The Child Strives Towards Self Realization*. Washington, DC: National Association for the Education of Young Children.

Damon, W. (1983). *Social and Personality Development*. New York: Norton.

Dansky, J. L. (1980a). Cognitive consequences of sociodramatic play and exploration training for economically disadvantaged preschoolers. *Journal of Child Psychology and Psychiatry, 20*, 47-58.

Dansky, J. L. (1980b). Make-believe: A mediator of the relationship between play and creativity. *Child Development, 51*, 576-579.

Dansky, J. L. & Silverman, I. W. (1973). Effects of play on associative fluency in preschool-aged children. *Developmental Psychology, 9*, 38-43.

Dansky, J. L. & Silverman, I. W. (1975). Play: A general facilitator of associative fluency. *Developmental Psychology, 11*, 104.

Davidson J. (1989). *Children and Computer Together in the Early Childhood Classroom*. Albany, NY: Delmar Publishers.

Dawber, T. (1980). *The Framingham Study: Epidemiology of Atherosclerotic Disease.* Cambridge MA: Harvard University Press.

Deitz, W. H. & Gortmaker, S. C. (1985). Do we fatten our children at the television set? Obesity and television viewing in children and adolescents. *Pediatrics, 75*, 807-812.

deMarrais, K., Nelson, P. & Baker, J. (1994). Meaning in Mud: Yup'k Eskimo girls at play. In J. Roopnarine, J. Johnson & F. Hooper (Eds.), *Children's Play in Diverse Cultures*. Albany, NY: State University of New York Press.

Derman-Sparks, L. (1989). *Anti-Bias Curriculum: Tools for Empowering Young Children*. Washington, DC: National Association for the Education of Young Children.

Dewey, J. (1938). *Experience and Education*. New York: Collier.

Diamond, K., LeFurgy, W. & Blass, S. (1993). Attitudes of preschool children toward their peers with disabilities: A year-long investigation in integrated classrooms.

Journal of Genetic Psychology, 154, 215-221.

Dodge, M. & Frost, J. (1986). Children's dramatic play: Influence of thematic and nonthematic settings. *Childhood Education, 62*, 166-170.

Doyle, A., Ceschin, F., Tessier, O. & Doehring, P. (1991). The relation of age and social class factors in children's social pretend play to cognitive and symbolic ability. *International Journal of Behavioral Development, 14*(4), 395-410.

Doyle, A., Connolly, J. & Rivest, L. (1980). The effect of playmate familiarity on the social interactions of young children. *Child Development, 51*, 217-223.

Duda, J. L. & Nicholls, J. (1992). Dimensions of achievement motivation in schoolwork and sport. *Journal of Educational Psychology, 84*, 290-299.

Duda, J. L. & White, S. A. (1992). The relationship of goal orientations to beliefs about success among elite skiers. *The Sport Psychologist, 6*, 334-343.

Dunn, J. & Wooding, C. (1977). Play in the home and its implications for learning. In B. Tizard & D. Harvey (Eds.), *Biology of Play* (pp. 45-58). London: Heinemann.

Ebbeck, F. (1973). Learning from play in other cultures. In J. Frost (Ed.), *Revisiting Early Childhood Education*. New York: Holt, Rinehart & Winston.

Edwards, C. (1993). Life-long learning. *Communications of the ACM, 36*(5), 76-78.

Eisenberg, J. P. & Jalonga, M. R. (1993). *Creative Expression and Play in the Early Childhood Curriculum*. New York: Macmillan.

El'Konin, D. (1971). Symbolics and its functions in the play of children. In R. Herron & B. Sutton-Smith (Eds.), *Child's Play*. New York: Wiley.

Elkind, D. (1988). Early childhood education on its own terms. In S. L. Kagan & E. Zigler (Eds.), *Early Schooling: The National Debate* (pp. 98-115). New Haven: Yale University Press.

Elkind, D. (1994). *Ties That Stress: The New Family Imbalance*. Cambridge, MA: Harvard University Press.

Ellis, M. (1984). Play, novelty, and stimulus seeking. In T. Yawkey & A. Pellegrini (Eds.), *Child's Play: Developmental and Applied* (pp. 203-218). Hillsdale, NJ: Erlbaum.

Ellis, M. J. (1973). *Why People Play*. Englewood Cliffs, NJ: Prentice-Hall.

Emmerich, W. (1964). Continuity and stability in early social development. *Child Development, 35*, 311-332.

Emmerich, W. (1977). Evaluating alternative models of development: An illustrative study of preschool personal-social behaviors. *Child Development, 48*, 1401-

1410.

Enz, B. & Christie, J. (1997). Teacher play interaction styles: Effects on play behavior and relationships with teacher training and experience. International *Journal of Early Childhood Education, 2*, 55-75.

Erickson, E. H. (1963/1950). *Childhood and Society*. New York: Norton.

Erwin, E., Carpenter, E. & Kontos, S. (1993). What preschool teachers do when children play. Paper presented at the meeting of the American Educational Research Association, Atlanta.

Esbensen, S. B. (1984). *Hidden Hazards on Playground for Children*. Hull, PQ: University du Quebec a' Hull.

Everhart, R. (1987). Play and the junior high adolescent. In J. Block & N. King (Eds.), *School Play* (pp. 167-192). New York: Garland.

Fagot, B. (1977). Variations in density: Effect on task and social behaviors of young children. *Developmental Psychology, 13*, 166-167.

Fagot, B. (1981). Continuity and change in play styles as a function of sex of child. *International Journal of Behavioral Development, 4*, 37-43.

Fagot, B. (1983). Play styles in early childhood: Social consequences. In M. Liss (Ed.), *Social and Cognitive Skills: Sex Roles and Children's Play*. New York: Academic Press.

Fagot, B. & O'Brien, M. (1994). Activity level in young children: Cross age stability, situational influences, correlates with temperament, and the perception of problem behavior. *Merrill Palmer Quarterly, 40*(3), 378-398.

Fantuzzo, J. & Sutton-Smith, B. (1994). *Play Buddy Project: A Preschool-Based Intervention to Improve the Social Effectiveness of Disadvantaged, High-Risk Children*. Washington, DC: U. S. Department of Health and Human Services.

Fantuzzo, J., Sutton-Smith, B., Coolahan, K., Manz, P., Canning, S. & Debnam, D. (1995). Assessment of preschool play interaction behaviors in young low-income children: Penn Interactive Peer Play Scale. *Early Childhood Research Quarterly, 10*, 105-120.

Farver, J. M. & Welles-Nystrom, B. (1997). Two stories. *Journal of Cross-Cultural Psychology, 28*, 393-420.

Farver, J., Kim, Y. & Lee, Y. (1995). Cultural differences in Korean-and Anglo-American preschoolers' social interaction and play behaviors. *Child Development, 66*, 1088-1099.

Fein, C. & Schwartz, P. M. (1982). Developmental theories in early education. In B. Spodek (Ed.), *Handbook of Research in Early Childhood Education* (pp. 185-211). New York: Free Press.

Fein, G. (1997). Play and early childhood teacher education: Discussant remarks. Symposium presented at the annual meeting of the Association for the Study of Play Meetings. Washington, DC.

Fein, G. G. (1979). Play in the acquisition of symbols. In L. Katz (Ed.), *Current Topics in Early Childhood Education*. Norwood, NJ: Ablex.

Fein, G. G. & Fryer, M. (1995). Maternal contributions to early symbolic play competence. *Developmental Review, 15*, 367-381.

Fein, G. & Stork, L. (1981). Sociodramatic play: Social class effects in integrated preschool classrooms. *Journal of Applied Developmental Psychology, 2*, 267-279.

Fein, G., Johnson, D., Kosson, N., Stork, L. & Wasserman, L. (1975). Stereotypes and preferences in the toy choices of 20-month boys and girls. *Developmental Psychology, 11*, 527-528.

Feitelson, D. (1959). Aspects of the social life of Kurdish Jews. *Jewish Journal of Sociology, 1*, 201-216.

Feitelson, D. (1977). Cross-cultural studies of representational play. In B. Tizard & D. Harvey (Eds.), *Biology of Play* (pp. 6-14). Philadelphia: Lippincott.

Feitelson, D. & Ross, G. (1973). The neglected factor-play. *Human Development, 16*, 202-223.

Fenson, L., Kagan, J., Kearsley, R. & Zelazo, P. (1976). The developmental progression of manipulative play in the first two years. *Child Development, 47*, 232-239.

Fernie, D. (1988). Becoming a student: Messages from first settings. *Theory into Practice, 27*, 3-10.

Field, T. (1980). Preschool play: Effects of teacher/child ratios and organization of classroom space. *Child Study Journal, 10*, 191-205.

Finley, G. & Layne, O. (1971). Play behavior in young children: A cross-cultural study. *The Journal of Genetic Psychology, 119*, 202-210.

Fishbein, H. & Imai, S. (1993). Preschoolers select playmates on the basis of gender and race. *Journal of Applied Developmental Psychology, 14*, 303-316.

Forman, G. & Fosnot, C. (1982). The uses of Piaget's constructivism in early

childhood education programs. In B. Spodek (Ed.), *Handbook of Research in Early Childhood Education* (pp. 209-299). Englewood. Cliffs, NJ: Prentice-Hall.

Fortes, M. (1970). Social and psychological aspects of education in Taleland. In J. Middleton (Ed.), *From Child to Adult: Studies in the Anthropology of Education* (pp. 14-74). Austin, TX: University of Texas Press.

Franklin, M. (1985, March). Play and the Early Evolution of social life: Views of Two-Year-Olds at School. Paper presented at the annual meeting of the Anthropological Association for the Study of Play, Washington, DC.

Freud, A. (1946). *The Psychoanalytic Treatment of Children*. London: Imago.

Freud, A. (1965). *The Psychoanalytic Treatment of Children*. New York: International University Press.

Freud, A. (1968). Analytic concepts and their fate. *International Journal of Psycho-Analysis, 49*, 165-170.

Freyberg, J. (1973). Increasing the imaginative play of urban disadvantaged kindergarten children through systematic training. In J. L. Singer (Ed.), *The Child's World of Make-Believe* (pp. 129-154). New York: Academic Press.

Freydenberg, E. & Lewis, R. (1993). Boys play sport and girls turn to others: Age, gender, and ethnicity as determinants of coping. *Journal of Adolescence, 16*, 253-266.

Friedrich, L. & Stein, A. (1975). Prosocial television and young children: The effects of verbal labeling and role playing on learning and behavior. *Child Development, 46*, 27-38.

Fromberg, D. (1995). Politics, pretend play, and pedagogy in early childhood preservice and inservice education. In E. Klugman (Ed.), *Play, Policy, and Practice*. St. Paul, MN: Redleaf Press.

Frost, J. (1992). *Play and Playscapes*. Albany, NY: Delmar.

Frost, J. E. & Henniger, M. L. (1981). Making playground safe for children and children safe for playgrounds. In R. D. Strom (Ed.), *Growing Through Play* (pp. 168-176). Monterey, CA: Brooks/Cole.

Frost, J. & Drescher, N. (1995). *A Parents Guide to Playground Safety*. Wheaton, MD: Association for Childhood Education International.

Frost, J. & Klein, B. (1979). *Children's Play and Playgrounds*. Boston: Allyn and Bacon.

Frost, J., Shinn, D. & Jacobs, P. (1998). Play environments and children's play. In O.

Saracho & B. Spodek (Eds.), *Multiple Perspective on Play in Early Childhood Education*. Albany, NY: State University of New York Press.

Gabel, S. (1984). The Draw-a-story game: An aid in understanding and working with children. *Arts in Psychotherapy, 11*, 187-196.

Garbarino, J. (1989). An ecological perspective on the role of play in child development. In M. Bloch & A. Pellegrini (Eds.), T*he Ecological Context of Children's Play*. Norwood, NJ: Ablex.

Gardner, H. (1983). *Frames of Mind: The Theory of Multiple Intelligences*. New York: Basic Books.

Gardner, R. A. (1993). *Storytelling in Psychotherapy with Children*. Northvale, NJ: Jason Aronson, Inc.

Gardner. R. (1972). Once upon a time there was a doorknob and everybody used to make him all dirty with fingerprints. *Psychology Today, 10*, 67-71.

Garvey, C. (1977). *Play*. Cambridge, MA: Harvard University Press.

Garvey, C. & Hogan, R. (1973). Social speech and social interaction: Egocentrism revisited. *Child Development, 44*, 565-568.

Gaskins, S., Miller, P. & Corsaro, W. (1992). Theoretical and methodological perspectives in the interpretive study on children. *New Directions in Child Development, 58*, 5-23.

Gellert, E. (1958). Reducing the emotional stresses of hospitalization for children. *American Journal of Occupation Therapy, 12*, 125-129.

Gentile, L. M. & Hoot, J. L. (1983). Kindergarten play: The foundation of reading. *Reading Teacher, 36*, 436-439.

Gibson, M. & Ogbu, J. (Eds.) (1991). *Minority Status and Schooling: A Comparative Study of Immigrant and Involuntary Minorities.* New York: Garland Publishing.

Gilligan, C. (1982). *In a Different Voice: Psychological Theory and Women's Development*. Cambridge: MA: Harvard University Press.

Gilmore, J. B. (1966). The role of anxiety and cognitive factors in children's play behavior. *Child Development, 37*, 397-416.

Gleason, T., Sebanc, A., McGinley, J. & Hartup, W. (1997). *Invisible Friends and Personified Objects: Qualitative Differences in Relationships with Imaginary Companions*. Washington, DC: SRCD.

Glickman, C. (1984). Play in public school settings: A philosophical question. In T. Yawkey & A. Pellegrini (Eds.), *Child's Play: Developmental and Applied* (pp.

255-271). Hillsdale, NJ: Erlbaum.

Golden, D. B. & Kutner, C. G. (1980). The play development progress scale. Unpublished manuscript.

Goldhaber, J. (1994). If we call it science, then can we let the children play? *Childhood Education, 71*, 24-27.

Goldstein, J. (1992). Sex differences in aggressive play and toy preference. In K. Bjorkqvist & P. Niemela (Eds.), *Of Mice and Women: Aspects of Female Aggression*. New York: Academic Press.

Goldstein, J. (1995). Aggressive toy play. In A. Pellegrini (Ed.), *The Future of Play Theory: Multidisciplinary Inquiry into the Contributions of Brian Sutton-Smith* (pp. 127-159). Albany, NY: State University of New York Press.

Golomb, C. & Cornelius, C. B. (1977). Symbolic play and its cognitive significance. *Developmental Psychology, 13*, 246-252.

Goltsman, S., Gilbert, T. & Wohlford, S. (1993). *The Accessibility Checklist: An Evaluation System for Buildings and Outdoor Settings* (2nd ed.). Berkeley, CA: MIG Communications.

Goncu, A. & Kessel, F. (1984). Children's play: A contextual-functional perspective. In F. Kessel & A. Goncu (Eds.), *Analyzing Children's Play Dialogues* (pp. 5-22). San Francisco: Jossey-Bass.

Goodson, B. & Bronson, M. (1985). Guidelines for relating children's ages to toy characteristics. Contact No. CPSC-85-1089. Washington, DC: U. S. Consumer Product Safety Commission.

Goodson, B. & Greenfield, P. (1975). The search for structural principles in children's play. *Child Development, 39*, 734-746.

Gottman, J. M. & Mettetal, G. (1986). Speculations about science and affective development: Friendship and acquaintanceship throughout adolescence. In H. C. Triandis & J. W. Berry. (Eds.), *Handbook of Cross-Cultural Psychology, 2,* 25-55.

Greenberg, J. (1995). Making friends with the Power Rangers. *Young Children, 50*(5), 60-61.

Greenfield, P. (1982). Radio and television experimentally compared: Effects of the medium on imagination and transmission of content. *Final Report*, National Institute of Education, Teaching and Learning Program.

Greenfield, P. (1984). *Mind and Media: The Effects of Television, Video Games and*

Computers. Cambridge, MA: Harvard University Press.

Greenfield, P. (1994). Video games as cultural artifacts. *Journal of Applied Developmental Psychology, 15*, 3-12.

Greenfield, P. & Cocking, R. (Eds.) (1994). *The Cross-Cultural Roots of Minority Child Development*. Hillsdale, NJ: Erlbaum.

Grief, E. (1976). Sex role playing in preschool children. In J. Bruner, A. Jolly & K. Sylva (Eds.), *Play: Its Role in Development and Evolution*. New York: Basic Books.

Griffing, P. (1983). Encouraging dramatic play in early childhood. *Young Children, 38*(4), 13-22.

Guerney, L. (1983). Client-centered play therapy. In C. Schaefer & K. O'Connor (Eds.), *Handbook of Play Therapy*. New York: John Wiley & Sons.

Guerney, L. (1984). Play therapy in counseling settings. In T. Yawkey & A. Pelligrini (Eds.), *Child's Play: Developmental and Applied* (pp. 291-321). Hillsdale, NJ: Erlbaum.

Gumauer, J. (1984). *Counseling and Therapy for Children*. New York: The Free Press.

Gunter, B. & McAleer, J. (1997). *Children and Television* (2nd ed.). London: Routledge.

Haight, W. & Miller, P. (1993). *Pretending at Home: Early Development in a Sociocultural Context*. Albany, NY: State University of New York Press.

Hall, C. & Reet, M. (2000). Enhancing the state of play in children's nursing. *Journal of Child Health Care, 4*(2), 49-53.

Hall, N. & Abbott, L. (Eds.) (1991). *Play in the Primary Curriculum*. London: Hodder & Stoughton.

Hall, N. S. & Rhomberg, V. (1995). T*he Affective Curriculum Teaching the Anti-Bias Approach to Young Children*. Scarborough: ITP Nelson.

Hall, N. & Robinson, A. (1995). *Exploring Writing and Play in the Early Years*. London: David Fulton.

Harper, L. & Sanders, K. (1975). Preschool children's use of space: Sex differences in outdoor play. *Developmental Psychology, 11*, 119.

Harragan, B. (1977). *Games Mother Never Taught You*. New York: Rawson Associates.

Hartle, L. (1996). Effects of additional materials on preschool children's outdoor play behaviors. *Journal of Research in Childhood Education, 11*, 68-81.

Hartle, L. & Johnson, J. (1993). Historical and contemporary influences of outdoor play environments. In C. Hart (Ed.), *Children on Playgrounds: Research Perspectives and Applications* (pp. 14-42). Albany, NY: State University of New York Press.

Hartley, R., Frank, L. & Goldenson, R. (1952). *Understanding Children's Play*. New York: Teachers College Press.

Hartman, J. A. (1991). Fostering emergent literacy in a publishing center. In B. Spodek (Ed.), *Educationally Appropriate Kindergarten Practices* (pp. 52-73). Washington, DC: National Education Association.

Hartup, W. (1983). The peer system. In E. M. Hetherington (Ed.), P. Mussen (Series Ed.), *Handbook of Child Psychology: Vol. 4*. Socialization, personality, and social development. New York: Wiley.

Haugland, S. (1995). Classroom activities provide important support to children's computer experiences. *Early Childhood Education Journal, 23*(2), 99-100.

Haugland, S. & Shade, D. (1994). Software evaluation for young children. In J. Wright & D. Shade (Eds.), *Young Children: Active Learners in a Technological Age* (pp. 63-76). Washington, DC: National Association for the Education of Young Children.

Haugland, S. & Wright, J. (1997). *Young Children and Technology: A World of Discovery*. Needham Heights, MA: Allyn and Bacon.

Hawkins, D. (1965). Messing about in science. *Science and Children, 2*(5), 5-9.

Hayward, G., Rothenberg, M. & Beasley, R. (1974). Children's play and urban playground environments. *Environment and Behavior, 6*, 131-168.

Henniger, M. (1985). Preschool children's play behaviors in an indoor and outdoor environment. In J. Frost & S. Sunderlin (Eds.), *When Children Play* (pp. 145-150). Wheaton, MD: Association for Childhood Education International.

Henniger, M. (1994). Computers and preschool children's play: Are they compatible? *Journal of Computing in Childhood Education, 53*(4), 231-239.

Henniger, M. L. (1994). Planning for outdoor play. *Young Children, 49*(4), 10-15.

Hitz, R. & Driscoll, A. (1988). Praise or encouragement? New insights into praise: Implications for early childhood teachers. *Young Children, 43*, 6-13.

Hnshel, M. H., Muller, D. & Owens. V. C. (1980). Effects of a sports camp experience on the multidimensional self-concepts of boys. *Perceptual and Motor*

Skills, 63, 363-366.

Holmes, R. (1992). Play during snacktime. *Play and Culture, 5*, 295-304.

Howe, N., Moller, L. & Chambers, B. (1994). Dramatic play in day care: What happens when doctors, cooks, bakers, pirates and pharmacists invade the classroom. In H. Goelman & E. Jacobs (Eds.), *Children's Play in Child Care Settings* (pp. 102-118). Albany, NY: State University of New York Press.

Howe, N., Moller, L., Chambers, B. & Petrakos, H. (1993). The ecology of dramatic play centers and children's social and cognitive play. *Early Childhood Research Quarterly, 8*, 235-252.

Howes, C. (1980). Peer play scale as an index of complexity of peer interaction. *Developmental Psychology, 16*, 371-372.

Howes, C. (1988). Peer interaction of young children. *Monographs of the Society for Research in Child Development, 53* (Serial No. 217).

Howes, C. & Matheson, C. (1992). Sequences in the development of competent play with peers: Social and social pretend play. *Developmental Psychology, 28*, 961-974.

Howes, C. & Smith, E. (1995). Relations among child care quality, teacher behavior, children's play activities, emotional security, and cognitive activity in child care. *Early Childhood Research Quarterly, 10*, 381-404.

Huangland. S. & Wright, J. (1997). *Young Children and Technology: A Word of Discovery*. Needham Heights, MA: Allyn and Bacon.

Hughes, F. P. (1999). *Children, Play, and Development* (3rd ed.). New York: Allyn & Bacon.

Hughes, M. & Hutt, C. (1979). Heart-rate correlates of childhood activities: Play, exploration problem-solving and dreaming. *Biological Psychology, 8*, 253-263.

Hulsman, W. (1992). Constraints to activity participation in early adolescence. *Journal of Early Adolescence, 12*, 280-299.

Humphreys, A. & Smith, P. (1984). Rough-and-tumble play in preschool and play-ground. In P. Smith (Ed.), *Play in Animals and Humans* (pp. 241-270). London: Blackwell.

Huston-Stein, A., Fox, S., Greer, D., Watkins, B. A. & Whitaker, J. (1981). The effects of action and violence in television programs on social behavior and imaginative play on preschool children. *Journal of Genetic Psychology, 138*, 183-191.

Hutt, C. (1966). Exploration and play in children. In Play, exploration and territory in mammals. *Symposia of the Zoological Society of London, 18*, 61-81.

Hutt, C. (1971). Exploration and play in children. In R. E. Herron & B. Sutton-Smith (Eds.), *Child's Play* (pp. 231-251). New York: Wiley.

Hutt, C. & Bhavnani, R. (1972). Predictions from play. In J. S. Bruner, A. Jolly & K. Sylvia (Eds.), *Play*. New York: Penguin.

Hutt, C. & Vaizey, M. (1966). Differential effects of group density on social behaviour. *Nature, 209*, 1371-1372.

Hutt, S., Tyler, S., Hutt, C. & Christopherson, H. (1989). *Play, Exploration, and Learning: A Natural History of the Pre-School*. London: Routledge.

Hyun, E. & Marshall, D. (1997). Theory of multiple/multiethnic perspective-taking ability for teachers' developmentally and culturally appropriate practice (DCAP). *Journal of Research in Childhood Education, 11*(2), 188-198.

Irwin, D. & Bushnell, M. (1980). *Observation Strategies for Child Study*. New York: Holt Rinehart and Winston.

Jacklin, C. & Maccoby, E. (1978). Social behavior at thirty-three months in same-sex and mixed sex dyads. *Child Development, 49*, 557-569.

Jambor, T. & Hancock, K. (1988). The potential of the physical education teacher as play leader. Paper presented at the conference of American Association for the Child's Right to Play. Washington, D. C.

James, R. & Myer, R. (1987). Puppets: The elementary School counselor's right or left arm. *Elementary School Guidance and Counseling, 21*, 292-299.

Jennings, K. (1975). People versus object orientation, social behavior, and intellectual abilities in preschool children. *Developmental Psychology, 11*, 511-519.

Jipson, J. (1991). Developmentally appropriate practices: Culture, curriculum, connections. *Early Education and Development, 2*, 120-136.

Johnson, A. M. & Szurek, S. A. (1954). Etiology of anti-social behavior in delinquents and psychopaths, *Journal of American Medical Association, 154*, 814-817.

Johnson, J. (1978). Mother-child interaction and imaginative behavior of preschool children. *Journal of Psychology, 100*, 123-129.

Johnson, J. (1986). Attitudes toward play beliefs about development. In B. Mergen (Ed.), *Association for the Study of Play, Cultural Dimensions of Play, Games, and Sport* (Vol. 10, pp. 98-102), Champaign, IL: Human Kinetic Publishers.

Johnson, J. (1998). Sequence and stages of play development: Ages four to eight. In D. Fromberg & D. Bergen (Eds.), *Play From Birth to Twelve: Contexts, Perspectives, Meanings*. New York: Garland.

Johnson, J. E. & Ershler, J. (1981). Developmental trends in preschool play as a function of class-room program and child gender. *Child Development, 52*, 995-1004.

Johnson, J. E., Christie, J. F. & Yawkey, T. D. (1979). *Play and Early Childhood Development*. New York: Addison Wesley Longman.

Johnson, J. E., Christie, J. F. & Yawkey, T. D. (1999). *Play and Early Childhood Development* (2nd ed.). New York: Addison Wesley Longman.

Johnson, J. E., Ershler, J. & Lawton, J. T. (1982). Intellective correlates of preschoolers' spontaneous play. *Journal of General Psychology, 106*, 115-122.

Johnson, J. & Hoffman, T. (1984, November). Incorporating microcomputers into the early childhood curriculum. Paper presented at the annual meeting of the National Association for the Education of Young Children, Los Angeles.

Johnson, J. & Roopnarine, J. L. (1983). The preschool classroom and sex differences in children's play. In M. Liss (Ed.), *Social and Cognitive Skills: Sex Roles and Children's Play*. New York: Academic Press.

Johnson, J., Ershler, J. & Bell, C. (1980). Play behavior in a discovery-based and a formal education preschool program. *Child Development, 51*, 271-274.

Johnson, R. (1987). Using computer art in counseling. *Elementary School Guidance and Counseling, 21*, 276-283.

Jones, E. (1979). *Dimensions of Teaching-Learning Environments*. Pasadena: Pacific Oaks College.

Jones, E. & Reynolds, G. (1992). *The Play's the Thing: Teacher's Role in Pretend Play*. New York: Teacher's College Press.

Kadushin, A. & Martin J. A. (1988). *Child Welfare Service* (4th ed.). New York: McMillan Publishing Company.

Kamii, C. (1973). A sketch of Piaget-derived preschool curriculum developed by the Ypsilanti early education program. In B. Spodek (Ed.), *Early Childhood Education* (pp. 209-229). Englewood Cliffs, NJ: Prentice Hall.

Kamii, C. & DeVries, R. (1982). *Number in Preschool and Kindergarten*. Washington, DC: NAEYC.

Kamii, C. & DeVries, R. (1993). *Physical Knowledge in Preschool Education*. New

York: Teachers College Press.

Katz, L. & Chard, S. (1989). *Engaging Children's Minds: The Project Approach*. Norwood, NJ: Ablex.

Katz, L. & Chard, S. (1993). *Engaging Children's Minds: The Project Approach*. Norwood, NJ: Ablex.

Kelly, J. (1996). *Leisure*. Englewood Cliffs, NJ: Prentice-Hall.

Kestenbaum, C. J. (1985). The creative process in child psychotherapy. *American Journal of Psychotherapy, 37*, 479-489.

King, N. R. (1979). Play: The kindergarteners' perspective. *Elementary School Journal, 80*, 81-87.

King, N. R. (1986). When educators study play in school. *Journal of Curriculum and Supervision, 1*(3), 223-246.

King, N. R. (1987). Elementary school play: Theory and research. In J. Block & N. King (Eds.), *School Play* (pp. 143-165). New York: Garland.

Kinsman, C. & Berk, L. (1979). Joining the block and housekeeping areas: Changes in play and social behavior. *Young Children, 35*(1), 66-75.

Kitson, N. (1994). "Please Miss Alexander: Will you be the robber?" Fantasy play: A case for adult intervention. In J. Moyles (Ed.), *The Excellence of Play* (pp. 88-98). Buckingham, United Kingdom: Open University Press.

Klugman, E. (1990). Early childhood moves into the public schools: Mix or meld. In E. Klugman & S. Smilansky (Eds.), *Children's Play and Learning: Perspectives and Policy Implications* (pp. 188-209). New York: Teachers College Press.

Kohlberg, L. & Mayer, R. (1982). Development as the aim of education. *Harvard Educational Review, 42*, 449-496.

Kostelnick, M., Whiren, A. & Stein, L. (1986). Living with He-Man: Managing superhero fantasy play. *Young Children, 41*, 3-9.

Kritchevsky, S. & Prescott, E. (1977). *Planning Environments for Young Children: Physical Space* (2nd ed.). Washington, DC: National Association for the Education of Young Children.

Krown, S. (1971). *Threes and Fours Go to School*. Englewood Cliffs, NJ-Prentice Hall.

Kuo, J. H. (1988). A multidimensional analysis of quality of communication and well-being in families with adolescents: A cross-sectional and longitudinal comparison (Doctoral dissertation, Ohio State University). *Dissertation Abstracts*

兒童遊戲與發展

International, 49.

LaFreniere, P., Strayer, F. & Gauthier, R. (1984). The emergence of same-sex affiliative preferences among preschool peers: A developmental ethnological perspective. *Child Development, 55*, 1958-1965.

Ladd, G. W. & Coleman, C. C. (1993). Young Children's peer relations: Forms, features, and functions. In B. Spodek (Ed.), *Handbook of Research on the Education of Young Children* (pp. 57-76). New York: McMillan.

Lamb, M. E. (1977). The development of parental preferences in the first two years of life. *Sex Roles, 3*, 495-497.

Lamb, M. E., Easterbrooks, A. & Holden, G. (1980). Reinforcement and punishment among preschoolers: Characteristics, effects, and correlates. *Child Development, 51*, 1230-1236.

Landreth, G. (1987). Play therapy: Facilitative use of child's play in elementary school counseling. *Elementary School Guidance and Counseling, 21*, 253-261.

Landreth, G. (1993). Child-entered play therapy. *Elementary School Guidance and Counseling, 28*, 17-29.

Langlois, J. & Downs, C. (1980). Mother, father, and peers as socialization agents of sex-typed play behaviors in young children. *Child Development, 51*, 1217-1247.

Lasater, C. & Johnson, J. (1994). Culture, play, and early childhood education. In J. Roopnarine, J. Johnson & F. Hooper (Eds.), *Children's Play in Diverse Cultures*. Albany, NY: SUNY.

Lazarus, Richard S. (1991). *Emotion and Adaptation*. New York: Oxford University Press.

Lester, S. & Russell, W. (2008). *Play for a Change: Play, Policy and Practice-A Review of Contemporary Perspectives*. London: National Children's Bureau.

Levin, D. & Carlsson-Paige, N. (1994). Developmentally appropriate television: Putting children first. *Young Children, 49*, 38-44.

Levin, D. (1995). Media, culture, and the undermining of play in the United States. In E. Klugman (Ed.), *Play, Policy, and Practice*. St. Paul, MN: Redleaf.

Levin, D. & Carlsson-Paige, N. (1994). Developmentally appropriate television: Putting children first. *Young Children, 49*, 38-44.

Levin, H. & Wardell, E. (1971). The research uses of doll play. In R. E. Herron & B. Sutton-Smith (Eds.), *Child's Play* (pp. 145-184). New York: Wiley.

Levine, R. & Levine, A. (1963). Nyansongo: A Gusii community in Kenya. In B.

Whiting (Ed.), *Six Cultures: Studies in Child Rearing* (pp. 190-202). New York: Wiley.

Levy, A. K. (1984). The language of play: The role of play in language development. *Early Child Development and Care, 17*, 49-62.

Levy, A., Wolfgang, C. & Koorland, M. (1992). Sociodramatic play as a method for enhancing language performance of kindergarten age students. *Early Childhood Research Quarterly, 7*, 245-262.

Levy, D. (1943). *Maternal Overprotection*. New York: Columbia University Press.

Liddell, C. & Kruger, P. (1989). Activity and social behavior in a crowded South African township nursery: A follow-up study on the effects of crowding at home. *Merrill Palmer Quarterly, 35*, 209-226.

Lieberman, J. N. (1977). *Playfulness: Its Relationship to Imagination and Creativity*. New York: Academic Press.

Lilley, I. M. (1967). *Friedrich Froebel: A Selection from His Writing*. Cambridge: Cambridge University Press.

Liss, M. B. (1981). Patterns of toy play: An analysis of sex differences. *Sex Roles, 7*, 1143-1150.

Loo, C. (1972). The effects of spatial density on the social behavior of children. *Journal of Applied Social Psychology, 2*, 372-381.

Lowe, M. (1975). Trends in the development of representational play in infants from one to three years: An observational study. *Journal of Child Psychology and Psychiatry, 16*, 33-47.

Lynn A. Barnett (1990). Playfulness: Definition, design, and measurement. *Play and Culture, 3*(4), 323-324.

Maccoby, E. (1990). Gender and relationship: A developmental account. *American Psychologist, 45*(4), 513-520.

Maccoby, E. & Jacklin, C. N. (1974). *The Psychology of Sex Differences*. Stanford, CA: Stanford University Press.

Magill, R. A. & Ash, M. J. (1979). Academic, psycho-social, and motor characteristics of participants and non-participants in children's sports. *Research Quarterly, 50*, 240.

Malone, T. (1984). Toward a theory of intrinsically motivating instruction. In D. Walker & R. Hess (Eds.), *Instructional Software: Principles of Design and Use*. Belmont, CA: Wadsworth.

Manning, K. & Sharp. A. (1977). *Structuring Play in the Early Years at School*. London: Ward Lock Educational.

Marcus, I. (1966). Costume play therapy. *American Academy of Child Psychiatry Journal, 5*, 441-451.

Marino, B. L. (1988). Assessments of infant play: Application to research and practice. Issues in *Comprehensive Pediatric Nursing, 11*(4), 227-240.

Markus, H. J. & Nurius. P. S. (1984). Self-understanding and self-regulation in middle childhood. In W. A. Collins (Ed.), *Development During Middle Childhood: The Years From Six to Twelve* (pp. 147-183). Washington DC: National Academic Press.

Matterson, E. M. (1965). *Play and Playthings for the Preschool Child*. New York: Penguin.

Matthews, W. S. (1977). Modes of transformation in the initiation of fantasy play. *Developmental Psychology, 12*, 211-236.

Matthews, W. S. (1981). Sex-role perception, portrayal, and preferences in the fantasy play of young children. *Sex Roles, 1*(10), 979-987.

Mazza, N. (1986). Poetry and popular music in social work education: The liberal arts perspective. *The Arts in Psychotherapy, 13*, 293-299.

McClune-Nicolich, L. (1981). Toward symbolic functioning: Structure of early pretend games and potential parallel with language. *Child Development, 52*, 785-797.

McCue, K. (1988). Medical play: An expanded perspective. *Children's Health Care, 16*(3), 157-161.

McGrew, W. C. (1972). *An Ethological Study of Children's Behavior*. New York: Academic Press.

McLean, S. (1995). Creating the learning environment: Context for living and learning. In J. Moyer (Ed.), *Selecting Educational Equipment and Materials for School and Home* (pp. 5-13). Wheaton, MD: Association for Childhood Education International.

McLoyd, V. (1982). Social class differences in sociodramatic play: A critical review. *Developmental Review, 2*, 1-30.

McLoyd, V. (1990). Minority children: Introduction to the special issue. *Child Development, 61*, 263-266.

McLoyd, V. C. (1980). Verbally expressed modes of transformation in the fantasy play of black preschool children. *Child Development, 51*, 1133-1139.

McLoyd, V., Morrison, B. & Toler, B. (1979). The Effects of Adult Presence vs. Absence on Children's Pretend Play. Paper presented at Hampton-Michigan Research Exchange, Hampton Institute, Hampton, VA.

McMeeking, D. & Purkayastha, B, (1995). I can't have my Mom running me everywhere Adolescents, leisure, and accessibility. *Journal of Leisure Research, 27*, 360-378.

McNeilly-Choque, M., Hart, C., Robinson, C., Nelson, L. & Olsen, S. (1996). Overt and relational aggression on the playground: Correspondence among different informants. *Journal of Research in Childhood Education, 11*, 47-67.

Mead, M. (1975). Children's play style: Potentialities and limitations of its use as a cultural indicator. *Anthropological Quarterly, 48*, 157-181.

Meador, B. D. & Rogers, C. R. (1984). Person-centered therapy. In R. D. Corsini & D. Wedding (Eds.), *Current Psychotherapies* (3rd ed.). Itasca, IL: Peacock.

Melnyk, B. M. & Alpert-Gillis, L. J. (1998). The COPE program: A strategy to improve outcomes of critically ill young children and their parents. *Pediatric Nursing, 24(6)*, 521-527.

Mergen, B. (1982). *Play and Playthings: A Reference Guide*. Westport. CT: Greenwood Press.

Miller, B. C. & Gerald, D. (1979, July). Family influences on the development of creativity in children: An integrative review. *The Family Coordinator, 28*, 295-312.

Miller, C. & Boe, J. (1990). Tears into diamonds: Transformation of child psychic trauma through sandplay and storytelling. *Arts in psychotherapy, 17*, 247-257.

Miller, P. J., Wiley, A. R., Fung, H. & Liang, C. (1997). Personal storytelling as a medium of socialization in Chinese and American families. *Child Development, 68*, 557-568.

Miller, S., Fernie, D. & Kantor, R. (1992). Distinctive literacies in different preschool play contexts. *Play and Culture, 5*, 107-119.

Milos, M. & Reiss, S. (1982). Effects of three play conditions on separation anxiety in young children. *Journal of Consulting and Clinical Psychology, 50*, 389-395.

Monighan-Nourot, P. (1995). Play across curriculum and culture: Strengthening early primary education in California. In E. Klugman (Ed.), *Play, Policy, and Practice*. St. Paul, MN: Redleaf Press.

Moore, G. (1987). The physical environment and cognitive development in child-care centers. In C. Weinstein & T. David (Eds.), *Spaces for Children: The Built Environment and Child Development* (pp. 41-72). New York: Plenum.

Moore, N. V., Evertson, C. M. & Brophy, J. E. (1974). Solitary play: Some functional reconsiderations. *Developmental Psychology, 10*, 830-834.

Morrow, L. M. (1993). *Literacy Development in the Early Years*. Needham Heights, MA: Allyn & Bacon.

Moyles, J. (1989). *Just Playing? The Role and Status of Play in Early Childhood Education*. Milton Keynes, England: Open University Press.

Mueller, E. & Brenner, J. (1977). The origins of social skills and interaction among play group toddlers. *Child Development, 48*, 854-861.

Murphy, L. (1972). Infants' play and cognitive development. In M. Piers (Ed.), *Play and Development*. New York: W. W. Norton.

Naylor, H. (1985). Outdoor play and play equipment. *Early Child Development and Care, 19*, 109-130.

Neill, S. (1982), Experimental alterations in playroom layout and their effect on staff and child behavior. *Educational Psychology, 2*, 103-119.

Neuman, S. & Roskos, K. (1993). *Language and Learning in the Early Years: An Integrated Approach*. New York: Harcourt Brace.

Neuman, S. & Roskos, K. (1997). Literacy knowledge in practice: Contexts of participation for young writers and readers. *Reading Research Quarterly, 32*, 10-32.

Newman, V. & Johnson, J. E. (1981). Fantasy play: Acting out stories. *Offspring, 22*, 15-29.

Nicholson, S. (1974). The theory of loose parts. In G. Coates (Ed.), *Alternative Learning Environments* (pp. 370-381). Stroudsburg, PA: Dowden, Hutchinson, and Ross.

Nickerson, E. (1973). The application of play therapy to a school setting. *Psychology in the Schools, 10*, 362-365.

O'Connor, K. J. & Schaefer, C. E. (1983). *Handbook of Play Therapy.* New York: John Wiley & Sons, Inc.

Ogbu, J. (1991). Immigrant and involuntary minorities in comparative perspective, In M. Gibson & J. Ogbu (Eds.), *Minority Status and Schooling: A Comparative Study of Immigrant and Involuntary Minorities*. New York: Garland Publishing.

Olgan, R. & Kahriman-Öztürk, D. (2011). An Investigation in the Playgrounds of Public and Private Preschools in Ankara. *Education and Science, 36*, 85-97.

Olweus, D. (1993). Bullies on the playground: The role of victimization. In C. Hart (Ed.), *Children on Playgrounds: Research Perspectives and Applications* (pp. 85-128). Albany NY: State University of New York Press.

Orellana, M. (1994). Appropriating the voice of the superheroes: Three preschoolers bilingual language use in play. *Early Childhood Research Quarterly, 9*, 171-193.

Oremland, E, (1988). Mastering developmental and critical experiences through play and other expressive behaviors in childhood. *Children's Health Care, 16*(3), 150-155.

Paley, V. (1984). *Boys and Girls: Superheroes in the Doll Corner*. Chicago: University of Chicago Press.

Paley, V. (1990). *The Boy Who Would Be a Helicopter: The Uses of Story Telling in the Classroom*. Cambridge, MA: Harvard University Press.

Paley, V. (1992). *You Can't Say You Can't Play*. Cambridge, MA: Harvard University Press.

Paley, V. (1997). *The Girl with the Brown Crayon*. Cambridge: Harvard University Press.

Pan. H. L.（潘慧玲）(1994). Children's play in Taiwan. In J. Roopnarine, J. Johnson & F. Hooper (Eds.), *Children's Play in Diverse Cultures.* Albany, NY: SUNY.

Papert, S. (1993). *The Children's Machine: Rethinking School in the Age of the Computer*. New York: Basic Books.

Papert, S. (1996). *The Connected Family: Bridging the Digital Generation Gap*. Atlanta, GA: Longstreet.

Parten, M. B. (1932). Social participation among preschool children. *Journal of Abnormal and Social Psychology, 27*, 243-269.

Parten, M. B. (1933). Social play among preschool children. *Journal of Abnormal and Social Psychology, 28*, 136-147.

Partington, J. T. & Grant, C. (1984). Imaginary companions. In P. Smith (Ed.), *Play in Animals and Humans* (pp. 217-240). New York: Harper & Row.

Patrick, G. T. W. (1916). *The Psychology of Relations*. New York: Houghton-Mifflin.

Pearson, J. E. R., Cataldo, M., Tureman, A., Beesman, C. & Rogers, M. C. (1980). Pediatric intensive care unit patients: Effects of play intention on behavior. *Critical Care Medicine, 8*, 64-67.

Pellegrini, A. (1980). The relationship between kindergarteners' play and achievement in prereading, language, and writing. *Psychology in the School, 17*, 530-535.

Pellegrini, A. (1984). The effects of classroom ecology on preschoolers' functional uses of language. In A. Pellegrini & T. Yawkey (Eds.), *The Development of Oral and Written Language in Social Contexts* (pp. 129-141). Norwood, NJ: Ablex.

Pellegrini, A. (1996). *Observing Children in Their Natural Worlds: A Methodological Primer*. Mahwah, NJ: Erlbaum.

Pellegrini, A. & Galda, L. (1993). Ten years after: A reexamination of symbolic play and literacy research. *Reading Research Quarterly, 28*(2), 162-177.

Peller, L. (Ed.) (1952). Models of children's play. *Mental Hygiene, 36*, 66-83.

Pepler, D. J. & Ross, H. S. (1981). Effects of play on convergent and divergent problem solving. *Child Development, 52*, 1202-1210.

Perlmutter, J. & Burrell, L. (1995). Leaning through "play" as well as "work" in the primary grades. *Young Children, 50*(5), 14-21.

Peters, D., Neisworth, J. & Yawkey, T. (1985). *Early Childhood Education: From Theory to Practice.* New York: Brooks-Cole.

Petrakos, H. & Howe, N. (1996). The influence of the physical design of the dramatic play center on children's play. *Early Childhood Research Quarterly, 11*, 63-77.

Pfluger, L. W. & Zola, J. M. (1974). A room planned by children. In G. Coates (Ed.), *Alternative Learning Environment*. Stroudsburg, PA: Dowden, Hutchinson, and Ross.

Phillips, A. (Ed.) (1996). *Topics in Early Childhood Education: Playing for Keeps. Vol. 2*. St. Paul., MN: Redleaf.

Phillips, C. A., Rolls, S., Rouse, A. & Griffiths, M. D. (1995). Home video game playing in school-children: A study of incidence and patterns of play. *Journal of Adolescence, 18*, 687-691.

Piaget, J. (1962). *Play, Dreams and Imitation in Childhood*. New York: Norton.

Poest, E. A., Williams, J. R., Witt, D. D. & Atwood, M. E. (1990). Challenge me to move: Large muscle development in young children. *Young Children, 45*, 4-10.

Polito, T. (1994). How play and work are organized in a kindergarten classroom. *Journal of Research in Childhood Education, 9*, 47-57.

Powlishta, K., Serbin, L. & Moller, L. (1993). The stability of individual differences in gender typing: Implications for understanding gender segregation. *Sex Roles,*

28(11-12), 723-737.

Pulaski, M. A. (1970). Play as a function of toy structure and fantasy predisposition. *Child Development, 41*, 531-537.

Ramsey, P. (1995). Changing social dynamics in early childhood classrooms. *Child Development, 66*(3), 764-773.

Rank, O. (1936). *Will Therapy*. New York: Knopf.

Rheingold, H. & Cook, K. (1975). The contents of boy's and girl's rooms as an index of parents' behavior. *Child Development, 46*, 920-927.

Rhodes, L. & Nathenson-Mejia, S. (1992). Anecdotal records: A powerful tool for ongoing literacy assessment. *The Reading Teacher, 45*, 502-509.

Rivkin, M. (1995). *The Great Outdoors: Restoring Children's Right to Play Outside*. Washington, DC: NAEYC.

Roberts, J. M. & Sutton-Smith, B. (1962). Child training and game involvement. *Ethnology, 1*, 166-185.

Robertson, J. & Robertson, J. (1971). Young children in brief separation: A fresh look. *Psychoanalytic Study of the Child, 26*, 264-315.

Roopnarine, J., Johnson, J. & Hooper, F. (Eds.) (1994). *Children's Play in Diverse Cultures*. Albany, NY: SUNY Press.

Roper, R. & Hinde, R. (1978). Social behavior in a play group: Consistency and complexity. *Child Development, 49*, 570-579.

Rosen, C. E. (1974). The effects of sociodramatic play on problem-solving behavior among culturally disadvantaged preschool children. *Child Development, 45*, 920-927.

Roskos, K. & Neuman, S. (1993). Descriptive observations of adults' facilitation of literacy in play. *Early Childhood Research Quarterly, 8*, 77-97.

Rubin, I., Provenzano, F. & Luria, Z. (1974). The eyes of the beholder: Parents' views of sex of newborns. *American Journal of Orthopsychiatry, 44*, 512-519.

Rubin, K. H. (1980). Fantasy play: Its role in the development of social skills and social cognition. In K. H. Rubin (Ed.), *Children's Play* (pp. 69-84). San Francisco: Jossey-Bass.

Rubin, K. H., Fein, G. G. & Vanderberg, B. (1983). Play. In P. H. Mussed (Ed.), *Handbook of Child Psychology: Vol. 4, Socialization, Personality, and Social Development* (4th ed., pp. 693-774). New York: Wiley.

Rubin, K. H., Maioni, T. L. & Hornung, M. (1976). Free play behaviors in middle-

and lower-class preschoolers: Parten and Piaget revisited. *Child Development, 47*, 414-419.

Rubin, K. & Maioni, T. (1975). Play preferences and its relation to egocentrism, popularity, and classification skills in preschoolers. *Merrill Palmer Quarterly, 21*, 171-179.

Rubin, K. & Seibel, C. (1979, April). The effects of ecological setting on the cognitive and social play behaviors of preschoolers. Paper presented at the annual meeting of the American Educational Research Association, San Francisco.

Rubin, K., Watson, K. & Jambor, T. (1978). Free play behavior in preschool and kindergarten children. *Child Development, 49*, 534-536.

Russ, S. W. (1998). Play, creativity, and adaptive functioning: Implication for play intervention. *Journal of Clinical Child Psychology, 27*(4), 469-480.

Rutter, M. (1975). *Helping Troubled Children*. New York: Plenum.

Sachs, J. (1987). Preschool boys' and girls' language use in pretend play. In S. Philips, S. Steele & C. Tanz (Eds.), *Language, Gender, and Sex in Comparative Perspective* (pp. 178-188). New York: Cambridge University Press.

Saltz, E. & Johnson, J. (1974). Training for thematic-fantasy play in culturally disadvantaged children: Preliminary results. *Journal of Educational Psychology, 66*, 623-630.

Saltz, E., Dixon, D. & Johnson, J. (1977). Training disadvantaged preschoolers on various fantasy activities: Effects on cognitive functioning and impulse control. *Child Development, 48*, 367-388.

Sanders, K. & Harper, L. (1976). Free-play fantasy behavior in preschool children: Relations among gender, age, season, and location. *Child Development, 47*, 1182-1185.

Saracho, O. (1991). Social correlates of cognitive style in young children. *Early Childhood Development and Care, 76*, 117-134.

Saracho, O. (1995). Relationship between young children's cognitive style and their play. *Early Childhood Development and Care, 113*, 77-84.

Saracho, O. (1998). What is stylish about play? In O. Saracho & B. Spodek (Eds.), *Multiple Perspectives on Play in Early Childhood Education*. Albany, NY: SUNY Press.

Sawyer, R. (1997). *Pretend Play as Improvisation: Conversation in the Preschool*

Classroom. Mahwah, NJ: Erlbaum.

Scali, N. (1993, Sept/Oct.). Goldilocks and the three bears. *The Writing Notebook: Visions for Learning*, 14-15.

Schaefer, C. E. (1985). Play therapy. *Early Child Development and Care, 19*, 95-108.

Schaefer, C. & O'Connor, K. (Eds.) (1983). *Handbook of Play Therapy*. New York: John Wiley & Sons.

Schaefer, M. & Smith, P. (1996). Teachers' perceptions of play fighting and real fighting in primary school. *Educational Research, 38*, 173-181.

Schan, C. G., Kahn, L., Diepold, J. H. & Cherry, F. (1980).The relationships of parental expectations and preschool children's verbal sex-typing to their sex-typed toy play behavior. *Child Development, 51*, 266-270.

Schlosberg, H. (1947). The concept of play. *Psychological Review, 54*, 229-231.

Schwartzman, H. B. (1978). *Transformations: The Anthropology of Children's Play*. New York: Plenum.

Schweder, R. (1990). Cultural psychology-what is it? In J. Stigler, R. Schweder & G. Herdt (Eds.), *Cultural Psychology: Essays on Comparative Human Development*. Cambridge: Cambridge University Press.

Scorzelli, J. F. & Gold, J. (1999). The mutual storytelling writing game. *Journal of Mental Health Counseling, 26*, 113-123.

Seefeldt, V. (1984). Age changes in motor skills during childhood and adolescence. *Exercise and Sport Sciences Reviews, 12*, 467-520.

Segal, M. & Adcock, D. (1981). *Just Pretending: Ways to Help Children Grow Through Imaginative Play*. Englewood, Cliffs, NJ: Prentice-Hall.

Segoe, M. (1971). A comparison of children's play in six modern cultures. *Journal of School Psychology, 9*, 61-72.

Selman, R. L. (1980). *The Growth of Interpersonal Understanding*. New York: Academic Press.

Serbin, L. A., Connor, J. A., Burchardt, C. J. & Citron, C. C. (1979). Effects of peer presence on sex-typing of children's play behavior. *Journal of Experimental Child Psychology, 27*, 303-309.

Serbin, L. A., Tonick, I. J. & Sternglanz, S. H. (1977). Shaping cooperative cross-sex play. *Child Development, 48*, 924-929.

Shade, D. & Davis, B. (1997). The role of computer technology in early childhood education. In J. Isenberg & M. Jalongo (Eds.), *Major Trends and Issues in Early*

Childhood Education: Challenges, Controversies, and Insights (pp. 90-103). New York: Teachers College Press.

Sheehan, R. & Day, D. (1975). Is open space just empty space? *Day Care and Early Education, 3*, 10-13, 47.

Shell, R. & Eisenberg, N. (1990). The role of peers' gender in children's naturally occurring interest in toys. *International Journal of Behavioral Development, 13*, (1), 373-388.

Sherrod, L. & Singer, J. (1977). The development of make-believe. In J. Goldstein (Ed.), *Sports, Games, and Play*. Hillside, NJ: Erlbaum.

Shin, D. (1994). Preschool children's symbolic play indoors and outdoor. Unpublished doctoral dissertation, University of Texas at Austin.

Shipley, C. D. (1998). *Empowering Children: Play-Based Curriculum for Lifelong Learning* (2nd ed.). New York: Nelson College Publishing.

Shmukler, D. (1977). Origins and Concomitants of Imaginative Play in Young Children. Unpublished manuscript, University of Witwatersrand, Johannesburg, South Africa.

Shonkoff, J. P. (1984). The biological substrate and physical health in middle Childhood. In W. A. Collins (Ed.). *Development During Middle Childhood: The Years from Six to Twelve* (pp. 24-69). Washington, DC: National Academy Press.

Shure, M. (1963). Psychological ecology of a nursery school. *Child Development, 34*, 979-992.

Silvern, S., Taylor, J., Williamson, P., Surbeck, E. & Kelley, M. (1986). Young children's story recall as a product of play, story familiarity, and adult intervention. *Merrill-Palmer Quarterly, 32*, 73-86.

Silvern, S., Williamson, P. & Countermine, T. (1983, April). Video game playing and aggression in children. Paper presented at the annual meeting of the American Educational Research Association, Montreal.

Silvern, S., Williamson, P. & Countermine, T. (1988). Young children's interaction with a microcomputer. *Early Child Development and Care, 32*, 23-35.

Simmons, B. (1976). Teachers, beware of sex-stereotyping. *Childhood Education, 52*, 192-195.

Simmons, D. (1996). Play therapy. Unpublished manuscript. The Pennsylvania State University, University Park, PA.

Simon, T. & Smith, P. K. (1983). The study of play and problem solving in preschool children: Have experimenter effects been responsible for previous results? *British Journal of Developmental Psychology, 1*, 289-297.

Singer, D. G. & Singer, J. C. (1979). Television viewing and aggressive behavior in preschool children: A field study. Paper presented at the Conference on Forensic Psychology and Psychology, New York.

Singer, D. & Singer, J. (1990). *The House of Make-Believe: Children's Play and the Developing Imagination*. Cambridge, MA: Harvard University Press.

Singer, J. (1994). The scientific foundations of play therapy. In J. Hellendoorn, R. van der Kooij & B. Sutton-Smith (Eds.), *Play and Intervention* (pp. 27-38). Albany, New York: SUNY Press.

Singer, J. (1995). Imaginative play in childhood: Precursors to subjunctive thought, daydreaming, and adult pretending games. In A. Pellegrini (Ed.), *The Future of Play Theory* (pp. 187-219). Albany, NY: State University of New York Press.

Singer, J. L. (1961). Imagination and waiting ability in young children. *Journal of Personality, 29*, 396-413.

Singer, J. L. (1973). *The Child's World of Make-Believe: Experimental Studies of Imaginative Play*. New York: Academic Press.

Singer, J. L. & Singer, D. G. (1980). A factor analytic study of preschoolers' play behavior. *Academic Psychology Bulletin, 2*, 143-156.

Singer, J. L. & Singer, D. G. (1980). A factor analytic study of preschoolers' play behavior. *Academic Psychology Bulletin, 2*, 143-156.

Singer, J. & Singer, D. (1976). Can TV stimulate imaginative play? *Journal of Communication, 26*, 74-80.

Slaughter, D. & Dombrowski, J. (1989). Cultural continuities and discontinuities: Impact on social and pretend play. In M. Bloch & A. Pellegrini (Eds.), *The Ecological Context of Children's Play* (pp. 282-310). Norwood, NJ: Ablex.

Smilansky, S. (1968). *The Effects of Sociodramatic Play on Disadvantaged Preschool Children*. New York: Wiley.

Smith, A. & Inder, P. (1993). Social interaction in same-and cross-gender pre-school peer groups: A participant observation study. *Educational Psychology, 13*(1), 29-42.

Smith, P. (1981). The impact of computerization on children's toys and games. *Journal of Children in Contemporary Society, 14*, 73-83.

Smith, P. (1997, October). *Play Fighting and Fighting: How Do They Relate?* Lisbon: ICCP.

Smith, P. K. & Connolly, K. J. (1980). *The Ecology of Preschool Behavior.* Cambridge, England: Cambridge University Press.

Smith, P. K. & Syddall, S. (1978). Play and non-play tutoring in preschool children: Is it play or tutoring which matters? *British Journal of Educational Psychology, 48*, 315-325.

Smith, P. K., Dalgleish, M. & Herzmark, G. (1981). A comparison of the effects of fantasy play tutoring and skills tutoring in nursery classes. *International Journal of Behavioral Development, 4*, 421-441.

Smith, P. & Connolly, K. (1972). Patterns of play and social interaction in preschool children. In N. Blurton-Jones (Ed.), *Ethological Studies of Child Behavior* (pp. 65-95). Cambridge, England: Cambridge University Press.

Smith, P. & Dodsworth, C. (1978). Social class differences in the fantasy play of preschool children. *Journal of Genetic Psychology, 133*, 183-190.

Smith, P. & Thompson, D. (Eds.) (1991). *Practical Approaches to Bullying.* London: David Fulton.

Spodek, B. (1973a). What are the sources of early childhood curriculum? In B. Spodek (Ed.), *Early Childhood Education* (pp. 81-89). Englewood Cliffs, NJ: Prentice Hall.

Spodek, B. (1986). Development values and knowledge in the kindergarten curriculum. In B. Spodek (Ed.). *Today's Kindergarten: Exploring Its Knowledge Base, Extending Its Curriculum* (pp. 32-47). New York: Teachers College Press.

Spodek. B. (1988). Early childhood curriculum and the definition of knowledge. Paper presented at the 1988 meeting of the American Educational Research Association. New Orleans, April.

Sponseller, D. & Lowry, M. (1974). Designing a play environment for toddlers. In D. Sponseller (Ed.), *Play as a Learning Medium.* Washington, DC: National Association for the Education of Young Children.

Stone, S. & Christie, J. (1996). Collaborative literacy learning during sociodramatic play in a multiage (K-2) primary classroom. *Journal of Research in Childhood Education, 10*, 123-133.

Stremmel, A. (1997). Diversity and the multicultural perspective. In G. Hart, D. Burts & R. Charlesworth (Eds.), *Integrated Curriculum and Developmentally*

Appropriate Practices: Birth to Age Eight. Albany, NY: SUNY Press.

Super, C. & Harkness, S. (1986). The developmental niche: A conceptualization at the interface of child and culture. *International Journal of Behavioral Development, 9*, 545-569.

Sutton-Smith, B. (1967). The role of play in cognitive development. *Young Children, 22*, 361-370.

Sutton-Smith, B. (1972). *The Folk Games of Children*. Austin, TX: The University of Texas Press.

Sutton-Smith, B. (1977). Towards an anthropology of play. In P. Stevens (Ed.), *Studies in the Anthropology of Play*. West Point, NY: Leisure Press.

Sutton-Smith, B. (1979a). Epilogue: Play as performance. In B. Sutton-Smith (Ed.), *Play and Learning* (pp. 295-320). New York: Gardner Press.

Sutton-Smith, B. (1979b). The play of girls. In C. B. Kopp & M. Kirkpatrick (Eds.), *Becoming Female: Perspectives on Development*. New York: Plenum.

Sutton-Smith, B. (1986). *Toys As Culture*. New York: Gardner Press.

Sutton-Smith, B. (1988). War toys and aggression. *Play and Culture, 1*, 57-69.

Sutton-Smith, B. (1990). Playfully Yours. *TASP Newsletter, 16*(2), 2-5.

Sutton-Smith, B. & Heath, S. (1981). Paradigms of pretense. *Quarterly Newsletter of the Laboratory of Comparative Human Cognition, 3*, 41-45.

Sutton-Smith, B. & Sutton-Smith, S. (1974). *How to Play with Your Children (and When not to)*. New York: Hawthorn.

Sylva, K., Bruner, J. S. & Genova, P. (1976). The role of play in the problem-solving of children 3-5 years old. In J. S. Bruner, A. Jolly & K. Sylva (Eds.), *Play: Its Role in Development and Evolution* (pp. 244-257). New York: Basic Books.

Sylva, K., Roy, C. & Painter, M. (1980). *Child Watching at Playgroup and Nursery School*. Ypsilanti, MI: High/Scope Press.

Takeuchi, M. (1994). Children's play in Japan. In J. L. Roopnarine, J. E. Johnson & F. H. Hooper (eds.), *Children's Play in Diverse Cultures* (pp. 51-72). Albany: State University of New York Press.

Talbot, J. & Frost, J. L. (1989). Magical playscapes. *Childhood Education* (Fall), 11-19. Adapted with permission.

Tarullo, L. (1994). Windows on the social worlds: Gender differences in children's play narratives. In A. Slade & D. Wolf (Eds.), *Children at Play: Clinical and Developmental Approaches to Meaning and Representation* (pp. 169-187). New

York: Oxford University Press.

Taylor, M., Cartwright, B. & Carlson, S. (1993). A developmental investigation of children's imaginary companions. *Developmental Psychology, 29* (2), 276-293.

Taylor, R. (Ed.) (1980). *The Computer in the School: Tutor, Tutee, Tool*. New York: Teachers College Press.

Tegano, D. & Burdette, M. (1991). Length of activity period and play behaviors of preschool children. *Journal of Research in Childhood Education, 5*, 93-98.

The State of America's Children Yearbook (1997). Washington, DC: Children's Defense Fund & National Association for the Education of Young Children.

Thompson, C. L. & Rudolph, L. B. (1988). *Counseling Children* (2nd. Ed.). Pacific Grove, CA: Brooks/Cole.

Thompson, C. L., Davis, J. M. & Madden, L. (1986). Children as consultants and bibliocounseling. *Elementary School Guidance and Counseling, 21*, 89-95.

Thompson, R. (1985). *Psychosocial Research on Pediatric Hospitalization and Health Care: A Review of the Literature*. Springfield, IL: C. C. Thomas.

Thompson, R. (1988). From questions to answers: Approaches to studying play in health care settings. *Children's Health Care, 16*, 188-194.

Thornburg, H. (1979). *The Bubblegum Years*. Tucson: HELP Books.

Thorndike, E. L. (1913). *Educational Psychology*. New York: Columbia University Press.

Tinsworth, D. & Kramer, J. (1990). *Playground Equipment Related Injuries and Deaths*. Washington, DC: U. S. Consumer Product Safety Commission.

Tizard, B., Phelps, J. & Plewis, L. (1976). Play in preschool centers (I). Play measures and their relation to age, sex, and IQ. *Journal of Child Psychology and Psychiatry, 17*, 251-264.

Tizard, B., Phelps, J. & Plewis, L. (1976). Play in preschool centers (II). Effects on play of the child's social class and of the educational orientation of the center. *Journal of Child Psychology and Psychiatry, 17*, 265-274.

Tobin, J., Wu, D. & Davidson, S. (1989). *Preschool in Three Cultures*. New Haven, CT: Yale University Press.

Truhon, S. A. (1979, March). Playfulness, Play, and Creativity: A Path-Analytic Model. Paper presented at the biennial meeting of the Society for Research in Child Development, San Francisco.

Truhon, S. A. (1982). Playfulness, play and creativity: A path-analytic model. *Journal of Genetic Psychology, 143*(1), 19-28.

U. S. Consumer Product Safety Commission (CPSC) (1991). *Public Playground Handbook for Safety*. Washington, DC: U. S. Printing Office.

Udwin, O. (1983). Imaginative play as an intervention method with institutionalized preschool children. *British Journal of Educational Psychology, 53*, 32-39.

Udwin, O. & Shmukler, D. (1981), The influence of socio-cultural economic and home background factors on children's ability to engage in imaginative play. *Developmental Psychology, 17*, 66-72.

Urberg, K. & Kaplan, M. (1989). An observational study of race-, age- and sex-heterogeneous interaction in preschoolers. *Journal of Applied Developmental Psychology, 10*(3), 299-312.

Usitalo, D. (1981). Grandpa's Sidecar. Thirty, 15-minute radio adventures for 4-and 5-year olds at home and school. Madison, WI: Wisconsin Educational Radio Network.

Van der Kooij & de Groot, R. (1977). *That's All in the Game: Theory and Research, Practice and the Future of Children's Play*. Groningen, Netherlands: Schindele-Verlag Rheinstetten.

Van Hoorn, J., Nourat, P., Scales, B. & Alward, K. (1993). *Play at the Center of the Early Childhood Curriculum*. New York: Macmillan.

Vandenberg, B. (1981). The role of play in the development of insightful tool-using strategies. *Merrill-Palmer Quarterly, 27*, 97-110.

Vinturella, L. & James, R. (1987). Sand play: A therapeutic medium with children. *Elementary School Guidance and Counseling, 21*, 229-238.

Vukelich, C. (1995). Watch me! Watch me! Understanding children's literacy knowledge. In J. Christie, K. Roskos, B. Enz, C. Vukelich & S. Neuman (Eds.), *Readings for Linking Literacy and Play*. Newark, DE: International Reading Association.

Vygotsky, K. (1962). *Thought and Language*, trans, E. Hanfman & G. Valar. Cambridge, MA: M.I.T. Press.

Vygotsky, L. (1978). *Mind in Society: The Development of Higher Mental Processes*. Cambridge, MA: Harvard University Press.

Vygotsky, L. S. (1976). Play and its role in the mental development of the child. In J. Bruner, A. Jolly & K. Sylva (eds), *Play: Its Role in Development and Evolution* (pp. 6-18). New York: Basic Books.

兒童遊戲與發展

Wachs, T. D. (1985). Toys as an aspect of the physical environment: Constructs and nature of relationship to development. *Topics in Early Childhood Special Education, 5*(3), 31-46.

Wachs, T. D. & Gmen, G. (1982). *Early Experience and Human Development*. New York: Plenum.

Walling, L. (1977). Planning and environment: A case study. In S. Kritchevsky & E. Prescott (Eds.), *Planning Environments for Young Children: Physical Space* (pp. 44-48). Washington, DC: National Association for the Education of Young Children.

Walsh, P. (1988). *Early Childhood Playgrounds: Planning an Outside Learning Environment.* Melbourne, Australia: Martin Educational in Association with Robert Andersen and Associates.

Wardle, F. (1988). Is your playground physically fit? *Scholastic Pre-K Today, 27*(7), 21-26.

Wardle, F. (1990). Are we taking the fun out of playgrounds? *Daycare and Early Education, 18*(1), 30-34.

Wardle, F. (1991). Are we shortchanging boys? *Child Care Information Exchange, 79* (May/June), 48-51.

Wardle, F. (1997). *Community Playthings Catalog*. Rifton, NY: Community Playthings.

Wardle, F. (1997). Outdoor play: Designing, building and remodeling playgrounds for young children. *Early Childhood News, 9*(2), 36-42.

Wardle, F. (1997). Playgrounds: Questions to consider when selecting equipment. *Dimensions of Early Childhood, 25*(1), 9-15

Watson, J. (1980). Bibliotherapy for abused children. *School Counselor, 27*, 204-208.

Weber, E. (1984). *Ideas Influencing Early Childhood Education*. New York: Teachers College Press.

Weikart, D. & Schweinhart, L. (1993). The High/Scope cognitively oriented curriculum in early education. In J. Roopnarine and J. Johnson (Eds.), *Approaches to Early Childhood Education* (2nd ed.). Columbus, OH: Merrill.

Weikart, P. S. (1987). *Round the Circle: Key Experiences in Movement for Children Ages Three to Five*. Ypsilanti, ML: High Scope Press.

Weilbacher, R. (1981). The effects of static and dynamic play environments on children's social and motor behaviors. In A. T. Cheska (Ed.), *Play As Context* (pp. 248-258). West Point, NY: Leisure Press.

Weinberger, L. & Starkey, P. (1994). Pretend play by African American children in Head Start. *Early Childhood Research Quarterly, 9*(3 & 4), 327-344.

Weiner, E. & Weiner, B. (1974). Differentiation of retarded and normal children through toy-play analysis. *Multivariate Behavioral Research, 9*, 245-252.

Weinrib, E. (1983). *The Sandplay Therapy Process: Images of the Self*. Boston: Sigo Press.

Weir, R. (1962). *Language in the Crib*. The Hague: Mouton.

Weisler, A. & McCall, R. B. (1976). Exploration and play: Resume and redirection. *American Psychologist, 31*, 492-508.

Wertsch, J. (1985). *Culture, Communication, Cognition*. New York: Cambridge University Press.

White, M. (1987). *The Japanese Educational Challenge: A Commitment to Children*. New York: Free Press.

Whiting, B. (1980). Culture and social behavior. *Ethos, 2*, 95-116.

Whiting, B. (Ed.) (1963). *Six Cultures: Studies in Child Rearing*. New York: Wiley.

Williams, J. W. & Stith, M. (1980). *Middle Childhood: Behavior and Development* (2nd ed.). New York: Macmillan.

Wilson, J. M. (1986). Parent-child play interaction in hospital settings. In A. W. Gottfried & C. C. Brown (Eds.), *Play Interactions: The Contribution of Play Materials and Parental Involvement to Children's Development* (pp. 213-224). Lexington, MA: Heath.

Wiltz, N. & Fein, G. (1996, March). Evolution of a narrative curriculum: The contributions of Vivian Gussin Paley. *Young Children, 51*, 61-68.

Winter, S., Bell, M. & Dempsey, M. (1994). Creating play environments for children with special needs. *Childhood Education, 71*, 28-32.

Witkin, H. A., Lewis, H. B., Hertzman, M., Machover, K., Meissner, P. B. & Wapner, S. (1954). *Personality Through Perception*. New York: Harper & Row.

Wohlwill, J. (1973). *The Study of Behavioral Development*. New York: Academic Press.

Wohlwill, J. F. & Heft, H. (1987). The physical environment and the development of the child. In D. Stokols & I. Altman (Eds.), *Handbook of Environmental Psychology* (pp. 281-328). New York: John Wiley.

Wolf, D. & Gardner, H. (1979). Style and sequence in early symbolic play. In M.

Franklin & N. Smith (Eds.), *Symbolic Functioning in Childhood*. Hillsdale, NJ: Erlbaum.

Wolf, D. & Grollman, S. H. (1982). Ways of playing: Individual differences in imaginative style. In D. J. Pepler & K. H. Rubin (Eds.), *The Play of Children: Current Theory and Research* (pp. 46-63). Basel, Switzerland: Karger.

Wolfer, J., Gaynard, L., Goldberger, J., Laidley, L. N. & Thompson, R. (1988). An experimental evaluation of a model child life program. *Children's Health Care, 16*(4), 244-260.

Wolfgang, C. H. & Sanders, T. S. (1981). Defending young Children's play as the ladder to literacy. *Theory into Practice, 20*, 116-120.

Wood, D., McMahon, L. & Cranstoun, Y. (1980). *Working with Under Fives*. Ypsilanti, MI: High/Scope Press.

Woodard, C. (1984). Guidelines for facilitating sociodramatic play. *Childhood Education, 60,* 172-177.

Wright, J. & Samaras, A. (1986). Play worlds and microworlds. In P. Campbell & G. Fein (Eds.), *Young Children and Microcomputers* (pp. 74-86). Englewood Cliffs, NJ: Prentice Hall.

Wright, J., Shade, D., Thouvenelle, S. & Davidson, J. (1989). New directions in software development for young children. *Journal of Computing in Childhood Education, 1*(1), 45-57.

Wurtman, R. J. (1982). The effects of light on the human body. *Scientific American, 1*, 68-77.

Yawkey, T. D. & Toro-Lopez, J. A. (1985). Examining descriptive and empirically based typologies of toys for handicapped and nonhandicapped children. *Topics in Early Childhood Special Education, 5*(3), 47-58.

Yawkey, T. D. & Trostle, S. L. (1982). *Learning is Child's Play*. Provo, UT: Brigham Young University Press.

Zarabatny, L., Hartmann, D. & Rankin, D. (1990). The psychological functions of preadolescent peer activities. *Child Development, 61*, 1067-1080.

Zipser, A. E. (1982). Preschool Interactive Play Maturity as a Junction of Classroom Type and Sibling Status. Unpublished Master's thesis. University of Wisconsin.